ERNST WIECHERT

Das einfache Leben

ERNST WIECHERT

Das einfache Leben

Roman

LANGEN
MÜLLER
BIBLIOTHEK

Erstveröffentlichung 1939

Umschlaggestaltung: Christel Aumann, München
Satz: Filmsatz Schröter GmbH, München
Gesetzt aus 10/12 ITC Garamond auf Linotron 202
Druck: Jos C. Huber, KG, Dießen
Binden: R. Oldenbourg, München
Printed in Germany 1985
ISBN: 3-7844-1687-X

Ein drittes Mal begegnete Yen-Hui Kung-Fu-Tse und sagte: »Ich komme weiter.«
»Wie das?« fragte Kung-Fu-Tse.
»Ich bin alles losgeworden«, antwortete Yen-Hui.
»Alles losgeworden?« sagte Kung-Fu-Tse ergriffen. »Was meinst du damit?«
»Ich habe mich von meinem Körper frei gemacht«, antwortete Yen-Hui.
»Ich habe meine Gedanken entlassen. Da ich so Leibes und Geistes ledig wurde, bin ich eins mit dem Alldurchdringenden geworden. Das ist es, was ich damit meine, daß ich alles losgeworden bin.«

Reden und Gleichnisse des Tschuang-Tse

1

Nicht lange nach dem großen Kriege stand um die Abendzeit eines Vorfrühlingstages ein Mann an einem der Westfenster seines Hauses und hob, in Gedanken verloren, den Blick von einem alten und unansehnlichen Buch, das er in Händen hielt. Der große Abendhimmel, wolkenlos und von fernen Feuern brennend, erfüllte durch das weite Fenster den ganzen Raum mit rötlichem Licht. Die farbigen Einbände in der Bücherwand glühten, die fremdartigen Waffen und Masken in einem seitlichen Schrank schimmerten in fast bösen Glanz, und der unter Qualm und Nebel feuernde Kreuzer auf dem einzigen Bilde an der Wand schien, so beglänzt, geradewegs in den flammenden Abgrund einer Götterdämmerung hineinzustürmen.
Aber das verzauberndste Licht sammelte sich auf der gewölbten Fläche des riesigen Globus, der auf einem schwarzen Sockel frei vor der Mitte der Bücherreihen stand. Seine Gebirge waren mit braunen Erhebungen angedeutet, seine Ebenen wie Wiesen getönt, von dem Netzwerk der Ströme durchflochten, und seine blauen Meere schimmerten nun purpurn im Abendlicht.
Die Blicke des Mannes, vom Lichte gelöst, wendeten sich dem bestrahlten Abbild der Erdkugel zu, wo die kleinen Inselgruppen wie Perlen im Indischen Ozean schwammen und der Pik von Colombo einen spitzen Schatten über die Flut zu werfen schien. Die Küsten der Meere waren mit einem feinen Glutstrich gegen die Festländer abgesetzt,

und jenseits des Himalaja, auf den gelben tibetanischen Ländern, schien schon eine schweigende Dämmerung auf fremde Sternbilder zu warten.

Lange blieb der Mann in dieses Bild versunken, bis es unter grünlichen und grauen Schatten immer matter wurde, die Küsten verschwammen, die Täler sich verdunkelten und es zu einer blassen Scheibe erlosch, einem fernen Gestirne gleich im Raume schwebend.

Nun, in der wachsenden Stille des Abends, hob das Brausen der abseitigen Hauptstadt sich über die Gärten der Vorstädte und stand wie der Ton ferner Brandung, unmerklich steigend und fallend, über der Dämmerung. In den lichtgrün verblaßten Himmel ragten die Stämme der Kiefern, schwarz und unbewegt, über einer fernen Straße schimmerten weiße Lampen auf, schnell und nacheinander, und wer lange auf dem Meer gelebt hatte, mochte nun bei halbgeschlossenen Augen leicht sich einbilden, wieder auf einer Brücke zu stehen oder hinter den Fenstern der Kajüte, das leise Brausen des Schiffes im Ohr, indes die Lichter des Landes sich fern und lautlos verschoben, zurückglitten und erstarben, hinabgetaucht hinter die Krümmung der Erde, und das Unbefahrene vor dem Bug sich nun beherrschend erhob.

Im letzten Licht nahm der Mann noch einmal das Buch vor die Augen, als wollte er sich einer bestimmte Stelle vergewissern, daß sie auch noch dastehe, nicht mitgelöscht von der Dämmerung der Welt. Dann ließ er es sinken und blickte hinaus, die linke Schläfe an den Vorhang des Fensters gelegt. Sein Gesicht über dem dunklen Rock empfing nun das letzte Abendlicht. Schatten sammelten sich unter der Stirn und in den tiefen Falten, die von den Nasenflügeln zum Munde liefen, und so war das Gesicht nun nicht unähnlich einem verkleinerten und verschmälerten Abbilde jener Erde, die vor den Bücherreihen schwebte, deren Täler im Schatten verdunkelten und deren Umrisse sich verloren, so daß nur ein matter Schein an der Stelle des Gegenständlichen blieb.

Später, als die Tür sich plötzlich öffnete und das Licht des Flures fast grausam in den schweigenden Raum hineinbrach, ließ der Mann sich Zeit, das Gesicht nach der im Türrahmen Stehenden zu wenden, und bevor er sie erblickte, traten zuerst die wenigen nun erhellten Dinge des Raumes in sein Bewußtsein: das Bild des Kreuzers an der Wand, der nun, wie im Licht eines Scheinwerfers, immer noch aus den Panzertürmen seine düsterroten Salven schoß, eine schmale Büchersäule, die scharf begrenzte Bahn eines roten Teppichs und eine schmale Kante des Globus, die wie eine Sichel leuchtete.

Dann erst sah er die Frau, die im Abendkleid auf der Schwelle stand und den bloßen Arm nach dem Lichtschalter ausstreckte. »Laß das!« sagte er scharf.

Sie hielt in der Bewegung inne, ohne den Arm sinken zu lassen, und auch wenn sie nicht im Licht gestanden hätte, würde er gewußt haben, daß sie lächelte, nicht ohne Spott, aber auch nicht ohne Schonung.

»Träumt man wieder?« fragte sie.

»›Man‹ hat gelesen«, erwiderte er, und trat an den Schreibtisch und legte das geöffnete Buch sorgfältig auf die leere Platte. »In einem Psalm, in dem man seit der Konfirmation nicht mehr gelesen hatte, und dort hat man den Vers gefunden: ›Wir bringen unsere Jahre zu wie ein Geschwätz.‹ Darüber hat man nachgedacht.«

»Helden und Denker«, sagte sie mit ihrer tiefen Stimme, »das ist uns nun übriggeblieben aus dem Kriege ...«

Es habe Zeitalter gegeben, meinte der Mann, die auf einen solchen Besitz sehr stolz gewesen seien.
Ja, aber eben Zeitalter... nun jedoch, nach diesen furchtbaren Jahren, wolle man weder kämpfen noch denken, sondern eben leben.
Auch die Tiere wollten das, und zwar das allein.
Ja, das sei eben das Schöne und Gesunde an ihnen. Sie läsen weder Psalmen noch starrten sie in die Abenddämmerung.
»Manchmal«, sagte er, indem er auf die beleuchtete Kante des Globus starrte, »verstehe ich nun die ganz einfachen, ganz primitiven Männer, die ab und zu die Lust ankommt, ihre Frauen zu schlagen...«
Sie lachte, ganz heiter und sorglos, und unter ihrer Hand brach nun doch ohne Warnung das weiße Licht aus der Kuppel unter der Decke heraus. »Das muß ich sehen«, sagte sie, »den Mann, den diese Lust angekommen ist.«
»Ich habe nicht von mir gesprochen«, erwiderte er und sah sie über den Raum hinweg finster an. Ihre Gestalt war schmäler geworden in diesen dumpfen Jahren, ihre Züge schärfer, ihre Augen glänzender. Nur ihr Kindermund war der gleiche geblieben, trotz der leuchtenden Farbe, die sie nun auftrug, klein, mit wehmütig geneigten Winkeln, und niemals wußte er, ob sie im Zorn oder im Weinen erbeben würden.
Seine Gedanken gingen zurück zu der Zeit ihrer ersten Liebe, und er begriff, wieviel der Krieg ihnen allen geraubt hatte. »Geh nun«, sagte er freundlich, »es führt ja doch zu nichts...«
Ihre Hand mit den funkelnden Ringen strich an den roten Einbänden neben der Tür herunter. »Es sollte ja auch nur dazu führen«, antwortete sie, »daß du dich rechtzeitig

umziehst. Sie kommen in einer halben Stunde, du weißt, daß auch der Admiral zugesagt hat. Es könnte vielleicht doch nicht ohne Wichtigkeit für dich sein ... er hat sehr viel Einfluß.«

Nun ging er doch quer durch den Raum bis zur Schwelle und löschte das Licht. Dann faßte er sie sanft bei den Armen, drehte sie um und schob sie in den Flur. Ihre kühle Haut war ihm fast so fremd wie die einer Toten. »Setze deinen Nelson auf meinen Globus«, sagte er, »und dann kniet vor ihm nieder und betet ihn an, ihn und seine Einflüsse. Mich aber ekelt vor allen diesen Gespenstern, verstehst du? Wer das Spiel verloren hat, soll es zugeben, wie ich es zugebe, und nicht behaupten, beteuern und beschwören, daß falsch gespielt worden sei.«

»Ach, Thomas«, sagte sie und lächelte über die Schulter zurück, »was bist du doch für ein unvorstellbarer Narr...«

Er schloß die Tür, aber der Raum war nun nicht mehr derselbe. Eine Straßenlampe warf ihr unruhiges Licht herein, und der Schatten des Globus lag als ein schwarzer Kreis auf den Bücherwänden. »So ist es«, murmelte er, »eine dunkle Erde, aber sie beleuchten sie mit ihren Eitelkeiten... wer eine Schlacht verloren hat, sollte schweigsam werden, und wir alle haben mehr verloren als eine Schlacht.«

Er lauschte auf das Klirren von Gläsern und Bestecken in einem fernen Raum. Dann trat er vorsichtig in den Flur, nahm Mantel und Hut und öffnete leise die Tür zum Kinderzimmer.

Die Schwester saß auf dem Bettrand und versuchte, ein kleines Holzschiff unter der Decke hervorzuziehen. Aber die kleinen Hände des Jungen hielten es am anderen Ende fest.

Beide Gesichter wendeten sich ihm zu, das errötende der Schwester und das zornige des Kindes. Er blieb stehen und betrachtete es schweigend. Ja, es war sein Gesicht. Noch einmal wiederholt aus einer Unsumme von Möglichkeiten. Leise abgewandelt, fester in der Stirn, härter in den Lippen, aber doch wiederholt. Sein Gesicht und nicht das andere. Die Zukunft, das einzig aus dem Kriege Gerettete.

»Was ist, Joachim?« fragte er, noch immer ernst.

Die Schwester öffnete die Lippen, aber schon hatte eine kleine, braune, zerschrammte Hand sich über sie gelegt. »Schwester Beate sagt«, rief die helle Stimme, »daß man mit einem Kriegsschiff nicht schlafen geht, und ich habe gesagt, daß der Sohn eines Kapitäns mit zwanzig Kriegsschiffen schlafen gehen kann. Sag ihr, daß das recht ist, Vater!«

Thomas trat ans Bett und griff nach dem plumpen Spielzeug. Die feindlichen Hände ließen gehorsam los, und er hob es vor die Augen wie vorher das alte Buch. »Der Sohn eines Kapitäns kann in einem Kriegsschiff schlafen, Joachim, oder auch unter einem Kriegsschiff, aber mit einem Kriegsschiff schlafen, glaube ich, nur kleine Mädchen, die es für eine Puppe halten. Ein Junge stellt sein Schiff auf den Schrank, dort, wo die Morgensonne es trifft, und wenn er aufwacht, dann steht es da und ruft ihn zu seinem Dienst, nicht wahr?«

Er sah, wie die Haut über der jungen Stirn sich faltete in der Anstrengung, jedes Wort zu verstehen, und er wendete sich mit dem kleinen Schiff in der Hand zum Spielzeugschrank, um seine Bewegung zu verbergen. Man hatte im Kriege selten Kinder gesehen.

»Du bist der klügste Mann auf dieser Erde, Vater«, sagte Joachim tief aufatmend, mit zweifelloser Sicherheit.

»Nicht ganz, Joachim, aber wenigstens nicht der dümmste … und jetzt wird geschlafen, nicht wahr?«
»*Allright,* Vater. Luken dicht und gepennt … sagt man so?«
»Ja, so sagt man.«
»Und wohin gehst du jetzt, Vater? Bleibst du nicht, wenn der Admiral kommt?«
»Nein, ich habe viele Admirale in meinem Leben gesehen. Ich muß jetzt etwas suchen gehen.«
»Was willst du suchen?«
»Das wirst du später sehen. Erst wenn man gefunden hat, soll man sagen, was man gesucht hat. Gebetet?«
»Ja, Herr Kapitän«, sagte die Schwester und zog die Decke zurecht.
Seine Gedanken gingen schon wieder fort. »Später, Schwester«, sagte er, »können Sie den Psalm mit ihm beten, in dem der Vers steht: ›Wir bringen unsere Jahre zu wie ein Geschwätz.‹ Das ist ein gutes Gebet … ich habe es heute erst gefunden …«
Ihre Augen, die ihn ansahen, füllten sich langsam mit Tränen, aber er stand schon an der Tür und winkte mit der Hand. »Wissen Sie, daß es eine Grabschrift auf Ihren Namen gibt, Schwester Beate?« fragte er. »Hören Sie zu:

›Hier ruhet, die Beate heißen sollte,
und lieber sein als heißen wollte.‹

Ja, von Lessing sogar. Ich habe es neulich gefunden … ›und lieber sein als heißen wollte …‹ Nun gute Nacht und schlaft wohl!«
Er lächelte sein zerstreutes Lächeln und schloß leise die Tür hinter sich.
Draußen blieb er eine Weile unter den Kiefern des Vorgar-

tens stehen und sah zu den ersten Sternen auf. Immer noch war er auf dem Meer und suchte die leitenden Bilder über dem Horizont. Ein Unglück, daß sie schon zu Anfang des Krieges in diese Stadt gezogen war, aber der Hafen war ihr verhaßt gewesen, von Anfang an. Sie hatte das Meer niemals geliebt, die großen Winde, das streng in den Rahmen des Dienstes gespannte Leben. Sie hatte seine Uniform geliebt und ihren Traum, daß er in jungen Jahren Flottenchef werden würde.

Er ging nun schon die Straße zur Untergrundbahn entlang. Nein, so war es doch wohl nicht gerecht... Liebe war gewesen, aber ohne Prüfung und Leid, das war es. Sie alle hatten das Leben ja genommen wie Früchte von einem guten Baum. Der liebe Gott hatte ihn in ihren Garten gestellt, und sie pflückten und aßen. Wehe dem, der zu sagen wagte, daß sie es nicht verdienten! Und doch verdienten sie es nicht, keiner von ihnen. Der Ausgang hatte es bewiesen und auch das, wie sie es nun hinnahmen. Ohne Würde, und wer ohne Würde ist, ist ohne Wert.

Man muß fort, dachte er, wie aus einer Peststadt. Sie wird nicht mitgehen, aber ich muß fort. Ich will nicht einer dieser »unbesiegten Helden« werden. Ich weiß, bei Gott, wie besiegt ich bin, mehr als sie ahnen... nur das Kind, das Kind...

Er stand schon in dem kühlen Tunnel und starrte auf die Fahrkarte in seiner Hand. Ein ungeheurer Preis war quer über das braune Blatt gedruckt... woher nahm sie all das Geld? Für das Haus, die Mädchen, die Schwester? »Es ist eines Offiziers unwürdig, an der Börse zu spielen.« Hieß es nicht so? Aber sie spielte sicherlich Tag und Nacht. Nicht nur Admirale waren unter ihren Gästen. Die alten

Götter stürzten, Stunde für Stunde. Ein unvorstellbarer Narr, das war er sicherlich.
Und weshalb wartete er nur auf einen dieser Züge? Auf diese donnernden Ungetüme mit ihrem grellen Licht, ihrer verbrauchten Luft und den verwüsteten Gesichtern, die geradeaus ins Leere starrten? Weshalb wartete er fast jeden Abend auf sie, um ziellos und sinnlos durch diese Stadt zu fahren, die er haßte? Stunde für Stunde, kreuz und quer? Mit der Stadtbahn, dem Autobus, der Straßenbahn? Durch die Elendsviertel und die Paläste (aber sie waren elender als jene), die Augen von Gesicht zu Gesicht wendend, als suchten sie etwas schrecklich Verlorenes? Konnte er nicht mehr ertragen, allein zu sein, oder tat er es gerade, um allein zu sein, hoffnungslos allein unter Verfluchten und Verlorenen? Die anderen kauften Rauschgifte; an dunklen Straßenecken, finsteren Torwegen konnte man sie haben. Und er fuhr und fuhr, stieg aus und fuhr wieder weiter, berauschter als sie alle, aber doch mit der eiskalten Angst im Herzen, es könnte ihm entgehen, es könnte nicht gefunden werden, was er suchte: ein Gesicht, eine Erkenntnis, der Friede ... er wußte es nicht.
»Nun, auch das wird ein Ende haben«, sagte er laut. Er sprach nun manchmal mit sich selbst.
Er hatte nicht auf das beleuchtete Schild gesehen und wußte nun nicht, wohin der Zug ihn führte. Er wollte es auch nicht wissen. Er saß in einer Ecke, sauber und gerade, und ließ wie immer die Blicke von Gesicht zu Gesicht wandern. Manche waren ihm nun längst bekannt: Der Mann mit dem Holzbein und den Schnürsenkeln, der nachher an der großen Kirche stand; die Schauspielerin, die zu ihrer Vorstellung fuhr und aus deren erloschenem Gesicht zu lesen war, daß sie an diesem Abend zum

hundertsten- oder zweihundertstenmal dieselbe Rolle spielte; das Fabrikmädchen mit der roten Schleife und die alte Exzellens, an der alles leise und unaufhörlich zitterte, außer dem Monokel, das wie vor einem Totenauge schimmerte.

Die Türen wurden geöffnet und wieder zugeschlagen, wie Fallen, die sich hinter Gefangenen schlossen. Dann heulte der Motor auf, und die unterirdischen Lampen zogen wie ein zerrissenes Band vorüber. Mitunter hob sich der Zug, Schächte und Fenster sprangen aus verwitterten Hauswänden, und der Fetzen einer Lichtreklame schoß wie auf der Flucht die Dächer hinauf. Dann donnerten wieder die Tunnelwände, Kellerluft strömte durch die halbgeöffneten Fenster, und weiße Gesichter erschienen an den Scheiben, wie tote Fische hinter Glaswänden, von unsichtbaren Strömen auf und ab getrieben.

Mitunter sah Thomas eine Matrosenuniform, ins Bürgerliche verwahrlost abgewandelt, und er betrachtete sie aus halbgeschlossenen Augen. Den empörerischen Triumph in dem Gesicht darüber, auf dessen Grunde doch auch nur das Verlassensein hauste, die Sehnsucht, zu vielen solchen Gesichtern zu finden, zu einer schutzgebenden Masse, in der es untertauchen konnte, geborgen in Namenlosigkeit.

Nun waren sie schon ausgestiegen, zu ihrer Arbeit oder der bloßen Füllung leerer Stunden: der Mann mit dem Holzbein, die Schauspielerin, die Exzellens. Der Zug brauste dem Norden zu, und andere Gesichter tauchten auf, verhärmte, verdorbene, verwüstete. Es war, als schlinge der Zug die Ernte der letzten Jahre in sich hinein, zu dürren Garben hastig gebunden: Mütter, die vor sich hin wie auf Gräber starrten, auf eingesunkene und verfallene Kreuze; Kinder, die für eine gestohlene Stunde beim Haß oder beim Laster zu Gast gewesen waren; Fremde, die auf schmutzige Blätter unleserliche Zeichen malten; und Krüppel, viele Krüppel, die Blutzeugen der großen Opferung, die stumpf oder voll Haß auf die Gesunden blickten; denen man gesagt hatte, daß sie Helden seien, und die in den Blicken der anderen nun zu lesen glaubten, daß man sie für arme Narren hielt, ein unbequemes Heer, das nun mitzuschleppen war auf den Weg zu einem neuen Ziel.

Thomas schloß die Augen. Er war gesund, aufrecht, gut gekleidet. Er war wie ein Mann in einem Totensaal, der aufstehen und davongehen konnte, indes die anderen sich haßvoll auf ihrem Lager krümmten und mit halb verwesten Gliedern ihn festzuhalten suchten. Alle hatten zu sterben oder keiner von ihnen. Niemand hatte reich zu sein, und wer gesund war, war ein Räuber.

»Der Herr hat ein Rendezvous?« fragte ein Mann, der ihm gegenübersaß. Die Haut über seinem verzehrten Gesicht war so dünn gespannt wie über einem Drahtgestell, und Thomas dachte, daß es einen hellen Ton geben müßte, wenn der Finger des Todes anpochte bei ihm. Aber der Klang der Frage war böse, hohnvoll und von dem Haß des Geschlagenen erfüllt.

»Ja, mit dem Engel«, sagte Thomas schnell.

Der Blick des andern verwirrte sich und lief die Fensterreihe entlang, über der in läppischen Versen die Unfallwarnungen standen. Dann kehrte er langsam zurück. »Es gibt keine Engel mehr«, sagte er, und seine Stimme war nun müde und hoffnungslos.

Die Bremsen setzten ein, und Thomas stand auf. »Doch«, sagte er im Vorbeigehen, »es gibt noch Engel... nur haben sie eine Rüstung an...«

»Verschüttet gewesen«, murmelte eine Stimme, als Thomas ausstieg.
Er bog in eine Nebenstraße ein, die wie ein unendlicher Schacht in eine ferne Wüste zu laufen schien. Ein grünlicher Mond hing über den Dächern, fragwürdig wie alles Licht in dieser Stadt. Die Tritte der Menschen hallten an den Wänden empor, und man hörte diejenigen heraus, die noch auf Holzsohlen gingen. Das Licht hinter den Fenstern war trübe, und wenn ein Torweg sich auf die Hinterhöfe öffnete, wehte es dumpf heraus wie vom Friedhof, auf dem die Kränze welkten. Grammophone kreischten aus der Ferne, erstickt wie unter nassen Tüchern, und ganz weit vor ihm, hoch über unsichtbaren Dächern, raste ein zerrissener Kreis, bald grün, bald rot erstrahlend, um seine Achse. Er sah aus wie ein verstümmeltes Signal aus der Unendlichkeit.
Die Hände in den Taschen, den Hut zurückgeschoben, ging Thomas die Straße hinunter. Diese und die nächste und wieder die nächste. Plätze leuchteten auf und blieben zurück, Gärten hinter bröckelnden Mauern, ein Schienenstrang, ein Autobus, der wie ein feuriger Drache in einer Höhle verschwand. Er liebte es, so zu gehen. Er hatte nicht Freude daran. Er war nur wie ein Schiff vor dem Winde. Fünf Jahre waren vertan. Der Krieg war die Probe gewesen, und er hatte nicht bestanden. Viele hatten nicht bestanden, aber das tröstete ihn nicht. Nur, er wollte von neuem anfangen, und das unterschied ihn von vielen. Er wußte noch nicht, wo es beginnen würde, aber er hoffte, ihm zu begegnen. Hier vielleicht, und wenn nicht hier, dann an einer anderen Stelle. Er wußte, daß andere studierten oder in einer Bank arbeiteten oder in einer Fabrik. Aber das wollte er nicht, weil es kein neuer Anfang war. Sie hatten

ihn über Bord geworfen, als er nach der Flagge gefaßt hatte. Das Meer war über ihm zusammengeschlagen, und er war nur durch ein Wunder gerettet worden. Der Engel hatte ihn angeblickt und war weitergegangen, aber er würde ihm wieder begegnen. Vielleicht an der nächsten Straßenecke, wo das weiße Schild über dem Bürgersteig leuchtete. Vielleicht vor der Erdkugel, die vor seinen Büchern stand, vielleicht erst im Angesicht des Todes.
Aber er würde ihm begegnen.
Er sah an den matten Sternen, daß er nach Osten ging, und er merkte es an dem Gesicht der Stadt. Härter als in den anderen Vierteln hatte der Krieg hier regiert. Die Häuser waren wie vom Aussatz zerfressen, die Fenster erblindet, die Gesichter verwüstet, und was aus den Torwegen sich auf die Straße schlich, hatte fahle Stirnen und einen leisen Schritt, wie über verlassenen Schlachtfeldern. Mädchen sprachen ihn an und folgten ihm eine Weile, und es war ihm, als könnte man durch ihre Augen hindurchsehen ins Bodenlose. Selten empfing er ein böses oder rohes Wort, und auch dies klang nur wie hinter einer zugeschlagenen Tür. Er fürchtete sich nicht, denn er besaß nichts. Er war so allein wie diese Ausgestoßenen aus Kellern und Hinterhöfen, und was sie ihm zum Besitz rechneten, war ihm so schal, wie ihnen die Luft, die sie atmeten.
Er wollte sie weder prüfen noch bekehren. Er wollte nur eine Welt erfahren, die er nicht kannte. Was sie in seinem Hause hinter den dunklen Vorhängen sprachen und dachten und begehrten, kannte er alles. Weder Brot noch Wein würde ihm daraus wachsen. Aber dies hier kannte er nicht, und er wollte alles kennen, die ganze Erde, wie sie rund und schweigend vor seiner Bücherwand schwebte. Gefecht und Schlacht, Tod und Zerstörung, das konnte

nicht alles sein. Irgendwo schleiften die zerrissenen Zügel dieses Wagens über die Erde, und so lange mußte man gehen, bis sie über einen hinwegfegten und man versuchen konnte, ein Stück zu ergreifen. Den Sinn mußte man zu finden suchen; nicht das Ganze, die Lösung, das Letzte, aber ein Stückchen Sinn, den Schimmer eines Planes, und dann wollte man in Gottes Namen noch einmal anfangen.

Der Weg führte über eine Brücke, die sich hoch und weit über Schienenstränge spannte. Im Osten erloschen die Lichter allmählich in der Nacht, und er sah die Fernzüge hineinbrausen in die schweigende Schwärze, die schon über Äckern und Wiesen stand. Im Westen aber schoben die Signale sich dicht zusammen, weiße, rote und grüne Lichter, wie in einer Hafeneinfahrt. Ein leiser Wind ging über seine Hände, die auf dem kalten Eisen des Geländers lagen, und es war nun alles wieder wie vor fremden Küsten, mit halbgelöschten Feuern, wo man nach trügerischen Lichtsektoren steuerte und der Tod, schweigend, aber wachsam, unter der Sternen hing.

Dann saß er auf dem Verdeck eines Autobusses. Die Lichtreklamen wurden zahlreicher, wilder und gehetzter, die Straßen belebten sich, Portiers standen wie Könige in Marmoreingängen, und über die Köpfe der Menge hoben sich farbige Arme mit Zeitungen, und heisere Stimmen schrien die Ernte des Tages aus, die Kurse, die Morde, die Streiks, die Revolutionen.

Thomas stieg aus und ließ sich treiben. Die Menge schluckte ihn auf wie der Strom einen Tropfen. Krüppel kauerten an den Gittern der Vorgärten, und ihre eintönigen Verse fielen wie stumpfe Messer in die Menge. Geld klirrte, und die meisten Hände fuhren schnell zurück, als hätten sie sich losgekauft von dem steinernen Antlitz des

Krieges, das immer noch über die Dächer hinunterstarrte. Die breiten Hüte der Heilsarmee tauchten ab und zu aus lichtüberfluteten Eingängen auf, und die Gesichter darunter blickten still und wie entrückt, als hätten sie schon auf der Schwelle Hohn oder Mitleid abgestreift, die sie dort innen empfangen hatten.

Einen Augenblick lang lächelte Thomas, als ihm der Gedanke kam, was sie für Gesichter machen würden, wenn er zu Hause als Offizier dieser Heilstruppe erscheinen würde. Thomas, der Leutnant Gottes. Gott war fortgegangen, aber die Propheten kamen. Aus allen Kellerhöhlen stiegen sie empor, auf den Tribünen hoben sie die nackten verzehrten Arme, in den Parlamenten beschworen sie das Reich der Liebe, aus den Sternen rissen sie Weisheit und Schicksal: aber der Engel war fort, der einzige, der die Lose trug und wußte.

Ein Polizist mit weißen Handschuhen sperrte die Kreuzung. Jemand rief Thomas an, und er trat unlustig an den haltenden Wagen. Ein Kamerad von seinem letzten Schiff, und er rückte zur Seite, um ihm Platz zu machen. Aber Thomas schüttelte den Kopf. Nein, eine Bar sei nichts für ihn, er wolle noch in der frischen Luft bleiben. Was er denn treibe? Oh... nichts... er warte. Der andere lächelte: »Solltest zu mir auf die Bank kommen, Thomas«, sagte er. »Geld wird dort verdient, sage ich dir, und das Ganze ist wie ein Nachtgefecht. Du weißt nie, wie du herauskommst, aber wenn du herauskommst, hat es gelohnt. Soll ich dir einen Tip geben, Thomas? Macht mehr aus als deine Pension für ein Jahr!«

Nein, auch dafür dankte Thomas. Die Straße wurde frei, und der Wagen fuhr langsam an. »Mach's gut, Thomas! Bis zum nächsten Orlog...«

Eine Weile blickte er dem Wagen nach, dann bog er die nächste Straße zur Stadtbahn ein. Ihn verlangte plötzlich, den Strom zu sehen, dunkles Wasser, in dem die Masten sich spiegelten und über dem die Sterne standen. Nein, der Erfolg konnte nicht das Letzte sein. Auch Spieler hatten Erfolg, aber ihr Leben ging nicht in die Bücher ein, aus denen Kinder lernen, wie man leben soll. Ein guter Offizier war jener gewesen und ein guter Kamerad, aber wenn man die Uniform auszog, mußte man wohl mehr sein als dies. Das Leben verlangte mehr, als ein Kriegsschiff verlangt. Ungewißheit überfiel ihn wieder, und im Augenblick dachte er, daß es gut sein müßte, Adressen zu schreiben oder Pakete auszutragen, irgend etwas, das das Blut in den Fingern bewegen würde. Es gab keine Feierjahre für junge Hände.

Er blieb an einem Blumenladen stehen und starrte auf die Gläser mit Treibhausflieder. Wenn ich geschossen hätte, grübelte er, so würden sie mich erschlagen haben, und alles würde gut sein ... eine Sekunde versäumt, nein, eine halbe Sekunde ... die Entscheidung verpaßt, das ist es, weshalb der Engel nicht kommt ...

In der Stadtbahn saß ein alter Mann ihm gegenüber, der auf ein Blatt Papier starrte, das mit Kreisen und Zeichen bedeckt war. Sein Haar fiel bis zum Rockkragen, und seine Füße steckten in wunderlichen, vielfach geflickten Reformschuhen. Wie reich und geduldig ist diese Zeit, dachte Thomas. Sollte sie nicht auch für mich einen Platz und ein Ziel haben? Man muß nur warten, bis die Magnetnadel zu beben beginnt ...

Der Mann sah seufzend auf und blickte Thomas an. Er hatte gute Augen, von einem wässerigen Braun, leise erstaunt und viel geprüft, und Thomas dachte, daß eine Kuh so vor

sich hinsehen könnte, wenn sie außer der Reihe gemolken würde. Doch mißfiel ihm der Vergleich sofort, und er tadelte sich, daß er so über Menschen urteilte.
Doch da hob der Mann den Zeigefinger der rechten Hand und sagte flüsternd: »Steinbock, nicht wahr? Dreiundzwanzigsten Dezember bis dreiundzwanzigsten Januar, ja?«
Aber Thomas vergaß seine guten Vorsätze über dem Formlosen und Vertraulichen der Ansprache. »Nein«, erwiderte er schroff und wechselte den Platz.
Der Sternkundige stieg an der nächsten Haltestelle aus, und als er die Türen öffnete, beugte er sich ohne Kränkung zu Thomas und flüsterte hinter der vorgehaltenen Hand: »Die Knie sind bedenklich beim Steinbock ... sehr gefährlich ... immer schön auf die Knie achten, mein Herr!« Er lächelte freundlich, hob noch einmal mahnend den Zeigefinger und verschwand.
Die Straße senkte sich leicht zum Strom, und als Thomas die Stufen zum Bollwerk hinunterschritt, dachte er an seine Knie und lächelte. Dann ging er langsam am Wasser entlang.
Die Flut zog dunkel und träge dahin, mit zitternden Sternbildern, die auf der gleichen Stelle verharrten. Kähne lagen an der Mauer vertäut, die Deckplanken glänzten, und die Bordlaternen leuchteten über Tauwerk und Holz. Mitunter bellten die Wachhunde, zuerst einzeln und dann den ganzen Strom entlang. Dann war wieder das Wasser zu hören und ein leichter Wind, der durch das Geäst der Birken zog.
»Wasser müßte es doch sein«, sagte Thomas, »nur stiller als das Meer ... ich möchte keine Brandung mehr hören.«
Auf einem der Uferpfähle saß er dann lange, rauchte und hielt dann die Hände müßig zwischen den Knien gefaltet.

Die Luft war warm, und es roch nach Erlen und Schilf. In der Ferne glitten die glühenden Bänder der Züge durch die Nacht, fast ohne Lärm, wie schöne Schnüre. Der Himmel war hell, wie bestickte Seide, und einmal meinte er ganz weit Wildgänse ziehen zu hören. Er vergaß nun alles, die letzten Stunden und die mühsamen Jahre. Wie ein Bauer auf seinem Grenzstein saß er da und hörte zu, wie die Erde sich regte. Dies war ihnen allen doch geblieben, wieviel der Brand auch verzehrt haben mochte: die Füße still auf der kühlen Erde zu halten und zu sehen, wie die Sterne kreisten. Auch Joachim sollte das lernen, sobald wie möglich, ehe sie ihn verdarben mit ihrer fraglichen Wissenschaft.

Erst als ihn zu frieren begann, stand er auf. Die Laternen brannten immer noch, und ein dünner Nebel hing müde über dem Wasser. Die nahe Stadt sah aus, als sei sie nur zu Gast bei diesem Strom.

Niemand sprach ihn mehr an auf der Heimfahrt, und dann ging er auf Umwegen nach Hause, damit die Gäste schon fort wären, wenn er käme. Doch fand er alle Fenster noch hell und kehrte noch einmal um. Vom nahen Kirchturm schlug es Mitternacht, und er hörte zu, wie der letzte Klang in immer dünner werdenden Wellen verging. Dann fiel ihm etwas ein, und er ging schnell die wenigen Straßen zur Kirche hin. Der Turm stand dunkel in der hellen Nacht, aber im Predigerhaus, hinter dem großen Garten, waren zwei Fenster noch erleuchtet.

Thomas stieg über den niedrigen Zaun und ging auf das Licht zu. Die Fenster lagen zu ebener Erde, und als der Kies unter seinen Schuhen knirschte, trat oben ein Mann ins Licht. Er war dunkel gekleidet, und Thomas meinte noch niemals einen so großen, schweren Menschen

gesehen zu haben. Er war noch nicht in der Kirche gewesen.
»Es ist spät, Herr Pfarrer«, sagte er, »aber ich würde Sie gerne noch gesprochen haben.«
Der Geistliche beugte sich schweigend vor, um das beleuchtete Gesicht zu erkennen. Dann trat er wortlos zurück, und Thomas hörte ihn die kurze Treppe herunterkommen, bis er die Haustür aufschloß. »Treten Sie leise auf«, sagte er, »sie schlafen schon alle.«
Der große Raum war nur mit Büchern gefüllt. Ein bäuerlicher Christus aus grauem Holz hing lebensgroß zwischen den Fenstern. Thomas setzte sich nicht ohne Verwirrung, weil das Ausmaß der Figur ihn erschreckte. Doch ließ der Pfarrer sich nichts merken und sah ihn nur ruhig an. »Es kommen manche um diese Zeit«, sagte er, »Sie brauchen sich nicht zu entschuldigen. Ich weiß dann wenigstens, daß es ernst ist.«
Nun erst sah Thomas ihn an. Sein Vater mochte hinter dem Pflug hergegangen sein, aber es war wohl ein grüblerischer Gang gewesen, und in diesem Sohn war es nun ausgebrochen. Stirn und Mund waren zersorgt und zerquält, aber über dem glatten grauen Haar mochte doch zuzeiten derselbe Schein stehen wie über dem Holzbild an der Wand. Das Gesicht war zugeschlossen, aber die Augen sahen ihn nicht ohne Freundlichkeit an, alte und vielwissende Augen, und Thomas fühlte sich jung und töricht unter ihrem Blick.
Er seufzte, bevor er begann. »Ich bin kein Kirchengänger, Herr Pfarrer«, sagte er entschuldigend.
Der andere erhob nur die Hand. »Wir wollen von den wichtigen Dingen sprechen«, unterbrach er.
»Auch die Bibel habe ich lange nicht gelesen«, fuhr Tho-

mas fort, »seit meiner Einsegnung nicht. Der Dienst war schwer, und es wollte nie recht zusammenstimmen... Heute nun fand ich unter meinen Büchern den Psalter, eine ganz alte Ausgabe, groß gedruckt, durch eine Erbschaft während des Krieges zu mir gekommen. Ich habe darin geblättert und fand den neunzigsten Psalm. Ich entsann mich wieder auf das meiste wenigstens, aber ein Vers war mir unbekannt. Als Kind liest man darüber hinweg, und auf Kinder trifft er ja nicht zu. ›Wir bringen unsere Jahre zu wie ein Geschwätz‹, steht dort geschrieben. Zuerst las ich weiter, als sei es wie das übrige, aber dann kehrte ich gleich wieder zurück und las ihn noch einmal. Und dann las ich nicht mehr weiter... es war wie ein Mast, der über einen stürzt, und man kann nicht aufstehen unter ihm...«

Der Pfarrer nickte. Er hatte den Kopf in die rechte Hand gestützt und Thomas unbeweglich angesehen. »Ja«, sagte er, »Sie werden das natürlich als Zufall bezeichnen, daß Sie gerade dies gelesen haben. Ich selbst, wenn es mir widerfährt – und es widerfährt mir oft –, ich sehe es natürlich anders an. Ich weiß dann, daß ein solcher Vers gewartet hat, bis es Zeit geworden ist. Verstehen Sie? Es ist nicht so, daß ein Mensch für sich lebt und ein Vers wieder für sich, und vielleicht kreuzen ihre Wege sich einmal. Sondern es ist so, für mich natürlich nur, daß der Vers auf seinen Menschen wartet und der Mensch auf seinen Vers. Aber wenn es sich erfüllt hat, ein bestimmtes Stück der Lebensbahn, ein Sturz oder ein Aufstieg, oder auch nur eine bestimme Düsternis und Verwirrung, dann ist der Vers da. Er schlägt gewissermaßen das Buch auf, er enthüllt sich, er stellt sich auf den Weg. Und dann kann man nicht herumgehen oder ausweichen. Er ist wie Eisen, das zuschlägt. Er hat uns... ist es nicht so?«

»Ja«, sagte Thomas leise, »er hat uns ... so ist es.«

»Und nun soll ich Ihnen sagen, was sie damit anfangen sollen, nicht? Der Vers bedrückt Sie, er ist wie ein leiser, dumpfer Schmerz, der immer da ist. Sie lesen etwas anderes, oder sie gehen spazieren, viele Stunden lang, am Tage oder lieber in der Nacht. Oder Sie denken an Skagerrak oder an das Ende. Aber er geht immer mit Ihnen, er ist nicht mehr außen, in einem Buch, das in Ihrem Hause bleibt, wenn Sie das Haus verlassen. Er ist schon in Ihrem Blut, ganz tief. Sie sind nicht mehr sein Herr.«

»Ja«, sagte Thomas, »so ist es.«

»Sie müssen es nun so ansehen«, fuhr der Pfarrer fort, »oder vielmehr, es ist wohl richtig, wenn Sie es so ansehen: Der Vers hat das Seine getan, er hat sich gleichsam vom Tode auferweckt, er ist für Sie auferstanden. Und nun fragt sich, ob Sie das Ihre tun wollen. Ich will es nicht ›auferstehen‹ nennen, denn das ist ein sehr großes Wort. Es fragt sich, ob Sie den Vers wieder begraben wollen, ihn erwürgen und zuschütten ... ja, ich sagte, ›erwürgen‹! Dann rührt er sich noch eine Weile, so wie das Kind bei Tolstoj, wissen Sie? In der Nacht, wenn Sie aus einem Traum auffahren, oder in einer Gesellschaft, oder vielleicht, wenn Sie Ihren Jungen ansehen. Aber dann ist er still, so still wie vorher. Er hat angeklopft, und Sie haben nicht aufgemacht. Sie haben die Hunde auf ihn gehetzt, und er ist tot. Für sie ist er tot, ewig und unabänderlich.

Das ist der eine Weg. Der andere ist ebenso klar, nämlich, daß auch Sie nun das Ihrige tun, nicht wahr? Daß Sie eben aufhören damit, Ihre Jahre zuzubringen wie ein Geschwätz. Und wenn Sie das tun, dann ist der Vers still. Das heißt, seine Mahnung ist still, sein Vorwurf, seine Klage. Er trifft nicht mehr zu für Sie, Sie haben ihn erlöst. Im

Märchen wird aus einem Drachen eine Prinzessin. Im Leben ist es so, daß man eben aufhört so zu sein. Daß man anders wird, kein Heiliger, und kein Prophet, aber eben anders, nicht?«

»Ja«, sagte Thomas, »aber wenn man nun das nicht so ohne weiteres kann ... fromm werden, meine ich, oder glauben, oder wie man es nennt ...«

»Fromm werden? Glauben?« Der Pfarrer beugte sich vor und sah ihn erstaunt an. »Wie kommen Sie darauf? Arbeiten soll man, arbeiten! Verstehen Sie? Nichts als arbeiten! Das heißt es.«

»Aber Sie als Pfarrer ...«

Der schwere Mann stand auf und trat vor das riesige Christusbild. Er war ebenso groß wie das Bildwerk, und sie sahen einander aus gleicher Höhe in die Augen. »Dieser hier«, sagte der Pfarrer leise, sich halb umwendend, »wird mir verzeihen, daß ich seinen Namen so selten nenne. Daß ich nur von dem einen spreche, das uns heute not tut, von der Arbeit. Auch in der Kirche, gerade in der Kirche. Vier Jahre haben wir seinen Namen mißbraucht, nun wollen wir ihn vier Jahre verschweigen. Wir haben getötet, und nun wollen wir arbeiten, schwer und keuchend und schweißbedeckt, nichts als arbeiten. Und dann wollen wir sehen, ob wir wieder würdig sind, seinen geliebten Namen auszusprechen.«

»Und wie arbeiten, Herr Pfarrer? Welche Arbeit? Ich selbst, ich ...«

Der Pfarrer hob die Hand. Er stand nun mit dem Rücken gegen das Fenster, als sei er eben aus dem Dunkel der Nacht herausgestiegen, ein Bauer, den seine Felder nicht schlafen lassen. »In dieser Gemeinde«, sagte er, »wohnen Minister und Straßenkehrer. Beide kommen nicht in die

Kirche, aber beide arbeiten, und beider Arbeit ist mir gleich wert. Die eine kann ich sehen, wenn ich aus dem Hause trete, die andere kann ich nicht sehen, ich errate sie höchstens oder lese in der Zeitung davon. Ich glaube auch, daß der Straßenkehrer glücklicher ist mit seiner Arbeit als der Minister. Er hat seinen Abschnitt, seinen Besen und seine Karre. Er hat seine Grenzen, über die ihm keiner hereinkommt. Das hat der andere nicht. Und ein Pferdeapfel ist leichter zu beseitigen als Intrigen oder politische Feindschaft oder was sie sonst wollen. Aber außerdem kann der Straßenkehrer immer hoffen, einmal Minister zu werden, während jener keinen Stern hat, den er aus dem Himmel herunterholen könnte. Aber das ist alles gleich, ganz gleich. Sie dürfen nicht fragen: ›Welche Arbeit?‹ Sehen Sie meinen Tisch an! Sehen Sie die Briefe! Dutzende, Hunderte von Briefen, mit Blut geschrieben, ja, ich sage es ausdrücklich: ›Mit Blut geschrieben!‹ Wissen Sie nicht, wie Gott uns geschlagen hat? Furchtbar und erbarmungslos geschlagen? Ach...« Er hob die Hände und rang sie über seinem grauen Haar, und für einen Augenblick war sein Gesicht verzweifelter als das des grauen Bildes an der Wand.

Aber dann ließ er die Hände sinken und lächelte wie zur Abbitte. »Es ist nur manchmal«, sagte er, »und geht gleich vorbei... ich sehe Ihnen schon lange zu, fast fünf Jahre, Herr von Orla. In dieser Gemeinde bleibt ja nichts verborgen. Wie Sie mit Ihrem Jungen gehen und wie Sie allein gehen, lange und viel allein. Aber ich war immer getrost, wenn ich an Sie dachte. Er trifft seinen Engel schon, habe ich gedacht. Wer so viel geht, trifft ihn schon einmal. Ich bin nicht zu Ihnen gekommen, das sind so neumodische Dinge. Wenn die Kirchen leer sind, wandern die Pfarrer in die Häuser, um Eintrittskarten zu verschenken. Nein, nein. Die Bauern warten auch, bis man kommt. Aber Sie wollen ja auch nicht das ›Wort Gottes‹, wie es so heißt. Sie wollten nur eine Bestätigung, daß es nicht recht ist mit Ihrem Leben. Und Sie haben gedacht, ein Pfarrer, wenn er um Mitternacht noch auf ist, vielleicht weiß er es ...«

»Ich war schon an meinem Hause«, sagte Thomas, »und erst als ich sah, daß die Fenster noch alle hell waren und die Wagen unten hielten, bin ich umgekehrt.«

»Ja, sie leben wie Belsazar und seine Knechte ... immer war das so in solchen Zeiten ... man soll nicht schelten, man soll nur immer dasein, immer dasein ...« Er legte den Kopf an die Lehne seines Stuhls und schloß die Augen. Jede Linie des Gesichts erstarb in erschreckender Müdigkeit.

Thomas stand leise auf. »Ich danke Ihnen, Herr Pfarrer«, sagte er.

»Danken soll man erst, wenn man beim Morgenlicht nicht bereut, Herr von Orla. Und auch dann ist es meistens überflüssig. Es kommt uns nämlich nicht zu, verstehen sie? Sehr wenigen kommt es zu, und ich bin nicht einer von den wenigen.«

Er brachte ihn noch ans Gartentor, schloß hinter ihm zu und sah einmal zu den Sternen auf. »Ich war heute bei einem Mörder«, sagte er halb im Fortgehen. »Ja, Sie dürfen nicht erschrecken, das sind so meine Pflichten ... Morgen wird er hingerichtet. Ich saß eine Stunde bei ihm und habe gebetet. Allein, denn er wollte nicht beten. Er wollte auch nicht sprechen, kein Wort. Aber ich dachte, vielleicht tut es ihm wohl, daß nun einer da sei außer den furchtbaren Wänden. Aber als ich fortging – der Wärter kam mich holen – und ich noch einmal zurücksah auf seine gekrümmte Gestalt, da richtete er sich auf und sagte: ›Ein Segen, daß es drüben keine Pfarrer geben wird!‹ Ganz freundlich sagte er es... was aber muß ein Stand gesündigt haben, Herr von Orla, daß so etwas gesagt werden kann? Verstehen Sie? Aber es ist nicht der einzige Stand, glauben Sie mir. Keiner von uns weiß, wie er schuldig ist an allem, was geschieht. An allem, hören Sie? Ja, an allem...«

Dann ging er zu den hellen Fenstern zurück, und Thomas sah, wie gebeugt die schweren Schultern waren.

Später müßte Joachim zu ihm, dachte er, langsam die Straße hinuntergehend. Wenn ich einmal arbeite – und es wird sicherlich nicht hier sein –, dann müßte er zu ihm und ab und zu in diesem großen Raum sitzen und ihm zusehen. Wie sein Gesicht lebt unter allen Toten, die um uns sind.

Schwester Beate stand schon in der Wohnungstür, als er die Treppe heraufkam. »Die gnädige Frau ist krank«, flüsterte sie verstört, »ich weiß nicht, was es ist.«

Er ging noch im Mantel hinein. Mit einem schnellen Blick umfing er den großen Raum, die Tische mit Gläsern und Aschenschalen, die Falten in den Teppichen, die geknüllten Kissen in den Sofas und Sesseln. Der abgestandene Zigarettenrauch machte ihm nach der reinen Nachtluft übel. »Öffnen Sie alle Fenster, Schwester«, sagte er leise. Dann ging er zum Kamin, in dem das Feuer noch brannte.

Seine Frau kauerte in einem der tiefen Stühle. Sie hatte die Füße hochgezogen und den Kopf auf die Lehne zurückgelegt. Ihr Gesicht war weiß und erschöpft, mit kleinen Schweißtropfen auf der gefalteten Stirn. Als er die Hand ausstreckte, um sie auf ihr Haar zu legen, öffnete sie die Augen und lächelte. Ihr Blick war trübe und fast bewußtlos, ihr Lächeln wie das einer entstellten Maske. »Tho... mas«, flüsterte sie mühsam. Sie war betrunken.

Seine Hand hielt in der Bewegung inne, und er starrte

regungslos in ihr Gesicht. Er fühlte, wie seine Haut kalt wurde und sein Mund sich in einem bitteren Geschmack zusammenzog. »An allem«, ging es ihm durch den Sinn, »ja, an allem ...«

Sie trugen sie ins Schlafzimmer, und Thomas schickte die Schwester nach einem Glas aufgewärmter Milch. Er blieb am Fußende des Bettes stehen, bis sie zurückkam. »Eine leichte Vergiftung«, sagte er. »Nach diesem wird es besser werden, verstehen Sie? Wenn es schlechter wird, rufen Sie mich!« Er sah ihr befehlend in die Augen, bis sie verstanden hatte.

»Ich mache es nun schon allein, Herr Kapitän«, sagte sie.

In seinem Zimmer setzte er sich auf das schmale Ruhesofa und stützte den Kopf in die Hände. Er wußte, daß es ohne Hoffnung war. Die Nachernte des Krieges war so erbarmungslos wie seine blutige Zeit. Vor zehn Jahren noch würde er geglaubt haben, mit dem Schiff untergehen zu müssen. Nun glaubte er es nicht mehr. Sein Vater hatte es nie geglaubt. »Ein Mann, Thomas, der sich von einer Frau in den Strudel ziehen läßt, hat aufgehört, ein Mann zu sein!« Sie hatten an der Leiche eines Gespannknechtes gestanden, der sich ertränkt hatte, weil seine Frau ihn betrog. Thomas hatte noch seine Kadettenuniform getragen, aber der Vater hatte ihn mitgenommen, um es ihm zu zeigen. Er sah ihn dastehen, beide Hände auf den Stock gestützt, und über den Toten hinweg auf die grünen Felder blicken. Weiße Wolken zogen wie dunkle Schatten über die junge Saat, und in der Ferne hörte man eine Sense dengeln. »Du wirst dich erinnern, Thomas«, hatte der Vater gesagt. »Es wird eine Zeit kommen, wo euer Leben nicht euch oder den Frauen gehören wird, keinem von euch ...«

Nun erinnerte er sich. Es war nicht gut, daß der Vater so früh gestorben war.
Er holte sich ein Kissen und eine Decke aus dem Gastzimmer. Bevor er das Licht löschte, trat er noch einmal an den Globus. Er legte einen Finger auf die Gipfel des Himalaja und schob sie mit leisem Schwung zur Seite. Die große Kugel begann sich leise surrend in ihrem Lager zu drehen, und Gebirge, Ebenen und Meere glitten mit einem flüsternden Ton an seinen Augen vorüber. Tauchten wieder auf und versanken wieder, Farbflecke und ein Netz von Linien, Licht, Dämmerung und Schatten, und er stand vorgebeugt, leise verwundert, als stehe er auf einem fremden Stern und sehe zu, wie die alte Heimat vorüberschwebte, ganz weit, durch den eisigen Weltenraum, und alles Schicksal auf ihr sei so fremd wie ein Märchen aus längst vergangenen Tagen.
Dann wurde die Drehung langsamer und erstarb. Der heimische Erdteil breitete sich vor seinen Blicken aus, und seinem Abbild waren Brand und Verwüstung der letzten Jahre nicht anzusehen. Ruhig lagen die Festländer und Meere, die Ströme spannten sich blau und dünn über die gekrümmte Fläche, und das Bild der Stadt, in der er lebte, lag als ein kleiner dunkler Kreis zwischen Wasser und Wald. Nach Osten aber zogen die großen leeren Ebenen, immer leerer, je weiter seine Blicke ihnen folgten, bis zur verstümmelten Grenze des Reiches, und dort, im wieder gehäuften Blau und Grün der Seen und Wälder, ruhte das Auge noch einmal aus, ehe das Endlose der Krümmung der Kugel verschwand.

2

Thomas war eine Nacht und einen halben Tag gefahren, als er an der kleinen Haltestelle ausstieg. Er holte sein Fahrrad aus dem Gepäckwagen, sah hinter dem Bahnhofsgebäude einmal in seine Karte, machte den Rucksack fest und fuhr die birkengesäumte Straße hinunter, den Wäldern zu, die blau und groß im Süden die Welt verschlossen.

Obwohl das Land nicht unähnlich seiner märkischen Heimat war, schien es ihm doch, als sei er in der Nacht über fremde und riesige Ströme gefahren und als sei dies hier keiner Erde zu vergleichen, die er während seines Lebens betreten hatte.

Indes er fast geräuschlos dahinglitt, von einem sanften seitlichen Winde je nach der Biegung der Straße gehindert oder getrieben, versuchte er zu ergründen, weshalb sein Atem leicht zu gehen schien in dieser Landschaft, obwohl sie doch im ersten Anschauen streng, weit und nicht ohne Düsterkeit sich ihm darbot. Er bemerkte, daß die Luft rauher ging, daß Wachstum und Feldbestellung gegen seine Heimat weit zurückgeblieben waren, daß Häuser und Dörfer ärmlicher, fast liebloser in den umgebenden Raum gebettet waren. Doch schienen wiederum Straßen und Pfade menschenleerer, alles Gerät einfacher und verbrauchter, ja auch alle Ansprüche bescheidener, als ob die Erde noch unbedingter hier herrsche, den Forderungen des Menschen noch widerwilliger verschlossen als in anderen Bezirken des Reiches, und als ob der Mensch hier mehr auf eigener Kraft und im eignen Innern beruhen müsse, ohne die gedankenlose Unterstützung der Masse, die ihm woanders, zumal in den Städten, so leicht und so verhängnisvoll zufalle.

Doch schien ihm vor allem der Himmel über alle Maßen groß und gewaltig. Geschwader von Wolken zogen ruhevoll an seiner Wölbung entlang, aber selbst sie mühelos geordnet in dem unermeßlichen Raum, und ihre schweren Schatten stießen sich nirgends auf den noch bräunlichen Feldern. Auf den Hügeln der Äcker standen einzelne Bäume, das Astwerk ohne Hindernis ausgebreitet oder von immer wehenden Winden nach einer Seite gebeugt, und da sie fast alle ohne Hintergrund vor dem leeren Himmelsraum standen, so trugen die Felder in aller Kargheit ein Gesicht des Stolzes, als lägen sie noch da wie zu Beginn der Schöpfung und niemals sei anderes als Wind oder Regen oder eine kühle Sonne über sie hingegangen.

Auch der Schrei der Vögel dünkte ihn heller und wilder zu sein, und nirgends glaubte er so viele Raubvögel gesehen zu haben, die spähend über den Feldern hingen oder in Kreisen sich unter die Sonne schoben. Doch verknüpfte ihr Bild sich ihm immer mehr mit der Erscheinung der großen Wälder, denen er zufuhr und die ihm als die eigentliche Heimat alles dessen erschienen, was sich hier spielend oder beutesuchend unter dem Himmel bewegte.

Kam er so auch nicht zu der gewünschten Klarheit seiner Gedanken und blieb die Ursache seines Gefühls der Freiheit ihm im Letzten noch verborgen, so nahm er doch mit Beglücktheit wahr, daß sein ganzes Wesen vorwärts gewendet war, bestrebt, Kommendes und Neues in sich aufzunehmen, und daß die grübelnden Gedanken der

letzten Tage, ja noch der Nachtfahrt, wie ein Nebel hinter ihm verflogen waren.
Indessen wuchs das Gesicht der Wälder immer näher und deutlicher in ihm auf, als sei dort eigentlich erst das verborgen, was den Sinn der Landschaft ausmache und dazu auch das, was zu suchen er ausgezogen sei. Von ferne schon war zu erkennen, daß der schweigende Ernst dieses Raumes dort nicht von einer Heiterkeit der Form abgelöst werden würde, ja daß vielmehr mit dem Zurückbleiben von Dorf, und Feld und Gehölz sich alles in eine einzige, gesammelte Erscheinung zurückziehen würde, an Größe nur dem Meere oder dem Hochgebirge zu vergleichen, und nicht nur an Größe, sondern eben auch an Schwere und aufrufender Einsamkeit.
Schon jetzt sah er die Geradheit grauer, sehr hoher Stämme, ohne Unterbrechung nebeneinandergestellt, ohne Zierlichkeit verbindender Linien, und darüber den leise gewellten Saum der Wipfel, abgerundet wie die Form des Granits im Urgebirge. Zwar erblickte er, je näher er kam, vermittelnde Einzelheiten, Fichtenschonungen etwa, die einem in die Tiefe gesunkenen Waldstück von ferne glichen, einen Weißbuchenhain oder einen Hang mit jungen Birken, zwischen denen der Wacholder dunkel stand, aber gleich schloß die graue Wand sich wieder zu und tat sich nur auseinander, um die Straße hineinzulassen, aufzunehmen und gleichsam sofort zu begraben.
Hier war es natürlich, daß Thomas abstieg und von der hohen Böschung den Blick noch einmal zurückwendete. Er saß auf einem Baumstumpf, um den schon die blauen Sterne der Leberblümchen standen, stopfte langsam seine kurze Pfeife, und indes der Rauch mit dem leisen Wind in das Holz hinter ihm zog, nahm er die eben durchfahrene

Landschaft noch einmal in sich auf, ruhiger nun, auch größer vielleicht, da der Weg sich langsam gehoben hatte und nun vieles nebeneinander lag, was vorher Stück für Stück aufeinandergefolgt war.
Wieder kam ihm das Leere des großen Raumes beruhigend und beglückend ins Bewußtsein, die sanfte, lang ausholende und abklingende Schwingung der Linien, die Armut an Siedlungen, die Stille der Luft und das unendlich Gespannte des Horizontes. Er versuchte sich vorzustellen, wie der Wechsel der Jahreszeiten dies Bild verändern würde, wie er selbst in diesem Wechsel bestehen oder unsicher werden würde und ob die Frische des ersten Eindruckes auch erhalten bleiben würde, wenn er nun aus einem Wanderer zu einem Bewohner und aus einem Betrachtenden zu einem Tätigen würde.
Doch erschien ihm, auch so angesehen, das vor ihm ausgebreitete Bild von immer gleicher Kraft und Tröstlichkeit erfüllt, und als er sich nun gar auf seinem Sitz wendete und der Blick durch die Vielheit der Stämme in das Innere des Waldes ging, wo die Sonne schmale Brücken auf Moos und Blaubeerkraut legte, wo rotbeschienene Stämme immer tiefer zurückwichen in eine bläuliche Dämmerung und nur das Klopfen des Spechtes das Schweigen nicht zerbrach, sondern tiefer machte: da glaubte er, auf der Höhe eines vielgeprüften Lebens noch einmal Frieden und Glück der Kindheit vor seinen Händen ausgebreitet zu sehen, als gelte es nur, vertrauend zurückzukehren, um mit der Ruhe der Landschaft auch alles wiederzugewinnen, was damals heiter, leicht und unveränderlich erschienen war. Und wiewohl er wußte, daß keine Rückkehr dieser Art dem Menschen vergönnt sei, daß vielmehr jedes Alter seinen eigenen Frieden zu gewinnen habe, so gab er sich

doch willig für eine Weile jener träumerischen Rückschau hin, wohl wissend, daß die nächsten Tage ihm fordernd entgegenkommen würden.
Noch einmal hielt er an diesem Tage inne, als er von einer der Waldhöhen aus zum erstenmal rechts und links der Straße zwei der großen Gewässer sich ausbreiten sah, auf denen an jenem vergangenen Abend bei der Drehung seines Globus seine Blicke anhaltend geruht hatten. Anders war nun das wirkliche Bild, aber noch tiefer als damals kam ihm das Gefühl zurück, hier an der Grenze nicht nur des Reiches zu stehen. Was sich hier in die Wälder hinein dehnte, blau, in den Buchten noch von grauem Eise bedeckt, von braunen Rohrflächen gesäumt, vom klagenden Ruf der Haubentaucher überhallt, schien ihm nach den brennenden und dann verfinsterten Jahren wie ein Land, das außer allem Geschehen geblieben war, als sei es von Eisbergen bedeckt gewesen und nun erst in makelloser und strenger Klarheit wieder ans Licht gestiegen. Es erschien ihm unähnlich allen anderen Ländern des Reiches, nicht wie ein Blatt, auf dem die Hand des Menschen geschrieben, gestrichen, gelöscht und wieder geschrieben hatte, sondern als ein Unberührtes, auf dem ein Anfang geschehen könnte, keine Wiederholung, Verbesserung oder Berichtigung, sondern eben ein Anfang, eine erste Furche, und die Vögel unter dem Himmel würden sich über ihr versammeln und zusehen, was nun hier unter der Hand des Menschen zum ersten Male geschehe.
Er dachte an sein Kind und wie es dort aufwachsen mußte, behütet, aber inmitten der Bilder des Verfalls und des Rausches; wie er es für ein paar Jahre zurücklassen mußte, aber wie er hier mit ihm einmal stehen wollte, hier oder an ähnlicher Stelle, um ihm zu zeigen, wofür man leben

müßte, überall auf der Erde, wo die Menschen sich noch Mühe gaben.

Um die Dämmerung erst kehrte er ein, in einem Waldkrug, den er an der Straße fand und den auch seine Karte angezeigt hatte. Kaum in seinem Leben hatte er Armut und Verfall so nahe gesehen, doch schien ihm das erste eine gute und nützliche Einleitung zu dieser Reise zu sein, die ja, wie er hoffte, nicht nur eine Reise bleiben sollte. Und da er sein kleines Zimmer sauber fand, mit dem freien Blick auf abendliche Schonungen, war er es alles zufrieden und bat nur, bis zur Bereitung des Essens am Feuer in der Küche sitzen zu dürfen, was ihm nach einigem Widerstreben auch gewährt wurde.

Eine schweigsame Frau schaffte am Herde, und zwei Kinder, ein Knabe und ein Mädchen, in Joachims Alter etwa, sahen mit großen Augen von der Holzbank aus ihm zu, indes der Mann hinter dem Tisch stehenblieb, den Rücken gegen das Fenster gewendet, und erst auf besonderen Zuspruch hin seine Arbeit an einem kleinen Netz wiederaufnahm, durch das er mit einer hölzernen Nadel neue Maschen zog. Er war gekleidet wie die Menschen, die Thomas unterwegs gesehen hatte, in hohe Stiefel und hartgewebtes graues Zeug, und auch in der Wärme des Raumes hatte er sein Halstuch nicht abgenommen, das in zwei Zipfeln ihm über den Kragen hing. Die Gesichter schienen Thomas schwer, müde und gleichsam schon von den großen Ebenen mitgeformt, die sich hinter diesen Wäldern und Seen nach Asien hin erstreckten.

Ja, er sei zur See gefahren, sagte Thomas auf die erste ungeschickte Frage hin, sein ganzes Leben lang, als Steuermann auf einem großen Dampfer. Aber da es nun damit zu Ende sei, es ihm auch in den engen Städten nicht gefiele, wo der Wind nur Staub und Papierfetzen vor sich hertreibe statt des salzigen Schaumes der See, so habe er beschlossen, sich in dieser Landschaft umzutun, ob er nicht etwas wie eine Fischereipacht fände, von der man bei harter Arbeit doch sein Brot habe und zum mindesten sein Essen, wenn das bedruckte Geld schon immer schneller in den Rauchfang stiege.

Das könne wohl möglich sein, meinte der Mann langsam, und wenn er auch hier in der Gegend nichts wisse, vielmehr alles in festen Händen sei, so könne er ihm doch hier und da einen Namen an den Seen sagen, wo er Bescheid und wohl auch Rat finden werde. Denn es sei viel Unruhe in der Landschaft, nicht nur wegen der Angst vor den Polen, sondern es sei überall auch wie bei ihnen selbst, daß die jungen Leute den Dienst aufsagten, nicht nur, weil es ihnen zu einsam sei, sondern auch weil sie meinten, die Arbeit werde nun abgeschafft oder mindestens denen aufgelegt, die bisher nach ihrer Meinung nicht gearbeitet hätten. So seien auch sie allein geblieben, und Knecht und Magd seien des Weges gegangen, in die Hauptstadt der Provinz, wo sie nun wahrscheinlich schon auf einem goldenen Throne säßen.

Nur eines scheine ihm bedenklich, daß der Herr bei aller schweren Arbeit auf See doch so zarte Hände behalten habe und daß es ihm vielleicht nicht leichtfallen könnte, bei allem guten Willen, an dem er nicht zweifele, dies harte Handwerk zu ergreifen.

Darüber beruhigte ihn Thomas nun, schrieb sich auch die Namen in sein Taschenbuch, die der Mann ihm nannte, und bat schließlich, daß er zusammen mit ihnen hier in der Küche essen dürfte, wo es warm sei, er ihnen Mühe erspare und er sich schließlich auch gleich zu

Beginn an die Welt gewöhne, in der er doch nun sich einrichten wolle.

Beim Essen, vor dem die Frau ein Gebet gesprochen hatte, erfuhr er, daß sie einer religiösen Gemeinschaft angehörten, die in der Gegend weit verbreitet sei, daß sie mit Sorgen auf den Gang der Zeit blickten und einige von ihnen sogar der Meinung seien, daß die Gesichte des heiligen Johannes sich nun bald erfüllen würden.

Dem widersprach nun Thomas, meinte, daß das deutsche Volk auch aus diesen Zeiten der Wirrnis sich wiederaufrichten werde, und berichtete auch von seinem Besuch bei dem Pfarrer, der ihn recht eigentlich auf diesen Weg gebracht habe und bei dem er wieder gelernt habe, wie gefährlich es sei, ganze Klassen oder Stände oder Berufe leichthin abzuurteilen, da wir ja doch nie mehr als einzelne Menschen unter ihnen kennten.

Dann ging das Gespräch auf seine Fahrten und die Seeschlachten des Krieges und wieder zurück zu Schicksalen und Gebräuchen dieser Landschaft, indes sie ihre kurzen Pfeifen rauchten, die Frau ihr Strickzeug in den Händen hielt und die Kinder atemlos auf seine Reden lauschten, als sei Sindbad der Seefahrer aus den vertrauten Kiefernwäldern aufgestanden, um seinen Glanz über ihr Leben zu legen.

Und als Thomas ihnen gute Nacht bot und die schmale Treppe zu seinem Schlafraum hinaufstieg, ein Licht in der Hand, schien das Ganze ihm als ein schönes Tor zu seiner neuen Welt, voll guter Vorbedeutung und von allem Gewohnten und Vergangenen wie durch Jahrzehnte geschieden.

Immer tiefer nahm das Land ihn nun auf. Tag für Tag fuhr er an den Seen entlang und von Dorf zu Dorf, mitunter verweilend, wenn ihn etwas zu halten schien. Die Witterung wechselte in den Zeiten der Nacht- und Taggleiche, Stürme und Regen fielen über das Land, und eines Abends trieb sogar der Schnee in weißen Streifen zwischen den grauen Stämmen hin. Dann aber gewann die Sonne wieder das Feld, trocknete Straßen und Pfade, das Eis in den Buchten schmolz, und über der jungen Saat hingen hoch im Blau die singenden Lerchen. Immer aber gingen die großen Wälder mit ihm mit, wechselnd zwischen Laub- und Nadelholz, aufblauend, erglühend und sich wieder verdunkelnd mit dem Gang der Sonne, und mit ihnen die strenge und reine Luft, die das Atmen leicht machte und die sorgenlosen Jahre wieder heraufrief, als er hoch über Segeln und Meer im Mastkorb gesessen hatte.

Der Rat des Mannes aus dem Waldkrug hatte sich als nützlich erwiesen, einige Angebote fand er gut und sogar verlockend, doch hielt er die Zusage noch hin, weil ihm das Letzte noch zu fehlen schien, die jähe Zustimmung des Herzens, von der er meinte, daß sie einmal kommen werde, und die ihm wichtiger schien als Verstand und kühle Berechnung.

So kam er am späten Nachmittag des zehnten Tages zu einem Meilenstein an einer breiten Landstraße, von dem ein schmaler Weg zu einer Försterei abbog, und da der Wald ihm schöner schien als jeder andere, den er bisher durchfahren hatte, von Birkenschonungen und alten Eichen durchsetzt, so ließ er den breiten Weg und meinte, er werde zur Nacht schon unterkommen, wenn nicht im Forsthaus, so doch wenigstens in einer Feldscheune oder in einem der Wildheuhaufen, die er hier und da in den Schonungen angetroffen hatte. Die Luft war milder geworden, ein südlicher Wind ging durch den Wald und brachte den schweren Duft des Seidelbastes mit, der an den sonnigen Hängen blühte.

Der Förster trat aus dem Hoftor, als Thomas das Gehöft erreichte. Er war ein großer, gebeugt gehender Mann, die Schläfen unter dem Hut schimmerten schon weiß, und der Blick seiner ganz hellen Augen ging durch Thomas hindurch, als sehe er gar nicht ihn, sondern hinter ihm einen anderen, der unbemerkt in seinen Spuren stände. So einsam schien er Thomas vor dem schweigenden Gehöft, daß er meinte, es sei nicht recht, ihn anzusprechen und seine Bitte vorzutragen, so daß er stumm dastand, die Hände auf der Lenkstange des Rades und den Fuß schon wieder auf dem linken Pedal, als sei er sofort bereit, umzukehren, wenn jener den Wunsch dazu zu erkennen gebe.

Doch trat der Förster wider Erwarten auf ihn zu, hob die Hand grüßend an den Hut und fragte ihn mit leiser Stimme ohne Vorbereitung, ob er ein Seemann sei. Und als Thomas das mit einiger Verwirrung bejahte, nahm der andere ihn sanft beim Arm, bat ihn, ein Stück Weges mit ihm mitzukommen, und meinte dann, als der Wald sie schon wieder aufgenommen hatte, er dürfe nicht verwundert sein, es habe jeder harte Beruf seine Kennzeichen und wäre es hier auch nur eine bestimmte Helligkeit der Augen und die Schärfe der Linien von den Nasenflügeln zum Munde. Zudem kenne er sich etwas aus unter Seeleuten, da sein Sohn selber einer gewesen sei, und es freue ihn, hier in seinem Walde einen wiederzusehen, der wahrscheinlich auch »dabeigewesen« sei.

Ja, dabeigewesen sei er allerdings, erwiderte Thomas.

Das habe er gedacht, meinte der Förster, und er brauche nun vor seinem Hause nicht umzukehren, sei als Gast willkommen und müßte ihn zuerst nur auf den Schnepfenzug begleiten, da er gern zunächst allein mit ihm sein möchte. Etwas wunderlich sei seine Frau, ja vielleicht sehr wunderlich, wie nach dem Kriege ja überhaupt seltsame Menschen übriggeblieben seien, als habe der Tod sie nicht gewollt nach all dem jungen Blut, das er getrunken habe.

Zuerst schwieg Thomas, auf eine merkwürdige Weise ergriffen von der Art dieses Mannes, der wie nach einer langen Krankheit sprach, leise, eilig, als wisse er nicht genau, ob die Gespenster des Fiebers noch um ihn ständen oder ob er schon voller Vertrauen zu den Wachenden und Gesunden von den Gesichtern seiner Träume sprechen dürfe. Dann aber begann er zu erklären, wer er sei – immer noch der Steuermann auf großen Dampfern – und weshalb er hier sich umsehe. Auch daß er eigentlich vorgehabt habe, der großen Straße bis zur Stadt zu folgen, und nur etwas nicht Bewußtes ihn veranlaßt habe, zur Försterei zu fahren. Wahrscheinlich, weil der Wald ihm so gut und vertraut vorgekommen sei, oder auch nur, weil der Südwind ihn müde gemacht habe.

Der Alte nickte dazu, auf eine sichere Weise, als wisse er das besser, und meinte, sie würden eine gute Nachbarschaft halten. Er sei dessen gewiß, denn er zweifle nicht daran, daß hier das Ziel des Gastes erreicht sei; doch wollten sie erst später darüber sprechen, jetzt aber ihren Stand einnehmen.

Sie waren unterdes an den Rand niedriger Schonungen gekommen, gingen einen grasbewachsenen Weg hinaus, bis sie über einem kleinen Bruch standen, in dessen Wasserblänken der Abendhimmel sich spiegelte, und blieben dann zwischen ein paar Wacholderbüschen, der Förster auf seinem Sitzstock und Thomas auf einem der breiten Baumstümpfe, die die Sonne des Tages eingesogen hatten. Noch nie meinte Thomas den Wald so groß und unberührt gesehen zu haben, fast daß er zum Fürchten hätte sein können, wäre nicht der fremde Ton hoher Zugvögel, die mit dem Winde über den Wald zogen. Auch gingen seine Gedanken immer wieder zu dem Wort von der Nachbarschaft zurück, und von Zeit zu Zeit betrachtete er unaufdringlich den etwas vor ihm Sitzenden, der zwar das Gewehr über den Knien hielt, aber dessen Auge und Ohr weit von aller Jagd entfernt zu sein schienen, zu den Abendwolken aufgehoben, die schmal, lang und rotgesäumt in den nördlichen Horizont fuhren, ein schweigendes Geschwader, das den Schauplatz verließ.

Als dann endlich die Drosseln verstummten, eine nach der andern, und zuletzt nur noch aus dem schwarzgewordenen Hochwald auf der anderen Seite ab und zu ein Flötenton in das Schweigen fiel, meinte Thomas, seiner Jugendjahre sich erinnernd, daß es nun Zeit sei, alle Sinne auf die Jagd zu richten und auf den Ruf der Schnepfe zu warten, der bei aller Sanftheit so erregend in das Herz des Jägers fällt. Aber gerade da, als er leise aufstehen wollte, begann der Förster zu sprechen, und es war aus dem Klang seiner Stimme unschwer zu erraten, daß seine Gedanken die ganze Zeit nicht bei der Jagd gewesen waren.

Beim Skagerrak sei er vieleicht auch dabeigewesen, fragte er behutsam. Und Thomas' bejahende Antwort, ob sogar vielleicht auf einem der Panzerkreuzer? Der »Seydlitz« etwa?

Nicht gerade dort, aber auf einem Schwesterschiff, erwiderte Thomas und begann zu ahnen, worüber er Rede und Antwort zu stehen haben werde. Doch war nun gerade der

Ruf der ersten Schnepfe zu hören, über die Schonungen sich nähernd, über den kleinen Bruch, immer näher und deutlicher, bis das graue, leise schwankende Bild aus dem Hintergrund des Abends sich löste, der im Suchen sich hin und her wendende Kopf mit dem langen Schnabel gerade über ihnen, der sanfte, wie tief aus der Kehle dringende Ton... und nun alles vorüber war, schon hinter ihnen, immer leiser wurde und verschwand.

Thomas war aufgesprungen und hatte die Hand nach dem vor ihm Sitzenden ausgestreckt, doch ließ er sie beschämt wieder sinken, als er von der Seite das Gesicht sah, das einem fernen Vorgang zugewendet schien, einem Vorgang, der weit hinter der Erscheinung des Vogels seine Umrisse in den Abendhimmel zu zeichnen schien.

»Sahen Sie... das Feuer?« fragte die leise Stimme.

»Ja.«

»Aus dem vorderen Turm?«

»Ja, alle sahen es.«

»Eine hohe Säule?«

»Höher als die Masten... aber niemand hat Schmerz gelitten dort, niemand. Es muß gewesen sein wie unter einem Blitzschlag, vorbei, ehe man ahnt, daß es trifft.«

»So sagen sie und so schrieben sie auch, aber keiner ist dabeigewesen, den es nur versengt hätte, nur das Haar und die Augenbrauen, und er hätte es dann erzählen können...«

Nun legte Thomas doch leise die Hand auf die gebeugte Schulter vor ihm. »Man soll das nicht ausdenken«, sagte er. »Wie sollten wir leben, tapfer und ordentlich, wenn wir das täten?«

»Ja, ja... auch ich sage so, zu ihr, die darüber wunderlich geworden ist... nur... er fürchtete sich so vor dem Feuer, verstehen Sie? Da war so eine schreckliche Geschichte in seiner Kindheit... wir hatten den Backofen geheizt, zum Brotbacken. Die Glut war schon herausgenommen und dann auch die Brote. Der Backofen stand allein im Garten, abseits, wie auf allen Förstereien. Da kam er mit den Hunden hinter der Katze her, so im Spiel, und sie sprang hinein. Er lachte und warf die Türe zu, er wußte nicht, daß es glühend heiß war. Und im selben Augenblick schoß ich am Gartenzaun einen Hühnerhabicht. Da vergaß er alles, die Katze, den Ofen, die Hunde. Er lebte immer im Augenblick, ganz und gar... Erst nach zwei Tagen fiel es ihm ein. Wir hörten ihn schreien, so schrecklich, daß ich es heute noch höre. Da hatte er sie gefunden... und nun er selbst, ebenso... das Wasser ist kühl und tief, und ich denke, daß man dort schlafen kann, auf dem Grunde, wo die fremden Pflanzen wehen... aber so, verkohlt und verbrannt... Gottes Ebenbild zerstört und geschändet...«

Er hob nicht die Hand vor die Augen, er sah immer noch geradeaus, dorthin, wo der Abendstern mit sanftem Strahlen über dem Walde stand.

»Nein«, sagte Thomas mit Entschiedenheit, »dann hat man Ihnen Falsches gesagt und geschrieben. Wir haben es in den Hafen gebracht, das zerschossene Schiff, und von meinen Kameraden waren einige dabei, als sie die Türme öffneten... nichts war geschändet, sie waren... sie zerfielen in Staub und Asche, als man sie heraustrug... ich sage Ihnen die Wahrheit, und Sie müssen es mir glauben!«

»Staub und Asche«, flüsterte der alte Mann, »das ist besser, viel besser... das ist, wie Gott es vorgeschrieben hat, auch in der Bibel... Staub und Asche, das ist gut, und ich brauche nicht mehr zu hadern...«

Er blieb noch sitzen, bis der Waldkauz lautlos über ihnen kreiste. Dann gingen sie den dunklen Weg zurück. »Gruber hieß er«, sagte er, »Valentin Gruber... aber Sie haben ihn nicht gekannt? Nein, die Schiffe waren ja auch so groß... keiner von uns weiß, weshalb er so aufs Meer wollte, niemals gab es das in unserer Familie... Der See hat es ihm angetan, dort am Hause, nicht der Wald, nur der See. Sie werden noch merken, daß er einen Zauber über den Menschen wirft. Valentin hieß er, weil ich katholisch bin, und in meinem Glauben wurde er getauft und aufgezogen. Die Frau hat immer gesagt, wir hätten den falschen Gott, und davon sei alles gekommen... Sagen Sie ihr nichts und wundern Sie sich auch nicht. Wer leidet, ist in allem entschuldigt, nicht?«

»Ja«, sagte Thomas leise.

Der Tisch war schon gedeckt, aber die Frau stand am Fenster und sah hinaus. Sie wendete sich erst um, als Gruber sagte, ein Gast sei da. »Willkommen!« sagte sie und streckte ihre Hand aus. Die Hand war kalt und fast wie Holz, und ihre Stimme kam wie aus einem Automaten heraus. Dann ließ sie die Hand wieder fallen und ging an Thomas vorbei, um ein drittes Gedeck zu holen. Sie sah ihn nicht. Ihr Gesicht war nicht vergrämt oder versteint, sondern erloschen. Es war erblindet und ertaubt, ausgehöhlt vom Schmerz, und nur die Hülle war noch zurückgeblieben, brüchig und tot wie die Haut einer Larve.

Als sie an den Tisch traten und die Frau die Hände zum Gebet zusammenlegte, machte Gruber eine Bewegung, als wolle er sie hindern, aber dann sah er nur vor sich nieder. Die Frau blickte auf den Brotkorb in der Mitte des Tisches, und ihre Lippen bewegten sich, wie von einer verborgenen Maschine getrieben. Sie betete:

»Lieber Gott, sei unser Gast
und sieh, was du angerichtet hast.
Sollen die Toten dir gut bekommen,
alle Heiden und alle Frommen,
und was du ertränkt hast und verbrannt,
nimm es fröhlich in deine Hand!
Amen.«

Dann setzte sie sich. Ihr schwarzes, zerschlissenes Seidenkleid knisterte bei jeder Bewegung, und wenn sie einen Bissen zu sich nahm, sah es aus, als fütterten fremde, nicht ihr gehörige Hände ein totes Götzenbild. Sie sprach kein Wort und sah auch Thomas nicht an. Sie wußte sicherlich nicht, daß ein Fremder am Tisch saß. Sie hatte es längst vergessen. Vieleicht sah sie ein Kind, das mit dem Ruder durch den Wald lief, zum Seeufer hinunter, oder sie sah die Feuersäule aus den Geschütztürmen brechen, oder sie sah die Gestalt eines Gottes, der mit blutigen Händen seine Toten aß. Sie war hinausgetreten aus allem Menschlichen, und Thomas schien es, als gehe ein kühler Hauch von ihrem Kleide aus, wie von einem Grabgewölbe. Es fröstelte ihn, und er schwieg.
Nach dem Essen räumte sie den Tisch ab und kam nicht wieder.
»So ist es nun«, sagte Gruber, als sie ihre Pfeifen angezündet hatten. »Sieben Jahre, mein lieber Herr... sieben Jahre... andere würden trinken oder fluchen, aber ich kann das nicht. Er war doch auch mein Sohn, nicht wahr? Und so bin ich doch auch schuldig, nicht wahr? Sehen Sie, manchmal im Walde, wenn ich so vor mich hingehe, dann spreche ich für mich, laut und lange, um zu sehen, ob ich es noch kann, und ich lächle auch, denn das will man doch

nicht verlernen. Ich spreche mit ihm, wie früher, als wir zusammen durch den Wald gingen. Er war immer fröhlich, und wir lachen, damit er nicht tot ist, verstehen Sie? Hier, im Hause, ist er immer aufgebahrt, wissen Sie, und das will ich nicht. Der Krieg hat ihn genommen, aber er ist immer bei mir, und seitdem Sie das gesagt haben, das von Staub und Asche, da will ich wieder ganz fröhlich sein ... so gut ist es, daß Sie gekommen sind ...«

Wenn er sie sähe, dachte Thomas und sah den schweren Mann vor dem hölzernen Christus stehen, aber auch er würde nicht helfen ... sieben Jahre, und ich habe mich beklagt? Es war ihm fast, als liebte er diesen alten Mann, der wieder fröhlich sein wollte. Das Haar fiel ihm noch schwarz in die Stirne, nur die Schläfen waren weiß, und nun wußte er auch, weshalb der Sohn zur See gefahren war: die Augen mußten es sein. Er mußte dieselben Augen gehabt haben, denen die Dinge immer zu nahe waren und die erkennen wollten, was hinter den Dingen war. Er hatte geglaubt, daß man auf dem Meere lerne, dem einzigen Element, das keinen Vordergrund hatte. Aber er hatte wohl nur gelernt, daß der Tod in allen Elementen zu Hause ist.

»Und ... es gibt keine Hilfe?« fragte er.

Der andere schüttelte den Kopf. »Pfarrer und Ärzte«, sagte er, »die arbeiten immer mit den Dingen, die für sie aufgehört haben, wissen Sie. Gott und Pflicht und guter Wille und so weiter.« Er sah sich vorsichtig um. »Ich bin ein einfacher Mensch«, fuhr er leise fort, »aber ich weiß es. Es gibt Mütter und Kinder, bei denen man die Nabelschnur nicht zerschnitten hat, verstehen Sie? Und so war es hier. Sie bleiben immer eins, sie werden nie zwei. Sie hat es auch gewußt, als das dort geschah. Sie kam zu mir in den Hof, weiß wie eine Tote, und zeigte mit dem Arm in den

Wald. ›Jetzt haben sie ihn fortgerissen‹, sagte sie. ›Mein Blut fließt aus.‹ Und so war es auch, daß ihr Blut ausgeflossen ist... Mein lieber Herr, das muß man nun so lassen, und nun ist es so gut, daß Sie hierbleiben und ich manchmal ein bißchen bei Ihnen sitzen darf... wie ist Ihr Name, lieber Herr?«

Sein Gesicht war von innen beglänzt, als er sich vorbeugte und lächelnd in Thomas' Augen sah.

»Orla«, sagte Thomas. »Thomas Orla... es ist ein märkischer Name. Aber weshalb meinen Sie immer, daß ich hierbleiben werde?«

»Sie sind gesandt, lieber Herr Orla, ja, ich muß es wohl so nennen. Gesandt wie ein Engel des Herrn. Sehen Sie, manchmal in diesen Jahren habe ich gezweifelt, an Gott, ja, das habe ich getan. Aber an den Heiligen nicht. Von Kind auf war ich bei ihnen, das ist in unserem Glauben so, näher bei ihnen mitunter als bei Gott. Er ist so weit, so schrecklich weit. Aber sie sind nahe, an unserer Seite, denn sie haben auch gelitten, ebenso wie wir, mehr noch. Aber Gott leidet nicht, wissen Sie. Nun, und die Heiligen, sie haben Sie gesandt. Sie haben gesehen, daß ich nicht mehr weiter wußte, und da haben sie mir das geschickt, das von Staub und Asche, nicht wahr? Das ist wie ein neues Leben, denn ich glaube es. Und dafür werden Sie hier finden, was Sie suchen. Alles hängt zusammen bei den Menschen, gute Tat und guter Lohn... Der See hier, er ist zu verpachten, oder nicht zu verpachten, sondern der Fischerposten ist zu vergeben, Fischer und Jäger, beides zusammen. Ein ruhiger Posten, auch wenn der General wunderlich ist... alle sind hier wunderlich... man kann leben davon, bequem leben, wenn man einfach ist. Ein kleines Haus auf der Insel, mir gegenüber, einen Büchsenschuß weit, ein Rohrdach, ein großer Herd, ein Netzschuppen. Und ein kleiner Wald, ein schöner Wald, Jungholz mit Fichten und Birken und dazwischen alte Eichen mit trockenen Wipfeln, wo die Reiher abends einfallen. Und ganz allein, verstehen Sie? Ganz allein, nur Wasser und der Wald in der ganzen Runde. Man braucht ein Boot, um zu Ihnen zu kommen ...«

»Und der General?« fragte Thomas. Seine Pfeife war ausgegangen, und er lauschte wie in einem Märchen. Ein Zauber fiel von dem alten Mann über ihn.

»Ja, ihm gehört das alles, lieber Herr. Das Schloß und das Gut und der See. Ein armer Mann, beide Söhne gefallen, und ich habe sie beide auf den Knien gehalten. Nur eine Enkelin ist bei ihm, und sie ist wie ein Engel in dem dunklen Haus ... und Sie werden die Stelle bekommen, ich selbst will es ihm sagen. Der sie jetzt hat, ist ein Bolschewik, verstehen Sie? Einer, der ›Herr‹ genannt werden will, und seine Mutter hat noch Kartoffeln von meinem Feld gestohlen. Und der den General einen ›Blutsäufer‹ nennt, und jedes Kind weiß, daß er nur Rotwein trinkt. Nur daß Kanonen in der Schloßhalle stehen und zwei Diener in Uniform dabei. Einen Putsch will er machen, sagen die Bolschewiki, aber jeder weiß, daß die Kanonen nicht geladen sind.«

»Können wir es sehen?« fragte Thomas und stand auf. »Die Insel, meine ich, und alles ... der Mond scheint doch, und vielleicht ist morgen früh alles fort, und Sie haben nur geträumt.«

Der alte Mann lächelte.

»Auch er war so«, sagte er, »alles gleich und sofort, damit es nicht verschwunden ist am nächsten Tag. Aber nichts verschwindet, lieber Herr. Wenn man alt geworden ist, weiß man, daß nichts verschwindet. Aber wir können gehen ...

beim Mondlicht wirft es die Netze über Sie, mehr noch als am Tage.«

Die Luft war noch wärmer geworden, und ein paar Regentropfen aus einer verlorenen Wolke fielen schwer in das trockene Laub unter den Eichen. »Geht dort wer?« fragte Thomas leise. Nein, nein, das sei nur der Regen und eben der Zauber. Immer klinge es hier so, als gehe wer durch die Nacht. Aber niemand gehe, ganz still und leer sei der Wald. Außer daß die Toten umgingen aus Land und Meer, aber darüber wisse er nichts.

Der Mond stand noch tief, vor ihnen, und sie sahen nur sein Licht. Der Himmel war sanft beglänzt, wie aus einem fernen Tor, und mitunter blitzte es im Walde auf, ein einzelner Strahl, der durch eine Lücke im Geäst auf feuchte Rinde fiel. Eulen riefen, und vom Wasser schrie ein unbekannter Vogel. Es war, als frage jemand nach dem Wege.

Der Fußpfad senkte sich, und dann war das Wasser zu sehen. Es lag als eine matte Scheibe in einem dunklen, vielfach gesprungenen Rahmen. Es dehnte sich, weit hinaus, und in der Ferne wurde es grauer und matter, bis es mit der Schwärze verfloß. Eine schmale Mondbahn lief bis zu ihren Füßen, und in der Höhe, zwischen dunklen, leise treibenden Wolken, standen die Sterne. Nichts bewegte sich, nicht einmal die Brücke des Mondlichts, und die Schilfhalme standen wie Speere mit glühenden Spitzen am Ufer. Und doch war es wieder, als ginge jemand leise durch den Wald und über das Wasser hin, verstohlen und atemlos, bald zur Rechten und bald zur Linken.

»Dort ist sie«, sagte der Förster leise.

Thomas sah die Insel, einen Büchsenschuß weit. Sie lag in vollkommener Schwärze auf der matten Scheibe, nur um die Wipfellinie war ein fließender, weißer Schein, und die trockenen Äste der Eichen standen wie Gittermasten gegen den Mond. Dunkle, schwere Vögel saßen regungslos in ihrem Netzwerk.

»Hier ist der Kahn«, sagte der Förster.

Aber Thomas wollte nicht fahren. Er wußte, daß es hier war, wo er leben und wahrscheinlich auch sterben würde. Seine Augen sahen es, und mehr noch sagte es sein Herz. Aber er wollte nicht hingehen wie in einem Zauber. Zuviel stand auf dem Spiel. Er war fünfundvierzig Jahre alt und brauchte den Tag, um dies zu sehen. Auch am Morgen würde es noch dasein, und es würde gut sein, wenn es regnete und ein harter Wind ginge, daß alles grau und wirklich aussähe. »Nein, morgen früh«, sagte er.

Sie standen noch eine Weile und sahen hinaus. Einer der großen Vögel über der Insel richtete sich auf und schlug mit den Flügeln. Ein heiserer Ruf kam über das Wasser herüber. Dann war alles wieder wie zuvor.

»Das sind die Reiher«, sagte der Förster. »Der General liebt sie nicht, aber es sind edle Vögel, und außer ihnen haben Sie niemand auf der Insel.«

»Ich hoffe, daß das gut sein wird«, sagte Thomas.

Dann gingen sie den gleichen Weg wieder zurück.

Das Haus war dunkel, und Thomas stieg mit einer Kerze die Treppe hinauf.

»Nebenan war sein Zimmer«, sagte Gruber. »Sie läßt keinen hinein. Aber es ist ganz still dort, und Sie brauchen sich nicht zu fürchten.«

Thomas stand noch am offenen Fenster. Nein, er fürchtete sich nicht. Alles würde gut sein, wie er es gesehen hatte. Er wußte, daß es auf ihn gewartet hatte, sonst würde er ja weitergefahren sein, die breite Straße zur Stadt. Man mußte nur gehorsam sein.

Er ließ das Fenster offen und sah noch im Dunkeln zur niedrigen Zimmerdecke auf. Der große Vogel ... wie er die schweren Flügel geöffnet hatte ... und dann wieder in Schlaf versunken war ... der Mond fiel in ihre geschlossenen Augen ... die Sterne kreisten ... alles war gut und ruhig dort ... er wollte aussteigen dort und arbeiten ... nie war er allein gewesen ... Schiffe, Menschen, Häuser ... er hatte keinen Ehrgeiz mehr und wenig Glauben ... wie ein Geschwätz ... aber dort wollte er sich bereden, so einsam wie die großen Vögel ...
Dann schlief er ein.

3

Er erwachte davon, daß der Regen auf das Dach rauschte und daß nebenan, hinter der dünnen Wand, jemand ging. Er erriet es nur daraus, daß in regelmäßigen Abständen eine Diele leise knarrte. Es war ein seufzender Ton, als wenn im Walde zwei Bäume sich aneinander rieben. Ein ganz schwacher Schein stand schon hinter dem Fenster, aber es mußte noch Nacht sein. Die Dinge des Zimmers zeigten noch keinen Umriß.

Er richtete sich auf und lauschte. Die Schritte mußten langsam und ganz regelmäßig sein, auch glaubte er, als sein Atem ruhiger ging, das Knistern eines Seidenkleides zu hören. So war es die Frau, die im Zimmer ihres Sohnes war. Er wußte nicht, ob sie dort zu schlafen pflegte.

Der Regen rauschte, kein Wind ging, und der Wald empfing bewegungslos die strömenden Tropfen. Ein einziger Ton stand um das Haus, groß und tröstlich wie Meeresrauschen. Aber nun hob sich eine Stimme dazwischen auf, tief und ganz leise, die mit geschlossenen Lippen eine Melodie erklingen ließ. Die Frau sang, so leise wie über einem schlafenden Kind, aber das Lied sonderte sich doch ab von dem eintönigen Rauschen des Regens, weil es Höhe und Tiefe hatte, einen Gang der Töne, der anders geordnet war als das Fallen der Tropfen, eine menschliche Bewegtheit, die nicht einmal die der Klage war, sondern fast wie ein leiser Marsch vor sich hinging, selbstvergessen wie ein Kind auf abendlicher Straße.

Thomas war es, als kenne er das Lied, ja er wußte, daß er es kannte, so genau, wie man seinen Namen kennt, aber in dem Zwielicht des dämmernden Morgens und in der Unwirklichkeit alles Geschehens konnte er sich nicht erinnern. Traum und Morgen verwischten sich ihm, und während er lauschte, war er geneigt zu meinen, daß auch dies dazugehöre zu dem neuen Leben, die singende Frau wie der Regen, daß der Kummer sich hier nicht verberge wie in den Städten, sondern singend durch die Nacht gehe und es ihn nicht berühre, ob ein Mensch zuhöre, ein Fremder gar, den es aus dem Schlafe wecke.

Nun verstummte das Lied oder es verschmolz mit dem Regen, und auch die Bewegung der Diele klang nun weit her, als seien es doch zwei Kiefern im Walde, die in der Morgenluft erschauernd sich rührten. Schließlich war es, als lache es leise hinter der Wand, ein Mensch, der mit sich allein wäre, ganz allein, und eine Erinnerung rief den leisen Ton in seiner Brust herauf.

Doch war Thomas wohl schon eingeschlafen, als dies geschah.

Am Morgen dann fand er niemanden in der Stube unten, aber neben seinem Frühstück lag ein Zettel des Försters, daß er auf die Insel fahren (der Kahn liege unten am Ufer) und ihn dort oder wieder im Hause erwarten möge. Die Schrift war fest und gerade, und Thomas dachte wieder an das Lied in der Nacht und wie seltsam es wohl aussehen würde, wenn die Frau die Worte in ihrer Schrift daruntersetzen wollte. »Sieben Jahre, mein lieber Herr...«

Leise ging er aus dem Haus. Der Regen hatte fast aufgehört, aber die Wolken zogen noch dunkel, in langen Zügen über den Wald. Aus den Bäumen tropfte es unaufhörlich in das welke Laub, und bei jedem Windstoß rauschte es schwer und sprühend herab. Es war immer noch warm, und die Walderde roch bitter und schwer.

Dünne Nebel zogen über den See, und die Insel lag düster über dem grauen Wasser. Das Haus war nun zu sehen, nicht mehr als eine große Hütte, und es war eigentlich nur ein schweres Rohrdach über einer niedrigen weißen Wand. Aber Rauch stieg aus dem Schornstein, und daneben hob der bewaldete Hügel sich bis zu den Eichen auf seiner Krone. Die trockenen Wipfel verschwammen im Nebel.

Thomas stand am Ufer und lauschte, ob er einen Ton vernähme, aus den Wäldern oder über dem Wasser, aber nur der Rohrsänger rief im hohen Schilf, und die Tropfen fielen im Wald. Er stand lange und sah hinüber. Er hörte sein Herz mit ruhigen Schlägen klopfen und dachte, daß er als erstes ein kleines, leichtes Boot für Joachim besorgen müßte, wenn er zu den Sommerferien käme. Alles andere schien ihm geordnet und selbstverständlich.

Er fuhr stehend hinüber, da die Ruderbänke naß waren. Das Boot hatte einen flachen Boden, und mit jedem Schlag des langen Ruders hob die Spitze sich leise rauschend aus dem Wasser. Zuerst sah er den Grund, hellen Sand, über den kleine, erstarrte Wellenmarken liefen, dann wurde das Wasser dunkel, fast schwarz, und grüne Gewächse hoben sich schwankend aus der Tiefe auf. Mitunter sprang ein schwerer Fisch ins Licht, und ein silberner Schein blitzte matt durch die graue Luft. Dann liefen dünne Ringe über den See, griffen über sein Boot hinaus und erstarben wieder. Es war ihm, als sei er immer so gefahren, als brauchte es nicht aufzuhören und als seien Schiffe und Meer nur ein Traum gewesen, eine gespenstische Vergrößerung aus unruhigem Schlaf, und nun ziehe sich alles wieder zurecht zu geordneter und bescheidener Wirklichkeit.

Der flache Kiel stieß auf den Sand des Ufers, und er stieg aus. Ohne sich umzusehen, ging er den Hang zum Hause hinauf und klopfte an die Tür. Als niemand antwortete, trat er ein.

In dem dämmrigen Licht sah er nur das Feuer im Herd und eine dunkle Gestalt, die hineinstarrte, die Arme auf die Knie gestützt, das Kinn in den Händen. Da keine Antwort auf seinen Gruß erfolgte, ging er um den Mann herum und setzte sich auf einen Holzschemel neben dem Herd. Unter dem grauen Haarbusch sah er nun das Gesicht des Mannes, finster, aber nicht böse, wie es unbewegt in das Feuer blickte, den Widerschein der Flamme auf der gefalteten Stirn und in den fast schwermütigen Augen. Ein grauer Bart hing ihm ungepflegt auf die Brust, und ein dumpfer Geruch von Rauch und Fischen ging von ihm aus.

Es war noch stiller hier als auf dem Wasser, nur das Feuer knisterte hinter der halbgeöffneten Herdtür. Durch die kleinen Fenster fiel das graue Licht widerwillig auf die dunklen Bohlen, aus denen die Wände zusammengefügt waren. Netze hingen an Holzpflöcken, und Ruder standen in den Ecken.

»Na?« sagte der Mann und sah einmal flüchtig auf.

Thomas erwiderte, daß er sein Nachfolger werden wolle.

»Nachfolger« sei gut, meinte der Mann und sah ihn von der Seite an. »Thronfolger« sei besser, denn die Throne wackelten heute, und dieser insbesondere, auf den er sich zu setzen gedenke, sei mehr als wacklig.

Nun, er habe nicht gerade die Absicht gehabt, sich auf einen Thron zu setzen, sagte Thomas.

Sondern?
Sondern zu arbeiten. Er bekomme kein Schiff mehr als Steuermann, und es sei ihm auch zu laut in den Städten.
Der Mann nahm die Pfeife aus dem Munde und sah ihn lange an. »Was du doch für ein komischer Vogel bist«, sagte er nachdenklich. »Bist du ein Verkleideter, hm?«
Nein, er sei nicht verkleidet, erwiderte Thomas lächelnd.
Tja, heute sei alles möglich. Von rechts und von links. Nun, mit dem Lärm, da brauche er hier nicht bange zu sein. Auf der Insel sei noch keiner von den Bonzen gewesen, um Reden an das notleidende Proletariat zu halten. Und arbeiten, das könne er hier schon, wenn es ihm Spaß mache, für die Blutsauger zu arbeiten. Ihm mache es keinen Spaß mehr.
Auf See habe niemand danach gefragt, sagte Thomas, für wen er arbeite. Sie wollten eben zur See fahren, das sei ihnen Freude genug gewesen. Und so wolle er hier arbeiten, weil es ihm Freude machen werde.
»Na ja«, sagte der Mann. »Warst du schon drüben?« Und er deutete mit dem Daumen über die Schulter.
»Nein«.
»Nicht uneben in seiner Art, der General, aber dämlich, sage ich dir, furchtbar dämlich. So aus der Zeit der Kreuzzüge, verstehst du? ›Mein See, mein Wald, mein Schloß!‹ Nicht beizubringen, daß das ebenso mir gehört wie ihm. ›Eigentum ist Diebstahl‹, nie was gehört davon. Aber ordentlich ausgesprochen wir beide manchmal, alles was recht ist … bis auf die Fahne.«
»Welche Fahne?«
Der Fischer knöpfte langsam den Rock auf, an dem die Fischschuppen glänzten, und holte aus der Brusttasche sorgsam ein rotes Tuch heraus, vielfach zusammengelegt

und brüchig in den Falten. Er breitete es auf seinen Knien aus und strich mit der schweren Hand darüber.

»Dies eben«, sagte er. »Ich habe sie aufgezogen über dem Haus, und jedesmal sind sie gekommen und haben sie heruntergeholt, er und seine Schergen. Schließlich habe ich gekündigt, Fahne muß sein!« Er stützte den Kopf wieder in beide Hände und starrte auf das rote Tuch.

»Aber hier, auf der Insel?« fragte Thomas. »Muß das sein?«

»Überall«, sagte der Mann finster. »Über der Insel und über dem Sarg.«

»Und nun?«

»Nun? Weiß nicht. In die Stadt ziehen wahrscheinlich und 'reinschlagen in die Bande, mit dem Ruder, rechts und links. Keine Lust mehr zu arbeiten. Sechzig Jahre gearbeitet für einen Dreck, und jetzt kannst du nicht mal die Fahne aufziehen, wenn du willst!« Er spuckte ins Feuer und nahm einen Schluck aus der weißen Flasche.

Nein, Thomas dankte.

»Alles lernen, Freundchen, hier, alles lernen...«, murmelte er finster.

Thomas nahm aus seiner Brieftasche ein in Seidenpapier gewickeltes Päckchen, dünn wie ein Brief. Er schlug das Papier auseinander und nahm einen Tuchfetzen heraus, nicht größer als eine Handfläche, mit eingerissenen Rändern. Er war schwarz, und nur an einer Ecke, längs einer geraden Naht, war ein weißer Fleck wie angeheftet. »Sehen Sie«, sagte er, »das ist nun meine Fahne. Sie schlugen mich über den Kopf damals und warfen mich über Bord, aber ich ließ nicht los und riß mit der Hand ein Stück heraus. Ich hielt es noch in der Faust, als sie mich herausfischten, andere, und ich habe es behalten. Es sieht nicht schlechter aus als Ihres, nicht wahr? Nur kleiner und unansehnlicher.

Aber aufziehen darf ich sie auch nicht mehr, das haben wir nun gemeinsam.« Er lächelte und ließ den Schein des Feuers über das Tuch spielen.
»Also doch verkleidet!« sagte der Fischer, beugte sich aber vor und sah auf den Fahnenrest in Thomas' Hand. »Schlechte Farben«, sagte er bekümmert, »haben viele dran glauben müssen... alle farbenblind... hinein mit ›Hurra!‹ und kopfüber auf den Grund... so dumm die Welt, so furchtbar dumm...«
»Auch Sie werden kopfüber auf den Grund gehen, in der Stadt«, sagte Thomas.
Der Mann fuhr mit der Hand waagerecht durch die Luft. »Egal!« sagte er. »Werde aber einige mitnehmen, und dies kommt auf meinen Sarg!«
Er faltete das Tuch wieder zusammen und barg es unter seinem Rock. »Mit Sechzig hat man keine Angst mehr, Freundchen... verwahre auch du deines, hat mir gefallen, auch wenn du verkleidet bist. Wer sich über den Schädel hauen läßt dafür, ist ordentlich. Die anderen kneifen nur den Schwanz ein wie die Köter.«
Ja, er wolle ihm alles zeigen, sei nicht viel zu besehen hier. In der Tür blieb er noch einmal stehen und sah zurück. »Fahnenwechsel«, sagte er, »was für ein Spaß! Wir beide, was?« Dann ging er auf dem schmalen Steig voran, der durch die Schonung bis zu den Eichen führte. Eine graue Leiter war an einen der Stämme gelehnt, und sie stiegen hinauf. Oben, zwischen den riesigen Ästen, war eine kleine Plattform und ein einfacher Sitz angebracht. Man sah die ganze Insel unter sich, den See, die Wälder und ein fernes Dorf zwischen Wiesen und Ackerstreifen.
»Kommandoturm«, sagte der Alte und lehnte sich über das Geländer. »Von hier kannst du sehen, ob sie kommen, Rote

oder Schwarze oder Schwarzweißrote. Sauberer Platz für ein Maschinengewehr, aber ich hatte keins ... nun paß auf! Reusen und Stellnetze in die beiden Buchten! Bei Ostwind hier, bei Westwind dort. Vor dem Gewitter überall. Bei Nordwind zu Hause bleiben und Netze trocknen. Krebsreusen dort entlang! Zwei bis drei Meter tief. Wenn du was nicht weißt, nicht den General fragen, sondern durch das Fließ dort in den nächsten See fahren. Da lebt der Alte, achtzig oder hundert Jahre alt. Heißt Peter, die Leute sagen Petrus. Habe ihn selber noch nicht auf den Wellen wandeln sehen. Weiß alles von den Fischen, spricht mit ihnen, weiß, wann sie ziehen und wann nicht, sieht in die Zukunft und priemt ... wie heißt du übrigens?«
»Thomas.«
»Na also, die ganze Jüngerschaft zusammen ... und ich heiße Christoph und kann euch über das Wasser tragen ... will übrigens gar nicht, daß du viel fängst, der Alte. Stadtmenschen sollen verhungern, meint er. Hast ein gutes Leben hier, wenn du was ausgefressen hast und dich verkleiden mußt. Kommt hier keiner schnüffeln, nicht mal der Fischmeister. Angst vor dem Alten ... Aber ist nicht immer so wie jetzt, Freundchen. Kommen dunkle Tage, wenn der Schneesturm dir über den Schornstein heult. Denkst an alles, was du falsch gemacht hast, ist keiner da, der mit dir eine Pfeife raucht. Bloß das Eis brüllt im See, und die Füchse bellen, und manchmal heult der Wolf aus den Schonungen. Dann fängst du an zu trinken, Freundchen, weil wir nichts anderes haben als Schnaps, verstehst du? Wer in keiner goldenen Wiege gelegen hat, kann seine Netze stellen wie er will, sechzig oder achtzig Jahre lang, geht ihm doch der Fisch mit der Goldkrone nicht hinein. Ob du Rot hier aufziehst oder Schwarzweißrot, das bleibt

sich alles gleich ... und still wirst du, sage ich dir, so still wie ein Stein auf dem Grund ...«

Er fuhr mit der Hand durch den leeren Raum und stieg die Leiter wieder abwärts. »Stimmt alles mit den Netzen«, sagte er an der Haustür, »keines zuviel und keines zuwenig. Nur mit den Mäusen mußt du aufpassen im Winter, daß sie dir keinen Schaden machen ... Heute abend gehe ich los, der Kahn liegt da an der hohen Fichte.«

Er stand schon in der geöffneten Tür, und Thomas schien es, als sei er der Geist dieser Insel, grau, verwittert und gebeugt, und als würde er selbst nach zwanzig Jahren auch so dastehen. Das Tor der Zukunft tat sich in geräuschlosen Angeln auf, mit blitzenden Flügeln, einen Herzschlag lang. Er sah sich, wie eine Vision, auf der Schwelle stehen und sich umwenden wie jener, nur mit einem anderen Gesicht, und dann hineingehen und vor dem Feuer niedersitzen. Der Schein der Flamme spielt über den Globus, Länder und Meere, Berge und Ströme. Er hat den Kopf in die Hände gestützt und blickt darüber hin, ohne Wunsch und Begehren, vieles hinter sich, wenig vor sich, ein einsamer Mann, schweigsam wie die Steine auf dem Grund.

»Ich werde ihn fangen, Christoph«, sagte er, »den mit der goldenen Krone ... ich werde ihn fangen!«

Aber der andere verzog nur die Lippen über dem grauen Bart, winkte mit der Hand und ging hinein.

Eine unsichtbare Uhr schlug elf helle Schläge, als Thomas vor der Schloßtreppe stand. Das Schloß war nicht mehr als ein großes Gutshaus, mit einem hohen braunen Dach über zwei Flügeln. Doch lag es breit und stattlich über der Seebucht, und der Efeu, der bis an die Fenster des oberen Stockwerks rankte, ließ es alt und ganz auf sich zurückgezogen erscheinen. Das Wappen über der schweren Tür war so verwittert, daß es nicht mehr als eine gepanzerte Faust erkennen ließ, die etwas trug, aber es konnte ein Lilienstengel wie eine Streitaxt sein. Der Park hinter dem Hause mußte gleich in den Wald übergehen, hinter dem Hof aber hob sich gerade der dünne Nebel über dunklen Feldern, die erst vom Horizont begrenzt schienen. Ein blaues Tor tat sich zwischen den ziehenden Wolken auf, und ein heller Schein fiel auf die regennasse Erde, auf die leuchtenden Dächer und auf die Spitze der Fahnenstange, die sich über der Mitte des Hauses erhob.

Dann stieg Thomas die Stufen hinauf. Er läutete an einem alten Glockenzug, und die schwere Tür wurde von einem Riesen in altertümlicher Uniform geöffnet. Thomas meinte, sie müsse aus der Zeit Friedrichs des Großen stammen, mit weißem Lederzeug und verschnürtem Rock, doch trug der Mann keine Bärenmütze, sondern kurz verschnittenes Haar, sah auch so aus, als hätte man ihn eben vom Pfluge fortgeholt und er hätte sich dort wohler befunden als in seinem gegenwärtigen Amt.

»Der Herr General lassen bitten«, sagte er düster und half Thomas aus dem Mantel. Es klang, als liege der General im Sterben.

Thomas nahm mit einem Blick die riesige Halle wahr, die bis in das obere Stockwerk reichte, eine schöne und breit aufsteigende Treppe von dunkelbraunem, glänzendem Holz, Schaufeln, Geweihen, Vögel, Waffen, Ahnenbilder, einen riesigen Feuerplatz, in dem ein ganzer Baumstumpf verkohlte, und im Hintergrund, zu beiden Seiten einer zweiflügeligen Tür, zwei alte Kanonen aus mattglänzendem Metall, die dunklen Münder drohend auf den Eingang gerichtet. Doch standen keine Kanoniere neben ihnen, mit brennenden Lunten etwa, wie Christoph erzählt hatte, bereit, das Feuer sofort auf jeden zu eröffnen, der es etwa an Haltung oder Gesinnung gleich beim Eintritt sichtbar fehlen ließe. Aber auch eine Regimentskapelle, ein Schellenbaum und Bombardon, wie Thomas sie eher vermutet hatte, war nicht sichtbar, so daß er guten Mutes, wenn auch etwas verwirrt von dem Anblick düsterer Feierlichkeit, dem riesigen Grenadier oder was er sonst sein mochte, durch ein büchergefülltes Vorzimmer bis an die Eichentür folgte, an der dieser nun deutlich, aber doch in geziemender Bescheidenheit klopfte.

Eine etwas heisere Stimme rief »Herein!«

Der Große öffnete die Tür, trat oder sprang vielmehr mit erstaunlicher Gewandtheit über die Schwelle, schlug daneben die Absätze seiner Schuhe unter den geschnürten Gamaschen zusammen und meldete mit heller Stimme: »Der Herr Christoph Nachfolger, Herr General!«

Ein kleiner, breiter Mann mit grauer Litewka hob den Kopf von den Papieren auf seinem Schreibtisch, sagte »Schafskopf!« zu dem Riesen und winkte Thomas mit der Hand, näher zu treten. Er wies auf einen Stuhl an der Schmalseite des Tisches, wartete, bis der Riese das Zimmer verlassen hatte, und blickte dann Thomas an.

Dieser meinte, sein Gesicht schon als Kind gesehen zu haben, in der vielbändigen »Geschichte der Eroberung des indischen Reiches«, die in den Bücherschränken seines Vaters gestanden hatte, ganz unten, sechs dunkelbraune, schwere Bände, und in denen er die Bilder vor allem liebte, in matten Wasserfarben, unzureichend für die Glut jener Landschaften, aber erfüllt von seltsamen Menschen, Tieren und Pflanzen. Dort, inmitten edelsteinbedeckter Maharadschas und dämonischer Tempel, hatte es auch

Porträts der Eroberer gegeben, Soldaten, Kapitäne und Könige des Handels, mit strengen, mitunter grausamen Lippen und kindlich gebliebenen hellblauen Augen; Männer, von denen man nie wußte, ob sie Blut aus den Hirnschalen erschlagener Landesfürsten tranken oder ob sie, wieder heimgekehrt auf ihre grüne, neblige Insel, vor den riesigen Kaminen ihrer Schlösser den schweren Wein tranken, der in alten Eichenfässern die Reise nach Indien und zurück immer wieder gemacht hatte, um jene Glut und Milde zu gewinnen, von der ihre Gesichter so braunrot und fröhlich geworden waren. Männer, die er sich von der Meute ihrer Hunde und zahlreichen Enkelkindern umgeben vorgestellt hatte und für die alle es nur einen geheimnisvollen und fast tropischen Namen in seiner Gedankenwelt gegeben hatte: den Namen der Nabobs. Er hatte nicht gewußt, woher dieser Name stammte, aber etwas Drohendes und gleichzeitig Heiteres war aus dem Klang der Silben aufgestiegen, Fremdheit und Zauber, Macht und Einsamkeit, und einmal hatte er seinen Lehrer in das hilfloseste Erstaunen versetzt, als er auf die Frage, was er einmal werden wolle, laut und ohne Überlegung geantwortet hatte: ein Nabob!

Nun mußte er fast ein Lächeln verbergen, als er bedachte, wie wenig er selbst jenes kindliche Versprechen eingelöst hatte, weder im Äußeren des Glanzes noch im Inneren selbstgewisser und fast allmächtiger Haltung, von einer Meute von Grauhunden so weit entfernt wie von einer Schar hellblonder Enkelkinder, und wie auch jener, dessen Gesicht ihm aus jenen Büchern vertraut war, in seinem Leben und Sein, in Erinnerungen, Macht und Reichtum wohl weit hinter den Urbildern jenes seltsamen Namens zurückgeblieben sein mochte, außer daß er vielleicht in den

Kellern dieses Hauses einen ansehnlichen, aber immer mehr abnehmenden Vorrat jenes Weines besäße, der, vor riesigen Kaminen an langen Abenden getrunken, jene Hautfarbe verleihen mochte, die wie von indischer Sonne gebräunt und gebrannt erschien.

Doch fühlte Thomas sich nun durch diese kindliche Erinnerung über die Schranken des Alters und des Ranges leichter hinweggehoben und glaubte auch alle Wunderlichkeiten, auf die er vorbereitet war und deren Anfang er nun schon erfahren hatte, guten Mutes überstehen zu können.

»Heißen Orla?« fragte die heisere Stimme, die die Worte wie aus einer Gewehrmündung hervorstieß.

»Jawohl, Herr General.«

»Gedient?«

»Jawohl, Herr General.«

»Dekoriert?«

»Jawohl, Herr General.«

Eine kleine Pause trat ein, in der der General fortfuhr, seinen Besucher gleichsam durchbohrend zu betrachten, nicht etwa aus Mißtrauen, sondern aus einer alten Übung, die sich ihm vor der erstarrten Front unzähliger Soldatenkolonnen als nützlich erwiesen haben mochte. Thomas war überzeugt, daß er ein Waisenkind oder ein neugeborenes Kalb im Stall auf genau die gleiche Weise zu betrachten pflegte, blieb also unverändert in seiner guten Haltung und wich den blauen Blitzen nicht für eine Atemlänge aus.

»Gruber erzählt«, fuhr die heisere Stimme fort, »Steuermann, Skagerrak und dergleichen. Mißtrauisch gegen alle Seefahrende. Anfang mit Schande gemacht. Hoffe, Regel durch Ausnahme bestätigt sehen. Hier nur brauchen, was in Gesinnung und Haltung zuverlässig... Zu... ver... läs... sig! Verstanden?«

»Jawohl, Herr General.«

»Gut... Vorgänger Esel. Güterteilung, Weltfriede, rote Fahne und dergleichen. Kein Lump, aber Esel. Auf Barrikaden fallen. Gloriose Zeiten für Lumpen und Esel. Insel Stützpunkt Wasserseite. Vor dem Feinde fallen, wenn nötig, verstanden?«

»Jawohl, Herr General.«

Nach dieser Versicherung entspannte das drohende Gesicht sich ein wenig, und eine zweite Pause trat ein, in der Thomas sich zu erinnern versuchte, welcher der preußischen Könige diese Redeweise geliebt hatte. Doch begann nun, als er des weiteren Verlaufes sicher war, die Insel sich wieder zwischen seine Gedanken zu schieben, und unvermittelt überkam ihn nach diesen ruhelosen und von fremden Bildern überladenen Tagen das warme Gefühl tröstlicher Geborgenheit, eine glückliche Müdigkeit, die danach verlangte, den Schein des Herdfeuers auf den dunklen Bohlen zu sehen und den Wind um das Rohrdach gehen zu hören.

Zuvor aber hatte er noch einmal seine Worte mit Bedacht zu wägen, um die etwas zögernden Fragen des Generals nach Schulbildung, Reisen und Familienverhältnissen zu beantworten; empfing darauf seine Dienstanweisung, die sich auf den Jagdschutz erstreckte, und unterschrieb schließlich den kurzen Vertrag, den sein Brotherr nach einem alten, schon vergilbten Muster mit großen, altertümlichen Buchstaben aufsetzte und ihm hinschob.

Thomas las, was er an Rechten und Pflichten besitzen würde, an Geldlohn und »Naturalien«, erfuhr, daß Mehl, Kartoffeln und Winterobst ihm zuständen, wobei er das letzte besonders bemerkenswert fand, daß »ein grauer Fischerrock nebst einem Paar Wasserstiefeln, so bis über die Knie zu ziehen«, ihm jährlich zukämen und daß er »allezeit in Treue zu seiner Herrschaft zu stehen« habe, wie auch diese gelobte, ihn »in Bedürfnissen des Leibes und der Seele gut und geachtet zu halten«. Schien ihm also, als er dies langsam gelesen hatte, daß der Vertrag wohl aus der Zeit jenes wortkargen Königs stammen mochte, daß aber gleichwohl Rührendes in diesen alten Wendungen liege, mehr als er sonst in Verträgen mit Hauswirten oder Mietern erfahren hatte, und als er noch einmal, bevor er die Feder ansetzte, in die Augen des alten Mannes sah, wußte er, daß dieser Vertrag noch niemals mit besserem Willen und vielleicht auch mit tieferer Berechtigung unterschrieben worden war als eben nun.

Eine feste, breite Hand streckte sich ihm über die Tischplatte entgegen, und als er aufsprang und sie ergriff, war es ihm, als könnte er für diesen alten, wunderlichen Mann, um den eine vergangene Zeit gleichsam wie eine Rüstung stand, gern, »wenn nötig«, vor dem Feinde fallen.

»Gute Haltung!« sagte die drohende Stimme. »Gleich gesehn. Gut auskommen.«

Sie traten an den Gewehrschrank, und der General zeigte ihm die kleine Büchse und Doppelflinte, die er ihm ins Forsthaus schicken werde. »Dem Esel abgenommen«, sagte er. »Auf Eiche gestanden und auf ›Blutsauger‹ gewartet. Bei armen Leuten Auge mal zudrücken, bei Lumpen Finger krumm machen! Denken, daß Eigentum aufgehört hat. Zucht und Ordnung halten! Selbst darin groß geworden. Soldat bleiben auch im Fischerrock, verstanden?«

»Jawohl, Herr General.«
Sie vereinbarten, daß Thomas den Dienst in vierzehn Tagen antreten sollte, mit dem Fischfang aber nicht vor dem Mai zu beginnen sei. »Mal auf Insel besuchen«, schloß der General und streckte noch einmal seine Hand aus. »Kein Weltmeer herum, aber gutes Wasser. Nicht schlechteste Devise: ›Ich dien'.‹«
Dann war Thomas entlassen. Der friderizianische Riese lehnte schwermütig an der Kanonenmündung, und Thomas hatte ihn in Verdacht, mit seiner Nase beschäftigt gewesen zu sein. Doch half er ihm freundlich in den Mantel. »Unbequem?« fragte Thomas und deutete auf die Uniform.
»Nein, Herr, bloß im Dorf rufen sie ›Kasperle‹ und schmeißen mit Pferdeäppeln.« Er lächelte melancholisch und begleitete den Gast zur Tür.
»Damals«, sagte Thomas und zeigte auf das weiße Bandelier, »haben sie noch mit anderen Dingen geworfen ...«
»Jawohl, Herr, und ich kriege sie schon noch einmal!« Als er die Tür öffnete und Thomas hinaustrat, kam ein schwarzgekleidetes Mädchen die Steintreppe heraufgestiegen. Es war vielleicht dreizehn Jahre alt, hielt sich sehr gerade und warf eben mit einer Kopfbewegung das Haar zurück, das ihm lose bis auf die schmalen Schultern fiel. Ein junger, hagerer Mann mit einer Brille, ebenfalls in Schwarz gekleidet, beendete eben einen Satz, aus dem Thomas entnahm, daß von der Stellung der germanischen Frau im Altertum die Rede gewesen war.
Beide blieben stehen und sahen Thomas an, der junge Mann zerstreut und noch mit seiner Beweisführung beschäftigt, das Mädchen aufmerksam und ohne Verlegenheit.

Thomas wollte mit einer leichten Verneigung zur Seite treten, doch blieb er stehen, nahm den Hut ab und sagte zu beiden gewendet, er sei Thomas Orla, der neue Fischer.

Während der junge Mann sich überrascht verbeugte und einen unverständlichen Namen murmelte, neigte das Kind auf eine altertümliche Weise den Kopf, ohne die Augen von seinem Gesicht zu lassen, und fragte:

»Wie heißt du?«

Thomas wiederholte seinen Namen.

»Ist das ein Name aus einem Märchenbuch?«

Nein, das sei sein wirklicher Name.

Das Kind ließ die linke Hand nachdenklich über die schwarze Holzperlenkette gleiten, die es um den Hals trug. »Ich heiße Marianne von Platen«, sagte es. »Alle Mädchen heißen so bei uns. Und das ist mein Lehrer, Herr Bergengrün... aber ›Orla‹ habe ich noch niemals gehört... wirst du mit Christoph zusammen fischen?«

Nein, Christoph gehe fort. Er werde allein auf der Insel leben.

Christoph sei ein armer Mann, sagte das Kind. Er habe immer böse zu ihr sein wollen und sei immer freundlich gewesen.

Ob es nicht besser sei als umgekehrt, fragte Thomas. Das wohl, aber am besten sei es doch, freundlich sein zu wollen und es auch zu sein, nicht wahr?

Da habe sie sicherlich recht.

»Herr Bergengrün«, fuhr Marianne fort, »sagt immer, alle Menschen sind anders, als sie aussehen. Aber ich glaube das nicht. Herr Bergengrün sieht immer aus wie ein aufgeschreckter Wichtelmann, und so ist er auch, nicht wahr, Herr Bergengrün?« Ein leises Lächeln bewegte ihren

Mund, und sie legte ihre rechte Hand mit einer zärtlichen Bewegung auf den Arm des verlegenen Kandidaten.
»Das sind so unsere Scherze«, sagte er entschuldigend, »doch würde es uns wohltun, wenn wir dann und wann auf die Insel kommen könnten. Mit Christoph hatte es seine Sonderheiten ...«
Mit dir auch, mein Guter, dachte Thomas und sagte, daß es ihn freuen werde, sie bei sich zu sehen.
»Und wirst du dort wirklich fischen?« fragte das Kind.
»Ja, ich habe Christoph gesagt, daß ich den Fisch mit der goldenen Krone fangen werde.«
»Gibt es den?«
»Die Märchen sagen es.«
»Und dann?«
»Dann will ich ihn dir schenken.«
Sie atmete einmal tief auf, und Thomas sah, wie die Perlenschnur über der zarten Kehle sich einmal bewegte.
Dann verneigte er sich ernsthaft wie vorher und stieg die Treppe hinunter.
Im Walde erst, als er seine Pfeife stopfte, kam ihm zum Bewußtsein, daß es nun geschehen war, ja, daß er darüber hinaus gelobt hatte, vor dem Feind zu fallen, wenn es nötig sei, und eine goldene Krone zu verschenken, wenn er sie gewänne.
Er saß auf einem Baumstumpf in der Sonne und begann zu rechnen. Er war immer ordentlich in diesen Dingen gewesen und wußte, was einem Mann an Brot, an Fleisch, an Tabak und Kleidung zukam. Er wußte auch, was er hier nicht brauchen würde und wo die Grenze zwischen gewollter Einfachheit und erzwungener Ärmlichkeit lag. Es zeigte sich, daß seine Pension den Seinigen ohne Abzug bleiben konnte und daß ihm jeden Monat eine geringe

Summe übrigbleiben würde, um ein paar Bücher zu kaufen oder einen Garten anzulegen. Daß also selbst in dem grauen Hause Schönheit oder Freude einkehren dürften, wenn ihn danach verlangte. Ja, daß er sogar Gäste mit Anstand würde aufnehmen können, das ernsthafte Fräulein, das wahrscheinlich aus einem Goldrahmen in der Halle heruntergestiegen war, und den biblischen Begleiter, der so feierlich sprach, als wäre er schon mit den Erzvätern durch die Wüste gezogen.

Er sah nun alles so weit, als hätten sich Jahre davorgeschoben: das Haus mit den Kiefern im Vorgarten, die donnernden Züge der Untergrundbahn, den Strom mit den Schiffslampen, vertraute und fremde Gesichter. Er bedachte, wie leicht es war, sich von allem zu lösen, außer von dem Kinde, und erschrak darüber. Ein brüchiges Gewebe, das unter den Händen zerfiel. Es konnte nicht nur so sein, daß er von allem Abschied genommen hatte, als sie ausfuhren damals, in den ersten Nächten des großen Krieges, daß sie die Fäden aufgelöst hatten, die sie mit der Zeit verbanden. Denn sie wollten doch wiederkehren, das hatten sie doch alle gehofft. Aber es war wohl so, daß sie nun mit anderen Augen wiederkehrten, er wenigstens, und die alte Welt ihnen seltsam verändert war, Menschen, Meinungen, selbst das Geliebteste der Erde. Das alte Glück war kein Glück mehr, ein welker Strauß stand da, und man ging um ihn herum, sah, daß es nicht an Wasser fehlte, nicht an Sonne, und doch blieb er welk. Dies war es: der welke Strauß! Man warf ihn nicht fort, wo die frischen Blumen wuchsen, ganz andere und noch unbekannte, und den anderen schien er auch nicht welk, sondern glühend und leuchtend wie zuvor. Sie sahen den Wurm nicht, aber er sah ihn. Etwas mußte falsch gewesen sein, von Anfang an, aber er konnte

es nicht erklären. Er hatte gefühlt, daß er den Boden verlor, und nichts war da, an das er sich klammern konnte.
Nun also würde er fortgehen, und nur als von einem Narren würde von ihm geredet werden. Sein Vater würde es wissen, aber sein Vater war tot. Man mußte es nun allein wissen. Sich abends mit frohem Herzen niederlegen können, das war vielleicht das ganze Geheimnis. Froh, wenn man an den gewesenen Tag, und froh, wenn man an den kommenden Tag dachte. Keine Erlebnisse, keine Heldenrolle, kein Glanz um die Stirn. Die Netze auslegen und wieder einziehen, Haus und Insel sauberhalten, ein paar Seiten lesen und abends am Wasser sitzen und in die Sterne sehen. Den Vertrag erfüllen, den man unterschrieben hatte.
Wann war er froh gewesen zur Nacht? Er legte Jahr auf Jahr beiseite und kam wieder bis zu seiner Kinderzeit. Der Vater, der gute Nacht sagte, das offene Fenster, durch das die leisen Geräusche des Gutshofes kamen, der Zigarrenrauch aus dem Nebenzimmer, wo der Vater noch über den Rechnungsbüchern saß oder in einem Band Fontane las. Die Bilder, die sich immer mehr verwirrten ... der Weizenschlag mit der brennenden Sonne ... der Waldsee mit den alten Hechten ... das Pferd, das er ritt, immer mit etwas klopfenden Herzen ... die Uhr auf dem Hof, die ihre Schläge über die nebligen Felder schickte, und der letzte Schlag tönte lange nach, Welle auf Welle, immer mehr ersterbend ... frohen Herzens, so war er eingeschlafen und wieder aufgewacht.
Aber dann nicht mehr. Nicht als Kadett und nicht als Leutnant. Dienst und Pflicht immer wie eine Rüstung auf der Brust, und manchmal schmerzte die Rüstung ... die Segel, der Mastkorb und dann die Geschütze, die Naviga-

tion, Zahlen, Formeln, Kurven, Rechnungen, Gesichter, die feierlich oder höhnisch oder spöttisch waren ... und dann der Krieg, Menschenleben und Boote, die in seiner Hand lagen, und die Hand war nicht immer stark, nein, nicht immer ... kein frohes Herz, auch nicht unter den Kameraden, ein Sonderling, still, scheu, verschlossen ... der Krieg, ein bitteres Handwerk, ohne Glanz, töten und vernichten ... und dann das Ende und die Leere der Tage und Nächte, wie ein Brett auf dem Ozean, auf ... ab, auf ... ab ... wie ein Geschwätz ...

Dies aber war gut, die hohen, grauen Stämme, ernst wie Masten; die Wipfel, aus denen der Dampf vergangenen Regens stieg; der Specht, der hinter dem Hügel hämmerte, fleißig wie ein einsamer Hausvater; der See, der durch die Bäume blitzte, und Vögel riefen über sein Glänzen hin; Wolken, hoch im blauen Raum, durch den die Keile der Kraniche sich drängten. Gut und still. Alte Gesetze, denen die Kreatur gehorchte, die den Tag einschlossen und die Nacht. Krieg auch hier, Leiden auch hier, aber aus Gesetz und nicht aus Willkür.

Und der Vertrag, der ihn einschloß in diese Welt, der ihm die Stunde erfüllte und die geöffneten Hände. Ein einfaches Werk, in dem die Räder sich kreuzten und überschnitten, ein Werk, das nichts brauchte als Fleiß und guten Willen und Gehorsam vor der Ordnung der Dinge. Zu erfüllen auch von denen, die noch die alten Waffen trugen, deren Sinn nach dem Einfachen trachtete, weil sie fremd waren im Verwickelten der Zeit. Die ein Dach wollten, einen Herd, eine Arbeit und ein frohes Herz.

Es fiel ihm ein, daß er die Mönche immer geliebt hatte, obwohl er anderen Glaubens war. Die aus der alten Zeit, die den Wald urbar machten und beim Kerzenlicht die großen Buchstaben auf gelbe Pergamente malten. Die das Schwert nahmen, wenn es um den Acker ging oder um Gott, aber es wieder fortstellten, wenn der Acker und Gott gerettet waren. Fern rauschte ihnen die Welt, ein Strom hinter Weiden, aber sie wollten nichts von ihr. Sie wollten den Pflug und das Bild der Heiligen Mutter und den Kerzenschein über der weißen Zellenwand. Sie wollten sein wie die Steine auf dem Grund, und das Werk ihrer Hände sprach immer noch, hin durch die Jahrtausende. Kein vertanes Leben, kein Aufruhr, kein Geschwätz. Getreue Knechte, die unter Steinplatten schliefen, aber der Hausvater hatte ihre Namen gesammelt und bewahrt.

Wenn sie älter ist, dachte Thomas und stand auf, wird sie wissen, daß die goldene Krone unsichtbar ist, und vielleicht wird auch Joachim es wissen. Daß es nur das Letzte des Lebens ist, sein wahrer Sinn, heraufgezogen mit dem Netz, an dem das Leben gesponnen hat. Güte und Weisheit und nichts haben wollen. Frieden schließen, aber den Frieden, hinter dem kein Krieg mehr steht... vielleicht gewinne ich es, daß ich es ihnen zeigen kann, nur ihr und ihm... zwei Menschen sind schon viel, und ich selbst bin der dritte... drei... was für eine große Zahl, was für eine Riesenzahl für eine Menschenhand... Es war schwer, das Kind dort zu lassen, schwerer als alles andere, aber es gab Wege, die man ohne Kinder gehen mußte, ohne Frau und auch ohne Kind. Erst mußte man fest stehen wie der Mann im Zirkus, bevor man Frau und Kind auf seine Schultern heben konnte. Und er würde Joachim bei sich haben, ein paarmal im Jahr.

Er würde ihn erfüllen mit dem, was er inzwischen gewonnen haben würde. Er würde getreulich teilen. Nur das Geringste würde er für sich selbst behalten wollen. Er ging schon zu Tal, aber das Kind würde fortzusetzen haben, in das neue Leben hinein …

Der Förster stand am Zaun und winkte ihm. »Ein gutes Jahr, lieber Herr. Die Saat steht schön, und auf der Insel wird es wieder lebendig sein. Ein Geist hat da gewohnt, und nun zieht der Mensch wieder ein. Ein gutes Jahr …«

Sie hatten ein schweigsames Mahl, und dann war Thomas den ganzen Nachmittag auf dem Wasser. Er fuhr das Ufer ab. Bucht für Bucht und Schilfrand nach Schilfrand. Er betrachtete den Grund, Sand und Moor, Seerosenstengel und verwitterte Baumstämme, deren Äste hinaufgriffen, einen schmalen Pfad im hohen Gras und die Otterspur, die sich weich in den Boden drückte. Er fuhr um die Waldecke und weiter bis zum Fließ, hinter dem der zweite See begann. Und überall Wald und Wiese, Erlengehölz und Feld, ein graues Dorf vor einem bäuerlichen Kiefernstreifen, ein Land ganz für sich, mit einem hohen Himmel, unter dem nur der Wind leise tönend ging.

Er sah Christoph abfahren und das Boot an der hohen Fichte verlassen. Er trug einen Sack auf dem Rücken, sein ganzes Hab und Gut, und grau und gebeugt verschwand er im Uferwald, die Fahne sicherlich um den Leib gebunden, ein Mann nach einer verlorenen Schlacht.

Nun war niemand auf der Insel. Die Sonne sank hinter die Eichenwipfel, Gewitterwolken hoben sich bläulich über den Wald, über dem Schornstein hing kein Rauch, ein großer Vogel kreiste über dem grauen Dach und verschwand im dunklen Gewölk.

Thomas holte das leere Boot und fuhr zur Försterei zurück. Sie wollten zusammen das Haus ansehen und was geändert werden sollte, solange Thomas wieder fort war. Am nächsten Morgen wollte er fahren und nach zwei Wochen wiederkommen.

Es war niemand auf dem Hof, aber aus dem kleinen Garten hörte er wieder den leisen, schlafwandlerischen Gesang. Die Frau stand über der frischgegrabenen Erde, im schwarzen Kleid wie bisher, ein Tuch um die Schultern, und streute Samen in die neuen Beete. Aber es war nichts in ihrer Hand. Die Hand war leer, und nur die Gebärde war voller Sinn. Das Lied ging eintönig durch die Stille, einfach und fast heiter, wie ein Kinderlied oder ein Lied über kindlichem Schlaf. Und Thomas meinte ihn dort knien zu sehen, den das Feuer im dunklen Turm versengt hatte, zu Staub und Asche verwandelt, eine kleine Gestalt, die nach den Samenkörnern griff, und sie wußte noch nichts von der kommenden Ernte der Zeit.

Die Luft war schwül wie am Abend zuvor, die Wolken hatten die Sonne bedeckt, und ein gedämpftes Licht fiel von den glühenden Rändern über die Erde. In diesem Licht ging der schwarze Arm der Frau langsam hin und her, die Reihen der Beete auf und ab, eine arme, kindliche Mühle, die das tote Leben streute.

Wieder fröstelte es Thomas, und er ging leise ins Haus. »Ja, ein frühes Gewitter kommt«, sagte der Förster. »Dann ist sie unruhig und bleibt nicht im Hause. Sie kann das große Feuer nicht sehen über dem Wald, und doch bleibt sie auf, solange das Wetter leuchtet, die Hände vor den Augen. Sie sieht ihn wohl im Feuer, lieber Herr...«

Sie fuhren schweigend über den See und traten ins Haus. Es war so leer wie zuvor, und es war nicht zu sehen, daß ein Mensch es verlassen hatte. Sie sahen alles an, und Thomas schrieb sich die Maße in sein Buch. Er wußte gleich, was er brauchte, und sie rechneten die Preise aus. Ein Fußboden sollte gelegt, ein kleiner Herd zum Kochen im Nebenraum gesetzt und das Fenster sollte höher und um das Vierfache verbreitert werden. Alles andere sollte unverändert bleiben, und der Förster wollte zusehen, daß in zwei Wochen alles fertig wäre. »Ein Palast, lieber Herr«, sagte er lächelnd, »und im Winter werde ich das Licht durch die Bäume sehen ... Gott segne Ihren Einzug, lieber Herr!«

Ja, Thomas wollte noch ein wenig auf der Insel bleiben. Er sah das Boot zurückfahren, in die Dämmerung hinein, und verschwinden. Das Licht über dem See war schon erloschen, und hinter den Uferwäldern flammte das Wetter schon rötlich auf.

Thomas ging um die Insel herum über Sand und braunes Gras, am Schilf entlang, dessen Halme sich leise aneinander rieben, und wieder zurück. Er war so einsam wie auf dem Ozean. Sein Herz schlug, wie es vor der Schlacht geschlagen hatte, aber was vor ihm lag, war schöner als eine Schlacht. Er fand eine Stelle auf der Westseite des Hügels, unterhalb der Eichen, wo Heidekraut und junge Fichten sich zum Ufer senkten. Dort konnte man auf einem Baumstumpf sitzen und weit über das Wasser sehen. Es war wie auf einer Brücke, und hinter ihm ragten die Masten auf.

Es dunkelte jetzt über den Wäldern, und das Feuer hinter den Wolken blitzte scharf und rötlich über das Wasser hin. Der Wind strich niedrig über das Schilf, und wenn er erstarb, hörte Thomas das leise erzene Dröhnen hinter der Wolkenwand. Mitunter tastete nur ein fahler Schein über die Insel und den Wald, dazwischen aber flammte es böse und drohend auf, wie von langen Rohren über grauer Panzerwand, ein greller Strahl schoß den Himmel hinauf, und lange hinterher, aus begrabener Finsternis, rollte der ferne Donner lange nach und bewegte die Erde, auf der Thomas saß.

Er sah mit weitoffenen Augen in das Licht hinaus. Er sah die grauen Leiber vorwärts stürmen und die zerwühlte See zwischen ihnen. Er hörte Glocken, Signale und verwehenden Schrei. Er saß wie in einem Traum, und vor seinen Augen und Ohren zog es vorbei, die Summe vergangenen Lebens, die Probe vieler Jahre, die Entscheidung junger und bebender Herzen: die Schlacht.

Dann hörte er die Flügel der großen Vögel rauschen und den heiseren, schwankenden Schrei. Er sah sie im nächsten Leuchten über sich, den schmalen Hals gehoben, und wie die trockenen Wipfel unter ihnen erbebten.

Da ging er leise fort, zum Ufer hinunter und an diesem entlang bis zu seinem Boot. Ein paar Tropfen fielen, warm und schwer, und er stand noch eine Weile, bevor er abfuhr, das Gesicht zu ihnen aufgehoben, mit offenen Augen, in denen die Blitze sich spiegelten.

4

Die Uhr über dem Gutshof des Schlosses ist Maß und Regel für die Landschaft um den See. Der Gutshof liegt hoch über dem Waser, und der Turm über dem Stalldach liegt hoch über dem Hof. Wenn die Luft ruhig ist oder nur ein leiser Wind über die Wälder geht, dringt der helle Schlag weit in die Runde hinaus, und die Menschen richten sich auf von Arbeit oder Schlaf, lauschen auf die Zahl der Töne und messen Schlaf oder Tagwerk danach ab. Die Kirche ist weit, die Eisenbahn ist weit, die Schneidemühlen sind weit. Aber die Glocke des Schlosses ist in ihrer Mitte, und schon das vorige Geschlecht hat sie gekannt. Ihr Alter verliert sich in der ländlichen Sage. Sie schweigt nur, wenn im Schloß sich jemand zum Sterben bereitet; sie wollen nicht, daß der Schlag der Stunde in den letzten Atem fällt.
Die ersten, die der Uhr gehorchen, sind der Kämmerer und der Eleve im Schloß, Thomas und der Fischadler. Die beiden ersten reiben sich den Schlaf aus den Augen und sind nicht immer fröhlich. Die beiden andern sind ganz wach und auf ihr Tagwerk bedacht. Thomas sitzt an dem grauen Tisch vor seinem Haus, hat seinen Kaffee getrunken und raucht die erste Pfeife. Die Sonne steht rot über den schwarzen Kiefern, der ganze See brennt, und die Nebel stehen wie glühender Rauch über den Buchten. An ihrem Rande kann er als feine graue Striche die Stöcke erkennen, zwischen denen die Reusen auf dem Grunde liegen.
Der Adler kommt von Osten hoch über den Wald, stumm,

eilig, in gerader Bahn. Er überfliegt die Insel und wendet sich erst am westlichen Wald. Schneeweiß leuchtet seine Brust auf, wenn die Sonne sie trifft. Über der Otterbucht zieht er den ersten Kreis, wo das Wasser immer unbewegt ist und die alten Fische unter der Oberfläche stehen. Dann faltet er die Schwingen zusammen und stößt hinunter. Eine Schaumwolke steht auf, und aus ihr, einmal das Gefieder schüttelnd, hebt er sich langsam wieder auf, höher und höher, bis die Beute in seinen Fängen gegen den weißen Morgenhimmel sich abzeichnet. Hoch über der Insel ertönt sein Schrei, ehe er in der Sonne verschwindet.

Wieder schlägt die Glocke über den See. Der Kuckuck ruft, und das »Hup… hup…hup« des Wiedehopfs geht wie ein Kinderspielzeug durch den Wald. Die Gespanne verlassen den Gutshof, und auf den betauten Waldwegen ziehen die Mädchen zur Pflanzarbeit, die bloßen Füße in schweren Schuhen, weil der Seidenstrumpf das Knien auf der feuchten Erde nicht verträgt. Hier und da murrt eine über die Sklavenarbeit, aber dann zieht doch ein Lied vor ihnen her über die glänzenden Schonungen, weil das Leben stärker ist als das andere. Der Förster hebt einen Bastfetzen von der niedrigen Kiefer, an der der Bock gefegt hat, und Thomas fährt mit den ersten nassen Netzen ans Land.

Die Sonne hebt sich über den Wald, und in dem östlichen Giebelzimmer des Schlosses versucht Herr Bergengrün, an einem kleinen Globus die Drehung der Erde anschaulich zu machen. Marianne von Platen sieht mit ernsten Augen zu und fragt, ob Herr Orla jetzt wohl den Fisch mit der Goldkrone aus dem schwarzen Wasser hebe. Der General sitzt im Sattel, und der friderizianische Soldat begibt sich an die Mündung der Kanone zurück. Die Glocke schlägt, ein weißer Taubenschwarm steigt in die blaue Luft, und in Feld und Wald ziehen braune Hände den Kork aus den Blechkannen mit kaltem Kaffee. Die Pferdeleiber dampfen, und der Morgenschweiß von Mensch und Tier trocknet im warmen Wind. Thomas breitet die nassen Netze aus. Er trägt nur ein Hemd und eine kurze Hose, seine Haut ist braun, und Fischschuppen blitzen in seinem dunklen Haar.

Die Frau mit dem erloschenen Gesicht geht in dem Giebelzimmer auf und ab und singt ohne Worte das Lied mit der heiteren Marschmelodie. Wenn die Sonne auf die zerschlissene Seide fällt, schimmert es alt und grünlich über den demütigen Schultern.

Die Glocke schlägt, und Rauch steht über den Schornsteinen, auch über dem grauen Dach auf der Insel. Thomas kocht seine Fischsuppe, und die blauen Schleie zerfallen nicht mehr nach den ersten mißglückten Versuchen. Die Gespanne kehren heim, die Mädchen auf der Pflanzung liegen im Schatten, und Gruber sagt zu der blassen Frau, daß es ihm lange nicht so gut geschmeckt habe. Sie wendet den Kopf, als höre sie ihm zu, aber ihre Augen gehen durch ihn hindurch, weit fort, bis zu dem dunklen Meer wahrscheinlich, wo sie nun Kränze versenken zum Gedächtnis der Toten und der schrille Schrei der Möwen hinter den Schiffen herzieht. Der General hebt seinen Rotwein gegen das Licht und fragt sein Enkelkind, was es sich zum Geburtstag wünsche. Herr Bergengrün meint vor sich hin, man mache jetzt viel Rühmens von einer neuen Ausgabe der Märchen von den Gebrüdern Grimm, und das Kind nickt ihm zu. Der melancholische Riese steht bolzengerade an der Anrichte, und auf seinem weißen Lederzeug sitzen ein paar hartnäckige Fliegen.

Die Glocke hat den Kreis ihrer Schläge vollendet und

beginnt von neuem mit einem einzigen hellen Ton. Der Zeiger rückt vor, und die Arbeit folgt, wird langsamer und müder und endet. Der Adler ist dreimal dagewesen, und Thomas kehrt vom Netzauslegen heim. Neben ihm auf der Bank liegt die kleine Büchse, aber ihr Lauf ist noch blank. Er hat seine Post von der Försterei mitgebracht, eine Zeitung, voller Hader, Unruhe und Lärm, eine Karte von Joachim, daß er im Rechnen jetzt »sehr gut« sei und der Ordinarius ihn gefragt habe, ob er nicht bald den schwarzweißroten Wimpel von seinem Fahrrad abnehmen werde. Dazu hatte er in Klammern in seiner großen steifen Schrift »Fehlanzeige!« hingesetzt. Und daß es bis zu den großen Ferien noch zweiundfünfzig Tage seien. Auf der Vorderseite stand gehorsam: »An Herrn Thomas Orla.«

Thomas hörte die Glocke über den See schlagen, sechs helle Töne, und so blieben noch vier Stunden, die er für sich allein hat. Um zehn wird die Lampe gelöscht. Tür und Fenster stehen weit auf in seinem Haus, und er bleibt eine Weile auf der Schwelle und sieht hinein, ob Christoph vielleicht vor den Büchern steht und den Kopf schüttelt. Denn die Bücher sind nun da, fünf breite und hohe Bretter, die ganze dunkle Bohlenwand entlang. Der Globus ist da, und der Messingstreifen des Äquators blitzt in der Sonne, die durch das breite Fenster fällt. Und die beiden schweren Sessel stehen vor der Herdtür, ein schmales Feldbett ist an der anderen Wand, der Schrank mit den Waffen und Masken und in der Fensterecke der schwere graue Tisch mit der Holzbank. An den Wänden nichts als das Bild des feuernden Kreuzers im Goldrahmen.

Und alles ist sein, ganz allein sein, erfüllt von seinem eigenen Leben, von der Erinnerung an Tage und Nächte, die er diesen Dingen hingegeben hat, mit Lesen, Denken,

Grübeln und Sein. So ganz sein Eigentum wie die Kleider, die er trägt, und der Atem, der aus seinem Munde geht. Das aus dem Schiffbruch Gerettete, das doppelt Teure und Kostbare, mit eigenen Händen auf die Insel getragen wie aus der Brandung des Meeres. Christoph hatte sich fürchten müssen, die Schneestürme und das Klagen im Schornstein, die Nebel und die heiseren Rufe der winterlichen Tiere. Er hatte nur das Feuer, die Pfeife und den Schnaps. Und das brennende Bild der Zukunft, die immer Zukunft blieb.

Aber Thomas hatte mehr. Er hatte eine Arbeit, die er liebte, und seine Hände waren hart vom Rudern. Er hatte die Weltkugel da, und sie schwang sich leise durch den unendlichen Raum, wenn seine Hand sie berührte. Und er hatte alles, was auf dieser Kugel Unsterblichkeit gewonnen hatte. Auf den schmalen Brettern vor der vom Herdrauch dunkel gewordenen Wand standen die Ewigen und sahen ihn an, nah und vertraut, denn bei ihnen allen war er zu Gast, und der Blick seiner Augen war ihnen bekannt, die sorgsame Bewegung, mit der er die Blätter umwendete, die Neigung der Stirn, mit der er ihnen nachsah. Er besaß ihre Vergangenheit, die alles umfassende, und in ihrer Vergangenheit lag alle Zukunft beschlossen, eine reine und gläubige Zukunft, von Haß und Hochmut gereinigt, die große Stille, nach der sie getrachtet hatten am Ende ihres Lebens, und nach der auch er trachtete, ein demütiger Schüler, von ihrem Hauche genährt.

Die Glocke schlägt, und alle hören sie, die wissen, was der Feierabend ist. Thomas sitzt auf dem Baumstumpf unter den Eichen und weiß, weshalb die Menschen Gott gelobt haben. Nur als Kind hat er so gewußt, wie schön die Welt ist, so schön, daß es in der Brust schmerzt. Das letzte rote

Licht auf dem See, der schlafende Wald, das junge Birkenlaub vor dem weißen Himmel und sein Duft, der keinem andern zu vergleichen ist. Und nun beginnen die Eulen zu rufen, der Nebel steigt, Sterne zünden sich an. Die Ruhe der Nacht breitet sich aus wie Wellenkreise von einem letzten Stein, weiter und weiter, und in der Mitte sitzt er selbst, regungslos, und sein Blut rauscht und singt wie ein Brunnen im Traum.

Die Glocke schlägt. Das Licht der Lampe fällt auf die Seiten des Buches in seiner Hand, die rot beschienen ist von der Flamme des Herdes. Wenn er den Kopf hebt, sieht er durch das offene Fenster ein fernes, zitterndes Licht. Das ist das Licht im Forsthaus, und es ist das einzige, das er sieht. Auch der alte Mann wird am Fenster sitzen, rauchen und schweigen. »Sieben Jahre, lieber Herr...« Er wird es gelernt haben. Und im Giebelzimmer singt die Frau. Die Diele knarrt, und der Mann am Fenster hört den Ton nicht mehr. Oder er denkt an seine Bäume im Wald, und wie der Wind noch leise an sie rührt. Und daß er einen Nachbarn gewonnen hat, bei dem er manchmal sitzt um diese Zeit, wenn das Dach ihn erstickt, und der leise Gesang, der wie ein Kindermarsch unter den Sternen ist.

Der Nabob aber hebt den Rotwein gegen die Flamme im riesigen Kamin und sieht, wie rot er im Glase leuchtet, wie dunkles Blut, und er hat zwei Söhne begraben. Das große Haus liegt dunkel und tot. Wie eine Kirche ist die gewaltige Halle über ihm, ein Goldrahmen funkelt, und die ausgestopften Tiere stehen wie dunkle Heilige auf ihren Sockeln. Die Flamme leckt und erlischt und glüht wieder auf. So viele Bilder und Gesichter, Lachen und leiser Gesang. Ein Ast, der sich krümmt und verfällt. Ein Gesicht mit einem Goldhelm, zuerst rot, dann grau, dann weiß... der Helm zerfällt, die Stirn bricht auf, in Asche sinkt das Bild zusammen... »Haltung, Generalmajor!« Schon gut, schon gut. Das Wappenschild wird zerbrochen, aber die Toten bleiben. Die Toten und der königliche Herr. Er hebt das Glas, und es leuchtet rot.

Die Glocke schlägt, und die Lichter erlöschen. Schlaf fällt wie Tau über die Augenlider. Ein Reiher schlägt mit den Flügeln und faltet sie wieder zusammen. Er sieht das Wasser voller Sterne, wie goldene Fische stehen sie tief und unbewegt. Eine Kröte sitzt vor der Schwelle des Hauses. In ihren dunklen Flanken geht der Atem leise auf und ab.

Die Glocke schlägt, und Joachim von Orla fährt aus seinem ersten Schlaf. Er ist im Traum in die Kreuzerschlacht gefahren, und eine Glocke hat ihn in den Kommandoturm gerufen. Aber alles ist dunkel, kein Admiral ist da, der ihm den großen Auftrag erteilt, mit dem er, Joachim, die Schlacht entscheiden wird. Nur auf dem Schrank ihm gegenüber schimmert das Schiff aus Lindenholz in dem matten Licht, das durch das Straßenfenster fällt. Ansehen müsse man es, hat der Vater gesagt, daß es einen zum Dienst rufe. Weit ist der Vater, auf einem großen See, wo er der Herr ist über Adler, Reiher und Fische, und es sind nur noch fünfzig Tage, bis er alles das sehen wird. Und vielleicht tausend Tage, bis er als Kadett eintreten wird, um Flottenchef und Admiral zu werden. Der Vater hat zu früh aufgehört, aber er wird es wiedergutmachen... zuerst aber kommt das Kriegsspiel in nächster Woche, das ganz heimliche, und morgen gibt es Zitronenspeise, das hat Schwester Beate versprochen... gut ist die Schwester und wie das weiße Schaf anzufühlen, das die Mutter ihm zu Weihnachten geschenkt hat... er hält noch einmal den Atem an, um zu hören, ob Schwester Beate hinter der geöffneten Tür schläft, und als sie sich leise unter ihrer Decke bewegt, legt er sich wieder auf die Seite und macht die Augen zu... die lieber sein, als heißen wollte... so merkwürdige Dinge, die der Vater manchmal sagt...

Die Glocke schlägt von dem Kirchturm hinter den Kiefern, der Wecker schnarrt, und mit einem Sprung ist Joachim aus dem Bett, die Augen noch ohne Besinnung und schwer von Schlaf. Aber nur Frauen drehen sich noch einmal auf die andere Seite und betrügen Uhr und Tag. Die kalte Dusche rauscht, die Amseln flöten vor dem schmalen Fenster. Schwester Beate schwankt noch vor Müdigkeit, und er spritzt ihr das kalte Wasser ins Gesicht.

Dann ißt er sein Ei, die lateinische Grammatik neben dem Teller. Seine hellen Augen sind ganz wach und laufen die Spalten hinauf und hinunter.

»Heute schreibe ich die beste Arbeit, Schwester Beate«, sagte er.

Sie ist immer ein bißchen verwirrt unter seiner Klarheit und Sicherheit. Der Vater würde sicherlich nicht geglaubt haben, die beste Arbeit zu schreiben. »Du weißt alles so genau, Joachim«, seufzt sie. Er sieht sie von der Seite an und lächelt. »Das muß man auch, wenn man etwas werden will«, sagte er weise. »Sie möchten sowieso gern auf der Penne, daß alle dumm und faul sind, die ein ›von‹ vor dem Namen haben, aber für meine Person: Fehlanzeige, ihr Lieben!« Die Schwester lächelt, und einen Augenblick lang sieht sie die zerstreuten und traurigen Augen des Kapitäns vor sich. »Jaja, Joachim«, sagt sie in Gedanken, »sei nur tüchtig, daß der Vater sich freuen kann...«

Dann fährt er die stille Straße entlang, die Hände über

der Brust gekreuzt. Der Wimpel an der Lenkstange flattert im Wind.
Die Glocken schlagen. Die Stunden gehen dahin. Er schreibt wirklich die beste Arbeit, und in der großen Pause trägt er die Sache mit dem Bankierssohn endgültig aus. Seine Nase blutet zwar, und ein langer Riß geht über seine linke Wange, aber der andere wird ausgezählt, nach einem prima Kinnhaken, und stößt mit dem Kopf an die Korridorwand, als er wieder in seine Klasse torkelt. Ekelhafter Bursche. Im Auto vorfahren und Kuchen fressen, das hat das Vaterland gerade nötig!
Er ist beliebt und etwas gefürchtet in der Klasse. Das Feuer springt zu schnell in seine grauen Augen. Aber niemals wird er Unanständigkeit in Haltung oder Gesinnung dulden. »Orla hat gesagt, das geht nicht.« Also fertig und erledigt. Den meisten Lehrern ist er etwas unheimlich, ein Pfeil, der immer gespannt auf der Sehne liegt. Aber der Direktor, Major der Landwehr, liebt ihn mehr als sein eigenes Kind. »Vom Vater gehört, Joachim?« – »Jawohl, Herr Direktor, fischt vom Morgen bis zum Abend und ißt wie ein Wolf!« Die grauen Augen leuchten, und die zerschrammten Hände liegen fest an der Naht der kurzen Hose. »Recht so!« sagt der Direktor und fährt ihm über den hellen Schopf. »Zeigt den Leuten, was Arbeit heißt. Fabelhafter Mann, dein Vater!«
Zum Schluß die Turnstunde, und noch einmal leuchtet Joachim. Wie eine Katze läuft er das Tau hinauf, und der Turnlehrer, immer verdrießlich, sieht ihm mit schrägen Augen nach. »Geh nur nicht gleich durch die Decke!« sagt er. Aber Joachim ist schon wieder unten. »Die Wanten sind höher«, bemerkt er nachlässig.
Die Finken schlagen, als er mittags heimfährt. An der

Straßenecke stürzt er sich mit schrillem Geklingel auf den Hund des Nachbarn, und strahlend kommt er die Treppe herauf.

Ja, auch die Mutter ist einmal zu sehen. Er mag die Farben auf ihrem Gesicht nicht und hält ihr nur die Wange zum Kuß hin, die rechte. Aber als sie bei Tisch sitzen, will sie alles wissen, was er erlebt hat und wie seine Kameraden sind. Sie kennt fast alle Eltern, und der Vorort ist wie ein Dorf.

Er erzählt bereitwillig, noch ganz ohne Eitelkeit, aber im Bewußtsein des eigenen Wertes. Es ergibt sich, daß in der Klasse ein paar »prima Kerle« sind, aber auch, daß sie in Kleinigkeiten nicht ganz an ihn heranreichen. Auch daß Wohlhabenheit und Verträumtheit ihm als nebensächliche, wenn nicht gar verächtliche Dinge erscheinen.

Frau von Orla, mit tiefen Schatten unter den Augen, hört ihm halb ernsthaft und halb belustigt zu. Nur als er vom Gelde spricht, meint sie, er solle nicht so früh anfangen, die Wirklichkeiten des Lebens und der Macht geringzuschätzen. Schon der Vater habe bedenkliche Ansichten darüber.

Fabelhafter Mann, der Vater, habe der Direktor gesagt.

Ja, ja, meint sie lächelnd, nur würden die Werte des Lebens im allgemeinen nicht von Schuldirektoren bestimmt, eher schon von Bankdirektoren. Ob er denn auch später einmal, mit fünfundvierzig Jahren, als Fischer leben möchte?

Er denkt eine Weile nach, und wieder erscheinen die gespannten Falten auf seiner steilen Stirn. Nein, das möchte er nun wohl nicht, entscheidet er schließlich. Das sei zu wenig, wenn auch für einen Sommer wahrscheinlich sehr schön. Ein Kreuzer sei besser als ein Boot, und

ein Geschwader besser als ein Kreuzer. Ein bißchen zu früh aufgehört habe der Vater, aber das werde er selbst schon am besten wissen.
Ja, meint Frau von Orla für sich, vielleicht habe er gar nicht angefangen gehabt, und da eben die Zitronenspeise erscheint, so hat Joachim auch nichts gehört.
Nur Schwester Beate sitzt die ganze Zeit in einer leisen Befangenheit da, und am Schluß will sie das Fischbesteck statt der Speiselöffel reichen. Ihre großen, den Tränen so leicht geöffneten Augen sehen das Gesicht des Kapitäns, wie es sich von der Treppe noch einmal zurückwendet...
»Und der Junge, Schwester, hören Sie? Achten Sie mir auf den Jungen, Tag und Nacht!«
Gott weiß, daß sie es tut, aber so vieles dürfte nicht sein wie eben, und für vieles ist es wohl auch zu spät. Sie weiß, daß Kinder in vielen Dingen fertige Leute sind. Die Eltern wollen es meistens nicht wissen, aber sie weiß es. Man lebt nicht umsonst mit fremden Kindern, und sie zählt die fünfzig Tage ebenso wie Joachim. Wenigstens mit der Zitronenspeise ist es noch so, wie es sein soll.
Als Frau von Orla noch einmal Joachims Teller nimmt, bleibt die Spitze ihres losen Ärmels an einer Falte des Tischtuches hängen, und der leichte Stoff schiebt sich bis über den Ellbogen hinauf. »Sind das Narben, Mutter?« fragt Joachim und fährt mit dem Finger über die Beugung. Aber sie dreht das Gelenk hastig zur Seite und zieht den Ärmel herunter. Nein, es seien Mückenstiche, das Mädchen müsse die Drahtfenster wieder in den Schlafzimmern einsetzen. Sie ist blaß geworden und sieht Schwester Beate an, aber diese hat sich über einen leeren Glasteller gebeugt und zieht mit dem Finger die Linien des Schiffes nach.
Die Glocken der Kirche läuten, immer drei Töne in trauri-

ger Folge hintereinander, und Schwester Beate läßt die Wäsche sinken, die sie mit der Nadel ausbessert, und denkt nach, wer in der Umgebung gestorben sein könnte. Aber es sterben so viele in dieser Zeit, nicht nur an Krankheiten, sondern an der Armut, an der Verzweiflung, ja am Hunger. Die Zeit hat den Besitz gefressen, schwindelnd schnell, und nun, da die Scheine schon zehnstellige Zahlen tragen, kommt die Nachernte. Sie trifft die alten Exzellenzen wie die neuen Reichen, nur daß jene leiser dahinzugehen pflegen als diese. Das Land ist wie ein kranker Wald, in dem die Bäume gezeichnet werden, und die Glocken läuten jeden Tag. Sie seufzt und sieht verstohlen auf das Kind.

Joachim sitzt über seinen Heften und Büchern, mit gefalteter Stirn und gänzlich versunken. Während der Arbeit gibt es weder Spiel noch Träumerei für ihn, und er duldet keine Störung. Seine Stirn sieht aus wie die eines alten Mannes, und wenn er aus dem Fenster sieht, sitzt dort nicht Schwester Beate, sondern eine Vokabel ist über das spiegelnde Glas geschrieben oder Zahlen, die sich geheimnisvoll ordnen. Die Schwester hat keine Mühe mit dem Schüler Joachim von Orla, und manchmal hat sie Angst vor so viel Fleiß und früher Ordentlichkeit. Auch an seinem Bücherbrett steht ein kleiner Globus, und oft sieht sie ihn davorstehen, aber er hat ein Buch in der Hand oder Tabellen, und wenn er die Kugel berührt, so geschieht es mit einer schnellen Bewegung, und die Drehung der Erde hört dort auf, wo er sie aufhören lassen will. Niemals mehr hört sie das leise Surren, mit dem die bunte Kugel im Zimmer des Kapitäns um die Achse gewandert ist, nicht angehalten von seiner Hand, und niemals auch wird sie den Blick vergessen, mit dem seine Augen dem bunten Spiel zu folgen pflegten, alte Augen, die noch einmal auf dem Glanz einer

Seifenblase verweilen. Dann ist Joachim fast bis zur Dämmerung im Walde und auf dem Wasser. Sie haben zu vieren ein Segelboot, und fast immer ist er Kapitän. Sie spielen nicht, und es schwimmt keine Pirateninsel für sie im Strom. Sie arbeiten und lernen, und von den faulen Vergnügungsjachten folgt ihnen manch nachdenklicher Blick.

Am Abend baut er Schiffsmodelle und lernt Flaggensignale, Tonnagezahlen und Bestückungslisten. Dann spricht er mühsam und sauber eine halbe Stunde englisch mit Schwester Beate. Er spielt nicht, er liest wenig, und wenn er die Decke über seine Schultern zieht, fallen ihm schon die Augen zu.

Die Glocke schlägt, und der Pfarrer steht vor dem hölzernen Christus und sieht ihn lange an. Er möchte wissen, ob die Toten andere Gesichter haben als die Lebenden, aber er weiß es nicht. Er seufzt ein wenig, blickt durch das offene Fenster in die Nacht und denkt an die Orlasche Insel, wo er einmal schlafen möchte, ein einziges Mal so tief schlafen, daß weder Träume noch Sorgen ihn berühren, ein einziges Mal wie die Toten schlafen. Aber was weiß er schon vom Schlaf der Toten?

Er nimmt einen Briefbogen und schreibt ein paar Worte an den Steuermann Thomas Orla. Daß sein Sohn bei ihm gewesen sei und ihm Grüße und alles andere ausgerichtet habe und daß er froh sei, ihn bei der Arbeit zu wissen. Was seinen Sohn betreffe, so glaube er nicht, daß er oft zu ihm kommen werde. Er sehe das Meer vor sich und habe keine Zeit für dunkle Kirchenschiffe, was auch ganz in Ordnung sei. Aber es sei ihm ein Vers aus den Sprüchen Salomonis eingefallen, und den wolle er zum Schluß noch hinschreiben: »Ein Geduldiger ist besser denn ein Starker, und der seines Mutes Herr ist, denn der Städte gewinnet. Los wird geworfen in den Schoß; aber es fällt, wie der Herr will.« Vielleicht könne Herr von Orla es einmal über seinen Netzen bedenken.

Zur selben Stunde hält der Wagen vor dem Orlaschen Hause – Frau von Orla hat nun, der Zeit entsprechend, solch ein blitzendes, dröhnendes Fahrzeug in ihrem Besitz –, und sie will eben aus der Haustür, die Handschuhe überstreifend, als durch das Gartentor ein blaugekleideter Mann hereinkommt, ein Matrose anscheinend, aber ohne Abzeichen, auch ohne einen Schiffsnamen an der Mütze. Der freie Hals ist braun, die Hosen bedecken unten die Stiefelspitzen, und die schwarzen Mützenbänder hängen bis tief auf den Rücken herab. Sein Gesicht ist breit und ohne Arg, aber etwas Wildes und Abenteuerliches weht mit seinen Mützenbändern um die ganze Gestalt. Er kommt durch den Garten wie durch einen Hafen, mit einer lässigen, aber gespannten Hungrigkeit, und es sieht aus, als werde er morgen schon auf dem Klüver über einem grünen Meer sitzen, die Faust um ein Tau gelegt und die großen Möwen über seinem weißblonden Haar.

Doch schlägt er die Absätze zusammen und reißt die Mütze ab, als Frau von Orla auf ihn zukommt. Sie erkennt ihn erst, als sie vor ihm steht, und reicht ihm lächelnd die Hand. »Hallo, Bildermann, lange nicht gesehen. Haben Sie mal wieder geputscht?« Er erwidert ihr Lächeln ohne Verlegenheit. »Aus mit Putschen, Frau Kapitän«, sagte er, »jetzt wird gestempelt.« Und er schlägt mit der rechten Hand, in der er die Mütze hält, in die offene linke.

»Ach ja«, seufzte sie, »es sind trübe Zeiten, Bildermann, und der Kapitän ist nicht da. Weiß Gott, ob er noch einmal wiederkommt... Haben Sie schon gehört?«

Nein, er habe nichts gehört, und sein Gesicht ist mit

einemmal ernst und gespannt. »So, so...«, sagt er, als sie ihm das Wichtigste von Thomas erzählt hat, »fabelhafter Mann, der Herr Kapitän! Ganz prima! Geht hin und fängt Fische. Soll ihm mal einer nachmachen...«

Wahrscheinlich werden nicht viele Lust dazu haben, meint Frau von Orla und lächelt auf eine besondere Weise. In diesem Handwerk werde er nun wohl allein bleiben.

Aber der Seemann blickt schon lange über sie hinweg in den Abend. Er lächelt nicht mehr, er hat schon wieder »Meeraugen«.

»Ja, Bildermann«, sagte Frau von Orla endlich und sucht in ihrem Handtäschchen, »wenn Sie mal hinschreiben wollen, hier ist die Adresse, aber ich glaube, der Herr Kapitän möchte vorläufig allein dort bleiben, er war zuletzt so ein bißchen menschenscheu, wissen Sie?«

»Kunststück!« sagt der Matrose nur und sieht sich abwesend im Garten um. Nein, er danke gehorsamst, aber er sei noch nicht am Verhungern. Wenn es so weit sei, werde er die Hand nicht zumachen.

Er begleitet Frau von Orla zum Wagen, schließt die Tür hinter ihr und fragt, ob er noch ein bißchen zum jungen Herrn hinauf dürfe.

Ja, das dürfe er natürlich, und Schwester Beate solle ihm wenigstens ein ordentliches Abendbrot vorsetzen.

Eine Stunde später fragt sie den Admiral, ob er sich auch einmal das Leben habe retten lassen. Nein, das nicht, aber es sei oft genug vorgekommen, erwidert er. Es habe oft genug Gelegenheit gegeben, bei anderen.

»Etwas unbequem sind sie schon, diese Lebensretter«, sagt Frau von Orla nachdenklich. »So wie stille Gläubiger, die nichts sagen, aber immer da sind... und fortschicken kann man sie nicht...«

Um dieselbe Zeit ist der Seemann wieder unterwegs, vom westlichen Vorort nach der nördlichen Laubenkolonie. Er hat die Hände in den Taschen vergraben, hält die kurze Pfeife zwischen den Zähnen und sieht nachdenklich aus. Zuerst versucht er auszurechnen, ob die Abnutzung seiner Schuhsohlen mehr oder weniger betragen könnte als das Fahrgeld für die Untergrundbahn. Dann aber zählt er an den Fingern die Monate bis zum Beginn der Herbststürme ab, dann Kilometerzahlen und Tagesmärsche, dann sein Stempelgeld. Schließlich nimmt er die Pfeife aus dem Mund, spuckt einem Mann im Abendpelz vor die Füße, sagt »Schiet!« und springt auf das Trittbrett eines fahrenden Autobusses, wo er bleibt, bis der Schaffner in der Tür erscheint. Dann springt er ab, winkt mit der Hand und wartet auf die nächste Fahrgelegenheit. Er allein weiß, wann sein Kapitän ihn braucht, denkt er. Er ganz allein und niemand sonst. Noch nie zu früh und noch nie zu spät gekommen!

Die Glocken schlagen über allem Land, die Sterne steigen auf und versinken. Auf den Landstraßen wandern die Heimatlosen, und die Fische wandern im dunklen Wasser. Vor der Morgendämmerung noch beginnt der Kuckuck zu rufen. Die Städte liegen wie helle Inseln auf der dunklen Erde, und die weißen Schnüre der Eisenbahnen laufen wie die Spinnenetze über die Ebenen und Gebirge. Die Wälder aber schlafen, die Seen, die Moore, die grünen Saaten. Nebel stehen auf, und ziehende Vögel rufen über den Nebeln. Der Saft steigt in den Bäumen, und Tau fällt von den Sternen herab. »Los wird geworfen in den Schoß«, steht geschrieben, »aber es fällt, wie der Herr will.«

5

Die Insel sah nicht viele Besucher, und bevor Joachim in den letzten Junitagen kam, war nur der General einmal dagewesen und ein paarmal sein Enkelkind mit Herrn Bergengrün.

Der General kam um die Abendzeit in einem leichten, schmalen Boot. Er saß am Steuer, einen einfachen Feldmantel um die Schultern gelegt und eine Feldmütze auf dem weißen Haar. Der Riese ruderte. Er trug keine Uniform, und das Wasser vor dem Kiel schäumte unter seinen Händen. Von ferne sah es aus wie der Übergang Blüchers über den Rhein.

Thomas konnte keine Kriegsflagge aufziehen, aber er stand auf dem Brett, das einen Landungssteg darstellte, hielt den Kiel des Bootes fest und half dem Gast beim Aussteigen.

»Mal nachsehen«, sagte der General und sah sich mit drohenden Augen um. »Sehen gut aus ... alles gut aus ... ordentliche Wirtschaft ...« Er trat zu den Stangen, auf denen am Tage die Stellnetze trockneten, und visierte von den ersten die Reihe der übrigen hinunter. Sie waren wie nach der Schnur ausgerichtet. »Gewußt«, sagte der General und blickte, auf seinen Stock gestützt, über die Insel wie über ein Paradefeld. »Gewußt ... alter Soldat ... zuverlässig ... ansehen, Johann!«

Johann trat hinter seinen Herrn, wußte nicht recht, was er ansehen sollte, und stand wie ein Pfahl im Sand. »Beispiel

nehmen!« sagte der General drohend. Dann führte Thomas ihn lächelnd zum Hause hinauf.
Er sah sofort das große, breite Fenster und blieb betrachtend stehen. »Gruber mir erzählt«, sagte er, »aber nicht allein bezahlen ... Sommer abwarten ... mich beteiligen ...«
Dann stand er erstarrt auf der Schwelle. Ein paarmal stieß er mit dem Stock vorsichtig auf die Dielen vor seinen Füßen, als wollte er sehen, ob dies alles wirklich sei. Schließlich drehte er sich langsam um und sah Thomas an.
»Falschen Namen genannt, Orla?«
»Nein, Herr General.«
Seine Augen gingen durchbohrend über jede Linie in Thomas' Gesicht, dann sah er sich hilflos um. »Alten Mann nicht täuschen, Orla, nicht wahr?« Er sprach nun leise und fast bittend.
»Nein, Herr General«, sagte Thomas ernst. »Einiges ist noch ... was ich später sagen will. Möchten Herr General es vorläufig dabei bewenden lassen?«
»Verfolgt?« fragte der Gast.
»Nein, Herr General.«
»Gut ... bewenden lassen ... alten Mann nicht täuschen.«
Er nickte und trat hinein, sah das Bild mit dem Kreuzer und faltete beide Hände über dem Stock. Dann stand er lange vor dem Globus, der ihm bis zur Brust reichte. Er legte einmal behutsam den Finger auf die blauen Seen, die als winzige Punkte auf der Fläche erschienen, und drehte sie zur Seite. Fast lautlos glitt das Land hinter den Horizont, und neue Länder und Meere stiegen hinter der Krümmung auf. »Merkwürdig«, sagte er, »die ganze Welt ...«
Dann stand er vor den Büchern und sah verstohlen auf die Titel, ging auch in den Nebenraum, hielt vor dem Schrank mit den Waffen und Masken wieder an und blieb endlich

vor Thomas stehen. »Herr Christoph Nachfolger«, sagte er nachdenklich, »Flasche Wein trinken.«
Johann brachte die Flasche und zwei Gläser, sah mit offenem Mund den veränderten Raum, bekam eine Zigarre und verschwand am Ufer entlang.
Sie saßen auf der Bank vor dem Hause. Der Wein glühte in der untergehenden Sonne, und winzige Harztropfen schimmerten goldfarben auf der grauen Tischplatte. Die Rohrsänger lärmten, und die Schwalben trugen Halme unter das graue Dach.
Der General, den Mantel um die Schultern, saß aufrecht auf seinem Platz, die Hände über dem Stock zusammengelegt und blickte über das Wasser hin. »Viel verloren, Orla«, sagte er still. »Kaiser und Reich, Frau und zwei Söhne. Aber dies noch geblieben, Sonnenuntergang und eigne Erde. Nicht klagen. Von vorn anfangen. Neues Geschlecht wird aufwachsen ...«
»Es wächst schon«, sagte Thomas.
Der andere nickte. »Nicht bitter werden wie so viele. Nur schimpfen und anklagen. Keiner ohne Sünde. Keiner. Aber nicht Kompromisse schließen. Aufrecht bleiben. Beispiel geben ... weshalb hergekommen?«
Thomas drehte langsam das Glas mit den Fingern. »Zuerst war es ein Psalm, Herr General, in dem ich las. Nein, nicht zuerst, sondern zuletzt. Da fand ich den Vers, über den wir immer hinlesen. ›Wir bringen unsere Jahre zu wie ein Geschwätz‹. Er traf mich wie ein Hammer, mitten ins Leben. Dann war ich bei unserem Pfarrer, am gleichen Abend. Er tat, als seien Gott und Christus und Kirche nichts vor ihm. ›Arbeiten!‹ Das war sein Evangelium, und so hat er mich ausgesandt. Für ein paar Jahre will ich nichts tun als dieses, an nichts anderes denken, nur arbeiten. Vielleicht

für mein ganzes Leben. Der Engel hat mich angesehen, und er will nur das Einfache von mir. Das andere habe ich nicht gut gekonnt, das Frühere. Aber dieses werde ich können. Ein fröhliches Herz will ich gewinnen, Herr General.«

Dieser dachte lange nach. »Guter Plan, Orla«, sagte er endlich. »Sich bescheiden: Anfang der Weisheit. Gestürmt und gestürmt, um Kranz zu erwerben, aber das Beste ist Schweiß auf der Stirne ... keinen Nachfolger, Söhne tot, Schild wird zerbrochen ... nur das Enkelkind gutes Blut, auf sie achten, Orla, hören Sie?«

»Jawohl, Herr General.«

»Oft herschicken. Bergengrün zu fromm. Lamm mit Brille. Aber hier: Globus, Bücher, reine Luft. Schwimmen, schießen, fischen, lernen. Wie ein Geschwätz ... gutes Wort ... Bin Ihnen dankbar, Orla, hören Sie?«

»Jawohl, Herr General.«

Sie sahen noch zu, wie die Sonne unterging. Der Abendwind bewegte das Schilf, und es wehte kühl zu ihnen herauf. Der General stand auf und hüllte sich fester in seinen Mantel. »Viele in den Tod geschickt, Orla«, sagte er. »Aber aus Pflicht! Verdammte Pflicht und Schuldigkeit ... mich nicht geschont ... wußte jeder draußen ... hatten einen Sänger beim Stab, Windhund erster Klasse, sang ein Lied mit dem Kehrreim ›Sterben ist der schönste Tod!‹ Ist wohl denen, die es genommen hat ... Befehl ausgeführt ... fertig!«

Er steckte zwei Finger in den Mund und pfiff. Von den Eichen antwortete Johann.

In der gleichen Woche noch kamen Marianne und ihr Lehrer. Sie setzten erst von der Försterei über, und Bergengrüns Kurs war nicht der geradeste. Es ergab sich, daß der General nichts erzählt hatte, nur Kaffee und Brot hatte er

sie mitnehmen lassen und ihnen Urlaub gegeben, solange Orla sie behalten wollte.
Indes Bergengrün wie ein zweiter Robinson die Insel umschritt, die Füße setzend, als ob Thomas eine Brutanstalt für Schlangen eingerichtet hätte, stand dieser auf der Schwelle, nachdem er das Kind hatte eintreten lassen. Es stand regungslos, und die Sonne warf einen Schatten bis über den Herd. »Sei ein guter Geist, Marianne«, sagte Thomas ernst.
Sie wandte den Kopf und sah ihn an. Ihr Haar war ganz mit Sonne erfüllt, und ihr zartes Gesicht stand wie unter einem Goldhelm.
»Ist deine Mutter lange tot?« fragte Thomas leise.
Sie nickte, ohne die Augen von ihm abzuwenden. »Acht Jahre«, antwortete sie. »Sie ist mit dem Pferd gestürzt ... ist das alles deins?«
Ja, das sei alles sein eigen, erwiderte Thomas, und sie dürfe so tun, als sei es ihr eigenes Haus, mit allem, was darin sei.
Wie ihr Großvater ging sie leise zu der bunten Erdkugel und legte die Hand darauf. Als die Kugel um die schräge Achse zu gleiten begann, trat sie erschrocken einen Schritt zurück. »So leicht geht es«, flüsterte sie. Dann blickte sie die Bücherreihen entlang, und wieder sah sie Thomas an. Ober er jeden Tag darin lese? Ja, jeden Abend. Aber weshalb er denn Fischer sei, wenn er so viele Bücher habe? Bücher seien sein Abendgebet, erwiderte Thomas. Und wie sie selbst nur beten könne, wenn sie brav gewesen sei, so könne er nur lesen, wenn er tagsüber gearbeitet habe. Man müsse sich das Leben verdienen.
Er betete nicht am Abend? So scheu wie hinter einem Schleier kam die Frage.
Vielleicht nicht mehr so wie sie, erwiderte er verwirrt.

Einen seltsamen Blick habe das Kind, dachte er. Als wenn er auf einen verschlossenen Brief blickte.

Dann zeigte er ihr den Nebenraum mit dem kleinen Herd und dem geringen Geschirr, das er brauchte. Ja, er müsse schon selbst kochen, die Seenixen hätten sich noch nicht angeboten dazu. Auch abwaschen, jawohl, das Wasser sei ja sein Lebenselement.

Wieder sah sie sich schweigend um, wie in einem Museum. Zurückgekehrt, blieb sie noch vor seinem Feldbett stehen und zog die Decke gerade, blickte scheu zu dem Bild mit dem Kreuzer hinauf und fragte, ob er da oben gestanden habe. Ja, das habe er wohl.

Sie habe Herrn Bergengrün gefragt, sagte sie leise, wie es mit dem fünften Gebot sei, aber er wisse es nicht.

Nein, das wisse niemand, erwiderte er.

Dann traten sie wieder hinaus, und als er ihr den Vortritt ließ, neigte sie den Kopf wie damals auf der Schloßtreppe. Er war überzeugt, daß sie schon einmal gelebt haben müßte.

»Weshalb sagtest du das von dem guten Geist?« fragte sie, während sie draußen den Korb auspackte.

»Manchmal brauche ich ihn«, sagte er. »Dann wird es gut sein, an dich zu denken. Wo du hinkommst, gehen die Schatten fort … Du bist kaum ein Jahr jünger als Joachim.«

»Wer ist Joachim?«

»Mein Sohn, und in vier Wochen kommt er zu den Ferien.«

»Ist er so wie du?«

»Ich weiß nicht … er ist ein bißchen lauter und fröhlicher.«

»Hast du auch eine Frau?«

»Ja.«

»Und sie kommt nicht?«

»Nein, jetzt noch nicht.«

Wieder bewegte sich die Perlenkette über der jungen Kehle. Dann packten sie zusammen den Korb aus und riefen nach Bergengrün.

Es erwies sich, daß der junge Kandidat ein Sammler war, wenn auch ohne besondere Methode. Seine Rocktaschen waren mit Muscheln gefüllt, seine Hosentaschen mit Steinen, und in beiden Händen trug er die schön gezeichneten Schwämme, die an den Baumstümpfen auf dem Hügel wuchsen. »Der Garten Eden, Herr Orla«, sagte er begeistert, »nicht einmal die Vögel auf den Nestern haben sich gefürchtet.« Seine Brille hatte sich beim Bükken verschoben, sein Haar hing voller Fichtennadeln und Spinngewebe, und er sah aus, als kehre er von einer Expedition nach den Quellen des Amazonenstromes zurück.

»Bis die Wilden Sie erschlagen«, sagte Marianne und säuberte ihm mit dem Taschentuch Gesicht und Anzug.

O nein, hier gebe es keine Wilden, seit Christoph fort sei.

Ob Christoph wild gewesen sei, fragte Thomas lächelnd.

»Ein Spötter, Herr Orla, und ein Ungläubiger! Wenn er nicht im Dienst gestanden hätte, würde er mich gepfählt haben. Spott ist das Böseste auf dieser Erde ...«

Vielleicht gebe es noch bösere Dinge, meinte Thomas, aber nun wollten sie Kaffee trinken. Bei einem Hausherrn, der so arm sei, daß sie die Speise mitgebracht hätten.

»Bei einem Wirte wundermild ...«, sagte Marianne. »Nachher dürfen Sie ins Haus gehen, Herr Bergengrün, es ist noch wüster als zu Chistophs Zeiten.«

Nach dem Kaffee fragte Thomas, ob sie mit ihm schwimmen wolle. Ja, das habe der Großvater ihr besonders aufgetragen. Sie holte ihren Anzug aus dem Boot, Thomas nahm die kleine Büchse und bat Herrn Bergengrün, sich immer nach Belieben umzusehen. Sie gingen hinter den Hügel, wo es keine Schlingpflanzen gebe.

Sie zogen sich hinter den Eichen um und gingen dann zum Ufer hinunter. Das Gras glühte unter den Sohlen ihrer Füße. Am Wasser lehnte Thomas die Büchse in eine niedrige Kiefer. Dann faßten sie einander bei der Hand und traten auf den weichen Sand. Das Wasser war unbewegt und schon nach ein paar Schritten wurde es grünlich, und der Boden versank in schwärzlicher Dämmerung.

Sie brauche sich nicht zu fürchten, sagte Thomas, er bleibe immer an ihrer Seite.

Sie lächelte etwas unsicher, nickte ihm zu und ließ sich mit ausgebreiteten Armen vornüberfallen. Sie hatte keine Badekappe, und ihr Haar zog wie eine fremdartige goldene Blume hinter ihr her.

Sie schwammen ein kleines Stück hinaus. Unter ihnen lagen die Spiegelbilder weißer Wolken, zersplitternd unter dem Schlag ihrer Arme,die obere Wasserschicht war warm, nur aus der Tiefe floß es kühl an ihren Gliedern hinauf, und mitunter war es, als stießen kleine Fische spielend an ihre Füße.

Als sie umkehrten, Thomas immer dicht an ihrer Seite, schien die Insel höher als sonst über dem Wasser zu liegen. Das Ufer sah mit einem Male fremd aus, streng und unbetreten, und ein blauer Vogel schoß blitzend über die Schilfhalme und verschwand mit leisem Rufe hinter den Bäumen.

»Ein Eisvogel«, sagte Thomas. »Ich habe ihn noch nie hier gesehen.« Er sah, wie ihr Atem schneller ging, und fragte, ob er sie stützen solle.

Sie sah geradeaus und schüttelte den Kopf. Das letzte Stück schwamm sie ganz langsam, und bevor sie Grund fanden, fragte sie, ob sie »Thomas« zu ihm sagen dürfe.

Ja, das dürfe sie natürlich, und er werde sich immer dieses schönen Tages erinnern.

»Wir wollen nicht sagen, daß es ein Eisvogel war«, sagte sie nach einer Weile und ließ das Wasser zwischen ihren Fingern hindurchgleiten. »Wir wollen ›der Vogel‹ sagen, ja?«

Auch das wollte Thomas und sah sie nachdenklich an. Dann stand er im flacheren Wasser, hielt ihren Körper auf seiner Hand und zeigte ihr, was sie noch lernen müsse, um sicherer zu werden und im Wasser wie auf dem Lande zu sein.

Darauf lagen sie in der Sonne, sie wand ihr Haar aus, und er erzählte ihr von anderen Inseln, auf denen er gewesen war, wo Palmen wuchsen, wo die Korallenriffe leuchteten und braune Menschen wie die Kinder lebten. Sie hatte ihr Kinn in beide Hände gestützt und sah ihn an, indes er auf dem Rücken lag, Sand zwischen den Fingern, und zu den Wolken aufsah, die hoch und weiß über sie dahinzogen. Er erzählte langsam und wie im Traum, als spreche er mit sich selbst, aber mitunter wandte er den Kopf zur Seite, in ihren Blick hinein, als wollte er sehen, ob sie noch da sei. »Ja, schön ist die Erde«, schloß er, »wo die Menschen noch ein fröhliches Herz haben ...«

Nein, sie wolle heute nicht schießen. Das nächste Mal. Heute habe es dreimal soviel gegeben wie bei Onkel Morgenland, und sie sei müde.

Wer Onkel Morgenland sei?

Das sei Herr Gruber, der Förster, mit der traurigen Frau. Und sie nenne ihn so, weil er aussehe wie einer der Drei

Könige aus dem Morgenland. Ob sein Sohn auch auf jenem Schiff gestanden habe?
Nicht auf gerade jenem, aber auf einem ähnlichen, dicht dabei.
Die Frau meine, daß er noch einmal wiederkomme.
Er brauche nicht wiederzukommen, er sei immer da bei ihr.
»Sind die Toten immer da?«
»Nicht immer, aber manchmal, wenn wir sie sehr geliebt haben.«
»Meine Mutter ist niemals da, aber mein Vater kommt manchmal im Traum ... er hat einen hohen Schild vor der Brust und einen schwarzen Helm ... er nickt mir zu, und dann ist er fort, es ist, als ob er auseinanderfällt.«
Der blaue Vogel funkelt noch einmal an ihnen vorbei. Dann stehen sie auf und ziehen sich an. Die Schatten der jungen Eichenblätter bewegen sich leise auf der Haut des Kindes. »Ich danke dir, Thomas«, sagt es, als sie den Pfad zum Hause hinuntergehen. Er dreht sich um und fährt einmal mit der Hand über ihr Haar. Sie ist im Frühjahr gewachsen und reicht ihm schon bis über die Brust.
Sie fanden Herrn Bergengrün auf der Erde vor den Bücherbrettern. Er lag lang ausgestreckt, die Fäuste gegen die Schläfen gestützt und hatte ein großes Buch mit bunten Tafeln vor sich liegen. Es waren tropische Schmetterlinge. Die Brille hatte er auf die Stirn geschoben, und seine Augen leuchteten, als spiegle sich das Bild der bunten Wunderinsekten in ihnen. »Dies ist alles verzaubert«, sagte er und sah sie von unten herauf an. »Als ob inzwischen ein Engel diese Insel berührt hätte.«
Ja, aber nun müßten sie wieder ins Boot, und vielleicht käme der Engel auch zum Rudern mit, meinte Marianne.

Er stand seufzend auf, stellte das Buch an seinen Platz, ließ die Brille wieder herunter und sah Thomas an. »Wer sind Sie?« fragte er.
»Thomas Orla, Steuermann außer Dienst.«
»Das glaube ich nicht«, sagte Bergengrün,»das werde ich niemals glauben... wahrscheinlich sind Sie Sindbad der Seefahrer.«
Das Kind sah von einem zum andern und lächelte. Im Licht der untergehenden Sonne sah es aus, als lägen kleine Goldkörner in der grauen Iris seiner Augen.
Sie kamen nun zweimal in der Woche und manchmal öfter. Das Boot für Joachim war da, ein schmales, kleines Kielboot, und in die Vorderbank konnte man einen kleinen Mast mit einem weißen Segel setzen. Bergengrün wurde bald entlassen, er zog immer an der falschen Leine und saß immer auf dem verkehrten Platz. Er gab es ohne Beschönigung zu und lag wieder auf der Erde, die Bücher mit den bunten Bildern vor sich aufgeschlagen.
Das Kind aber wurde braun und bekam glänzende Augen. Es ruderte, segelte und schwamm. Es schoß nach Fichtenzapfen und saß über Seekarten gebeugt. Es ließ die Stellnetze über die Kahnwand gleiten, mit dem Winde, und stand in der kleinen Küche und spülte Geschirr. »Wenn Joachim kommt«, sagte es in der letzten Juniwoche, »dann wirst du das alles nicht mehr mit mir tun...«
»Aber Joachim wird es mit dir tun«, erwiderte Thomas. »Er kann das meiste besser als ich.«
Sie lächelte nachsichtig, beugte sich über den Bootsrand und ließ die Hand durch das Wasser gleiten.
»Er wird dir gut gefallen«, sagte Thomas. »Den meisten gefällt er besser als ich.«
Sie sah einmal auf und blickte dann wieder über das

Wasser hin. Eine feine, ihm unbekannte Falte stand zwischen ihren Augenbrauen. »Vielleicht...«, erwiderte sie nachdenklich.

Joachim kam, und sie verbarg nicht, daß er ihr gut gefiel. Er strahlte so viel Freude und Gesundheit aus, daß er sie alle damit überglänzte. Es war, als bringe er ein neues Leben mit, nicht das der Städte etwa, sondern das der Jugend, einer durch nichts gestörten, weder durch Gedanken noch durch ein Gefühl behinderten Jugend.

Selbst Marianne, jünger als er, konnte in den ersten Tagen sagen: »Er ist so jung, Thomas!« – »Ja, Kind«, erwiderte er lächelnd, »wir haben ein bißchen alte Leute gespielt, nicht?«

Er hatte ihn von der Bahn geholt, mit Grubers Einspänner, und es war, als hätten sie sich gestern getrennt. Er fuhr fort, wo der Vater ihn verlassen hatte, gleichsam in demselben Gespräch, das damals ihr letztes gewesen war. Auch waren seine Gedanken fast nur auf das Kommende gerichtet, die Insel, den See und das Tagwerk. Es fiel Thomas auf, daß er kaum nach Menschen fragte, sondern nur nach den Dingen, die ihn erwarteten. Auch schien er zu glauben, daß sein Vater ein König hier sei.

Thomas ließ sich erzählen und fragte wenig. Nur einmal leise nach der Mutter. Oh, es gehe ihr prima, nur huste sie ein bißchen, Schwester Beate sage es wenigstens. Er sehe sie eigentlich nur zum Mittagessen, morgens schlafe sie, und abends sei sie fort. Und Schwester Beate? Ja, sie lasse sehr grüßen. Geweint habe sie natürlich auch, sie sei immer noch wie ein Christlamm.

»Du mußt schon sehr froh sein, daß du sie hast, Joachim«, sagte Thomas ernst. »Es gibt nicht allzuviel Treue heute...«

»Ja, natürlich, Vater, wir vertragen uns auch prima. Und

Englisch spricht sie fabelhaft.« Aber er war doch ein bißchen erstaunt über die Mahnung.
Sie begrüßten sich mit dem Förster wie alte Freunde. Die Frau stand am Gartenzaun und sah ihn mit verstörten Augen an. Ihre Hände glitten hin und her über die Spitzen des Stakets. Joachim mußte ihr die Hand reichen, aber er drängte gleich fort. Ihre kalten Finger hatten die seinigen umspannt, als wollten sie sie niemals mehr loslassen. »Das Wasser«, flüsterte sie, »das Wasser...«
»Ach so«, sagte Joachim, als Thomas es ihm erzählt hatte. Aber noch im Walde drehte er sich ein paarmal kurz um.
Dann standen sie am Ufer, und er vergaß alles. Er schrie einmal auf, hell wie ein Vogel. Dann stürzte er sich kopfüber in die neue Welt. Thomas merkte es mit einer leisen Unruhe, daß ihn nicht nur Freude erfülle, sondern auch Wachsamkeit. Er hatte immer auf das Kind geachtet, seine Neigungen und Abneigungen, seine Meinungen und Urteile. Aber es hatte Stunden gegeben, sehr viele Stunden, in denen er sich an der hellen und geraden Kraft des jungen Herzens nur gefreut hatte. Nur lief immer eine stille Betrachtung nebenher, als ob er den Gang einer Magnetnadel verfolge, die Hand am Steuer, um den Kurs sofort ändern zu können.
Er beruhigte sich damit, daß sie lange voneinander getrennt gewesen waren und nun erst wieder den gleichen Schritt gewinnen mußten. Doch konnte ihm nicht verborgen bleiben, daß das Glück Joachims zunächst das Glück des Abenteuers war. Das Tagwerk, nicht leicht mit den vielen Netzen, schien dem anderen in seiner Neuheit zunächst ein Spiel, und auch alle Beschränktheit des täglichen Lebens, die Bereitung der Mahlzeiten, das einfache Geschirr, das Spülen der Teller, die Säuberung der beiden

Räume: alles erschien wie die Laune einer Sonderlings oder das mit Fröhlichkeit hinzunehmende Mißgeschick zweier Schiffbrüchiger. Der Sinn der neuen Arbeit und des neuen Lebens blieb Joachim anfangs verborgen.

Thomas äußerte zunächst nichts dazu. Er hatte nie mit Lehren erzogen, und er sah ein, daß ein Kind alles mit Kinderaugen sehen mußte statt mit denen jemandes, der versucht hatte, sein Leben aus dem großen Schiffbruch zu retten. War also froh, daß Marianne wie sonst erschien und Joachim sie ohne Widerstreben in seine Welt aufnahm, nachdem er ihre körperliche Brauchbarkeit zu Abenteuerfahrten geprüft hatte, so sorglich übrigens, als handle es sich um ein Haustier.

Sie beluden das kleine Segelboot mit Proviant, das Mädchen hatte seinen Platz einzunehmen, und schließlich stieg Joachim nach einem letzten musternden Blick an Bord, die kleine Büchse über der Schulter, ergriff das Steuer und wies Marianne mit einer Handbewegung an, das Segel hochzuziehen. Die weiße Fläche spannte sich langsam auf, füllte sich mit Wind, flatterte noch ein paarmal hin und her, solange sie im Schatten der Insel waren, und zog sich dann straff. Das Boot neigte sich, eine dünne, weiße Welle erschien vor dem Kiel, noch einmal winkten die beiden Insassen mit der Hand, und dann glitten sie in ihre eigene Welt hinein.

Nachdenklich ging Thomas an seine Arbeit, fuhr zu den Fischplätzen hinaus, zog die Netze ein und hob mitunter den Blick über das Wasser, wo weit hinten das schmale Weiß des Segels leuchtete, von der Sonne bestrahlt und vom Schatten verdunkelt. Ein leises, graues Gefühl des Alters und der Einsamkeit wollte ihn anrühren, doch wies er es mit Entschiedenheit von sich, hielt alle Sinne auf die

Arbeit gerichtet und sah später nur ab und zu aus dem Fenster, ob der weiße Fleck nicht wieder vor den blauen Wäldern zu sehen sei.

Kamen sie zurück, so war nicht zu übersehen, daß sie nicht beide die gleiche Frucht vom Baum ihres Abenteuers gepflückt hatten. Was Joachim vorwies oder erraten ließ, war immer etwas Klares und Weiterweisendes, eine neue Erfahrung im Segeln, in der Betrachtung von Wind und Wetter, ein Gewinn an Kenntnis oder auch Erkenntnis, keine Spazierfahrt, sondern eine Expedition.

Zu dem allem pflegte Marianne zu schweigen und mit ihren nachdenklichen Augen den Erzählenden zu betrachten. Auch konnte sie den Blick aufmerksam von ihm zu Thomas wenden, obwohl auch dieser schweigend zuzuhören pflegte, als wolle sie ergründen, ob dieser nun auch wirklich der Vater des hellen Welteroberers sei. Mitunter warf sie ein Wort ein, etwa um einen zu glänzend geratenen Bericht in die stille Tatsächlichkeit zurückzuführen, aber im allgemeinen schien sie mit dem Erzählenden einverstanden und viel mehr mit der Art seines Vortrags beschäftigt als mit den gemeinsamen Erlebnissen.

Doch ereignete es sich nach dem Verlauf der ersten, ganz erfüllten und bewegten Wochen, daß sie sich hier und da weigerte, eine der Joachimschen Fahrten mitzumachen, und statt dessen auf der Insel bleiben wollte. Joachim, ohne mehr zu zeigen als eine leise, kühle Verwunderung, ging ebenso heiter wie sonst auf seine Fahrt, und Marianne, nachdem sie zunächst etwas verloren sich hier und da zu schaffen gemacht hatte, kam bald wieder zum Hause zurück, saß neben Thomas, etwa mit dem Flechten eines kindlichen Graskranzes beschäftigt oder die Seiten eines Buches ohne viel Aufmerksamkeit umblätternd, oder sie ging auch im Hause umher, leise vor sich hinsingend, wobei sie nach ihren Gewohnheiten bald die Weltkugel vorsichtig in Bewegung setzte, bald mit der Hand über die Bücherreihen glitt oder auch vor dem Bild an der Wand stehenblieb, die Hände auf dem Rücken zusammengelegt und die Augen in einer Art finsterer Andacht zu dem Geschehen emporgehoben, das so wild und gewaltsam dort in immer gleicher Haltung und Erstarrung vor sich ging.

Thomas hütete sich, ihren leisen Wandel zu stören, aber fragte er einmal so nebenher, ob sie vielleicht baden oder nach »dem Vogel« sehen wollten, so sah er das Aufleuchten ihres Gesichtes mit einer tiefen Rührung und war so zart und sorgsam zu ihr, als gehe die Prinzessin aus dem Goldrahmen neben ihm und nicht ein braungebranntes Kind, das in der Gesellschaft von Männern aufgewachsen war.

Einmal dann, als sie nach dem Bad im Ufergras lagen und nur das eintönige Lied der Heuschrecken wie eine gläserne Wand um sie stand, sagte sie, den Blick von ihm fort auf die Wälder richtend: »Es ist gut, wenn es still ist...«

Thomas sah sie von der Seite an, die reine Linie ihres Gesichtes, von ganz zarten Schatten schon so früh verdunkelt, den leisen Schlag der blauen Ader unter ihrem Ohr, das Haar, das vom Wasser getränkt auf ihre schmale Schulter fiel, und Sorge befiel ihn, wie sie ihr Leben aufrichten und bewahren würde in dieser dunklen und von Leidenschaften erfüllten Welt. Er faßte mit der Hand vorsichtig in das Haar über ihrem Nacken, drehte ihren Kopf leise herum, bis ihr Gesicht ihm zugewendet war, und sagte so, wie er immer zu ihr zu sprechen pflegte: »Das Letzte, Kind, was man im Leben gewinnen kann, ist, nichts haben zu wollen.« Und nach einer Weile setzte er hinzu: »Auch in der Liebe ...«

Sie saß ganz regungslos, und Thomas glaubte zu sehen, wie das Wort in sie hineinfiel, tiefer und tiefer, wie in einen Brunnen, auf dessen Grund die Dämmerung ist, und ein goldener Schein des Tages hoch oben.

Dann nickte sie gehorsam, und als sie aufstanden, berührte sie mit ihren Fingern ganz leise seine Hand. Es war so flüchtig wie der Flügelschlag eines jungen Vogels.

Beim Abschied versprach Thomas, am nächsten Tage Joachim ins Schloß zu bringen.

Nun fügte es sich bei dieser Gelegenheit, daß Thomas zuerst den Inspektor bitten wollte, die Fische aus den gefüllten Kästen abzuholen und den Händler aufs Schloß zu bestellen, wie es üblich war. Er wies also Joachim an, am Rande des Parks gleich neben dem Hause auf ihn zu warten, es werde nur eine kurze Weile dauern. Doch mußte er zur großen Scheune hinüber, wo der Inspektor mit ein paar Scharwerkerfrauen dabei war, die großen Fächer für die neue Ernte zu räumen.

Indes betrachtete Joachim das große Haus mit dem steilen Dach, die alten Eichen, die dahinter standen, die Bussarde, die über dem Park kreisten, wobei er wie gewöhnlich straff und gerade dastand, wie ein kleiner Admiral auf seiner Brücke, der das neue Land sich vor den Kielen nähern sieht.

Er erschrak also ein wenig, als eine drohende Stimme hinter ihm fragte, wer er sei und was er hier treibe, wobei die Spitze eines Stockes ihn leicht in den Rücken stieß. Als er sich auf dem Absatz umwandte, sah er einen alten Mann vor sich stehen in einem abgetragenen Jagdkleid, die Büchse über der Schulter und einen verwitterten Hut aus der Stirn geschoben. Er erkannte nach den Erzählungen seines Vaters sofort den General in dem Fragenden, den Großvater also seiner Wassergefährtin, schlug infolgedessen die Absätze härter zusammen, nahm die Hände an die Nähte der kurzen Hose und rief ohne Besinnen mit seiner hellen Stimme, daß er Joachim von Orla sei, Sohn des Korvettenkapitäns außer Dienst Thomas von Orla, und daß er hier auf den Vater warte, der wegen einer Bestellung zum Inspektor gegangen sei.

Der alte Mann starrte ihn an, als sei er eine Erscheinung, die in fremden Zungen rede, sah inzwischen sein Enkelkind die Treppe hinuntersteigen und auf ihn zukommen, sagte: »Zuhören, Marianne!« und befahl dann dem Jungen, seine Antwort zu wiederholen.

Dieser, etwas verwirrt von dem Aufheben, das man von ihm machte, und auch in einer leisen Vorahnung, daß sein Vater vielleicht nicht sehr einverstanden mit diesem Bekenntnis sein könnte, zögerte einen Augenblick, gehorchte dann aber in einer Anwandlung von zornigem Trotz und rief das Verlangte ebenso hell und laut wie vorher dem General entgegen.

»Gehört, Marianne?« fragte der General. »Für dich behalten! Weniger redselig sein als dieser junge Mann!« Strich ihm aber doch mit der Hand über den hellen Haarschopf, fragte: »Was werden?«, vernahm die Antwort: »Geschwaderchef!«, nickte nachdenklich und ging dann über den Hof Thomas entgegen, der eben aus der Scheune getreten war.

»Eben gehört, Herr von Orla«, sagte er. »Schnelles Mundwerk, der junge Bursche, aber gute Haltung... was nun tun?«

Thomas war zum erstenmal zornig auf seinen Sohn, doch

faßte er sich schnell, bat den General, in keiner Hinsicht eine Änderung dadurch eintreten zu lassen und es auch bei sich zu bewahren. Das Kind sei ihm lange zuvorgekommen.

»Narr gewesen, Orla«, sagte der General. »Augen aufmachen können ... dem Kinde Freund bleiben ... alten Mann einschließen zuweilen, ja?«

Thomas verbeugte sich. Er müsse nun nach Hause. Der Händler sei schon unterwegs. Der Herr General möge überzeugt sein, daß nichts dahinterstecke, keine »Verkleidung«, wie Christoph angenommen habe.

Die Kinder standen noch auf der Schloßtreppe, doch winkte er ihnen nur zu und ging durch den Park zum Ufer hinunter. Erst als er das Boot losmachte, holte Marianne ihn ein. Sie war gelaufen und atmete schnell. »Er hat es nicht sagen dürfen, er weiß es«, sagte sie, ohne ihn zu begrüßen. »Er hat vielleicht gedacht, daß du mehr bist, wenn wir es wissen ...«

»Er hat gedacht«, erwiderte Thomas ernst, »daß er mehr ist, wenn ihr es wißt ... er hat sich ein bißchen geschämt, die ganze Zeit.«

Sie nickte, ganz wie ein erwachsener Mensch. »Wird es nun anders ... Thomas?« fragte sie leise.

Er lächelte schon wieder und nahm ihre Hand. »Wir beiden alten Leute bleiben immer dieselben, Marianne, nicht wahr. Auch dann, wenn du die goldene Krone gewinnst, ja?«

Sie drückte seine Hand fest in ihren schmalen Fingern und ging langsam wieder zum Hause hinauf.

Joachim kam erst abends zurück, wie es ausgemacht gewesen war, und Thomas saß auf der Bank vor dem Hause, als er das Segel einholte und festmachte. Er war müde, denn es war eine schwere Arbeit gewesen, die Kästen leer zu machen, doch freute es ihn, wie schnell und sauber Joachim in allen Bewegungen war. Er wollte nicht vergessen, daß das Leben jedes Kindes sich aus *zwei* Quellen speist, und was wußte er von der zweiten?

Auch setzte Joachim sich sofort neben ihn und sagte: »Es war nicht recht, Vater. Verzeih mir.«

Thomas sah dem Rauch seiner Pfeife nach und nickte. »Es ist zweierlei, Joachim«, sagte er dann ruhig. »Wer einmal befehlen will, muß gehorchen lernen. Und das andre ist, daß nicht der Name den Mann macht, sondern der Mann den Namen. Du hast gedacht, daß hier gespielt wird, aber hier wird nicht gespielt. Es ist sehr ernst hier, verstehst du?«

Joachim nickte, und wieder sah Thomas von der Seite, wie seine Stirn sich faltete, um alles zu verstehen.

»Und Marianne?« fragte Thomas nach einer Weile.

»Ach … sie war so leutselig«, erwiderte Joachim verdrießlich.

Thomas lachte. »Also das Unerwartete, mein Freund.«

Dann wurde nicht mehr darüber gesprochen.

Die Ferien gingen ohne Trübung weiter und zu Ende. Es gab ein paar großartige Höhepunkte, eine Entenjagd, die der General gab und zu der sie beide eingeladen wurden, ein Gartenfest im Schloß, ein Krebsessen bei einem Feuer unter den Eichen, einen nächtlichen Fischfang mit dem großen Zugnetz. Es gab auch ein Abendessen bei dem General und seinem Enkelkind, Joachim zu Ehren, in dem Haus auf der Insel. Und nachher saßen sie an dem offenen Herdfeuer, die Gäste in den tiefen Stühlen, und das Kind wurde blaß vor Glück, als Thomas es wie eine Erwachsene bediente.

Aber dann ging es doch zu Ende. Alltag wie Festtag, Joachim packte gefaßt seinen Koffer, sprach von den Herbstferien, als ob sie vor der grauen Tür schon auf der Schwelle ständen, machte seinen Abschiedsbesuch im Schloß und stand schließlich tapfer auf dem kleinen Bahnsteig neben Thomas, als sei er auf Bahnsteigen aufgewachsen und als gebe es für einen künftigen Geschwaderchef kein Wort unter dem Buchstaben »R«, das Rührung heiße.

Thomas stand noch am Fenster, trug ihm Grüße auf, sehr herzliche Grüße, und erst als die Maschine heulend aufpfiff, sagte er, seine Pfeife an der Wand des Wagens ausklopfend: »Übrigens habe ich gestern abend etwas gelesen, Joachim, in der Bibel, worüber ich lange nachgedacht habe: ›Ein Geduldiger ist besser denn ein Starker.‹ Ein merkwürdiges Wort, und man kann schon ein bißchen darüber nachdenken... nun leb wohl, Joachim, und mach's gut!«

Er ließ das Pferd im Schritt gehen und sah wenig von den Wäldern, durch die er fuhr. Als er von der Försterei zu seinem Boot hinunterging und die Kette losmachte, sah er auf der Ruderbank einen Strauß liegen, wie man ihn im Walde pflücken konnte: Glockenblumen, Pechnelken, Heckenrosen und Zittergras.

Es lag kein Zettel oder Brief dabei.

6

Der Kuckuck rief nicht mehr. Die Tage wurden kürzer, und wenn Thomas die Leiter zu den Eichen hinaufstieg, konnte er in der Ferne, wo das ärmliche Dorf lag, gelbe Stoppeln sehen und hin und wieder einen dreieckigen Vogel mit langem wehendem Schwanz, den ersten Drachen, der hoch über dem blauen Walde stand. In der Frühe war das Gras auf der Insel mit Spinnweben bedeckt, und der Tau lag so dicht, daß es aussah, als habe es schon gereift. Doch stiegen immer noch Gewitter über den Wäldern auf, jede Nacht füllten sich die Netze, und die Fledermäuse taumelten jeden Abend um das graue Dach. In den Nächten stürzten die Sternschnuppen am Himmelsgewölbe hernieder, einzeln und in ganzen Schwärmen, schrieben eine strahlende Bahn auf das dunkle Blau und erloschen so jäh, als lägen dort oben eisige Meere, in denen sie lautlos versanken.

Thomas merkte den Gang des Jahres zumeist an der Lampe, die er jeden Abend früher anzündete, und daran, daß das Herdfeuer nun immer wohler tat und die Bücher immer länger in seiner Hand blieben. Es schien ihm, als sei es auch für ihn Erntezeit, als habe er zwar noch nicht viel des Rühmlichen einzubringen, aber als könne er doch mit fröhlichem Herzen in den Winter gehen. Er glaubte nicht, daß es den General nach Christoph oder nach einem von dessen Vorgängern zurückverlangte, und er glaubte auch nicht, daß es irgendeinen in der Welt nach ihm selbst verlangte, er also die Insel aufzugeben und einen anderen Platz besser und mit mehr Ehren auszufüllen hätte. Es schien ihm nicht schlechter, Fische zu fangen und auf dem See Ordnung zu halten, als ein Bankbuch zu führen oder Kabel herzustellen.

Er brachte sein Winterholz von der Försterei herüber, Birke und Weißbuche, sägte es, machte es klein und schichtete es im Netzschuppen auf. Sein Körper fügte sich nun gehorsam in alle Tätigkeit, war zu Hause in allem, was sein Leben verlangte, und wenn seine Gedanken zwischen der Arbeit einmal fortliefen, zu Joachim, zu dem Kinde im Schloß oder weiter zurück zu Fahrten und Schlachten, so kehrten sie ohne Reue oder Schmerzen zurück, zu dem Geruch des Holzes an seinen Händen, zu dem Blick über Wasser und Wald, zu der Erdkugel, die geheimnisvoll vom Feuer beschienen war und in der er die Welt in seinem kleinen Raum eingeschlossen hielt, so gehorsam seinen Blicken und Händen, wie sie es niemals vorher gewesen war.

Las er, was draußen im Volke geschah, Törichtes, Schmerzliches und wohl auch Schmähliches, so hob sich über alle Bitterkeit immer das Gesicht des Pfarrers auf und was er von der Arbeit gesprochen hatte, und er bedachte, daß bei reiferer Erkenntnis dem Menschen wohl nicht mehr gegeben sei, als in dem kleinen Umkreis seines Lebens das Rechte zu tun und zwei oder drei Menschen bei der Hand zu nehmen und sie zusehen zu lassen, wie man es tue.

In diesen Tagen, da nun der Altweibersommer schon hell über die Insel trieb und die Vogelbeeren sich röteten, empfing er einen unerwarteten Besuch. Er sah ihn in Grubers Boot herüberkommen, langsam, ein Mann, der viel Zeit hatte und der auch hier und da ein Stück zur Seite fuhr, um zu sehen, wo ein Haubentaucher wieder erscheinen würde, der eben unter der Oberfläche verschwunden war. Er erkannte ihn gleich wieder, die sehr schlanke, in den Schultern geneigte Gestalt, das dunkle, schon ins Grau spielende Haar und das fast Schlafwandlerische aller Bewegungen, dem er mit einem melancholischen Lächeln selbst zuzusehen schien, ohne es jedoch ändern zu können oder es der Mühe wertzuhalten, es zu ändern.

Es war der »junge Graf«. Er war älter als Thomas, aber da er der letzte von sechs Söhnen war, die alle draußen geblieben waren, wurde er in der Landschaft so genannt, aus einer Erinnerung an vergangene Zeit und vielleicht mit dem unbewußten Wunsch, es könnte so der Tod vielleicht für immer oder doch für Jahrzehnte von seinem Wege ferngehalten werden. Thomas hatte bei der Entenjagd im gleichen Boot mit ihm gesessen, ohne daß sie viel gesprochen hätten, aber sie hatten einander gern angesehen und beide gedacht, sie könnten gut einmal zusammen am Feuer sitzen. Er hieß Pernein und führte den pruzzischen Vornamen Natango. Sonst wußte Thomas nichts von ihm, als daß er unter allem höflichen Lächeln ein sehr guter Schütze gewesen war.

Es freute ihn, und er stand auf, um Holz im Herde nachzulegen. Die Luft war grau und still, und vom Schloß hörte man die Dreschmaschine wie ein stöhnendes Tier ihre Arbeit tun.

Thomas ging zum Ufer hinunter, um seinen Gast zu erwarten. Dieser winke nur, und erst als er ausgestiegen war und Thomas die Hand reichte, sagte er, daß er längst habe kommen wollen, aber es sei immer Sonnenschein gewesen, und er habe die Insel bei diesem Licht sehen wollen. Die Dinge tönten alle in solcher Luft, aber ihr Gesicht sei stumm, und das sei ihm das liebste.

Er selbst, erwiderte Thomas, müsse mit jedem Licht und jeder Luft zufrieden sein, sei es auch, aber er habe schon recht, daß es manchmal sehr hell sei auf der Welt.

»Nicht wahr?« fragte Pernein. »Ich habe immer ein paar Jahre auf Spitzbergen leben wollen, weil es dort so schön lange dunkel ist. Nur die Nordlichter flammen und das ist schon eine großartige Beleuchtung, und totenstill. Ich habe es einmal gesehen. Aber dann ist dieser Weltkrieg gekommen, und nun sehen sie einen überall schief an auf der Erde, und da ist es ein Traum geblieben... alles Träume, lieber Orla, nicht? Auch dies hier: ›Im Schweiße deines Angesichts‹ und so weiter... alles Träume, aber den schlechtesten träumen Sie nicht.« Seine schwermütigen Augen umfaßten das Haus, den Hügel, die Uferlinie, als sei er hier aufgewachsen, kehre für eine Weile zurück und denke schon wieder an die Weiterfahrt, aber er wisse nicht, wohin sie führen werde.

Er war der erste, der ohne Erstaunen das Bild des Raumes in dem kleinen Haus aufnahm, und während Thomas auf dem kleinen Herd das Kaffeewasser kochte, blieb er vor der Erdkugel stehen und ließ die Länder und Meere langsam, aber unaufhörlich an sich vorüberziehen.

»Hübsch«, sagte er, als Thomas wieder hereinkam, »eines der wenigen Spielzeuge für Leute mit grauen Schläfen. Man braucht weder Schiff noch Eisenbahn noch gar Flugzeuge. Man läßt die Welt sich drehen und sitzt wie der Schöpfer davor... aber würden Sie auch am siebenten Tag gesagt haben, daß es gut sei, Orla? Da... und da... und da...?« Er stieß mit dem Finger leicht gegen ein paar Stellen der Kugel. »Dort bringen sie sich um, auf die fortschrittlichste Weise, sich und Frauen und Kinder und Tiere, und Bäume und Blumen auch, und dabei haben sie die herrlichsten Worte dafür und Papier, auf das sie es drucken. Und die andern sehen zu und warten ab, was daraus werden wird.«

»Es war niemals anders, Graf.«

»Eben, eben! Das ist es ja. Daß es niemals anders war. Dort«, und er wies auf die Bücherreihen, »dort war es anders und wird immer anders sein. Oder bei Schubert und Chopin ... Hören sie gern Musik? Ja? Dann müssen Sie bald zu mir kommen. Es sind die einzigen Zeichen, die der Mensch ohne Sünde geschrieben hat.«

Sie saßen vor dem Feuer und rauchten. »Es ist seltsam«, sagte der Graf, »wie Sie Ihrem Vater ähnlich sehen.«

Thomas hielt den Kienspan in der Hand, wie er ihn aus dem Herd genommen hatte.

»Ja, ich habe es gleich gewußt, noch ehe ich Ihren Namen hörte, Sie wissen, daß meine fünf Brüder geblieben sind, und die Militärkanzlei fragte bei meiner Mutter an, ob sie mich nach Hause schicken sollten. Nun, meine Mutter ist eine große Frau, wissen Sie, und sie schrieb zurück, daß sie sich solche Anfragen für die Zukunft höflich verbeten haben möchte. Sie habe ihre Söhne nicht für das Haus, sondern für das Reich geboren. Ja, eine große Frau ... Nun, sie schickten mich also nicht nach Hause, sondern in ein Regiment, das hinten ein bißchen zu tun hatte. Ein Dragonerregiment, und Ihr Vater führte meine Schwadron. Ja, sehen Sie, so ist es mit der Erdkugel ...« Und er ließ sie mit dem Finger wieder ein bißchen kreisen.

»Das waren Sie also, von dem mein Vater schrieb?«

Der andere lachte. »Ja, von mir ist überall eine ganze Menge geschrieben worden. Ich konnte gar nichts dafür.

Ich war auch im Kriege so, wie ich immer war, und darüber wunderten sich die Leute. Einmal kam ein General zu einer Besichtigung, und sie holten mich von meinem Schubert fort, als er schon vor den Pferden stand. Er war ungnädig, aber ich sagte, mit einer Besichtigung sei man in einer halben Stunde fertig und, wenn es hoch komme, in einer Stunde. Aber mit Schubert werde man in einem ganzen Leben nicht fertig. Da wurde er noch ungnädiger, und Ihr Herr Vater hat ihm nachher gut zugeredet. Ich denke, er hat die Hand so ein bißchen vor die Stirn gehalten ... ein guter Mensch war Ihr Vater, alle liebten ihn, nur nahm er das Ganze zu schwer ... ich habe dann gehört, daß er bald nach dem Kriege gestorben ist. Aber Sie sind ihm ähnlich, sogar wie Sie die Pfeife halten ... und in anderen Dingen wahrscheinlich auch.«

Er sah in freundlich an, mit der ständigen leisen Traurigkeit in seinen Augen, als lohne sich alles dieses kaum, auch das Reden nicht, auch das Ansehen nicht.

»Und Sie selbst?« fragte Thomas.

»Oh, ich selbst ... da ist nicht viel zu sagen. Ich habe auf das Majorat verzichtet und mir das Haus neben dem Vorwerk geben lassen, erb- und eigentümlich. Es ist ein komisches Haus, das einer von unseren alten Hagestolzen sich vor zweihundert Jahren gebaut hat. Wir heiraten alle sehr ungern. Es liegt sehr schön, ganz abseits, über dem Fluß. Da hause ich nun mit ein paar Dienern und Mädchen und Gärtnern, und manchmal ist meine Mutter eine Weile da. Das Majorat hat ein Vetter, sehr tüchtiger Mann, mit vielen Kindern und Ehrenämtern.«

»Und was tun Sie?«

»Oh, nicht viel. Ich sammle ein bißchen, Radierungen und Handzeichnungen und ein bißchen Plastik. Götterbilder vor allem, aus aller Welt. Das ist ein erstaunliches Kapitel, wissen sie. Goethe hat gesagt: ›Wie einer ist, so ist sein Gott.‹ Wenn das wahr ist und wenn es sich auch auf das Bild erstreckt, dann ist der Mensch ein seltsames Wesen. Sehr seltsam, ja. Nun, und dann liebe ich die Pflanzen sehr, und besonders die Blumen. Ich experimentiere ein bißchen. Das ist so ein stilles Reich, das Pflanzenreich, wunderbar geordnet, voller Symmetrie und Gesetz und überquellend an Schönheit. Aber vor allen Dingen still. Die Tiere sind schon Ungetüme an Lärm dagegen, und nun erst der Mensch! Am stillsten ist wahrscheinlich die Welt der Steine. Ja, und dann mache ich sehr viel Musik. Vor dem Kriege bin ich viel gereist, durch die ganze Welt, aber nun gehe ich ungern fort. Nur hierher werde ich gern ab und zu kommen, wenn Sie erlauben, und im Herbst werde ich Ihnen Stauden bringen, damit Sie sie um Ihr Haus pflanzen. Dahlien und Rittersporn, Eisenhut und Fingerhüte und so weiter. Sie müssen ganz wild wachsen, und die Leute werden denken, daß hier ein Zauberer lebt.«

Thomas bedankte sich, und er möchte gern noch wissen, ob er nun glaube, das Rechte gefunden zu haben, mit dem Leben, meine er.

Er meine, ob er er sich zu den Drohnen rechnen müsse, erwiderte der Graf. Nein, das tue er nun wirklich nicht. »Sehen Sie«, sagte er, »ich glaube, daß diese alten Geschlechter das Recht haben, in jeder Generation ein Spielkind zu erzeugen. Verstehen Sie? Sie haben so viel getan, gearbeitet, geherrscht, gedient, gekämpft und geblutet, daß alle fünfzig oder hundert Jahre einer das Recht hat, zu spielen oder auch nur zu schauen. Ein wirklich ›beschauliches‹ Leben zu führen. Wenn fünf geblieben sind, meinen sie nicht, daß der sechste ein bißchen Musik machen darf oder Blumen ziehen? Während der großen ›Besichtigung‹? Ich glaube das. Das Blut ruht sich wieder aus, und ein bißchen ist man uns das schon schuldig. Mit den alten Preußen ist man nicht sehr behutsam umgegangen, und es ist überhaupt ein Wunder, daß ein paar von uns noch übriggeblieben sind.«

»Ich meine nur«, sagte Thomas, »ob sie jeden Abend frohen Herzens zu Bett gehen?«

Der andere ließ das Streichholz wieder erlöschen. »Du lieber Gott, Orla«, sagte er, »was Sie für komische Dinge sagen können! ›Frohen Herzens‹ ... wenn ich nur wüßte, was das ist. Nein, das ist sicherlich eine von den Ibsenschen ›idealen Forderungen‹. Meine Brüder haben das vielleicht gekannt, obwohl sie auch so merkwürdige Augen hatten zu Zeiten, aber ich, nein, ich kenne das nicht, nicht einmal aus der Erinnerung. Frohen Herzens – du lieber Gott, was es so Schätze geben soll ...«

»Aber mit was für einem Herzen denn?« beharrte Thomas.

»Ja, mit schwerem Herzen natürlich, Orla. Mit einem Stein in der Brust! Wußten Sie das denn nicht? Alles Träume, mein Lieber, nicht nur das hier: ›Im Schweiße deines Angesichts ...‹, sondern alles andre auch, sogar Schubert und Chopin. Sie brauchen doch nur, wenn sie am Abend aufhören, mit Büchern oder mit Musik, noch einmal aus dem Fenster zu sehen, in den Nebel, der draußen steht, oder zu den Sternen hinauf, über denen ein ›lieber Vater‹ wohnen soll. Dann wissen Sie doch alles, was Sie wissen wollen. Oder haben Sie der Förstersfrau da drüben mal in die Augen gesehen, ganz nah? Und dann wollen Sie ein frohes Herz haben? Mein lieber Orla, ein frohes Herz haben nur die Leute, die die Augen zumachen und sagen können: ›Komm nun, lieber Traum, und hülle mich ein!‹

Ach, was hat der Mensch alles erfunden, um über das Wachsein hinwegzukommen! Götter und Künste, Kriege und Arbeit, Puppen und Maschinen. Aber es hilft alles nichts. Die Uhr tickt, der Zeiger rückt weiter, und immer näher kommt das Land ohne Traum. Der Tod hat keine Träume, lieber Orla.«

Einen Augenblick lang war sein Gesicht, wie es im Schlaf sein mochte: entkleidet, beraubt, verstoßen und von einem leeren Grauen bewohnt. Dann erfüllte es sich wieder, begann zu lächeln, war im Raum und in der Zeit wieder zu Hause und sah Thomas an. »Nein, lieber Orla, keine Drohne. Drohnen denken nicht, aber ich denke mitunter, und zwar zu Ende, verstehen sie? Zu Ende denken können ist ein schweres Los.«

Sie gingen noch einmal hinaus. Es dämmerte schon, und Nebel stand in der Luft. Die Dreschmaschine war verstummt, nur die Taucher riefen vom offenen Wasser her. Von der Birke am hinteren Giebel fiel ein frühes welkes Blatt ganz langsam in das Gras.

»Und doch liebe ich es«, sagte der Graf leise. »Den Herbst, und wie mein Fluß unter den Pappeln hinzieht. Das Licht, das aus meinem Fenster scheint, und die Melodie aus der Terzenetüde, wo die Gefangenen in die Verbannung ziehen. Und eine Schwadron, die einen Waldweg reitet, und die Fähnlein flattern von den Lanzenspitzen ... und meine Mutter, wenn sie auf der Treppe steht und über die leeren Felder sieht, unter denen ihre Söhne schlafen, ihre und die der vergangenen Geschlechter, zurück bis zu der Zeit, als die Götter noch Bernsteinkronen trugen ... ich liebe es alles, wenn auch mit schwerem Herzen.«

Er stand da, die Hände auf dem Rücken, die Schultern gebeugt, und seine Augen gingen mit schwermütiger Liebe über die Dinge des Abends, von der Birke am Giebel über die Insel und das graue Wasser hinweg, bis zu den Wäldern, aus denen der Nebel kam. Es war, als stehe keine Zeit um ihn, als habe er vor tausend Jahren schon so gestanden, auf einem Bogen gestützt oder ein Schwert und hinübergesehen über Wälder und Moore, nach dem Land, wo der Götterberg über dem großen Strom stand und auf den verschlossenen Stirnen die gelben Kronen schimmerten. Als habe er damals schon gefragt und auf die Antwort gelauscht. Aber keine Antwort war gekommen. Und nun lauschte er immer noch, verändert in Sprache und Kleid, aber die Augen waren die gleichen geblieben, die durchsichtigen Schläfen mit den blauen Adern und der wissende Mund, der nun nichts mehr fragte.

Die Sonne mochte jetzt unsichtbar untergehen. Ein kühler Hauch kam über das Wasser und rührte sie beide an. Die Augen des Grafen kamen zurück und wendeten sich Thomas zu.

»Ich liebe es alles«, wiederholte er leise, »und ich liebe auch sie, mit Ihrem tapferen Traum ...«

Sie gingen einmal um die Insel herum, am Ufer entlang. Die Glocke vom Schloßhof klang über das Wasser, und sie blieben stehen, bis sie ausgeschlagen hatte. Sie klang wie von einem Schiff, das hinter dem Nebel langsam in die Dunkelheit glitt.

»Auch er träumt«, sagte Pernein und hob die Hände nach dem Klang hinüber. »Den preußischen Traum ...«

Aber Thomas sah die riesige Halle und den Schein des Feuers über den Mündungen der Kanonen, den einsamen Mann, der das Weinglas hielt, und das Kind, das die Treppe herunterkam. Die Bilder aus den Goldrahmen blickten schweigend herab, die Adler, die Erntekränze mit den schimmernden Bändern, die Degen aus den friderizianischen Schlachten: nein, es war kein Traum. Die Balken dunkelten nicht von Träumen, und die Steinschwellen wurden nicht schief von ihnen. Degen und Kränze zerfielen nicht in Staub. Ein Volk ging unter, und das andere stieg auf. Auch dieses würde untergehen, aber seine Äcker blieben, und auch die goldene Krone blieb, die es erworben hatte für die zarten Stirnen der Enkel, die Krone der Pflicht, des Gehorsams und der Hingabe an ein erträumtes Gesetz. Sie aber hatten den Traum in das Unsterbliche vewandelt.

Er schüttelte den Kopf und sah über das dunkelnde Land. Es würde ihn nun nichts mehr austreiben von hier, keine Angst und kein Gespenst. Und der Mann, der die Hände gerungen hatte über seinem Land, er hatte doch das Rechte gesagt mit dem Wort von der Arbeit. Gott mochte viel sein, oder er mochte ein Traum sein, aber der Schweiß der Stirne war kein Traum. Thomas legte die Finger in seine Handflächen und fühlte die Schwielen des Sommers auf der harten Haut. Der Nebel hatte keine Schrecken für ihn, die Nacht nicht, der Herbst nicht. Bald würden die Netze trocknen und der Fisch in die Tiefe gehen. Dann würde auch er ruhen für eine Weile, wie es allen lebenden bestimmt war. Und sich besprechen mit sich selbst, wie die großen Vögel es getan hatten. Und von neuem in die alte Spur treten, wenn das Jahr wieder heraufstieg. Und er wußte, daß der Engel ihm zusah.

Er blickte dem Boot nach, wie es langsam in den Nebel hineinglitt, ein dunkler Käfer, der mit den beiden Rudern wie mit zwei dünnen steifen Beinen sich über das Wasser bewegte. Dann schloß die Nebelwand sich zu, wie die Tore eines Totenreichs. Eine Kette klirrte nach einer Weile, und dann war es still. Erst als Thomas wieder über seine Schwelle trat, wußte er, daß das Ganze wirklich gewesen war.

An diesem Abend, als er das Geschirr gespült und auf das Brett über dem kleinen Herd gesetzt hatte, faßte er den Plan, etwas aufzuschreiben, was ihm mitunter in einzelnen Gedanken und Bruchstücken durch den Kopf gegangen war. Etwas über die sittliche Erziehung des Seemannes. Es mochte für viele sein, oder für Joachim, oder nur für ihn selbst. Aber er war nun so weit von seinem ganzen bisherigen Leben entfernt, daß er klar zu sehen meinte, worin er aufgewachsen war, Schwächen, Irrtümer, Fehler und Schuld. Und ebenso das Große, das sie alle getragen hatte. Und den feinen Sprung, an dem alles schließlich zerbrochen war. Er war so weit fort von allem Streit, daß er ohne Leidenschaft daran gehen konnte, und das Sittliche war ja, wie er meinte, jedes Menschen Sache in solcher Zeit.

Indes ging der Monat ruhig zu Ende, jeder Tag hatte seine frohen und ernsten Stunden, und im September fischte er nur noch für das Schloß und für seinen eigenen Herd. Er grub die Erde um das Haus um für den versprochenen Zaubergarten, war viel im Walde, wo er Pilze suchte, brachte die Netze in Ordnung und hing sie für den Winter auf, baute Mausefallen und richtete sich langsam für die stille Zeit ein, die mit vielen dunklen Monaten über ihn hingehen würde und der er doch heiter entgegensah, wie ein Einsiedler, dem sein Gott im Winter auch nicht ferner ist als zur Zeit des Lichtes.

Der Monat brachte noch einmal Wärme und ein letztes Nachglühen der Erde, das Laub färbte sich, Vögel sammelten ihre Scharen und waren über Nacht verschwunden,

die Häher lärmten in den Eichenwipfeln, und der Bogen der Sonne verkürzte sich von Tag zu Tag.
Das Kind vom Schloß trug andere Kleider, weil es den alten so schnell entwuchs, der General aß Rebhühner mit Thomas und segnete die Erde, daß sie die Revolution nicht auf diese Vögel erstreckte, und die Frau im Forsthaus stand am Gartenzaun, hatte die hohen Malven mit ihren Händen umfaßt, bog sie zusammen und wieder auseinander und sang das leise Marschlied, das auf dem Hofplatz schon erstarb, zugedeckt von den Schatten der hohen Fichten und von dem Rauschen der Wipfel, das unablässig über die leeren Wälder ging.
An einem solchen Tag klopfte Thomas an das Grafenhaus über dem Fluß, wurde hineingeführt und fand den Grafen in einer riesigen Bibliothek, über ein Mikroskop gebeugt, unter dem ein Blatt aus der Blüte einer Dahlie lag, deren Beete draußen wie eine glühende Mauer um das Haus standen.
»Kommen Sie, Orla«, sagte er ohne Überraschung, »und sehen Sie die Schönheit an, die ganz reine, zwecklose Schönheit.«
Er stand daneben und sah zu, wie ein Abglanz des Wunders über Thomas' Gesicht ging, der Farben, Linien und Formen, zusammengeschlossen in ein unbegreifliches Bild, und er nickte, als sein Gast meinte, daß also auch in der Entzauberung der Natur etwas liegen könne, was noch tiefer mit Ehrfurcht erfülle, als der Blick unseres gewöhnlichen Auges es schon tue. Nur, sagte er, dürfte man dies vielleicht nicht eine Entzauberung nennen, sondern nur eine Enthüllung, und es sei eben das Große in diesem schweigenden Pflanzenreich, daß jeder aufgehobene Vorhang näher an das Heiligtum führe, was man beim Men-

schengeschlecht ja nicht gerade sagen könne. Und dabei lächelte er schon wieder auf die alte, etwas abwesende Weise, nahm den Gast unter den Arm und trat mit ihm durch eine breite Tür auf die Terrasse hinaus, nachdem er angeordnet hatte, daß man den Tee ihnen dorthin nachbringen möge.

Da, wo sie nun standen, höher als zur ebenen Erde, öffnete der Blick sich weiter, als ihn Thomas schon bei der Ankunft, öfter stehenbleibend und sich umwendend, gehabt hatte. Der Garten, von alten Bäumen mehr eingefaßt als bestanden und von breiten und langen Blumenbeeten durchzogen, von kleinen Mauern geteilt und von Treppen immer tiefer geleitet, senkte sich bis zum Fluß, der noch vor der letzten Baumreihe den Garten umfing und abschloß, ein klares, nicht breites Wasser, hier und da mit Schilf an den verschieden hohen Ufern bestanden, von Licht und Schatten wechselnd überspielt, das bald zwischen Wiesen, Feldern und kleinen Gehölzen verschwand. Dahinter lagen schon die Felder des Vorwerks, das man nicht sah, Waldinseln, eine dunkle, glänzende Straße mit Vogelbeerbäumen und der weißblaue, wolkenlose Himmel des Septembermonats.

»Wenn ich nicht wüßte«, sagte Thomas, »daß dies alles zwei Stunden von meiner Insel entfernt ist, würde ich glauben, daß ein südliches Land hier schon begonnen hat und daß dieser Fluß sein Wasser schon dem Rhein oder der Donau zuführen könnte.«

Der Hausherr bestätigte es mit Freude und führte ihn, indes hinter ihnen der Tisch schon gedeckt wurde, noch einmal den breiten Gartenweg hinunter, über dem die Farben fast zusammenschlugen und an dessen Rändern die letzten Schmetterlinge in der Sonne sich in leuchtenden

Scharen versammelt hatten, ehe die Herbstwinde sie vertrieben, Pfauenauge, Trauermäntel und großflügelige Admirale.
Sie standen dann noch an dem hier etwas erhöhten Ufer des Flusses, sahen die Steine und wehenden Pflanzen auf dem Grunde, die hellen Säulen der Mücken darüber, leise Strudel, die wie dunkle Ringe abwärts glitten, und als sie sich umwendeten, war Thomas nicht verwundert, den Grafen sagen zu hören, daß der Fluß ihm eines der tiefsten Sinnbilder des Lebens zu sein scheine und daß er ihn mehr an diese Landschaft binde als alle Besitztümer des Hauses oder der Erinnerung.
Aber es sei wohl nicht ungefährlich, meinte Thomas, die Sinnbilder des Lebens und nur gar dieses immer wandernde und ziehende immer so vor Augen zu haben.
»Mein lieber Orla«, sagte der Graf, »was ist gefährlich und was ohne Gefahr? Wir beziehen alles auf den Tod und tun vielleicht nicht recht daran. Gefährlich scheint mir nur zu sein, was sich als fremd in mein Leben drängt, es zum Ausbiegen oder zum Aufstauen zwingt und mich für eine Weile daran hindert, so zu wachsen oder zu welken, wie das innere Gesetz es mir befiehlt. Aber der Fluß? Nein, er hindert mich nicht. Wir wissen beide, daß die Vergänglichkeit unser Leben ist.«
Das Haus bot sich ihnen nun deutlich von der Höhe des Gartens dar, mit seinen überhohen Fenstern und dem winkligen und etwas wirren Dach, das doch über einem einfachen Grundriß sich erhob.
»Er wollte nicht gerade hoch hinaus, mein Ahnherr«, sagte der Graf, »er wollte nur etwas quer hinaus, und davon ist uns allen etwas geblieben.«
Sie sprachen wenig, und auch als sie nach dem Tee durch

das Haus gingen, machte der Hausherr nur hier und da eine erläuternde Bemerkung, als wisse sein Gast von allen diesen Bildwerken, Götzen und Heiligen, Gemälden und Gobelins ebensoviel wie er und als deute er nur auf diejenigen Dinge, die ihm auf eine besondere Weise lieb und vertraut seien.

So wenig Thomas in Wissen und Urteil dieser gütigen Hochschätzung entsprach, so sah er doch, welche Schönheit von Menschenhand in diesem Hause versammelt war und daß das Leben des Tages den Augen fremd und kalt erscheinen mochte, die gewohnt waren, unter diesen Dingen zu weilen. Am Ende des Ganges aber bat er doch, noch einmal in den breiten und langen Flur zurückkehren zu dürfen, der an den drei Haupträumen entlangführte und durch die hohen Nordfenster, die nach dem Walde lagen, ein stilles grünliches Licht empfing.

Hier waren an den mit grauer Seide bespannten Wänden eine Unzahl von Totenmasken aufgehängt, aus einer wie Elfenbein getönten Masse, die von der letzten Stufe menschlicher Form nun schweigend über den Betrachtenden hinausblickten. Da waren gleichsam zerbrochene Gesichter, aufgerissen von einem leidenden und leidenschaftlichen Leben und nun wieder zusammengefügt zu ihrer letzten Bestimmung durch die Hand des Todes. Da waren Gesichter, die schon im Leben gezeichnet sein mußten von der Spur des Ewigen, der sie schweigend gefolgt waren, und der Tod hatte sie nur so zu bewahren brauchen, wie er sie gefunden hatte. Und da waren schließlich die mit der großen Verwunderung, die wie Kinder in das große Dunkel hineingegangen waren, und da hatte der Tod die Gesichter angehalten, inmitten des großen Staunens, und ihre Augen waren noch weit aufgeschlagen, ohne Furcht und ganz leer, und durch das Leere stürzte nun Gott hinein, oder das Schweigen, oder was sie sonst erblickt haben mochten.

Es war kein Museum und kein Friedhof. Es war eine Gemeinschaft von Toten, aber ein stiller Strom des Lebens floß zwischen ihren Gesichtern dahin. Das gedämpfte Licht des Waldes glitt mit einem leisen Wechsel von Licht und Schatten über die steingewordenen Stirnen, nicht Kälte oder Grauen ging von ihnen aus, sondern ein kühler Friede, und auch das Kühle war nicht Fremdheit oder Jenseitigkeit, sondern nur ein leiser Abstand, ein Fernsein von Leidenschaft oder Schmerzen oder Glück, eine große, durchdringende Einsamkeit, das Attribut des eigenen, einmaligen Todes.

Am Ende des Flures, auf einem dunklen, niedrigen Sockel, stand eine hohe, bläuliche Vase, mit brennendroten Dahlien gefüllt. Sie sahen wie ein Feuer aus, das zu Ehren der Toten mit unbeweglicher Flamme brannte.

Thomas sagte nichts, und auch nachher, als sie auf der Terrasse saßen, von der letzten Sonne erwärmt, blickte er nur nachdenklich über den Garten hin.

»Nur die Musik vermag Ähnliches auszudrücken«, sagte der Graf endlich, »weil sie die Kunst ist, an der nichts verwest oder verfällt ...«

»Und wenn Ihre Mutter hier ist«, fragte Thomas, »meinen Sie nicht, daß es ihr schwerfällt, dort entlang zu gehen?«

Der andere lächelte schon wieder. »Meine Mutter ist eine große Frau«, erwiderte er, »größer als wir alle. Das letztemal, als wir zusammen dort waren, sagte sie: ›Ich erwarte, Natango, daß du nicht viel schlechter aussehen wirst!‹ Und ich habe geantwortet, daß ich mir natürlich Mühe geben würde.«

»Ich glaube, daß Sie lächeln werden«, sagte Thomas, aber es fröstelte ihn doch ein wenig.
»Ja, wenn er den richtigen Augenblick wahrnimmt, könnte es schon sein. Aber das ist schwer vorauszusagen. Wenige von uns sterben den Strohtod …«
In der Dämmerung begann Pernein zu spielen, und Thomas saß am Kamin und hörte zu. Wenn er den Blick hob, konnte er das Gesicht sehen, auf dem der Widerschein des Feuers lag, und die Augen, die nun gar nichts mehr mit ihm oder dem Haus zu tun hatten. Es waren nun schon die Augen jener Bilder aus dem grauen Flur, nur geöffnet, um das andere hineinzulassen, ohne ein eigenes, störendes Leben, gehorsame Brunnen, die in ihre Dämmerung das fremde Licht hineinnahmen.
Es wurde Thomas nun gewiß, daß für jenen Musik das einzige war, was ihm Leben bedeutete, die einzige Sprache, in der er weder lächelte noch spottete, das einzig Wirkliche dieser Welt, vor dem er Achtung hatte, in dem es keine Lüge gab und in dem es nicht schamlos war, sich zu enthüllen. Nicht das Wasser war sein Element oder die Erde, sondern nur der Ton, das, was leise angeschlagen wurde und anschwoll und erstarb. Was sich verflocht mit anderen Tönen, mit Reihen und Bögen von Tönen, und wieder auflöste und am Ende wieder ganz einsam blieb, das Urelement, dem alle Vermählung versagt war, wenn das Letzte gesagt war, und nun blieb nichts als die Reihe fragender Töne und zuletzt der letzte, einzelne Ton, um dessentwillen das Ganze geschrieben schien.
So war es nun mit diesen alten Geschlechtern, dachte Thomas. Auf allen Schlachtfeldern lagen sie verstreut. Blut und Saat hatten sie hingegeben, und plötzlich sammelte sich alles Abseitige von ganzen Generationen in solch

einer Wunderblume, blühte, duftete und glänzte, des Welkens schon bewußt, hinterließ nichts, was mit Händen zu greifen war, keinen Kranz, keinen Stern, keine Erde, kein Kind, nichts als ein scheues Gerücht, daß einmal auch ein solcher aus ihrem Samen entsprossen war, ein Jenseitiger fast, weit zurückreichend bis zu jenen Göttern mit den Bernsteinkronen und weit vorausdeutend in das Weglose, das vor ihnen lag.

Es endete leise mit dem Gang eines alten Liedes, das Thomas nicht kannte, eines Marschliedes, in dem eine bescheidene Tapferkeit lebte und eine gedämpfte Wehmut, halbe Töne, die einander stützten und so auf eine Ferne zugingen, die sie aufnahm und verbarg.

Die letzte angeschlagene Saite klang lange nach.

Der Graf setzte sich zu Thomas ans Feuer und rauchte. Sein Gesicht war froh, gereinigt wie nach einem Regen, und er begann von den Pflanzen zu sprechen, die er auf die Insel bringen wollte, und von den Farben, an die er gedacht hatte. Nichts sei ihm an den Engländern so lieb, sagte er, wie die Weisheit und Bescheidenheit, mit der so viele ihren Lebensabend erfüllten, indem sie Gärtner würden, nichts als Gärtner. Staatsmänner und Philosophen, Feldherrn und Parlamentsredner. Daß ein langes und auch ruhmvolles Leben sie nicht verdarb, sondern sie zur Schönheit zurückkehren ließ und zur treuen Pflege jener hilflosen Boten aus einer anderen Welt. Und es freue ihn schon jetzt, daß auch Thomas es ihnen nachtun werde und an den ersten, großen Schritt, den aus der lauten Welt, nun den zweiten, kleinen fügen werde, den in das schweigsame Reich der Pflanze.

Ob er wisse, fragte Thomas, daß der erste Schritt groß gewesen sei?

»Sie wollten ›weit‹ sagen«, erwiderte der Graf, damit nicht gleich ein Übermaß von Bewertung darin enthalten sei, obwohl er selbst in der bewußten Einschränkung immer etwas sehe, was der Größe nahekomme. Denn Verzicht – und der sei das Wesen der Einsamkeit – sei auch in dem Größten lebendig, das wir erwarten könnten: in der Weisheit und in der Liebe.

Es freue ihn, sagte Thomas, daß er diese beiden doch anerkenne.

Ja, weshalb nicht? Er erkenne eine Menge von Dingen an, aber damit sei ja nicht viel getan. Von da bis zum Streben nach ihnen sei ein weiter Weg, und dieser Weg sei ihm doch zu mühsam, vielleicht auch zu bevölkert. So sehe er ihn nur entlang, mit einiger Teilnahme, und das sei nun allerdings alles, was er darin leiste.

Vielleicht, meinte Thomas, gebe es auch Menschen, die dies ohne Mühe gewannen, durch eine glückliche oder vielmehr gesegnete Anlage. Einige von den Masken draußen schienen ihm das besessen zu haben.

Das könne wohl so sein, erwiderte der Graf, aber auf sich selbst möchte er das doch nicht angewendet sehen. Bei ihm sei es vielmehr so, daß nichts ihm der Mühe wert zu sein scheine, außer vielleicht in der Musik. Er gerate nicht gern in Schweiß, das sei sein ganzes Geheimnis, und deshalb habe er auch eine solche Hochachtung vor Thomas, der den Schweiß gerade gesucht habe. Er erscheine ihm wie ein Mann, der gleich nach dem Aufstehen mit einer Riesenwelle beginne und von ihr aus am Abend mit einem Salto ins Bett falle. Das bewundere er sehr, denn er selbst habe nie eine Riesenwelle fertiggebracht. »Sie fürchten sich nicht vor dem Tode, Graf?« fragte Thomas nach einer Weile.

»O nein, weshalb sollte ich mich fürchten? Ich fürchte höchstens die Form, die wir nie vorher wissen, und es gibt leider sehr häßliche Formen ... aber das müssen wir nun schon guten Mutes abwarten. Außerdem ist auch das wahrscheinlich eine Sache der sogenannten Hinterbliebenen. Alles Schwere am Tode ist immer eine Sache der anderen, nicht unsere eigene.«

»Und Sie haben getötet im Kriege?«

»Ja, selbstverständlich, dazu ist er ja leider da. Sogar mit ruhigem Herzen, wie im Spiel, wenn wir mit dem As einen König stechen. In der nächsten Runde kann eben der andere das As haben.«

»Aber nicht aus der Nähe? Im Handgemenge, mit dem Bajonett oder dem Spaten?«

»Nein, das nicht. Auch das würde ich natürlich getan haben, aber es ist besser, daß es mir erspart geblieben ist ... Sie fragen mit Absicht, Orla?«

»Ja, natürlich. Ihr Haus hat so einen schönen, tiefen Widerhall ... ich habe noch niemals darüber gesprochen.«

»Sie können es sagen oder auch nicht. Meistens bedauert man es hinterher, aber Leute, die auf einer Insel leben, sollten schon ruhig einmal sprechen; sie verlieren sonst leicht das Gefühl für ein Gegenüber.«

»Ja«, sagte Thomas, »die meisten würden es wohl nicht verstehen, aber mit Ihnen ist es anders. Man weiß nie, was Sie denken werden. Also es war auf meinem letzten Schiff, als das Ende kam. Sie holten die Flagge nieder, und ich kam dazu. Es waren schlimme Gesichter, und in das vorderste hob ich meine Pistole. Es war wohl nur eine Sekunde Zeit, denn sie standen auch schon hinter mir, aber es war mein Fehler, daß ich das Gesicht ansah. Es war nicht ein augenblicklicher Fehler, wissen Sie, sondern ein angeborener, dauernder Fehler. Daß ich nicht schoß, wie ein Automat, sondern daß ich zuerst dachte, oder auch nur, daß ich sah, eben ein Gesicht sah, und nicht eine Fratze oder eben das Böse.

Und als ich sah, war es eben ein Gesicht, nicht vielleicht Gottes Ebenbild (daran habe ich sicherlich nicht gedacht), aber doch ein Stück Leben, mit Atem gefüllt, mit Blut, mit Leidenschaft, etwas, wozu ich den Tod und die Zerstörung in der Hand hielt.

Ich weiß nicht, ob Sie mich verstehen. Ich hatte nicht etwa Angst, ich fürchtete mich nicht, sondern ich sah nur und grübelte vielleicht, wenn das in einer Sekunde geschehen kann. Ich bin überzeugt, daß ich geschossen haben würde, trotzdem, aber ich hatte die Sekunde versäumt, die gleichsam blinde Sekunde, vielleicht auch nur den Bruchteil einer Sekunde. Denn als der Abzug zurückwich, schlugen sie von hinten zu. Ich weiß nicht einmal, ob der Schuß noch gefallen ist. Ich griff im Fallen in das Fahnentuch, und dann warfen sie mich über Bord. Ich verlor die Besinnung, noch im Fallen, aber mein Bursche sprang mir nach und rettete mich.«

Sein Gesicht war blaß geworden und wie von einer leisen Scham gequält.

Aber der Graf hob beruhigend seine Hand.

»Sie dürfen das nicht schwernehmen, Orla«, sagte der Graf. »Es ist Ihnen doch klar, daß Sie das Schiff nicht gerettet haben würden. Aber das spielt ja auch nur die geringste Rolle, denn Sie sind ja der Meinung, daß dies ein verstohlener Flecken auf Ihrer Ehre sei. Aber dieser Meinung bin ich nicht. Nicht hingehen, das würde eine andere Sache sein. Die Kajütentür wieder zumachen und so tun, als ob man nichts gesehen hätte. Aber dieses, was sie ›das

Sehen‹ nennen, das ist ganz etwas anderes. Zum Töten ohne Sehen oder Denken, zum blinden Töten gehört eine gewisse grandiose Verachtung des Lebens, des eigenen so gut wie des anderen. Aber wer einmal erkannt hat, daß alles Leben ein Wunder ist, das der Pflanze so gut wie das des Menschen, der hat eben die zögernde Hand oder sagen wir auch die Ehrfurcht der Hand, und der ist nicht zum Soldaten geboren. Ob es richtig ist oder nicht, das Zögern, meine ich, ist eine andere Sache, und ich will sie nicht entscheiden. Außerdem entzieht es sich ganz unserem Willen, es ist erst da, wenn die Probe da ist, und dann ist es zu spät. Wir können dann nur noch einsehen, daß wir eben nicht den rechten Beruf gewählt haben.

Übrigens bewundere ich, daß Sie es erzählt haben. Sehr wenige würden das getan haben. Und ich verstehe nun auch erst, weshalb Sie auf die Insel gegangen sind.«

»Es war nicht dies allein«, sagte Thomas. »Ich hatte nicht die Welt, die Sie haben und in der Sie untertauchen können. Ich hatte so gut wie nichts, und ich erkannte, daß man etwas haben muß. Und wenn es auch nur ein Fischnetz ist.«

»Ja, ja«, nickte Pernein, »auch mit einem Fischnetz kann man das fröhliche Herz heraufholen, leichter wahrscheinlich, als wenn ich in meine Welt ›untertauche‹, wie Sie sagen. Ich habe es noch nie heraufgeholt vom Grunde.«

»Aber Ihr Gesicht war anders nach dem Spielen… Sie hatten ein gereinigtes Gesicht, wenn Sie das nicht mißverstehen wollen…«

»Nein, ich verstehe Sie ganz gut, und Sie haben auch recht. Ich habe sogar ein reines Herz dabei, aber ein reines Herz ist noch kein fröhliches Herz… nun, lassen wir das. Ich habe immer das Gefühl, daß wir gar kein

Recht haben, an solche Dinge einen Gedanken oder ein Wort zu wenden. Denn keiner von uns ist beispielsweise Johann Sebastian Bach. Er hatte ein Recht dazu, mit jeder Note danach zu suchen und fast mit jeder Note es zu verkünden. Deshalb spiele ich ihn auch nicht. Ich fürchte mich vor ihm.«

»Können Sie sich überhaupt fürchten, Graf?«

»Ja, gewiß, ich kann mich sehr fürchten. Vor Krebsen zum Beispiel, vor Skorpionen und bei der Gartenarbeit vor Maulwurfsgrillen... auch vor Engeln würde ich mich fürchten, wenn ich an sie glaubte, und vor ihren Abbildern auf der Erde. Man sagt ja, daß es hin und wieder welche gebe, und das könnte schon wahr sein. Sie würden mir zu rein sein, verstehen Sie? Dagegen fürchte ich mich nicht vor Gespenstern, auch nicht vor dem dieses Hauses. Ja, es soll eins geben, und es soll dem Hausherrn den Tod anzeigen, wenn es erscheint.«

Er beugte sich gegen das Feuer vor, die Ellbogen auf den Knien, und wärmte seine Hände. Er lächelte, aber noch im Lächeln sah sein Gesicht wieder uralt aus, wie das eines seiner Vorfahren vor tausend Jahren, und was er sprach, mochte auch jener längst verstummte und verfallene Mund gesprochen haben.

»Es gibt Überlieferungen«, fuhr er nach einer Weile fort, »Gespräche von Vorfahren und auch von Dienern. Wovon wohl nicht viel zu halten ist. Aber es gibt auch Aufzeichnungen, von dem ersten, der es gesehen hat. Er hat viel geschrieben, und das meiste ist verschollen, aber dieses hat sich erhalten, eine Art von Tagebuch, und dort hat er es aufgezeichnet. ›Ist auf einer couchette vor dem Kamin gesessen, als ich eintrat, und hat in das Feuer gesehen, als ob er meditiere. Hat aber das Gesicht in die Hände gestützt, also daß wenig von seinem Ausdruck zu eruieren gewesen. War in ein Gewand ohne Farbe gekleidet und gleichsam von einer crépuscule umgeben, wiewohl das Feuer alle anderen Objekte genügsam erleuchtet. Ist von meinem Eintritt nicht tangiert gewesen, und sind wir beide so verharret, bis die Pendule auf dem Kaminsims die halbe Stunde geschlagen. Ist darauf in seinen contures undeutlich geworden wie in einem tiefen Wasser, auch in seiner substance gleichsam flüssiger, ist vergangen wie eine Flüssigkeit auf dem Estrich, in sich, und keine Spur von ihm verblieben. Haben sich mir nicht die Haare gesträubt, wie man zu sagen pfleget, aber hat mich kühl zwischen den Schultern berühret und habe gewußt, daß der HERR mich angesehen.‹

Ich habe es Ihnen wörtlich vorgetragen, wie es dasteht, weil man nichts dazutun und nichts abnehmen darf. Und der Schluß ist mir immer groß in seiner Einfachheit erschienen: ›Und habe gewußt, daß der HERR mich angesehen hat ...‹ Der Herr ... er hat es mit großen Buchstaben geschrieben ..., aber ich habe ihn noch nicht gesehen, den Meditierenden.«

Dann stand er auf, holte einen Zettel von dem großen Tisch zwischen den Fenstern, las die Namen der Stauden vor, die er bringen wollte, und fragte, welche Farben Thomas wünsche.

Draußen, während Thomas die Karbidlampe an seinem Fahrrad anzündete und das weiße Licht auf eine der Dahlienstauden fiel, die neben der Treppe standen, hob er eine der beschienenen Blüten vorsichtig mit der Hand in die Höhe. Sie war schon schwer vom Tau, und er betrachtete sie aufmerksam. »Nein«, sagte er schließlich, »es wäre doch nicht gut, Orla, wenn wir alle vergäßen, daß die

Zerstörung der Schönheit eine Todsünde sein kann, nicht wahr?«

Dann dankte er für den Besuch und wünschte ihm eine gute Heimfahrt.

Von der großen Straße konnte Thomas noch einmal das Haus sehen. Ein trüber rötlicher Mond hing über dem winkligen Dach und den matt erleuchteten Fenstern der Bibliothek. Es sah aus, als sei er das Wirkliche und Nahe und jene seien fern und nur von einem erborgten Licht beschienen. Das Dach hing drohend über den matten Vierecken, und Thomas meinte, man sollte dem Grafen vielleicht vorschlagen, einen neuen Dachstuhl auf das Haus zu setzen, steil und einfach wie der auf dem Schloß am See.

7

Ein Mann in abgetragener Matrosenuniform wandert über die weißen Landstraßen nach Osten. Die Haut seines Gesichtes ist vom vielen Regen gewaschen und von vielen Sonnen getrocknet und gebräunt. Die Augen sind grau und ruhig. Sie leuchten nicht, wenn ein Regenbogen von Wäldern zu Wäldern sich spannt, und die dampfende Ebene liegt groß und herrlich unter dem siebenfarbigen Licht. Sie blicken nicht unlustig oder verzagt, wenn der Nebel sich in ihre Wimpern hängt, wenn der Schmutz der Straße sich durch seine Schuhe frißt oder die Stürme der Tag- und Nachtgleiche ihm die welken Birkenblätter ins Gesicht treiben. Sie blicken ruhig und kühl vor sich hin, immer wachsam und nie verwundert. Sie lesen die Zahlen auf den Kilometersteinen, und an jedem Morgen und Abend sehen sie einmal in die große und altertümliche Karte, die er in seiner Bluse trägt.

Sie sehen die trügerischen Fassaden des Wohlstandes und den leisen Zerfall, der die Straße begleitet, Häuser, Felder und Menschen. Sie sehen zu, wie auf den großen Gütern gearbeitet oder gefeiert wird, wie die leeren Kähne auf den Strömen liegen und ihre Planken verrotten; wie in den Wirtshäusern die Grammophonplatten sich kreischend drehen und die Musikautomaten donnern, indes die Lust des Tanzes etwas Gejagtes und Atemloses hat, als stehe vor den blinden und zerschlagenen Fensterscheiben ein Gesicht und sehe zu. Eins aus den fernen Gräbern, mit

Erde auf der Stirn und einem finsteren Staunen über den Wechsel der Welt.

Auch alle die anderen Wandernden betrachten die Augen mit ihrem stillen Blick, die ihnen entgegenkommen aus der östlichen Leere und dahin treiben, wo es vielleicht mehr Licht und mehr Wärme geben wird, wo der düstere, gewaltige Himmel nicht sein wird, mit seinen zerrissenen Wolken und den drohenden Sonnenuntergängen, sondern wo die bunten Lichter über die Dächer gleiten und Kreise und Buchstaben bilden und wo die furchtbare Not des täglichen Lebens sich in ein Märchen verwandeln wird, des Glanzes, des Reichtums und vielleicht der Macht.

Er betrachtet sie alle, diese Entgegenkommenden, junge und alte Gesichter, reine und verwüstete. Er wechselt auch einzelne Worte mit ihnen, wenn man ihn fragt, aber er äußert keine Meinung über das, was sie erwarten, höchstens, daß er einmal sagt, Brot werde immer noch aus Roggen gebacken und, wenn es hoch komme, aus Weizen, oder daß die Ströme immer noch zu Tal flössen und nicht bergauf. Dann nickt er ihnen zu, und die langen schwarzen Mützenbänder fliegen mit dem Westwind vor ihm her.

Seine Papiere sind in Ordnung, aber es scheint, daß sein Gewand alle Sorten von Menschen anzieht, die mit den zurückgeschobenen Mützen und ebenso die mit glänzenden Helmen auf dem Kopf und einer Dienstpistole im Koppel. Der ersten entledigt er sich schnell, die anderen aber sind beharrlicher und wollen von ihm wissen, was ein Mensch auf einer Straße aussagen kann. Er gibt geduldig Auskunft, indes seine Augen ohne besonderen Ausdruck die Reihe der blankgeputzten Knöpfe hinauf- und hinuntergleiten. Aber dieser Mangel an Ausdruck wird ihm nicht gut angeschrieben, und er muß sogar bisweilen das Geld in seinem Brustbeutel vorweisen, ob er nicht etwa sich mit Bettelei ernähre. »Ehrlich verdient!« pflegt er dann zu sagen, wobei er das erste Wort auf eine Weise betont, die dem Fragenden höchlichst mißfällt.

Wenn er gut aufgelegt ist, was mitunter vorkommt, kann er auch auf die Frage, was er hier treibe oder zu suchen habe, mit stiller Heiterkeit antworten:

»Es liegt ein sanfter, milder Bann,
auf Friedrich Wilhelm Bildermann.«

Wobei seine Augen nachdenklich die Helmspitze oder den Tschako des Landjägers betrachten.

Wer Humor hat, lächelt dann und macht sich davon. Aber es gibt wenig Humor in dieser Zeit. Die niedrigen Wolken drücken auf das Gemüt des Menschen, die ausgeschlagenen Fenster der Fabriken starren mit toten Augen auf die Straße, und hier und da stehen unbespannte Pflüge auf den halb umgebrochenen Feldern, und an Dorfeingängen und vor den Gutstoren stehen Halbwüchsige, die Hände in den Taschen, und starren dem Wandernden finster oder zweifelnd nach.

Aber es ficht ihn nichts an. Wie ein pferdloser Ritter geht er zwischen Tod und Teufel seine Straße, die Augen immer nach Osten gewendet, als suche er am kalten Horizont die Türme eines gelobten Landes. Vor einer Woche, als der erste schwere Herbstregen auf sein Laubendach gefallen ist, als die Telegraphendrähte zwischen den nassen Masten im Sturm gesungen haben und der Rauch aus dem kleinen Kanonenofen zurückgeschlagen ist, bis seine Augen getränt haben, hat er gewußt, daß der Kapitän ihn nun brauchen werde. Weder die Frau mit den roten Lippen und dem blitzenden Wagen noch den jungen Herrn, der die

Arme über die Brust verschränkt, wenn er durch die stillen Vorortstraßen radelt, sondern ihn allein, den Obermatrosen außer Dienst Friedrich Wilhelm Bildermann, der alle Öfen heizen kann, die es gibt, der Geschirr waschen und Fußböden scheuern kann, der einen Monat schweigen kann, wenn es befohlen ist, der die Ziehharmonika spielt und im freien Ringkampf seinesgleichen sucht, der gute und böse Jahre erlebt hat, Schiffsuntergang und Kriegsgefangenschaft, Stacheldraht und Flucht, aber dessen Augen immer die gleichen geblieben sind, grau, kühl und wachsam, und aus denen doch mitunter ein warmer Schein aufspringen kann wie eine schöne Flamme, wenn ein Wort oder ein Blick durch die wilden farbigen Bilder seiner Haut bis ins Herz fällt.

So hat er seine Schiffskiste gepackt und zur Bahn gebracht, hat seine Decke auf den Rücken geschnallt und seinen Brotbeutel darübergehängt, hat im ersten Gehölz einen Stock geschnitten und wandert nun seine Straße in ein Land, von dem er nur hat reden hören als von einem Eisfeld, in dem die Menschen nicht sprächen, sondern bellten.

Er schläft in Scheunen und Pferdeställen und oft genug in den Heuschobern auf den Wiesen. Sein Tisch ist schnell gedeckt, und auch das Hungern hat er hinter der Kreideküste gelernt. Er ist gut zu Fuß und braucht für Leben und Sterben keinen anderen Trost als seine kurze Pfeife. Er kennt eine Menge von Liedern, die er vor sich hinsummt, auch englische und amerikanische, mit etwas verstümmeltem Text. *Schanties* aus seiner Segelschiffzeit und langgezogene, schwermütige aus seiner Gefangenenzeit, und wenn der Regen ihm am Halse hinein- und an den Schuhen herausläuft, spuckt er nur aus und sagt »Schiet!« und damit ist sein Groll zu Ende.

An der Grenze des fremden Landes, das sich in das Reich hineinschiebt, überlegt er eine Weile, ob er nun der Eisenbahn etwas zu verdienen geben soll, aber dann erinnert er sich, wie er die Kreideküste verlassen hat und daß, was bei den Tommies gegangen ist, hier ja erst recht gehen müsse, schlägt sich also in die dünnen Kiefernwälder, schläft bei Tage und wandert bei Nacht, immer auf dem Ausguck, findet nach einigem Suchen ein halb leckes Boot am Ufer des großen Stromes, wird von der wilden Strömung weit fortgerissen und bringt das Ganze dann doch glücklicher hinter sich, mit aufgeweichtem Brot und auseinanderfließendem Tabak, trocknet sich an einem Kartoffelfeuer, beschenkt sich mit einem Schnaps aus einem Wasserglas statt der ersparten Bahnfahrt, findet das Land trotz Nebel und Verlassenheit gar nicht unrecht und steht endlich eines Oktoberabends tief aufatmend auf dem Schloßhof vor einem kleinen Fräulein oder einer jungen Dame, die aus einem der Ställe auf die Treppe zugeht, und die ihm bestätigt, daß dies das Schloß sei, das er suche, weil auf seiner Karte, die er wie Segel ausgebreitet hat, weder Förstereien noch Inseln eingezeichnet seien, sondern eben nur besondere Wohnstätten. Und da der junge Herr Joachim ihm gesagt habe, von hier sei es am leichtesten, so sei er eben hierher gekommen, und der Rest werde (»verdammich!«) wohl auch noch zu bewältigen sein.

»Joachim?« fragte die junge Dame und sieht ihn freundlich an wie einen neuen Bernhardiner. »Was für ein Joachim?«

»Joachim von ... Joachim Orla, jawohl!« Und dessen Vater suche er, den Steuermann außer Diensten Thomas Orla.

Die junge Dame zieht die Augenbrauen hoch, und dann

lächelt sie. Ihr ernstes Gesicht ist ganz verwandelt, und der frierende und müde Obermatrose fühlt sich plötzlich warm und geborgen, der Weitgereiste und Vielerfahrene unter dem Lächeln eines Kindes, das die Hand auf seinen groben Ärmel legt und ohne Vewunderung sagt: »So bist du Bildermann?«

»Jawoll!« erwidert er, gut aufgelegt. »Es liegt ein sanfter, milder Bann auf Friedrich Wilhelm Bildermann.«

Sie lauscht, als ob eine Spieluhr unter seiner Bluse zu tönen begonnen habe, dann strahlt ihr Gesicht, und sie bittet ihn, das noch einmal zu sagen.

Er würde es gerne hundertmal für sie sagen, aber sie ist mit einer Wiederholung zufrieden, nimmt ihn ruhig bei der Hand, die nicht sehr sauber ist und die er vergeblich noch schnell abzuwischen sucht, und führt ihn am Haus vorbei durch den Park, zum Ufer, wo die Boote liegen. Dort deutet sie auf die Waldecke zur Linken und sagt: »Von dort wirst du sie sehen. Nordnordwest. Und um diese Zeit sind seine Fenster schon hell.«

»Nordnordwest...«, wiederholt er voller Bewunderung.

»Er ist sehr allein«, sagt sie nachdenklich und blickt in die Dämmerung hinaus.

»Der Kapitän war immer allein«, erwidert er, »der Steuermann meine ich.«

»Du kannst ruhig ›Kapitän‹ sagen.«

»Jawoll... immer allein, auch auf einem Schiff mit tausend Mann. Auch zu Hause. Überall. Wie ein Brett auf dem Ozean.«

»Ja, und deshalb kommst du?«

»Jawoll, wenn es Herbst wird, wird es immer schwierig. Kenne das... *prisoner of war*, kleines Fräulein... Bildermann weiß Bescheid.«

»Und wie bist du hergekommen?«
»Zu Fuß, kleines Fräulein ... *it's a long way to Tipperary* ... aber nun sind wir da!«
»Ja, nun sind wir da«, wiederholte sie, »und nun bleiben wir da, Bildermann, nicht wahr?«
»*For ever*, kleines Fräulein!« sagt er.
Sie legt ihre kleine Hand in die seine, und sie wissen, daß sie einen Vertrag schließen. Es ist ihm ein bißchen wie ein Traum, die Landschaft und dieses Kind. Die weiße Straße läuft immer noch vor seinen Augen hügelauf und hügelab, und seine Füße brennen. Aber hier ist das Wasser, eisengrau, mit hellen, kalten Lichtbändern weiter draußen, ein schwarzer Wald, aus dem die Eulen rufen und über dem der Nachtglanz eines wilden Abendrotes steht, Entengeschwader, die mit hellem Klingeln über sie dahinfahren, und dieses Kind, das wie eine große Dame neben ihm steht und nachdenklich nach Nordnordwesten blickt, wo das Licht über dem Wasser stehen soll.
Dann steigt er ein und fährt ab. Die Ruder liegen leicht in seiner Hand, und eine Weile noch sieht er die dunkle Gestalt unbeweglich vor der gelben Wand des Parkes. Sie verschwimmt und löst sich in der Dämmerung auf, ehe er die Waldecke erreicht. Aber er meint zu wissen, daß sie noch da ist, solange sein Boot zu sehen ist. Hinter dem Walde nimmt er die Ruder aus den Dollen, legt das eine auf den Boden und setzt sich mit dem anderen ins Heck. Alles ist nun plötzlich weit und groß geworden, der Himmel, der See, das Abendrot. Der Saum der Wälder verfließt schon mit der Dunkelheit, und auf der grauen Fläche, der Luft oder des Wassers, liegt in der Ferne ein dunkler Hügel, aus dem ein Licht in den Abend scheint. Zuweilen zittert es wie ein Stern über dem Horizont, dann brennt es wieder mit

ruhiger, gelber Flamme, und mitunter ist es gar nicht zu sehen, als ob ein Baum oder eine Wolke es verhülle. Es ist wie ein Licht aus einem dunklen Schiff, das da vor Anker liegt, ganz allein im grauen Abend, und nur ein einziger Mann mag dort vor dem Mast stehen und warten, ob der Abend ihm noch etwas schenke.

Plötzlich wird es Bildermann schwer ums Herz. Nicht daß das ungeheure Schweigen ihn bedrückt oder die große Trauer des Abends. Er hat Schweigen genug in seinem Leben gehabt, und er weiß, wie es ist, wenn man durch die Bänder des Stacheldrahtes in einen fremden Abendhimmel blickt. Er weiß auch, wie es ist, wenn der Regen auf ein dünnes Laubendach fällt oder auf die schrägen Bretter über einem Heuschober, und wie das Herz schwer und langsam in der Stille klopft, ganz für sich, und niemand ist da, der ihn fragt, ob es gut tue, so allein zu sein. Er hat das nicht die »Trauer des Abends« genannt, wenn der Schritt der Posten über das Gras der Heide ging oder der Ton einer fernen Harmonika über die schmalen Wege des Laubenviertels. Er hat es gar nicht genannt, aber er hat es gewußt, was es ist: der leise Hunger, immer da und nagend wie ein dumpfer Schmerz, das feuchte Frösteln, das über den Rücken läuft, auch wenn man die Hände über den erkaltenden Ofen legt, und das schwere Herz, um nichts Besonderes schwer als darum, daß es nun so ist, daß der Morgen grau heraufkommen und der Abend grau dahingehen wird, und die müßigen Hände haben nichts als einen Span, an dem sie schnitzen, kein Schiffstau, keinen Geschützverschluß und keine Menschenhand. Die Öde des Lebens, wo Anfang und Ende sich im Grauen verlieren, kein Befehl, kein Weckruf, kein Lachen, kein Wei-

nen, nur das Rad, das sich lautlos dreht, und nirgends ist Anfang und nirgends ist Ende.
Er weiß nicht einmal, ob er an den Kapitän denkt oder an sich. Die Reise ist zu Ende, die Feder ist abgelaufen, er ist fast blind vor sich hingegangen, Tage und Nächte, und nun scheint das Licht über das Wasser, und er weiß gar nicht, ob es sein Licht ist. Friedrich Wilhelm Bildermann, unerschütterlich in Krieg und Frieden, hält das nasse Ruder über seinen Knien und sieht nach rechts und links, ob er nicht umdrehen und in den Wäldern verschwinden solle.
»Und nun bleiben wir da, Bildermann, nicht wahr?«
»*For ever*, kleines Fräulein!«
»Verdammich!« Er spuckt in das schwarze Wasser und schlägt das Ruder hinein, daß der Kiel nach der Seite fährt. Daß die Menschen hier bellen sollen, hat er zwar nicht bemerkt, denkt er, aber daß Gespenster hier umgehen, das scheint ihm klar wie Priemsaft.
Das Licht wächst, und je näher es kommt, so nahe, daß die Fenster schon wie von dünnen Fadenkreuzen geteilt erscheinen, desto ruhiger fällt der gelbe Schein in den Abend, ein klares Licht, um das keine Sorgen stehen, ein Licht über den Blättern eines Buches oder über einem Briefbogen, gerichtet an den Obermatrosen Bildermann, oder nur über zwei Menschenhände, die ruhig auf den Knien liegen, müde von einem ordentlichen Tagewerk.
Er riecht das welke Eichenlaub und frisches Holz, durch das die Säge gegangen ist. Er findet den Anlegeplatz, macht das Boot leise fest, nimmt die Ruder, Decke und Brotbeutel und klopft an die Tür.
»Jawohl«, sagt die ruhige Stimme wie aus der Tiefe eines Schiffes.

Er muß nun wohl doch ein bißchen geschwankt haben auf den hellen Dielen, vor dem Schein der Lampe und des Herdfeuers oder vor Müdigkeit, sonst könnte es wohl nicht sein, daß der Kapitän ihn mit beiden Armen hält und ihn leise an den Schultern schüttelt und mit einer Stimme, die ganz weit fort zu sein scheint, immer wieder sagt: »Bildermann? Bist du es, Bildermann?«

Er muß das nun wohl zugeben, aber es fällt ihm nicht leicht, das zu tun. Er hat wenig gesprochen unterwegs, fast gar nichts, die Stimme ist ungehorsam, und vor den grauen, kühlen Augen steht ein leichter Nebel, in dem die Bücherreihen, die Weltkugel, der feuernde Kreuzer und das Gesicht des Kapitäns wie unwirkliche Dinge schweben, wie Dinge unter Wasser, die wurzellos und undeutlich vorbeitreiben.

»Zu Befehl, Kapitän!« sagte er heiser. »Und wenn ich wieder fort soll, dann lieber gleich, Kapitän!«

Er hört den Kapitän lachen (lange nicht gehört! denkt er), und dann sitzt er ohne Übergang in einem der tiefen Sessel, so tief, daß ihm ist, als ob er über Bord gehe, hat den scharfen Rumgeschmack im Munde, und der Feuerschein geht wärmend über seine schmutzigen Hände, und die Nebeltropfen auf seiner blauen Bluse schimmern in allen Farben des Regenbogens.

Dies ist ein Traum, denkt er. Kein Regen fällt auf ein undichtes Dach, kein Wind klirrt im Draht, alles hat wieder seine Ordnung, die Bücher, der Globus, der Schrank mit den Masken. Die Balken der Decke sind dunkelbraun, wie geräucherte Aalhaut, mit einem leisen fettigen Glanz, die Wände sind dunkel, die Kacheln, mit denen der Herd gedeckt ist. Ein *Skylight* müßte nur noch oben sein, über dem die Sterne schwanken, hin und her, und das Wasser müßte leise an den Wänden entlanggleiten, seufzend und mit leise mahlenden Strudeln.

»Alles wirklich, Kapitän?« fragt er und klopft mit den Knöcheln auf die Kacheln des Herdes.

»*All right*, Bildermann. Du brauchst dich nicht festzuhalten, wir fliegen nicht fort.«

»Komisch«, sagt der Matrose, »als ob das alles tausend Jahre schon steht … so eine verläßliche Gegend.«

»Und nun bleiben wir da, Bildermann, nicht wahr?«

»*For ever, captain!* Ach so …« Es fällt ihm ein, daß er das schon einmal gesagt hat, aber es scheint ihm lange Zeit vergangen seither, viele Abende, viele Herdfeuer, und er wendet das Gesicht zum Fenster. »War eine kleine Dame da, im Schloß, Kapitän«, sagt er, »hat mir den Weg gezeigt, Nordnordwest. Und hat gesagt ›Nun sind wir da, und nun bleiben wir da, Bildermann, nicht wahr?‹ – ›*For ever*, kleines Fräulein!‹ habe ich gesagt. Bin leicht mit dem Mundwerk vor dem Wind, Kapitän.«

Thomas sieht ihn nachdenklich an. »Das war das Fräulein von Platen, Bildermann. Marianne von Platen. Enkelkind des Generals, dem dies hier gehört, und da haben wir einen guten Wegweiser gehabt, nicht wahr?«

»Jawoll, Kapitän.«

»Und nun bleiben wir hier, Bildermann, beide, wie sie gesagt hat, oder alle drei. Das wollen wir gleich klarmachen, damit du ruhig schläfst. Insel der Veteranen, Bildermann, nicht? Ab und zu fällt es mir nämlich ein, daß ich hier nicht sitzen würde, wenn du nicht wärst.«

»Schlechter Einfall, Kapitän, mit Verlaub zu sagen. Würde hier nämlich auch nicht sitzen, wenn sie nicht wären. Hebt sich auf und war nie der Rede wert. Aber wenn es so sein soll, Kapitän, dann … dann … *rolling home, my boys*, Kapitän … dann wird Bildermann zeigen, was er kann!«

»Wissen wir, Bildermann. Keine Sorgen. Ist genug Arbeit hier, wenn auch nicht gerade im Winter. Und weißt du, sprechen muß der Mensch auch einmal, und wenn nur ein paar Worte am Tage.«

»Bedacht, Kapitän, alles bedacht. Daß es innen schwierig wird um diese Jahreszeit. Habe gar nicht gefragt bei der Gnädigen oder beim jungen Herrn. Wenn der Wind so komisch geht, bevor er sich dreht, so jammert die ganze Nacht, dann ist das Zeit für alte Seeleute, Kapitän, daß sie ein bißchen beieinander sind. Nicht hier, meine ich, an diesem verdammt guten Feuer, das ist eine Ausnahme, Kapitän, sondern nur im Haus, nebenan oder auf dem Boden oder auch nur an der Schwelle. ›Bildermann, bist du da?‹ – ›Jawoll, Kapitän!‹ – ›*All right*, dachte schon, ich bin allein, so weit die Wolken reichen.‹ Das ist es, Kapitän, wissen, daß einer da ist. Kann ruhig wie eine Maus auf Strümpfen sein, muß sogar manchmal, aber muß dasein. ›Niemand da auf dieser Welt?‹ – ›Befehl, *captain*, Bildermann ist da. Keine Sorge, ist immer zur Hand. Kein leerer Raum, wo Bildermann ist.‹«

Thomas nickte und sah ins Feuer. »Das hast du richtig gesagt, Bildermann. Kein leerer Raum … weißt du, im Frühjahr und im Sommer war es ganz leicht, viel zu leicht. Lange Tage voller Arbeit und helle Nächte mit vielen Sternen. Aber nun zeigt es sich erst, was hier draußen ist. Ein großartiges Land, sage ich dir. Fast so großartig wie das Meer. Kein Laut am Tage und totenstill in der Nacht. Die Leute werden hier wunderlich, aber ich will doch nicht wunderlich werden, Bildermann. Mein Vorgänger hat Schnaps getrunken und sich eine rote Fahne um den Leib gewickelt und mir prophezeit, daß ich das auch tun werde, mit dem Schnaps, meine ich. Ich bin froh, daß du da bist, sehr froh. Es dauert wohl eine Weile, bis man wird ein Stein auf dem Grund. Es fällt einem nämlich nicht zu, weißt du, das ist meine letzte Entdeckung, in die ausgestreckten Hände, sondern es kostet ebensoviel Schweiß wie das andere. Einen Mann still machen, das ist kein Kunststück, aber einer werden aus sich heraus, ganz langsam und mit Absicht, ohne Bitterkeit, das ist, glaube ich, soviel wie aus einem Netz herauskommen, ohne daß es sich rührt. Verstehst du mich?«

»Hoffe alles zu verstehen, Kapitän, was Sie von dem sagen, was da in uns so vorgeht. Habe einige Seemeilen hinter mich gebracht in meinem Leben. Saß in meiner Laube und habe zugehört, wie der Regen fiel. Kein Mensch, kein Hund, keine Maus, bloß Regen. Hätte ebensogut in einem Sarg liegen können oder im Atlantik. Hätte gar nicht Morgen zu werden brauchen. Wozu Morgen? Wie ein Brett auf dem Ozean. So ist es, Kapitän.«

»Und kein Brief, Bildermann?«

»Die Gnädige hat mir ein bißchen den Wind aus den Segeln genommen, Kapitän. Hat gemeint, Sie wollen ganz allein sein.«

»So ... und wie ist es zu Hause, Bildermann?«

»Oh ... ich denke, *all right*, Kapitän. Sehr fix, der junge Herr. Geht auf den Geschwaderchef los wie der Teufel auf die arme Seele. Kein Schritt rechts, kein Schritt links. Nur geradeaus. Bildermann war ein Kalb, als er so alt war, aber der junge Herr ist ein Rennpferd. *First class*, Kapitän!«

»Aber keine Märchen, Bildermann, hm?«

»Nein, keine Märchen, Kapitän.«

Thomas nickte. »In zehn Jahren, Bildermann, werden sie

uns überholt haben. Werden immer noch einen Kranz versenken da drüben in der Nordsee, aber in der Messe nachher werden sie sagen: ›Nicht Schneid genug gehabt, die alten Knaben. Würden ganz anders 'rangegangen sein!‹ Stimmt's Bildermann?«

»Jawoll, Kapitän. Bekommen dann Ehrenplätze bei Paraden und freies Mittagessen. Lauf der Welt. Nach siebzig war es ebenso. Jugend hat immer recht, Kapitän. Wir selbst auch so gewesen.«

Wieder nickte Thomas. »Und meine Frau, Bildermann?«

»Oh ... denke, *all right*, Kapitän. Die Gnädige nur einmal im Garten gesprochen. Nein, zweimal. Ging manchmal Wagentüren aufmachen, vor Theatern und so, wenn der Tabak knapp war. Gerade ihren Wagen erwischt. Ganz groß, Kapitän, die Gnädige, nur ein bißchen schmal. Zu viele Segel gesetzt, Kapitän.«

»Ja, es ist merkwürdig, Bildermann: *wir* wollen gar nichts nachholen, was wir versäumt haben. Nur die anderen, die zu Hause waren.

Da legt Bildermann vorsichtig seine große Hand auf Thomas' Ärmel und sagt:

»Gut sein lassen, Kapitän, auch wir wollen nachholen ... bloß andere Dinge.«

Thomas sieht ihn zweifelnd an, aber das Gesicht ist ganz ruhig und sicher.

»Meinst du, Bildermann?«

»Jawoll, Kapitän!«

Das neue Leben lief bald wie das alte, aber Thomas sah, daß es leichter lief. Sie waren nun zwei Pferde vor dem Pflug. Bildermann sah sich einen Tag lang um, schweigend, die Hände in den Taschen. Dann ging er auf Fahrt.

»Vollmacht, Kapitän?« Jawohl, er hatte Vollmacht. Sein

Boot kam von allen Richtungen der Windrose zurück, und es war niemals leer. Es war mit Brettern beladen, mit einer alten Hobelbank, mit Tannenreisig und Pferdedünger für die Stauden, mit Eimern voll Kalk und Ölfarbe, mit einem schiefgeschlagenen Amboß und einem zerrissenen Blasebalg. Es sah aus, als wollte er eine Werft anlegen oder doch wenigstens einen Altwarenhandel eröffnen. Aber er ging langsam und der Reihe nach vor.

Der Nebenraum bekam einen Fußboden und einen Wandanstrich, der Hauptraum eine Doppeltür gegen den Südostwind. Das Haus wurde gekalkt, die Fensterkreuze wurden gestrichen und die Stauden zugedeckt. Der Brunnen erhielt eine neue Einfassung, und ein »Hafen« wurde gebaut. Hinter dem Haus erhob sich ein hoher Mast mit einer Windfahne, und hinter dem Hügel entstanden die Anfänge einer Hütte mit einer Feldschmiede. Die Boote wurden hochgezogen, geteert und gedichtet, und für das »kleine Fräulein« wurde ein Schiff in einer Flasche begonnen.

Alles dies ging schweigend vor sich oder mit einem leisen Lied zwischen den Zähnen, die die Pfeife hielten. Die Enden des Wollschals flatterten im Sturm, die Mützenbänder wehten. Der See lief mit weißen Schaumköpfen gegen das Ufer, und die Wolken stürmten schwarz über die kahlen Eichenwipfel. Bildermann ließ die Axt sinken, richtete sich auf und sah über das Wasser hin. Er stand breitbeinig da, in seinem verschlissenen Gewand, die grauen Augen tränend im Wind, ohne Schiff, ohne Heimat, ohne Weib und Kind, aber ein Turm in der stillen Schlacht ihres Lebens, Mann am Ruder und Mann am Geschütz. Seine Mützenbänder knallten im Sturm, das Wasser spritzte ihm in die Stirn, und in den Rohrwänden sang es wie in einer gespannten Takelage. Hinter den Fenstern saß der Kapitän und schrieb, ein schweigsamer Mann, aber wer wollte laut sein in diesem Land, und hatten sie nicht Lärm genug gehabt in den Jahren, die so vergangen waren, daß niemand mehr davon sprach?

Er kannte alle Dörfer in der Umgebung, alle Handwerker, alle Förstereien. Vom Kapitän war nur ein dunkles Gerücht in die Landschaft vorgedrungen, aber Bildermann war selbst da und schlingerte breitbeinig durch alle Dorfstraßen, die Hände in den Taschen, die Mützenbänder wie zwei Wimpel hinter sich her, die Augen immer offen und scharf auf die Dinge gerichtet, die er brauchte. »Jawoll«, sagte er, »beide am Skagerrak abgesoffen ... up ewig ungedeelt! Und den Hobel hast du über, bekommst im Sommer ein Gericht Fische dafür, alter Landhai ... *good bye*, mein Liebling.« Sie wußten nicht recht, was aus ihm zu machen sei, Prolet oder Herrenknecht, aber er konnte merkwürdige Augen machen, und man fragte lieber nicht zuviel. Er war wie ein Mann in einem fremden Boot, mit unbestimmter Ladung, aber solange sie nicht Schiffsgeschütze auf der Insel einbauten, ging es einen nichts an. Die Zeiten waren schwer, und jeder trug seine eigene Last. Außerdem stand hinter den beiden das Schloß, und wenn der Schloßherr auch ein Militarist und Reaktionär und Blutsäufer war, so war er doch General, und nicht jede Landschaft zwischen den Seen hatte einen General aufzuweisen.

Auch die Frau in der Försterei kannte Bildermann. Sie stand am Gartenzaun und sang leise das Marschlied, als er zum erstenmal auf den Hof kam. Aber er wandte sich nicht verlegen oder erschreckt fort wie die anderen. Er lehnte sich über den Zaun, ihr gerade gegenüber, hörte lächelnd und aufmerksam zu und sang dann mit, leise, die zweite

Stimme: »Stolz weht die Flagge Schwarz-Weiß-Rot von unsres Schiffes Mast!« Er konnte alle drei Strophen, und am Schluß riß er die Mütze mit den Bändern ab und schwenkte sie über dem Kopf. »*Cheer up*, Mutter!« sagte er. »Sie haben einen schönen Tod gehabt. Weiß Gott, wie der Teufel uns holen wird.«

»Feuer«, murmelte sie verwirrt, »nichts als Feuer...«

»Feuer war eine saubere Sache«, sagte er, »besser als Wasser, wo die Fische sie fraßen und die Möwen ihnen die Augen aushackten... komm, Mutter, singen wir noch eins!

Rolling home, my boys, to windlass...
Rolling home, our cable is all clear...«

Und er zog die Melodie lang und getragen hin, die Linke auf dem Zaun, die Rechte gegen den Wald gehoben, als sehe er dahinter die ferne Küste oder die »*banks of Sacramento*«.

Sie hörte zu, die Augen auf seine Lippen gerichtet, als sei sie taub und stumm und als erklinge ein Psalm von seinem Munde oder ein neues Evangelium, zuverlässiger als das alte, für Feuers- und Wassersnot zu singen. Ihre Lippen bewegten sich mit, zu der unbekannten Melodie... ein verlorener Klang, der von weither kam, so wie er selbst ein verlorenes Bild war, blau, mit wehenden Bändern, einmal gekannt und dann verblaßt und zersprungen in Feuersglut... »*Rolling home*... sing es noch einmal...«

Und er sang, ihre zerbrechliche Hand in der seinen, aber mit frohen Augen, ein Tröster von weiten Meeren, der auftauchte und wieder verschwand, ein Geist mit Botschaft, versiegelt und verhüllt, aber der Klang blieb zurück, anders als das ewige Sausen der Wipfel, ein weitgeschwungener, froher Klang, über die Kämme der Wogen her, den der Wind verweht.

»Ein Zauberer, Bildermann«, sagte Gruber, »ein richtiger Zauberer ...«

Er winkte mit der Hand. »Lernt sich alles hinter der Kreideküste, alter Herr«, sagte er. »Wo sie stehen und in den Horizont starren. Sehen ein Haus, ist aber nicht da. Sehen ein Kind, ist aber nicht da. Sehen alles, was nicht da ist, und nichts, was ihnen vor den Füßen liegt. Weitsichtig, alle *prisoners of war*, alter Herr. Manchmal so weitsichtig, daß das Messer in die Pulsader geht statt in die Kartoffeln, die zu schälen sind. Viel zu lernen für einer Mutter Sohn, wenn er Menschen hüten muß. *For better for worse, for richer for poorer*. Englische Eheformel, alter Herr. Manchen begraben, dem der liebe Gott zu weit weg war. Sogar für Weitsichtige zu weit, alter Herr, und das ist schon allerhand!«

Auch den Nabob kannte Bildermann, und es schien beiden keine schlechte Bekanntschaft. Er müsse sich vorstellen, hatte Thomas gesagt. Es ging nicht an, so einfach die Insel zu entern. Also rasierte Bildermann sich, bügelte die Mützenbänder unter dem Amboß und segelte hinüber. Es sah immer aus, als wollte er versuchen, ob es auch kieloben ginge.

Doch kam er gut an und läutete den friderizianischen Grenadier heraus. »Oha!« sagte er erstaunt. »Haben sie dir vergessen, Mann? Mal nachher warten, wenn ich wieder 'rauskomme, hörst du? Verwandte Position, verstanden. Und nun zur Exzellenz ... Botschaft von Herrn von Orla ... welche Tür? *Thank you*. Schneller denken, mein Liebling!«

Der General sah auf, als die eisenbeschlagenen Absätze knallten. »Obermatrose Friedrich Wilhelm Bildermann

bittet gehorsamst, bei Herrn Korvettenkapitän Thomas Orla als Fischerknecht eintreten zu dürfen.«
Ein drohender Blick wie auf eine ganze Front der zweiten Klasse des Soldatenstandes. »Sind der Bildermann?«
»Befehl, Herr General!«
»Leben gerettet?«
»Befehl, Herr General!«
»Tod und Leben für Kapitän?«
»Auf glühendem Rost, Herr General!«
Ein leises Zucken des weißen Schnurrbarts. »Gehört von ihm... ›*for ever*‹ gesagt zum Kind... präzise Ausdrucksweise... eingestellt und zum Haus gehörig... Papiere hierlassen... mal 'rüberkommen und sehen... weshalb Johann nicht angemeldet?«
»Johann verdattert, Herr General. Langsamer Denker, aber gründlich wahrscheinlich.«
»Zu kurz Soldat gewesen, Bildermann. Vier Jahre. Braucht acht.«
»Befehl, Herr General, für jeden Knopf ein Jahr.«
»Richtig! Gute Augen. Kapitän grüßen! Morgen!«
»Morgen, Herr General!«
Händedruck, Absätze, kehrt!
Johann lehnte schon wieder an der Kanone. »Mann, wenn sie losgeht!« sagte Bildermann. »Fälle auf See gehabt, wo die Achtunddreißiger losgingen. Todesstrahlen vom Tommy. Einer von den Signalgasten durch und durch. Kein Magen mehr. Mit Aluminium ausgelegt das Loch und Eimer 'reingestellt statt Magen. Lebt heute noch. Trägt jeden Morgen den Eimer 'raus und spült mit Chlorodont nach. Wegen dem Aroma, verstehst du?«
Johann starrte aus runden Augen.
»Mal vorbeikommen«, sagt Bildermann. »Insel der Vetera-

nen. Schluck Rum immer da für alte Krieger. Servus, *sweetheart*!«

So war Bildermann die Brücke zur Welt, eine heiter geschwungene Brücke, an der mancher stehenblieb, um zur Insel hinüberzusehen. Für alle, die in schwankender Zeit auf unsicheren Füße standen, blieb er verdächtig, ein Mann ohne Ehrfurcht und mit bedenklichen Freundschaften, ein Mann mit Augen, die jeden Blick erwiderten und die alle Hüllen von Dingen abzustreifen schienen, die man gern verhüllt lassen wollte. Aber der General winkte mit dem Stock, wenn er ihn sah, und blieb eine Viertelstunde bei ihm stehen, um die »Weisheit des einfachen Mannes« zu hören (»Deutsche Eiche, lieber Orla! Keine faule Stelle an dem Mann!«). Und das kleine Fräulein gab ihm ernsthafte Ratschläge, wie der Kapitän aufzuheitern und abzulenken sei, wenn er wieder einmal das Lachen verlerne. Die stille Frau am Gartenzaun wollte seine Lieder hören, und mit Johann gab es zuzeiten eine Begegnung »auf hoher See«, wenn der Nabob in der Stadt war. Sie lagen dann Bord an Bord und reichten einander die Flasche zu, und niemand in der ganzen Landschaft konnte sich über Bildermanns Ausdrücke so verwundern wie der langsam denkende Johann.

So war Bildermann ohne sein besonderes Zutun in viele Schicksale verflochten und wußte kaum, daß er besaß, worum sein Herr sich so viel Mühe gab: ein frohes Herz, und daß alle die Hände danach ausstreckten, weil sie erkannten oder nur ahnten, daß es das einzig Bleibende war in wechselnden Zeiten. Er wußte wohl, wenn er sein Leben zurückdachte, daß er mehr Kelter als Wein gewesen war, daß er vieler Männer Füße auf sich hatte dulden müssen, aber er begriff noch nicht, daß es nun tröstlich aus ihm zu fließen begann, weil er noch nicht sicher war, ob sich nicht eines Morgens alles aufgelöst haben würde, die Insel und das Haus, das schmale Bett in seiner Kammer und das strenge Morgenrot über dem Walde.

Er war kein Freund des leichten Glaubens, er war ein bißchen »weitsichtig« geworden, auf dem Wasser wie auf dem Lande, und auch ohne Kriegserklärung wußte er, wie das Schicksal es mit den Menschen zu halten liebte.

So griff er nach seinen Trostfahrten schweigsam zu seinem Spaten und grub den vergrasten Waldboden hinter dem Haus um, weil er meinte, ein Kartoffelfeld würde dort nicht nur nützlich sein, sondern auch schön aussehen mit den jungen Pflanzen, mit der bläulichen Blüte und schließlich mit dem guten, bitteren Geruch, der im nächsten Herbst in die Fenster wehen würde.

»Jawoll, Kapitän«, sagte er auf Thomas' Frage, »mit Kartoffeln und Salz sind die größten Leute aufgewachsen, vielleicht sogar Horatio Nelson, und mir scheint, dem kleinen Fräulein wird das einige Freude machen, wenn wir hier am Feuer sitzen und unser Abendbrot aus der heißen Asche essen.«

Dieser Meinung war Thomas auch, und so standen sie bis zur Dämmerung über ihren Spaten, bis der Brachvogel hoch oben zwischen den kalten Wolken rief und das Licht aus dem Forsthaus zu ihnen herüberschien.

Hatte Bildermann dann das Geschirr gespült und Holz und Wasser zum nächsten Tag geholt, so saß er auf einem Schemel am Feuer, spaltete Kienspäne, machte ein neues Ruder oder hatte die »Geschichte der Eroberung des Indischen Reiches« vor sich liegen. Er hatte den Kopf in beide Hände gestützt und die Stirn gefaltet. Seine hellen Augenbrauen waren in ständiger Bewegung, und mitunter kam ein leises »Gott verdammich!« über seine Lippen.

Dazwischen aber hob er von Zeit zu Zeit die Augen und ließ sie verstohlen über Thomas gehen, der einzelne Notizen auf weiße Blätter schrieb oder gleich ihm las oder durch den Rauch seiner Pfeife hindurch die Weltkugel betrachtete. Das Birkenholz knallte im Herd, die Uhr ging leise durch die Zeit, und ein nächtlicher Vogel rief über das Wasser hin. Dann hoben sie beide die Augen zu den Fenstern auf und lauschten hinaus, wie der Wind durch das hohe Rohr ging und wieder starb.

»Ein Traum, Kapitän«, sagte Bildermann leise, »immer noch ein Traum ...«

Thomas nickte und ließ die Weltkugel sich leise drehen. Sie blickten beide auf die bläulichen Meere, die vorüberglitten, von Festländern unterbrochen, und wiederkamen, auf denen sie zu Hause gewesen waren, ein Leben lang, und die nun fern waren, bloße Bilder, um eine Kugel gekrümmt, und der gelbe Kreis des Äquators hielt sie schimmernd umspannt. Sie sahen die Schiffe fahren, auf denen ihre Heimat gewesen war, und die, denen sie begegnet waren. Sie sahen die Stürme über die Krümmung heraufkommen, die blauen Wogen zerwühlen und wieder hinabfahren zu anderen Schiffen und Zonen. Sie sahen die Sternbilder sich aufheben und untergehen, die dünne Palmenlinie über der zitternden Kimmung, und hörten die Glocke schlagen und den einsamen Schritt auf der Brücke. Sie sahen das Feuer aus den langen Rohren brechen und die weißen Fontänen, die auf das glühende Eisen donnerten. Sie sahen die grauen Kiele, aufgerichtet wie Ungetüme der Tiefe und hinunterfahren in den schäumenden Abgrund, und sahen die weißen Gesichter treiben, über denen die heiseren Vögel riefen. Sie sahen Stunden, Monate und Jahre sich mit der Kugel vorüberdrehen und konnten meinen, sie sähen die Insel, auf der sie nun saßen, auch sie aufgehoben über den Horizont und wieder versinkend, ein schwindelndes Spiel, geboren aus einer einzigen Menschenhand und endend, wie sie es wollte.

»Ein Traum, Bildermann«, wiederholte Thomas. »Aber ein guter und fester Traum, der morgen noch da ist und übers Jahr auch, wenn wir das Unsrige tun, um ihn zu halten ...«

»Wollen ihn halten, Kapitän«, sagte Bildermann, »wie der arme Mann das Brot!«

Lagen sie dann in ihren schmalen Betten, bei geöffneter Zwischentür, so sahen sie den Widerschein der letzten Glut im Herde über die Bücherreihen und die dunklen Balken der Decke spielen. Regen rauschte auf das Dach und strich von Zeit zu Zeit wie nasse Segel über die Fenster hin. Im Kamin ging die Stimme des Windes eintönig auf und ab.

»Schläfst du, Bildermann?«

»Nein, Kapitän.«

»Wie allein wir sind, Bildermann ... merkst du es?«

»Verdammich, Kapitän ... prachtvoll allein!«

8

Marianne pflegte davon zu erwachen, daß Frau von Sperber nebenan ihren heldenmütigen Kampf gegen ihre Stimmbänder begann. Sie war im Hause, solange sie zurückdenken konnte, mindestens so lange, seit der Tod begonnen hatte, im Schloß umzugehen. Wahrscheinlich hatte er sie mitgebracht als einen Ersatz für alle, die er mitnahm. Es mußte gewesen sein, als ihre Mutter gestorben war und man sie aus der kleinen Garnisonsstadt zu ihrem Großvater gebracht hatte. Dann war der Krieg gekommen, und sie erinnerte sich nur, daß viele fortgegangen und manche nicht wiedergekommen waren, zwischen denen die Fäden ihres Lebens hin und her gesponnen waren. Sie waren auf die große Reise gegangen, wie man ihr erzählt hatte. Onkel Jochen in seiner hellblauen Dragoneruniform, der sie immer vor sich auf den Sattel genommen hatte, und der Diener Fritz, der so gut nach Seife roch. Der Inspektor Mertineit mit dem großen Kopf und der lauten Stimme, den die Leute »Bullerjahn« nannten, und Michel, der Gärtnerlehrling, der seine Laufbahn aufs Spiel setzte, indem er ihr Mirabellen stahl und rohe Mohrrüben, die er mit einem riesigen Taschenmesser säuberte, ehe er sie ihr in den Mund schob.

Und zuletzt der Vater, der jetzt nur noch im Traume zu ihr kam, mit seinem schwarzen Helm und dem hohen Schild, hinter dem man seine Hände nicht sah.

Es war kaum ein Schmerz, den sie in der Erinnerung hatte,

nur eine immer wachsende Leere. Es war wie der Park im Herbst, wenn die Vögel fortziehen und die Blätter fallen und man die Wege und Gitter sieht, die man so lange nicht gesehen hat, oder auch wenn ein Haus leer wird nach hellen und lauten Besuchstagen und man steht oben im Treppenhaus am Fenster und sieht sie fortfahren. Alle sagen, daß sie wiederkommen, bald und für lange, aber man weiß nie, ob es wahr ist, was die Großen zu einem Kinde sagen.

Damals hatte der Tod Frau von Sperber mitgebracht und dagelassen. Sie hatte schwarze Kleider getragen und graues, kurzgeschnittenes Haar, so daß Marianne lange geglaubt hatte, sie sei ein verkleideter Mann, der nicht in den Krieg ziehen wollte. Sie war groß und stark, hatte schon damals eine heisere, tiefe Stimme, und Marianne meinte, sie müßte jeden Morgen mit einem Speer auf der Treppe erscheinen, wie Pallas Athene, deren Bild sie in den großen Büchern gesehen hatte. Sie hatte sich gefürchtet vor ihr, weil sie so »gerüstet« aussah, bis sie sie eines Nachmittags vor dem Bild des »Schönen« gefunden hatte, das über ihrem Schreibtisch hing, ein Kürassier im Silberhelm, der ihm bis auf die Schultern reichte, mit einer gläsernen Scheibe vor einem Auge und einem kühnen Lächeln um den Mund. Die Tränen waren an ihren roten Wangen heruntergelaufen, Speer und Rüstung waren verschwunden, und auch sie hatte nur wie jemand ausgesehen, von dem alle fortgegangen waren auf die große Reise. »Er war gut, Kindchen«, hatte sie gesagt, »nur leicht wie eine Feder, und wo sie hinpusteten, da flog er hin ...« Und sie hatte den Atem über ihre Hand geblasen und hinterhergesehen, als fliege der Schöne samt seinem Silberhelm aus dem offenen Fenster in den Park hinaus.

Marianne hatte das nicht verstanden, wie jemand mit einem Helm so leicht sein könnte wie die geheimnisvollen Blumen auf der Wiese, die man anblies, um zu wissen, wie lange man noch zu leben hätte. Aber sie verstand, daß hier jemand ein schweres Herz hatte und also wohl nicht zu fürchten, sondern zu trösten sei, was sie mit ihren scheuen Händen ungeschickt genug versuchte. Die Tränen flossen von neuem, aber es war nun augenscheinlich leichter, und dann saßen sie beide Hand in Hand auf dem niedrigen Sofa an dem runden Ofen, auf dessen Kacheln der verlorene Sohn heimkehrte, und das Kind hörte ernsthaft zu, wie die Geschichte des »leichten« Mannes vor ihr abrollte, in der viel Geld und mehr Frauen und noch mehr Pferde vorkamen. Und es schien, als hätte die große, starke Frau mit dem Speer sich immer dazwischengeworfen, wäre aber überritten worden, und schließlich wäre der Schöne nicht mehr wiedergekommen gleich dem verlorenen Sohn, sondern auf die große Reise gegangen, gleich zu Anfang des Krieges, und läge nun unter einem kleinen Hügel in Polen, und es wäre ihr Mann gewesen, der Schöne, der dort an der Wand hing.
»Dein Mann, Tante Mieze?« hatte Marianne gefragt. »Irrst du dich auch nicht?«
Aber da war kein Irrtum möglich gewesen, denn der Trauschein wurde aus einer kleinen Ebenholztruhe herausgenommen, und obwohl Marianne kaum lesen konnte, mußte sie es glauben, streichelte die merkwürdige Witwe noch einmal und ging dann auf die Parkwiese, wo sie eine der weißen Kugeln pflückte, um hineinzublasen, es dann aber erschreckt ließ, weil sie sich erinnerte, daß der Schöne ebenso leicht gewesen sein

sollte und nun vielleicht nach einer geheimnisvollen Verwandlung in diese Blume übergegangen war.
Von jenem Tage an gab es eine schweigende Freundschaft zwischen den beiden, die der Tod nicht hatte mitnehmen wollen auf die große Reise, auch wenn manches an der Witwe des Schönen merkwürdig war und seine »Leichtigkeit« dem Kinde manchmal nicht als ein so böser Makel erscheinen wollte. Man hatte der Tante mit dem sanften Namen und der männlichen Stimme nämlich gesagt, daß ihre Heiterkeit verschwinden würde, wenn sie nur den »Parasiten« auf ihren Stimmbändern mit unerbittlicher Energie zu Leibe ginge. Der Tod der Parasiten aber wäre Kochsalz, ein Eßlöffel in einem kleinen Glase heißen Wassers. Mit dieser tödlichen Mischung hätte sie alle zwei Stunden den Angriff zu unternehmen, das heißt zu »gurgeln«, ein Vorgang, der Marianne schon in seiner sprachlichen Form erschreckte, als werde ein Mensch abgewürgt und verscharrt.
»Laß gut sein, Kindchen«, sagte Tante Mieze, »vom Salz ist schon in der Bergpredigt die Rede, und wenn ›er‹ mehr Salz bekommen hätte als Kind, würde er vielleicht nicht so leicht geworden sein . . .«
Der Hoftischler hatte an einem ihrer Sessel eine Kopfstütze anbringen müssen, ähnlich wie bei einem Zahnarztstuhl, und dort ruhte nun alle zwei Stunden ihr Kopf mit dem schon weiß gewordenen Haar, und aus ihrer Kehle drangen die von Marianne so gefürchteten Töne. Es klang ihr immer, als ertrinke jemand und der letzte Ton werde von einem dumpfen Strudel zu den Fischen hinuntergezogen. Auch fürchtete sie, daß Tante Mieze mit der Zeit Salz ausscheiden werde wie das Tote Meer, von dem sie wunderliche Dinge gehört hatte. »Kindchen«, konnte Tante

Mieze in der Abenddämmerung vor dem Ofen des verlorenen Sohnes sagen, »du bist ein merkwürdiges Geschöpf. Du lebst wie eine Auster in der Schale.«

Da der Krieg das Schloß nicht reich gemacht hatte, so wußte Marianne nicht, wie Austern leben, und als sie es erfahren hatte, sah sie nachdenklich auf Tante Miezens Granatbrosche, die über dem Herd der Parasiten schimmerte, und meinte dann, was wohl aus einer Auster werden würde, wenn sie ohne Schale auf die Welt käme. Aber sie dachte lange über diesen Vergleich nach und ob Tante Mieze wohl gemeint habe, daß auch in ihr eine Perle ruhen könnte. Schließlich entschied sie, daß Salz die Menschen redselig machen müsse und daß ihr Vater unter dem dunklen Helm sicherlich ein schweigsamer Mensch gewesen sei, so schweigsam wie die Bilder in der Halle oder wie der Großvater oder wie eben ihr Freund Thomas von Orla.

Sie setzte sich im Bett auf und sah hinter den Vorhängen den goldenen Schein der Frühe auf den Parkwipfeln.

Nebenan war es still, und Frau von Sperber las jetzt eine Viertelstunde in der Bibel. Das war die Zeit, in der man an schöne Dinge denken konnte, ehe der Tag mit seiner Nützlichkeit begann. An den vierzehnten Geburtstag etwa, der noch in die Sommerferien fiel und dessen Nachmittag auf der Insel verlebt werden durfte. Joachim würde dasein und die ganze Welt verschenken, Bildermann würde großartige Geschichten erzählen und über Kiefernzapfen Aale räuchern, und Thomas würde dabeisitzen, seine Pfeife rauchen und zuhören. Es gab niemanden, der so zuhören konnte wie er, so ernst, als ob nur Admirale und Prinzessinnen da wären. »Wir beiden alten Leute«, hatte er im vergangenen Jahr gesagt. Die anderen sagten alle »ich« und »du«, aber er sagte »wir«.

Sie drehte eine Locke ihres Haares zwischen den Fingern und fühlte, wie weich sie war. Wenn sie sie abschnitte und Thomas gäbe, wo würde er sie aufbewahren? Im Maskenschrank oder in einem seiner Bücher? Oder würde er sie auf dem Herzen tragen? Sie zog an der dünnen goldenen Kette das Medaillon hervor, das sie unter dem Nachthemd trug, und öffnete es. Ein verblaßtes Bild des Vaters lag darin, und darüber, auf seiner Brust, eine winzige Thymianblüte. Thomas hatte sie ihr im vergangenen Sommer nach dem Baden gereicht, damit sie sie einmal dicht vor die Augen halte. So schön sei sie, eine arme Sandblüte, aber nichts auf der Insel sei ihm so lieb wie dieser Duft. Stark und rein. Sie hatte sie in der hohlen Hand verborgen, bis sie wieder zu Hause gewesen war.

Damals hatte sie noch nicht gewußt, daß er Thomas von Orla war.

Sie schloß die goldene Hülle wieder zu und fühlte ihr Herz unter ihrer Hand schlagen. Die Blüte lag in ihrem dünnen Schrein wie die Perle in der Auster. Soweit hatte Tante Mieze schon recht. Aber weshalb hatte er kein Bild seiner Frau in seinem Haus? Auch wenn er es nicht auf dem Herzen trug, weshalb stand es nicht vor seinen Büchern oder hing an der Wand, wie unten in der Halle die Bilder der Frauen hingen? Und weshalb war sie nicht da, nicht wenigstens für ein paar Tage? Ob sie zu Weihnachten komme, hatte sie im vergangenen Jahr einmal leise gefragt. Aber er hatte seine Hand auf ihre Schulter gelegt, als sie neben ihm am Ufer stand, und über das Eis gesehen und gesagt: »Zu uns kommt keiner, kleine Prinzessin, wir sind auf dem Ozean...« Und wahrscheinlich hatte er sich und Bildermann gemeint. Er hatte nicht traurig ausgesehen, aber die Falten um seinen Mund waren tief gewesen. »Ich komme, Thomas«, hatte sie gesagt. »Ja, Kind«, hatte er erwidert, »du kommst auch auf den Ozean...«

Alles war so, was er sprach: zu begreifen wie das, was die anderen sagten, aber hinter dem Begriffenen stand das andere, das Weite und Grenzenlose, das das Herz schlagen ließ, auch wenn man es nicht verstand.

Sie seufzte, schlug die Decke zurück und setzte die Füße auf die Erde. Tante Mieze meinte, sie sei zu mager, und das komme davon, daß sie zu wenig Salz esse und den Parasiten das Leben zu leicht mache. Aber sie sah keine Parasiten auf der braunen Haut, nur ein paar Schrammen von den Büschen der Insel und einen blauen Fleck von der Ruderbank, an der sie sich gestoßen hatte.

Joachim... ach ja. Sie lächelte und ging zum Fenster, um die Vorhänge aufzuziehen. Es war schon gut, wenn einer alles wußte und alles konnte und nie in Verlegenheit kam. Aber war er »auf dem Ozean«? Sie hielt die Hand an der Schnur des Vorhangs und dachte nach. Er war wohl auf einer Kommandobrücke, hoch über dem Meer, aber auf dem Ozean war nur Thomas. Und vielleicht noch der Großvater, wenn er abends in der Halle vor dem Feuer saß und das Glas gegen die Flammen hob. Manchmal schlich sie sich spät aus ihrem Bett an die Treppe und sah zwischen den Stäben des Geländers hinunter, wie er am Kamin saß und die Lippen bewegte und das Glas hob, als trinke er jemandem zu. Er war so allein in der riesigen dunklen Halle mit den toten Vögeln und den Geweihen, die so wilde Schatten warfen, und den toten Männern und Frauen, die aus ihren Goldrahmen herunterblickten, so schrecklich allein, daß sie einmal hinuntergelaufen war in ihrem langen Nachthemd, das sich ihr um die Füße wikkelte, und sich an seine Schulter gestellt hatte wie ein

junger, starker Schild. Und er hatte nichts gefragt und nicht gescholten, nur mit seiner Hand sie leise an sich gedrückt, ohne sie anzusehen. »Alter Mann«, hatte er gesagt, »viel Besuch in der Nacht... nicht kümmern... stille Leute...«
Das waren nun wieder solche Worte. Wer waren sie, die stillen Leute, die nachts zu Besuch kamen und die sie nicht sah? Gab es noch die Tarnkappe, oder waren es die Wichtelmänner unter den Eichenwurzeln im Park, oder waren es die Toten? Aber kamen die Toten wieder, außer im Traum? »Ach, Kindchen«, sagte Tante Mieze, »du denkst zuviel. Das sind nur die Erinnerungen, und zu mir kommt ja er auch, wenn ich in der Nacht wach liege. Und still ist er auch. Kein Sattel mehr, kein Glas in der Hand, keine Blumen am Helm... er war doch gut, Kindchen...«
Aber Marianne glaubte nicht, daß zu Tante Mieze »stille Leute« kämen. Sie kamen sicherlich nicht zu denen, die vor dem Zubettgehen noch einmal auf dem Zahnarztstuhl saßen und anzuhören waren, als ob sie ertränken. Man konnte es bei Johann versuchen, wenn er an der Kanonenmündung lehnte, aber er zog nur die Augenbrauen hoch und entschied, daß das Taubstumme sein müßten. »Ach, Johann«, seufzte sie und sah von unten zu ihm auf, »es ist so schwer mit dir, weil du so groß bist.« Worauf sie ihn in tiefes Nachdenken verfallen sah.
Bildermann aber sog an seiner Pfeife und sah zur Seite ins Wasser... »Kleines Fräulein«, sagte er, »das sind wohl die, die hinter einem Gitter sitzen«, und weiter wollte er sich nicht auslassen darüber.
Nur Thomas wich nicht aus. »Heute, Kind«, sagte er, »gibt es nur zwei Arten von ihnen: die Soldaten und die Toten.«
»Aber kommen sie denn wieder, Thomas? Zum Besuch?«

»Zu den Liebenden kommt alles zurück, Kind, auch die Toten.«

»Zu den Liebenden ...« wiederholte sie für sich. Das mußte also das Größte sein, daß niemand sich vor ihnen fürchtete. Sie seufzte noch einmal, und dann zog sie endlich die Vorhänge auf. Der Tau funkelte, die Wipfel wölbten sich wie gehämmertes Gold, und wenn sie sich weit aus dem Fenster beugte, sah sie das blaue Wasser, in dem das Spiegelbild der Bäume lautlos schwamm. Nun kamen sie schon mit den Netzen heim, und Bildermann saß auf der Schwelle und drehte die Kaffeemühle.

Der Kuckuck rief, und sie begann zu zählen. Sie wollte nicht so schrecklich lange leben, daß man weiße Haare bekam und die Parasiten die Herrschaft antraten, im Kehlkopf oder an anderer Stelle. Sie wollte nur so lange leben, wie der Großvater noch da war. Oder Thomas. Sie wollte nicht allein bleiben unter den anderen. Fünfzehnmal ... zwanzigmal ... zweiundzwanzigmal ... Das war lange. Fünfunddreißig Jahre war ein schönes Alter zum Sterben, wenn die anderen noch so lange da waren. Dann kamen die Gutskinder mit Blumen, und Bergengrün war längst Pfarrer und hielt die Grabpredigt. Und sie würde sich wünschen, daß die Schulkinder das schöne Lied von Kantor Loewe sängen: »Schäferin, ach, wie haben sie dich so süß begraben ...«

Sie begann es leise vor sich hin zu singen, kämpfte die Tränen tapfer nieder, sah Thomas mit Bildermann hinter dem offenen Sarg hergehen und konnte sich nun zu den »stillen Leuten« rechnen, die nachts wiederkamen, wenn der Mann »auf dem Ozean« am Feuer saß. Aber es war noch so lange hin, zweiundzwanzig Jahre ... du lieber Gott ...

»Kindchen, Kindchen«, sagte Tante Mieze in der Tür, »mußt du nun gerade am Morgen Totenlieder singen? Was ist das bloß für ein Haus hier?«

Aber Marianne winkte schon lächelnd mit der Hand und verschwand im Bad, steckte noch einmal den Kopf zur Tür hinaus und sagte strahlend: »Das Haus zu den beiden Königskindern, Tante Mieze.«

Der Großvater war schon von seinem Morgenritt zurück, und sie nahmen das Frühstück zusammen auf der Terrasse. Der Kuckuck rief noch immer, und Bergengrün sollte zählen, wie viele Jahre ihm noch beschieden sein würden, aber er weigerte sich und sagte, daß selbst der scherzhafte Aberglaube ein Rückstand aus heidnischen Zeiten sei. Der General sah ihn drohend an. Das Scherzenkönnen mit dem Tode, erwiderte er, habe nur das Heidentum verstanden. Erst »sie« hätten das Gerippe erfunden. Schlechte Erfindung gewesen. Wolle nicht vom Gerippe geholt werden. Sterben sei der schönste Tod! Schon mal gehört?

Bergengrün war verblüfft. »Wie meinen, Herr General? Sterben ...«

»Sterben ist der schönste Tod. Jawohl. Couplet aus dem Kriege ...« Und dann lachten Großvater und Enkelkind, bis ihnen die Tränen in den Augen standen.

Aber das ist ja doch eigentlich ... selbstverständlich«, meinte Bergengrün nach einer Weile.

Nun lachte auch Tante Mieze, und Marianne legte wieder ihre Hand auf Bergengrüns Arm. »Wir machen ja nur Spaß«, sagte sie tröstend. Aber er schüttelte noch lange den Kopf und sah den General von der Seite an. Ein verehrungswürdiger Mensch, sehr verehrungswürdig, aber ein rauher Feldsoldat zuweilen. Wie aus dem Dreißigjährigen Krieg.

Felder und Ställe wurden besprochen. Geflügelhof und Fischfang, Instleute und Kinder, Hochzeit und Tod. An jedem Morgen begann die Welt des Hofes sich von diesem Platz aus zu drehen, nach alten Gesetzen, über denen lenkend die Sonne stand. Sie alle waren nur Diener, mit Fleiß und Gehorsam, und jede Wolke war mächtiger als ihr Wille. Aber sie wußten, daß die Erde gut gewillt war, mehr als die Menschen, und daß ein anderes Jahr einholte, was dieses versäumte. Die neue Zeit spülte auch an ihre Ufer und manchmal über sie hinweg. Der Besitz wechselte schnell, aber die Erde schüttelte bald ab, was nicht von der Erde gekommen war. Das steile Dach stand noch hoch und sicher über ihrem Leben.

»Antreten!« sagte der General und stand auf.

Das Schulzimmer war mit dem grünen Licht der Bäume erfüllt. Bergengrün sprach wie an jedem Morgen ein stilles Gebet. Dann fingen sie an. Er hatte niemals Mühe mit diesem Kind gehabt. Es war nicht in allen Dingen wißbegierig oder freudig, aber es wußte, was der Großvater meinte, wenn er vom Pflichtgefühl des preußischen Soldaten und seiner Kinder sprach. Es gab kein Versäumnis bei ihr, keinen Leichtsinn, keine Unredlichkeit. Die Männer und Frauen in der Halle sahen ihr zu, und sie liebte nicht, die Augen niederzuschlagen. Auch arbeiteten sie für keine Schule.

Schwieriger waren die Traumtage. Wenn es in den grauen Augen nicht Tag werden wollte und die Gäste der Nacht noch immer unter den Wimpern sich eingerichtet hatten. Wenn die Finger mit der dünnen goldenen Kette spielten und wenn sie »Tobias« sagte statt »Herr Bergengrün«. Es war ihm dann, als käme die vertraute Stimme plötzlich von weither, von einem Brunnen etwa im heiligen Lande, um den die Schafe, Rinder und Kamele sich drängten, um den der rötliche Staub der Wüste stand und von dem der Engel der Verkündigung eben fortgegangen war, um hinter den Ölbäumen seine silbernen Flügel aufzuschlagen.

Dann blieb Bergengrün stehen auf seinem gewohnten Gang vom Fenster zum Bücherbrett, legte die Hände auf dem Rücken zusammen und sah sie verstohlen an. Er liebte das Kind, wie er das ganze Haus liebte, unbeholfen und ganz und gar ergeben, eine Insel in dem grauen Meer seines Lebens. Aber was würde aus ihr werden?

War er der rechte Führer für diese jungen Füße, die nach so merkwürdigen Ländern suchten, während er keinen anderen Leitstern hatte als Gottes Wort? Ein elternloser und armer Student, der seine Ferien in Fabriken und Bergwerken zubrachte, viel verspottet und ein wenig geliebt, immer etwas geblendet und auch blind hinter seiner Brille? Sollte er zum General gehen und sagen, daß seine Hände zu grob seien für Traumvögel? Daß er keine Mutter sei und daß es Kinder gebe, die nicht ohne Mutter aufwachsen dürften? Aber wahrscheinlich würde der General sagen, daß die Platens auch ohne Kleider aufwüchsen, wenn es nötig sei.

Dann fiel ihm nichts anderes ein, als die griechische Grammatik oder das Lehrbuch der Geometrie leise beiseite zu schieben, sich dem Kind gegenüber zu setzen, den Kopf in die Hand gestützt, und eine der stillen Geschichten anzufangen, die er ohne Vorbereitung und mit einer unbewußten Begnadung erzählen konnte. »Einmal, vor langer Zeit, wuchs ein Kind in einem armen Hause auf ...«

»Oh ... Tobias ... war es ein wirkliches Kind?«

»Ein wirkliches Kind, und konnte singen wie ein Engel.«

»Und wie hieß es?«

»Es hieß Franz Schubert.«
»O Tobias, erzähle alles, was du von ihm weißt!«
Und Bergengrün erzählte. Er wußte soviel von diesen vergangenen Menschen und Zeiten, nicht nur, weil er ein Musiker hatte werden wollen, und zuletzt saß er am Klavier, und das Kind stand neben ihm, die Hand auf seiner Schulter, und sang mit seiner hohen, dünnen aber ganz reinen Stimme: »... trinkt noch Glut und schlürft noch Licht...«
Sie horchten beide auf den letzten verklingenden Ton, zwei Kinder, die einer beglänzten Wolke nachsahen, und beide wußten kaum, wieviel Segen aus ihr auf sie gefallen war.
»Du bist so gut, Tobias«, sagte dann das Kind. »Morgen wird es besser gehen. Heute nacht waren die stillen Leute da...«
Er fragte nicht, er nickte nur. Er wußte, daß auch Kinder in Bergwerken leben können.
Dann gab es auch Tage, an denen sie liebte, ihn »auf die Fährte zu setzen«. Nicht weil sie nicht arbeiten wollte, sondern weil sie so liebte, zuzusehen, wie ihm »die Flügel wuchsen«. Bei den Seligpreisungen etwa, oder beim Leben Anton Bruckners, oder bei dem großen Orgelspieler, der alles hinter sich ließ, um im afrikanischen Urwald für die Kranken dazusein. Dann sah sie ihm zu, wie sein häßliches Gesicht hinter der Brille sich verschönte, wie ein Glanz auf seine Stirne fiel und wie er nun ganz und gar ein Soldat war, besessen von den stillen Befehlen der Menschlichkeit und der Liebe. Sie sah seinen Händen zu, die immer Tintenflecke trugen und die nun so schön waren, beseelt von der Hingabe an das Große menschlichen Vermögens, seinen Lippen, die so oft unsicher und müde waren und die

nun die guten Worte sprachen, von denen, deren Jünger er war, denen er sich verehrend hingab und über denen er gänzlich vergaß, daß ein Mensch namens Bergengrün auf der Erde lebte, die ihre Fußspuren trug.
Und wieder ging die Wolke über sie hin, der sie nachsahen und von der sie nicht wußten, wieviel Segen aus ihr fiel.
Manchmal kam der General unten am Fenster vorüber, hörte die selbstvergessene Stimme und blieb stehen. Wußte nicht immer, wovon die Rede war, aber fühlte, daß es schön und »außer sich« war, ein großes Bild, das jener vor dem Kinde aufstellte, ohne an sich oder an das Kind zu denken. Ging dann verstohlen weiter, in Gedanken verloren, blieb noch eine Weile vor den Lilien stehen, die betäubend dufteten, und konnte dann nach dem Mittagessen, im Hinausgehen, zu dem verwunderten Bergengrün sagen »Ordentlicher Mensch, Bergengrün ... immer gewußt ... dankbar für das Kind ... Examen machen und hier Pfarrer werden ... dafür sorgen ... verstanden?«
»Jawohl, Herr General ...«
Um elf Uhr setzte Bergengrün sich über die christliche Dogmatik, und der General ritt mit seinem Enkelkind über die Felder. Es war seine schönste Stunde, und er vergaß den Krieg, das Elend seines Volkes und die beiden Söhne. Er vergaß sie vielleicht nicht, aber sie waren übergegangen in die lichte Form dieses Kindes, das gerade und aufmerksam neben ihm ritt. Blut war gegeben worden, aber das letzte war aufgegangen und bewahrt worden. Man hatte immer die Söhne an das Vaterland gegeben, aber in den Töchtern erhielt sich das Erbe. Das Schicksal düngte nicht nur den Boden der Reiche mit Blut.
Er ließ das Kind wachsen. Er wollte es nicht haben, wie er selbst war. Soldaten mochte man so haben wollen, mußte

es wahrscheinlich auch. Sie kamen aus anderen Bezirken, aber das Kind kam aus seinem Blut, und selbst sein Blut speiste sich aus dem Brunnen des Geschlechtes. Er wollte es nur wahr und gehorsam haben, und es hatte nicht ihm zu gehorchen, sondern der Erde, die ihm gehören würde. Er wußte, daß manchmal der Traum in ihren Augen stand, auch ohne daß er die Schulstunden besuchte. Aber ohne Traum konnte man sich nicht hingeben an den König oder an die Erde. Es gab Stunden, für die man einen Glauben haben mußte, und wenn der Glaube wankte, blieb nur der Traum.

»Bei besseren Zeiten hier Wald pflanzen, Kind«, sagte er und deutete mit dem Reitstock auf einen langgezogenen kahlen Hang. »Ja, Großvater. Kiefer, Birke und Wacholder.«

Er nickte, und sie ritten weiter. Die Roggenschläge wogten schon im Wind, und in der Ferne gingen die Flügel der Mähmaschinen durch die blühenden Wiesen.

»Kann man das zusammen haben, Großvater?« fragte das Kind. »Lieder singen und hier reiten und immer gut sein?«

»Nicht immer«, erwiderte er. »Manchmal nacheinander, manchmal zusammen. Ein großes Herz haben, Kind. In ein großes Herz geht die ganze Welt hinein.«

»›Trinkt noch Glut und schlürft noch Licht...‹, kann man das immer singen, Großvater?«

»Immer!« sagte er und sah sie von der Seite an.

Beim Mittagessen war der General schweigsam, aber er hörte aufmerksam zu. »Zur Insel?« fragte er, als Johann die Zigarrenkiste brachte.

»Ja, Großvater.«

»Grüßen. Mitbringen, wenn es geht. Kamin Platz für zwei.«

»Ja, Großvater.« Sie lief schon die Treppe in ihr Zimmer hinauf.

»Arbeiten, Bergengrün?«
»Jawohl, Herr General.«
Nach einer Weile mit drohenden Augen. »Daß ihr mir auf das Kind acht gebt! Sperber! Bergengrün! Verstanden?«
»Aber Herr von Platen ...«
»Jawohl! Nicht nur mit Salz... weiß, gut gemeint, beide. Aber noch mehr achten! Kein Leid, verstanden? Kein Leid! Kommt von selbst ...«
Er schob das Glas zurück, nickte ihnen zu und ging in sein Zimmer.
Der See war still wie Glas, und wie auf Glas fuhr ihr Spiegelbild mit ihr mit, leise gewölbt von der schwachen Kielwelle. Die Vögel schwiegen, nur die Spechte hämmerten unermüdlich im Wald. Sie waren so fleißig wie Bergengrün, der mit seinen schwachen Augen die Seiten der alten Bücher hinauf- und hinunterfuhr, um das Salz der Erde finden. »Wo nun das Salz dumm wird, womit soll man's salzen?« Was für geheimnisvolle Fragen, und sie alle mußten einmal antworten, auch sie selbst.
Einmal würde er hier Pfarrer sein, der Großvater hatte es versprochen, und sie würden alle zusammenbleiben. Draußen gingen die Jahre immer wechselnd über das Land und die ganze Erde, so wie das Licht über die große Kugel, wenn Thomas sie bewegte. Aber hier blieb alles, wie es war. Die Felder wuchsen, der junge Wald, die Kinder der Leute. Wenn der alte Kutscher starb, kam sein Sohn heran. Wenn die Stute »Freya« ihr Gnadenbrot bekam, ging ihre Tochter schon unter dem Sattel.
Sie würde niemals forgehen von hier, und auch die anderen dürften nicht fort. Dreiundzwanzig Jahre müßten sie schon aushalten. Tante Mieze würde dann eine Salzsäule wie Lots Weib, und im Winter würden die Rehe zu ihr

kommen und leise an ihren Händen lecken. Thomas aber würde niemals alt werden. Die Insel würde zuwachsen, das Schilf, die Schonungen, und der blaue Rittersporn würde über dem Dach zusammenschlagen wie ein leuchtendes südliches Meer. In seiner Grotte aber würde er unverändert sein, das dunkle, glatte Haar, der schmale Mund, die Hand, die so ruhig sich bewegen konnte, viel ruhiger als eines anderen Mensch Hand.

Sie seufzte vor Glück und ließ die Ruder sinken. Sie wußte, daß sie träumte, aber nur die Bilder waren ein Traum. Der Boden, auf dem sie wuchsen, war ganz wahr: der Glaube an das Zuverlässige des Lebens, wenn man gehorsam war, das Bleibende der Erde, die sie trug, und daß die Liebe stärker war als alles Schicksal. Wenn man sie hineinnahm in das »große Herz«, die Menschen und Dinge, so konnte man sie darin bewahren wie das Schiff in der Flasche. Sie gingen nicht fort, sie veränderten sich nur so weit, wie man es erlaubte. Sie waren unvergänglich.

Von weitem hörte sie den hellen Hammerschlag von der Insel. Das war Bildermann, der in seiner Feldschmiede über dem schiefen Amboß stand. Es klang so hell, als dengele er eine Kindersense. Auch er würde bleiben. Auch er hatte Meeraugen und war stärker als der Tod. Er war schon auf dem Grunde gewesen und wieder aufgetaucht. Sie hatten ihn fortgeschleppt und ihn gehalten wie Vieh in der Koppel, aber sie hatten ihn nicht verwahren können. Thomas hatte gerufen über die graue See hin, und er war gekommen, um den Tod seines Herrn zu bestehen. Oh, es gab schon Engel, auch wenn man sie nicht sah. Und wenn es geschehen und vollendet war, was sie gewollt hatten, dann hoben sie sich auf, die großen Unsichtbaren, und man hörte nur noch ihre silbernen Flügel unter den

Sternen rauschen wie die Flügel der großen Vögel über den Eichen auf der Insel.

Die Stauden des jungen Grafen blühten nun um das Haus. Die Malven reichten bis auf das Dach und legten ihre weißen und roten Kelche auf das graue Rohr. Darunter standen die Dolden des Rittersporns und die blauen Helme des Eisenhuts. Die Wand der Dahlien war noch grün, aber vor ihnen stand der Phlox schon in der ersten Blüte, und der süße Duft zog weit auf den See hinaus. Alle Farben standen so regungslos in der Mittagsglut wie auf einem Bild, nur die Luft zitterte über ihnen, als sei das Ganze aus glühendem Metall, und ab und zu hob ein Schmetterling sich berauscht empor und ließ sich wieder fallen, das Rot des Admirals oder das Blau der Schillerfalter.

Langsam, mit dem letzten Ruderschlag, trieb das Kind an das Ufer. Es wußte nun kaum, ob das Ganze nicht ein Mittagstraum war, ein Zaubergarten, der mit allen Farben sich glühend im Wasser wiederholte, jede Blüte und jeder Halm. Der Zauberer war unsichtbar, nur der helle Ton des Hammers war immer noch in der Luft, der auf ein Geschmeide schlug oder auf einen gläsernen Sarg. Ein Pirol begann von den Eichen zu rufen, auch er ein Zaubervogel, der sich um das erlösende Lied bemühte und es niemals fand.

Als der Kiel in den Sand stieß und das Wasserbild des Hauses und Gartens erbebte, trat Thomas auf die Schwelle. Er sah das Kind auf den Sand treten und die Hand zu ihm heben, dann stille stehen und schwanken, an den Pfahl gelehnt, auf dem der Flügel des Netzes hing, und langsam an ihm zu Boden sinken. Er hob es auf, sah die Augen sich wieder öffnen und ein tiefes, noch verwirrtes Staunen tief auf dem blassen Grund. Ein feuchter Hauch lag auf der Stirn, und das Gesicht war bis in die Lippen hinein erblaßt.

Es lächelte, fast noch jenseits des Bewußtseins. »O Thomas«, flüsterte es, »stand dort jemand?«

Er hielt sie noch immer auf den Armen und sah erschreckt in ihre Augen. »Du darfst nicht fahren, Kind, um diese Zeit«, sagte er ruhig und trug sie zum Hause hinauf.

Sie hatte die Arme um seinen Hals gelegt und blickte über den See zurück. Dicht vor ihren Augen schimmerten ein paar graue Fäden in seinem dunklen Haar.

»Ist etwas Besonderes um diese Zeit?« fragte sie.

»Die Alten sagten, daß Pan schlafe«, erwiderte er.

Der Raum war bei zugezogenen Vorhängen dämmrig und kühl. Er legte sie behutsam auf sein schmales Bett, kniete vor dem Maskenschrank nieder und kam mit einem lichtblauen Seidengewebe zu ihr zurück, auf das mattgoldene Vögel gestickt waren, zarte, langgestreckte Leiber, deren ausgebreitete Flügel wie rötliche Nebel waren. Ein fremdartiger Duft erhob sich aus den knisternden Falten, als er sie zudeckte, und sie wagte nicht, die Hände auf die goldenen Vögel zu legen.

»Du brauchst dich nicht zu fürchten«, sagte er, schon wieder lächelnd, »eine Prinzessin hat es getragen, und es steht dir zu.«

»Was für eine Prinzessin, Thomas?«

»Auf Bali, Kind, weit von hier fort. Sie nennen es einen Sarong und tragen es um die Hüften geschlungen.«

Er hielt seine Hand an ihren Pulsschlag, und sie fühlte, wie ihr Blut gegen seine Finger schlug. »Es war nur die Mittagsstunde, kleine Prinzessin«, sagte er und schob ihre Hand unter das blaue Gewebe. »Liege nur ganz still!«

Er ging in den Nebenraum. Der Griff eines Eimers klirrte, und dann hörte sie den Balken des Brunnens sich mit dem vertrauten stöhnenden Laut abwärts bewegen. Jetzt schöpft er das Wasser, dachte sie.

Ein unendliches Glück erfüllte ihre Brust, so daß sie tief aufatmen mußte, um ihm Raum zu geben. Die Bücherwand schimmerte matt zu ihr herüber, die unsterbliche Mauer, wie Bergengrün sagte, und neben ihr, mit der Hand zu erreichen, schwebte die Weltkugel im gedämpften Licht des Raumes. Sie nahm die Hand unter der Decke vor und legte vorsichtig die Fingerspitzen auf die Anden von Südamerika. Die Robinsoninsel schwebte lautlos vorbei. Salas-y-Gomez, von der es die schönen, traurigen Verse gab, die Paumotu-Inseln, durch die das rote Band der Ekliptik lief. Schweigend versanken sie im Großen oder Stillen Ozean (so feierlich und fern dieser Name), und immer neue Inseln standen auf, Palmenwipfel und Korallenbänke... das zerbrochene und zersplitterte Festland des Sundameeres... und da war sie, wo man dieses gewebt und getragen hatte: Bali, verloren im blauen Ozean, und nur die bösen Berge Neu-Guineas leuchteten noch vom Horizont herüber.

Sie ließ die Hand sinken, indes ihre Augen auf die ferne Welt gerichtet blieben, auf der der Schatten des blitzenden Äquatorstreifens lag. So weit..., dachte sie, so weit... und nun fängt er hier die Fische, wie Christoph es tat... aber seine Augen sind noch dort, auf dem Ozean, seine und Bildermanns... Meeraugen, wie keiner sie hier hat...

Er kam mit einer Schale wieder, tauchte ein Tuch in das kalte Wasser und legte es auf ihre Stirn. Dann zog er einen Schemel neben das Bett und blieb dort sitzen, das Kinn auf die gefalteten Hände gestützt. Nur das Tuch wechselte er von Zeit zu Zeit und sah zu, wie die Farbe wieder in ihre Wangen kam.

Zuerst hielt sie die Augen geschlossen. Eine Fliege summte durch den Raum, stieß einmal an die ruhende Weltkugel und verschwand im Nebenraum. Dann war nur der kleine Hammer zu hören, der auf das Geschmiede fiel.

»Soll er aufhören?« fragte Thomas.

Sie schüttelte den Kopf und öffnete die Augen. »Willst du wieder dorthin?« fragte sie und hob die Hand gegen die ferne Insel.

Er beugte sich vor und sah, wo sie hinwies. »Nein«, sagte er, »ich bleibe nun hier.«

»Immer?«

»Wenn niemand mich fortschickt: immer.«

Sie blickte zu den schwarzen Balken hinauf, über die durch einen Spalt zwischen den Vorhängen ein einzelner Sonnenstrahl wie ein Goldfaden lief. Als er das Tuch wieder von ihrer Stirne nehmen wollte, sah er, wie in ihren Augenwinkeln sich zwei Tränen sammelten und langsam an ihren Wangen herunterglitten.

»Was ist, Kind?« sagte er ratlos.

Aber sie lächelte schon wieder. »Du mußt mich nun nicht fragen, Thomas«, erwiderte sie.

Nach einer Weile schlief sie ein. Er betrachtete sie lange. Der Sarong deckte sie bis zum Gesicht zu, und einer der goldenen Vögel schien die Schwingen über ihrer Brust auszubreiten, um über ihre Stirn hinweg aus dem Raum zu fliegen. Sie sah fast körperlos aus in ihrer Verhüllung, nur das Gesicht leuchtete im gedämpften Licht, vom Helm des Haares umgeben. Sie war wie ein toter Page, den man auf einer Bahre vom Schlachtfeld aufgehoben und hier in der Dämmerung niedergesetzt hatte.

Er hielt die Uhr an, lauschte noch einmal auf ihren ruhigen Atem und verließ dann durch den Nebenraum das Haus. Er sprach ein paar Worte mit Bildermann, bat ihn, mit dem Hämmern nicht aufzuhören, weil sie darüber eingeschlafen sei, und setzte sich dann in den Schatten des Hauses, wo ein kühler Luftzug um den Giebel strich. Er stopfte langsam seine Pfeife und dachte nach. Er war ziemlich ratlos, denn er wußte so wenig von diesen Jahren, in denen ein neuer Mensch aus dem Kinde heraufwächst. Bei Joachim war alles viel einfacher, und Schwestern hatte er nicht gehabt. Aber es war auch wohl keine Sache des Denkens oder Wissens. Man mußte sie nur behüten und zusehen, wohin es sie wies. Und immer dastehen, um sie aufzufangen. Sie war wie ein Kind auf einem Goldfaden.

Das andere aber, das nur wie ein Hauch auf einem Spiegel war, würde vorübergehen, sobald Joachim wiederkäme. Es waren zuviel alte Leute um das Kind.

Von Zeit zu Zeit stand er auf und ging leise durch den Nebenraum an die Tür. Sie schlief noch immer, nur der rechte blasse Arm war unter der Decke hervorgeglitten und hing zur Erde herab. Ihr Atem ging ruhig und tief.

Er stellte die Milch für die Schokolade zurecht, machte leise Feuer im kleinen Herd, setzte den Wasserkessel auf und rauchte wieder draußen seine Pfeife. Im Südwesten stand schon eine fahle Wolkenwand über dem Walde, und die Pirole riefen den Regen an. Auch die Gewitterluft mochte es gewesen sein, dachte er, und leise fielen ihm die Augen zu. Der Phlox duftete betäubend, und Bildermanns kleiner Hammer schlug noch immer unermüdlich auf den kleinen Amboß. So viele Jahre, dachte er noch, und jetzt erst ist der Friede da... aber weshalb die Tränen... schon kleine Frauen können so seltsam sein... Dann schlief er ein.

Er erwachte davon, daß Herdringe klapperten und die Bootswände aneinanderstießen, während Bildermann die Netze einlud. »*All right*, Kapitän«, rief er herauf, »das kleine Fräulein ist schon dabei!«

Sie kam ihm in der Tür entgegen, noch ein wenig blaß, aber voller Freude, daß auch er die Zeit verschlafen hatte. Bildermann trank seine Tasse im Stehen, weil das Gewitter heraufzog und Thomas dableiben sollte. Nein, er wollte auch einmal allein sein Heil versuchen, und das kleine Fräulein brauche noch eine Hand am Ruder.

Thomas brachte den tiefen Stuhl heraus, legte ihr das blaue Gewebe um die Schultern und bat sie, ganz gehorsam zu sein. Sie habe ihn erschreckt, und er sei noch immer in Sorge.

Sie empfing die Schokolade mit ungläubigen Augen und fragte nur, ob sie ein Schiff gekapert hätten. Dann sahen sie zu, wie Bildermann zur Bucht hinüberruderte. Der graue Berg der Netze war höher als er selbst.

Die Wand war nun dunkler geworden und hatte sich über die Sonne geschoben. Der Rand der Wolke glühte noch weiß, aber über dem Wasser lag schon ein verändertes Licht, und die Schwalben flogen tief über die Rohrinseln hin. Sie beschlossen, daß sie das Wetter abwarten wollten, auch erwartete der Großvater ihn, Thomas, am Abend.

Sie saßen und sahen zu, wie drüben die Netze über die Bootswand glitten. Von ferne sahen sie jetzt wie weiße Bänder aus. Dann holte Bildermann die anderen Netze, die zum Trocknen drüben auf der Wiese blieben, und auch sie versanken im schwarzen Wasser. Er arbeitete so

leise, daß sie keinen Laut wahrnahmen und das Ganze wie ein Traumbild war.
»Jetzt wandern die Fische«, sagte Thomas. »Morgen gibt es einen großen Fang.«
Weshalb sie wanderten? Das wisse er nicht. Die Tiere empfinden das Kommende deutlicher als die Menschen. Wahrscheinlich wüßten wir zuviel, das mit dem Verstand zu Begreifende, und hätten darüber die Gabe des Ahnens verloren. Nur alte Völker und alte Geschlechter hätten davon noch etwas bewahrt.
Ob die Orla ein altes Geschlecht seien?
Nun, es ginge so, erwiderte er lächelnd. Ins Räuberzeitalter reichten sie schon hinunter, und ihr Schuldbuch im Himmel würde wahrscheinlich ganz ansehnlich sein. Aber er habe eben an die Perneins gedacht, und wenn sie älter sei, wolle er sie einmal zum jungen Grafen mitnehmen. Sein Garten sei nun wirklich ein Zauberland.
Aber sie schüttelte den Kopf. Sie fürchte sich vor ihm. Er lächle immer, aber er sei niemals froh.
Ja, aber das sei wohl nicht zum Fürchten.
Zum erstenmal murrte es nun leise hinter dem Wald, und die hohen Malvenstengel rieben sich einmal leise am trockenen Rohrdach. Ein grauer Schein lief einmal über den See, eine schmale Bahn mit scharfen Rändern, und erlosch schon, ehe er das andere Ufer erreicht hatte.
Ob sie sich fürchte? Nein, bei ihm fürchte sie sich nicht.
Der Fischadler kam noch einmal von Osten über den Wald. Leib und Schwingen glänzten wie aus hellem Metall. Er stieß dicht bei Bildermann nieder, und sie sahen zu, wie dieser ihm nachblickte, das Gesicht gehoben, ein blasser Fleck vor der schwarzen Wälderwand. Der Schrei des großen Vogels fiel aus der Höhe wie in einen leeren Raum.

»So viel geschieht bei dir, Thomas ...«, sagte das Kind.
Es wurde schnell dunkel, und sie trugen das Geschirr und den Stuhl hinein. Die Blitze hingen nun schon als goldene Peitschenschnüre über dem Wald, und die Eilung traf Bildermann noch kurz vor der Landung. Sie brauste so schnell über das Wasser, daß der Schaum schon spritzte, ehe sie es recht begriffen. Die Wälder dröhnten, Sand trieb gegen die Fenster, das Schilf lag flach über dem weißen Wasser. Aber indes die Sturmwand sich gegen das östliche Ufer warf und die Wälder beugte, war es bei ihnen schon wieder still, nur der See rauschte noch lange und drohend nach.
Sie sahen, wie Bildermann prüfend den Himmel betrachtete. Dann zog er Joachims und Mariannes Boot aufs Land und drehte sie um. Es sah unter seinen Händen aus, als seien sie aus braunem Papier. Als er das Haus betreten hatte, stürzte der Regen senkrecht herunter.
Thomas und Marianne standen am geöffneten Fenster. Es rauschte schwer über das ganze Dach und riß den Sand des Uferhangs in kleinen Schluchten auf. Der See war ruhig, nur vom Tropfenfall aufgewühlt, als koche eine riesige Schale mit graublauem Metall. Der Wald dahinter war fast weiß, und sie glaubten zu sehen, wie die Blitze ihn zerschlugen.
Sie standen ganz still und atmeten die gereinigte Luft. Die Stauden standen tief gebeugt, aber ihr Duft ging in schweren Wellen über die Erde hin. Es war nun wirklich wie auf dem Ozean, als trieben sie unter schweren Segeln langsam dahin, und wenn die Wolken zerrissen, so würde der Regenbogen sich nicht von Wäldern zu Wäldern spannen, sondern mit beiden Füßen im Unabsehbaren des Wassers stehen. Und alles Land würde weit hinter der Krümmung der Erde liegen.

Aber als dann die Wand des Regens nach Osten zog, den See verließ und nur noch über die Wälder fiel; als in dem zurückbleibenden hohen Gewölk die blauen Spalten aufbrachen und der umgesprungene Wind das Gewölbe klar fegte; als die Brücke des Regenbogens hinter den letzten Schleiern plötzlich dastand, als sei sie immer dagewesen, und sogar ein blasses Spiegelbild neben sich trug; als die Schwalben das Rohrdach verließen, das Gefieder schüttelnd, und mit hellem Ruf über der Insel kreuzten: da war es doch wieder ein Land ohne Traum, vertraut ihm bis zu den letzten Winkeln der Buchten, lieb geworden durch Arbeit und Spiel, dampfend von Segen; und als sie auf die Schwelle traten, den Geruch des Birkenlaubes einatmeten und die weißen Nebelsäulen aus den Wäldern steigen sahen, wußte er, daß er keines Schiffes bedürfe, um ein frohes Herz zu gewinnen. Sie gingen langsam das Ufer entlang, einmal um die ganze Insel herum, daß sie ihrer noch einmal gewiß wurden, und drehten sich mitunter um, zu sehen, wie ihre Spuren dicht nebeneinander im weichen Sande hinter ihnen herliefen.

»Du wirst es nicht sagen, Thomas«, bat Marianne, als sie am Steuer nebeneinander saßen und das weiße Segel sie durch den Abend zog. »Keinem, nein?«

Er dachte eine Weile nach. »Wenn du versprichst, es mir zu sagen, sobald es wiederkommt, und wenn du versprichst, daß du den nicht stören wirst, der mittags schläft, dann sollen nur wir beide davon wissen.«

»Ich verspreche es, Thomas ... aber weshalb darf man ihn nicht stören?«

»Weil er ein Gott ist und alles umfängt, Wald und Wasser, Tier und Vogel und Blume und Strauch. Und mittags schlafen sie. Der Schlaf aber ist heilig und der Bruder des Todes. So sagten die Alten.«

»Werde ich einmal so viel wissen wie du, Thomas?«

»Mehr wahrscheinlich, aber das Wissen ist ein geringer Besitz.«

»Und welches ist der größte Besitz?«

»Der größte Besitz ist die Liebe.«

»Und du sagtest einmal, daß sie da ist, wenn man nichts haben will?«

»Nein, ich sagte nur, daß sie am reinsten ist, wenn man nichts für sich haben will.«

Sie dachte lange nach. »Ist es das, Thomas, was im Korintherbrief steht: ›Sie suchet nicht das Ihre?‹«

»Steht das da? Ich hatte es vergessen. Ja, das ist es sicherlich.«

»Und was der Großvater ein großes Herz nennt?«

»Ja, auch das wird es sein.«

»Ich will dir immer gehorsam sein, Thomas«, sagte sie nach einer Weile.

Der Abend wurde kühl, und nach dem Essen brannte das Feuer in der Halle. Das Kind ging langsam die Reihe der Ahnenbilder entlang, blieb hier und da stehen und sah zu ihnen hinauf, die Hände auf dem Rücken zusammengelegt.

»Manche sehen ganz alt aus, Thomas«, sagte sie dann, auf der Lehne eines Sessel sitzend.

Er nickte nur lächelnd. Als sie gute Nacht sagte, stand er auf.

»Überhöflich, Orla«, sagte der General. »Alte Schule...« – Es gebe Kinder, erwiderte Thomas, vor denen man ab und zu aufstehen müsse.

Bevor Marianne zu Bett ging, legte sie einen Zettel auf Bergengrüns Tisch:

»Lieber Tobias, morgen möchte ich gern die Insel Bali, Pan

und den I. Korintherbrief haben (13. Kapitel) Marianne.«
Dann lehnte sie noch einmal aus dem Fenster, hörte dem Sprosser zu, der am Ufer schlug, sah die vertrauten Sternbilder über die Eichenwipfel steigen und den Widerschein ferner Gewitter über dem See. Als sie sich in ihre Decke hüllte, versuchte sie, sich an den Duft des blauen Gewebes zu erinnern, fand ihn aber nicht und sah bei geschlossenen Augen nur das Bild der goldenen Vögel rötlich aus dem Dunklen tauchen. Sie zogen lautlos vorüber, hoch über eine blaue Insel hin, und ein leiser, heller Hammerschlag schien ihre Flügel zu heben und zu senken, regelmäßig, wie ein ferne klingendes Uhrwerk. Das ist Pan, dachte sie im beginnenden Traum, der die Hufe seiner Ziegen beschlägt ...
Dann schlief sie ein.
Bergengrün schüttelte den Kopf, als er den Zettel auf seinem Tische fand, und ging noch einmal in die Bibliothek hinunter, um in einem geographischen Werk über die Insel Bali zu lesen. Das andere wußte er ohne Bücher.
»Selten in unserem Geschlecht«, sagte der General am Feuer zu Thomas. »Meistens nüchterne Frauen gehabt. Soldaten- und Landblut. Pferde geritten und Geflügel gezogen. Brav, anständig, zuverlässig ... Ganz selten eine Blume dazwischen ... Musik, Religion, Gedichte ... schweres Leben gehabt in unserer Luft ... gehen immer in langen Stiefeln ... riechen nach Pferdestall ... achtgeben, Orla! Sie auch! Alter Mann ... Sorgen und einsam ... Söhne zehren am Blut ...«
Thomas blickte in das Feuer. »Sie liebt Herrn General sehr«, sagte er langsam. »Den Großvater und das große Herz ...«
Der alte Mann sah drohend zu den Ahnenbildern auf und

fuhr sich mit der Hand über die weißen Brauen. »Gutes Kind«, sagte er mit seiner heiseren Stimme. »Zu gut für diese Zeit... Mauern bauen, Orla, verstanden? Mauer und Schild!« – »Jawohl, Herr General.«
Sie standen noch auf der Treppe, ehe Thomas ging. Hinter den Dächern flammte es immer noch auf. »Brot wächst,« sagte der General, »aber die Kleine... nicht vom Brote allein... immer bedenken, Orla... uns nicht verlassen, Orla, verstanden?«
»Nein, Herr General!«
Er fühlte seine Hand festgehalten. Der Blick der alten Augen ging über ihn hinweg. »Trinkt noch Glut... und schlürft noch Licht...«, sagte er abwesend. »Gute Nacht, lieber Orla.«
»Gute Nacht, Herr General.«

9

Joachims Geburtstagswunsch im nächsten Frühjahr war nicht eine Uniform oder eine Rennjacht, sondern eine Rohrhütte auf der Insel, »etwas abseits und etwa zur Hälfte fertig«. Den Rest wollte er selbst dazu tun. Es war sein letzter Sommer auf der Schule. Im Frühjahr darauf sollte er seine Reifeprüfung machen. Er würde dann siebzehn Jahre alt sein.

Thomas wunderte sich, daß der werdende Geschwaderchef vor Beginn seiner Laufbahn noch schnell das versäumte Robinsonleben nachholen wollte, doch sagte er nichts und begann mit Bildermann den Bau der Hütte.

Das vergangene Jahr war für Feld und See ein gesegnetes Jahr gewesen. Der General saß noch gerader als sonst im Sattel, und wenn er am Abend seine letzte Zahl geschrieben und die Bücher zugeschlagen hatte, sagte er zu Johann, er werde es den Burschen da oben schon zeigen. Worauf Johann lange nachdachte, welche Dorflümmel sein Herr wohl meinen könne.

Die »Ethik des Seemannslebens« war zu Weihnachten erschienen, hatte nicht wenige Käufer gefunden und war im allgemeinen von der »Fachpresse« abgelehnt worden. Die sonderlichen Gedanken eines Sonderlings kämen zwar aus einem hohen und auch reinen Verantwortungsgefühl, doch hätte die Geschichte aller Flotten bewiesen, daß Zucht und Härte das Rückgrat jedes Schiffes seien, und das Tauende am Anfang der Laufbahn jedes Seemannes wäre nicht die schlechteste Leiter gewesen, auf der man aufgestiegen sei. Die Gedanken schließlich über die Ursachen der Meuterei seien gänzlich abwegig und wohl nur aus Erfahrungen zu erklären, die niemals verallgemeinert werden dürften.

Doch gab es dazwischen Briefe seefahrender Leute aller Grade, in denen, meist mit ungeschickten Worten, der Dank von Menschen ausgesprochen wurde, die über ihren Beruf einiges gedacht hatten und die der Meinung waren, es genüge nicht immer, wieder von vorne anzufangen, sondern daß die Planken des Deckes auch einmal von vorn nach achtern, statt von achtern nach vorn gescheuert werden könnten. »Sozusagen«, pflegten sie bei ähnlichen Vergleichen hinzuzufügen.

Der »Sonderling« legte Zeitungen und Briefe in ein Fach seines Bücherbrettes, nachdem er sie sauber in eine blaue Mappe geordnet hatte, band einen Wollschal um seinen Hals, den das Kind ihm zu Weihnachten gestrickt hatte, und ging auf das Eis hinunter, um das Rohr für die Hütte seines Sohnes zu schneiden. Er hatte wie ein guter Arbeiter sein Bestes getan, und er wußte, daß es das Recht des Handwerks war, zu meinen, es hätte anders getan werden müssen. Doch sah er gern auf das Buch hinunter, wenn es auf dem Tisch lag, wo Bildermann jeden Morgen beim Aufräumen ihm alle möglichen Lagen gab, bis er schließlich mit der letzten einigermaßen zufrieden war. Er sah es gern, nicht weil ihn nach Ruhm verlangt, sondern weil der braune Einband ihm alle einsamen Stunden zu umschließen und zu bewahren schien, die er an diese Arbeit gewendet hatte. Er allein wußte, wie er mit den Blättern dieses Buches aus einer zerschlagenen Welt aufgestiegen war, um sein Brot und seinen Schlaf zu finden.

Bildermann war aber nicht nur stolz (»mein Herr, der große Schriftsteller Orla«, pflegte er in den Dörfern zu sagen), sondern er fühlte den Dank des einfachen Mannes, dessen Seele hier als eine Kraft und als ein kostbares Gut in der Geschichte seefahrender Völker eingesetzt wurde. »An mir, Kapitän«, sagte er, »haben sich viele Leute die Füße abgewischt, Weiße und auch andere, vierzig Jahre lang und noch ein bißchen länger. Aber was hier steht, haben mir wenige gesagt, Kapitän, und wenn Bildermann mal einen Gabstein bekommt, wenn auch nur aus Zement, dann soll das oben stehen, Kapitän, was hier geschrieben steht!«

Und da er nun ein Bügeleisen besaß, so legte er seine Mützenbänder nicht mehr unter den Amboß, sondern machte den Bolzen heiß, bevor er in die Dörfer oder aufs Schloß ging, wo er Johann Vortrag über den Standpunkt hielt, von dem aus der Korvettenkapitän von Orla die Seele des einfachen Mannes »anzupeilen« pflege. Wodurch sich bei Johann die Meinung verstärkte, daß die Meeresluft seltsame Leute ausbrüte. Nur ihr Rum schien unter allen Längen- und Breitengraden gut zu sein.

Der General, nachdem er das Buch empfangen und gelesen hatte, begegnete Thomas mit einer verwirrten Hochachtung und meinte, seit Bestehen des alten Vertrages hätte die Insel wohl noch nie einen so seltsamen Fischer beherbergt wie ihn. Nach vielen Wochen erst hielt er Thomas eines Abends behutsam an einem Rockknopf fest und sagte: »Lange nachgedacht, Orla. Kaiserlich und königlich zweierlei. Armee königlich und preußisch von Anfang an, Marine kaiserlich. Nie zusammengepaßt. Tradition gefehlt, verstanden? Mann im Heer anders als bei euch. Nachgedacht über meine Leute. Nachts, immer noch. Ob man viel verfehlt. Haben mich immer gern gehabt. Hieß der Bullenbeißer bei ihnen, aber gut gemeint. Recht, was Sie geschrieben haben. Lernen, nicht nur abwälzen. Wieder stolz auf Sie, Orla, alle, besonders das Kind. Buch unterm Kopfkissen... zweiter Nelson... Großvater in Reserve versetzt... recht so!«

Das Kind aber sagte lange nichts. Es saß nur oft bei Bildermann in der kleinen Schmiede, sah ihm zu und wollte wissen, wie allein der Kapitän gewesen war. »Auch traurig, Bildermann?«

Er ließ den Blasebalg sinken und sah angestrengt in die glühenden Kohlen. »Tja, kleines Fräulein«, sagte er, »habe ihn nicht gerade von Mast zu Mast hüpfen sehen. Sah immer so durch und durch, als sehe er schon alles kommen. Gibt so alte Leute auf Segelschiffen, die solche Augen haben. Wollen nicht mehr und gehen dann ganz gern mit dem Kiel zuerst auf den Grund...«

Er stopfte nachdenklich seine Pfeife und legte mit der bloßen Hand eine Kohle auf den Tabak. »Hat zuviel, was der junge Herr zuwenig hat«, fügte er hinzu.

»Aber nun ist es besser geworden, Bildermann, nicht wahr?«

»Klar, kleines Fräulein. Flaute überwunden. Passatwetter. *Rolling home, my boys...*«

Der Blasebalg fauchte wieder, und das Eisen in der Glut begann sich weiß zu färben.

Als sie dann Thomas vor dem Hause traf, sagte sie nur: »Du müßtest längst König von Preußen sein, Thomas.«

Er richtete sich auf und sah sie ernsthaft an. »Gewiß, Kind. Sie haben es nur vergessen bis heute.«

An Joachim schien zunächst nur seine Stimme verändert, die zwischen den höchsten und den tiefsten Tönen schwankte. Doch zeigte sich auch, daß er eigentlich schon

im Kommenden lebte und die Insel mit den Augen eines Mannes sah, der sein kleines Hotelzimmer noch einmal betrachtet, ehe er den Ozeandampfer besteigt, der ihn um die Erde tragen soll. Er will nichts mitnehmen, er will sich nur vergewissern, daß er nichts vergessen hat.
Er stürzte sich sofort auf die Vollendung des Hüttenbaues, wies alle Hilfe ab, und erst als beim ersten nächtlichen Regen das Wasser in seine geöffneten Augen tropfte, meinte er zu Bildermann, daß sie vielleicht doch etwas nicht ganz richtig gemacht hätten.
Bildermann sah sich die Sache an, trug Joachims Arbeit wieder ab und meinte gutmütig, von keinem Gymnasium könne verlangt werden, daß es seinen Schülern den Bau von Rohrdächern beibringe. Aber da draußen, fuhr er fort und machte eine unbestimmte Handbewegung über das Wasser hin, könne es nichts schaden, wenn der junge Herr nicht nur immer auf sich allein vertraue. Nelson wäre ein großer Seemann gewesen, aber man sagte, daß es ein paar Leute gegeben habe, die besser Klavier gespielt hätten als er.
Als die Hütte gegen alle Wolkenbrüche und Monsunregen gefeit schien, brachte Joachim jede Nacht in ihr zu und bestand auch darauf, jeden Morgen über ein paar Feldsteinen seinen Brei zu kochen. Zu Thomas, der neugierig dabeistand, sagte er, es sei ihm zur rechten Zeit eingefallen, daß er seine ländliche Ausbildung vernachlässigt habe, und wenn das Schulschiff an einer verlassenen Insel scheitere, so müsse man auch diese Dinge können und nicht nur immer sich auf den Kapitän verlassen.
Manchmal, meinte Thomas, sei es ganz zweckmäßig, sich auf Kapitäne zu verlassen. Und es mindere auch die Ehre des Betroffenen nicht allzusehr.

Joachim schluckte tapfer an seinem Brei, der etwas verbrannt roch, und erwiderte, daß sie sich heutzutage ungern nur auf die alten Herren verließen.

Das sei immer so gewesen, sagte Thomas, und es sei ganz recht, wenn jeder sein Lehrgeld selbst zahle. Aber er ruderte sehr langsam und nachdenklich mit seinen Netzen hinaus.

Von der Mutter erzählte Joachim, daß sie im Frühjahr in einem Sanatorium gewesen sei, in der Schweiz, daß sie viel huste, aber ungeduldig werde, wenn man sie frage. Auch sei sie am Abend immer noch viel außer dem Hause. Sie habe ihm anbefohlen, zu sagen, daß es ihr ausgezeichnet gehe. Doch war nicht zu entnehmen, was Joachim nun davon halte. Er erzählte es etwas nebenbei, zwischen Schulgeschichten, und er hätte ebensogut von einem havarierten Boot sprechen können.

Manchmal fühlte Thomas sich bedrückt. Sie waren heiter zusammen wie sonst, aber Joachim würde nun nicht mehr sagen: »Du bist der klügste Mann auf dieser Erde, Vater!« Wie schnell sie aufwuchsen und fortgingen in diesem Alter! Er versuchte sich zurückzuerinnern, ob es das gleiche mit seinem Vater gewesen sei. Auch damals hatten die Dichter von der neuen Zeit gesungen und die Fensterscheiben des Herkömmlichen eingeworfen wie jetzt auch. Auch er hatte gelärmt, gescholten und gewettert, aber vor dem Kamin, in der kleinen Halle, wo er abends mit seinem Vater gesessen hatte, war das alles versunken, und das alte, kluge Gesicht mit den vielen Falten hatte freundlich gesagt, wenn von allen Paradiesen aller jungen Generationen nur ein kleines einmal verwirklicht worden wäre, dann würden sie schon alle silberne Flügel tragen und er selbst mit allen Gespannknechten an jedem Morgen den Bruderkuß tauschen.

Allerdings war dieses einzuwenden, daß sein Vater nicht nötig gehabt hatte, auf eine Insel zu gehen, um ein frohes Herz zu gewinnen, daß also Joachim berechtigter sein mochte, sich mit seiner Generation nicht mehr so ganz auf die alten Herren zu verlassen.

Auch war es nicht dieses, was ihn bekümmerte. Dienst und Leben würden das Ihrige tun, um zu zeigen, wie sehr jede Jugend die alten Schultern brauchte, wenn es sie nach höheren Kränzen verlangte. Schwerer wog ihm, daß fast jede Stunde in Joachims Leben und nun sogar in seinen Ferien von irgendeiner Zweckmäßigkeit geleitet wurde. Bildermann hatte neulich gesagt, auch wenn der junge Herr seinen Brei esse, »peile er nach dem Geschwaderchef«. Er lachte zuwenig, er spielte zuwenig, er beging keine Torheiten. Seine Augenbrauen waren zusammengezogen, und die jungen Augen darunter sahen unentwegt auf ein altes Ziel. Wie viele Väter würden glücklich sein, dachte Thomas, zumal heute, wo jede gespannte Kraft ein Wunder ist. Aber ich bin nicht ganz glücklich, weil ich weiß, daß einmal etwas fehlen wird, und ich kann nichts dazutun, um es zu ändern. Er aber wird niemals eine Insel brauchen, um sich zu retten, ja, er wird gar keine Rettung brauchen, so sicher wird er seiner selbst sein.

Oft war er versucht, zu denken, daß Joachim wie ein mutterloses Kind scheine, ohne Weichheit und viel zu alt, doch erkannte er ebenso schnell, daß er selbst, Thomas, Schuld genug daran trage und daß nichts übrigbleibe als zu warten und immer bereit für ihn zu sein, wenn er einmal Hilfe brauchen sollte. Er selbst kannte kein Menschenleben, das ohne Hilfe ausgekommen wäre.

Es ergab sich bei einem Gespräch, daß Joachim mit Erlaubnis seiner Mutter Reitstunden genommen hatte. Gebe es einmal wieder Paraden unter einem kaiserlichen Herrn, sagte Joachim, so sollten die eingeladenen Marineoffiziere nicht wie früher eine etwas schwierige Rolle spielen und er selbst möchte jedenfalls nicht in dieselbe Lage kommen. Bildermann zog nur die Augenbrauen hoch, aber Thomas war viel weniger über diese Auffassung von der Zukunft verwundert als über die sprachlichen Wendungen, die Joachim brauchte. Er hatte bisher nicht besonders darauf geachtet, aber da er in seinem Buch mit jedem Satz Mühe gehabt hatte, daß auch der »einfache Mann« ihn verstehe, so hörte er jetzt erstaunt, wie man »eine schwierige Rolle spielen« und »in dieselbe Lage« kommen könne. Aber er sagte nur, daß man sich auf dem Schloß freuen werde, wenn man dort auch aus anderen Gründen zu reiten pflege.

Marianne, als ein Kind zwischen alten Leuten, mochte denken, daß alle Jugend in den großen Städten so sei wie Joachim, ernst, würdig und immer vorausdenkend, und daß es wahrscheinlich eine Eigenschaft des Landes oder des weiblichen Geschlechts sei, sich an den Augenblick wie an die Ewigkeit zu verlieren. Sie freute sich also seiner Gesellschaft, stellte jede neue Blüte an dem jungen Baum mit schweigender Überraschung fest und konnte ihn manchmal, in tiefes Nachdenken versunken, lange ansehen, sich fragend, weshalb es mit Thomas in so vielen Dingen anders sei als mit seinem Sohn.

Sie nahm also auch ohne besondere Verwunderung zur Kenntnis, daß ein künftiger Geschwaderchef so gut zu reiten wie zu segeln verstehen müsse, und trat ihm großmütig ihr Pferd ab, da er doch nun ein Gast der Insel war und bald ein Gast der Ozeane sein würde. Einige seiner reiterlichen Gepflogenheiten betrachtete sie zunächst schweigend von der Seite, wies dann aber vorsichtig darauf hin, daß ihr Großvater das nicht zu tun pflege, es auch bei ihr niemals geduldet habe. Worauf er erstaunt bemerkte, daß dies wahrscheinlich die alte Schule sei und die Zeit auch hierin wohl Fortschritte gemacht habe.

Sie zog ein wenig die Augenbrauen zusammen, erwiderte aber, zum Schweigen erzogen, nichts, und erst als sie nach ein paar längeren Ritten sah, daß das Pferd unter ihm an Brust und Flanken nasses Haar hatte, ließ sie am nächsten Tage die Sättel wieder tauschen und meinte nun unschuldig, er sei nun so sicher, daß er jedes Pferd reiten könne.

Daran dürfe ein angehender Kadett keinen Zweifel haben, erwiderte er fröhlich, wurde dann aber schweigsam, als sein neues Paradepferd das erste Hindernis verweigerte und ihn ohne besondere Mühe über den Hals in den Sand fliegen ließ.

»Weh getan, Joachim?«

»Keine Spur! Einen schönen Bock hast du mir da gegeben.«

»Du mußt ihm mehr Hilfe geben, Joachim.«

»Ich werde ihm schon helfen«, knurrte er erbittert, und nach einigen vergeblichen Versuchen überwanden Reiter und Pferd die Hecke. Aber es war zu sehen, daß sie nicht sehr gute Freunde waren, und Marianne hielt sich für den Rest des Rittes an die ebenen Waldwege.

»Du mußt es nicht mit Gewalt zwingen wollen, Joachim«, sagte sie nach ein paar Tagen. »Ein Pferd ist kein Boot, und reiten lernt man nicht in einem halben Jahr, sondern in zehn Jahren. Die meisten, sagte Großvater, lernen es nie.«

Gott segne deinen Großvater, dachte er, aber er fragte nur, ob sie glaube, besser zu reiten als er.

Das setzte sie lächelnd als selbstverständlich voraus, und

als er statt einer Antwort vorschlug, sie wollten heute bis zum Kirchdorf reiten, wo er Angelhaken zu kaufen habe, war sie es zufrieden, wies ihn aber darauf hin, daß sie scharf zu reiten haben würden, wenn sie rechtzeitig zum Abend zurück sein wollten.

Unterwegs erklärte sie ihm, wie man bei langen Ritten zwischen Trab, Galopp und Schritt zu wechseln habe, so wie sie es mit dem Großvater geübt hatte, um Mensch und Tier gleicherweise zu schonen. Aber er nickte nur zerstreut, war bald voraus und drehte sich auch nicht im Sattel um, als sie so weiterritt, wie sie gelehrt worden war. Als sie ihn dann aus den Augen verlor, lächelte sie nur vor sich hin, begriff, daß er ihr den Meister zeigen wollte, und ahnte nicht ohne Genugtuung, daß dieser Tag nicht gut für sein Selbstbewußtsein enden würde.

Sie fand sein Pferd vor dem Kaufladen angebunden, schon mit Schaumflocken und hängendem Kopf, und drängte das ihre an die Windseite. Als er dann die Treppe herunterkam, die Beine wie ein alter Kavallerist setzend, sah sie prüfend in sein Gesicht, sprach ein paar Worte mit dem Kaufmann, der in die Tür getreten war, wartete, bis Joachim wieder im Sattel war, und deutete dann mit dem Reitstock auf die Schaumflocken an seinem Pferde. »Drei Tage Mittelarrest«, sagte sie lächelnd.

Sie wollten es abwarten, erwiderte er. Aber schon im ersten Wald blieb er langsam zurück, indessen sie im gleichen Wechsel der Gangarten ihren Weg zurücklegte, von Zeit zu Zeit sich umwendend, um nach ihm zu sehen, aber niemals so lange wartend, bis er herangekommen war. Und immer sah sie Thomas' ernstes Gesicht, wie es prüfend von Reiter zu Reiter ging und ihr zunickte, als sei er zufrieden mit ihr, wenn auch über das Ganze nicht sehr froh.

Erst am Eingang der Lindenallee wartete sie auf Joachim, der mit einem steinernen Gesicht auf sie zugeritten kam. Sie gelangten ungesehen in den Stall, wo sie den Jungen ruhig anwies, das Pferd trockenzureiben und ihm erst nach einer halben Stunde Wasser zu geben.

Er wollte gleich nach der Insel, sagte Joachim auf dem Hof, während es bei jedem Schritt um seine Lippen zuckte.

Sie reichte ihm die Hand, trug ihm Grüße auf, freundlich und nachdenklich wie sonst, und erst als er ihre Hand losließ, sagte sie: »Du darfst nicht böse sein, Joachim, es war nur die ›alte Schule‹«.

Aber er winkte nur nachlässig mit seiner Reitpeitsche.

Auf der Insel war er wortkarg und ging gleich nach dem Essen in seine Rohrhütte. Bildermann, mit hochgezogenen Augenbrauen, wühlte lange in seiner Schiffskiste, fand endlich eine zerbeulte Blechbüchse, schob sie leise in die niedrige Tür der Rohrhütte und sagte freundlich und tröstend: »Hirschtalg, junger Herr. Immer noch das beste.«

Es kam nie mehr die Rede auf diesen Tag, und als Marianne das nächste Mal zur Insel kam, sagte sie, sie müßten wieder auf dem Wasser leben, die Ernte gehe so schnell in diesen heißen Tagen, daß alle Pferde gebraucht würden.

Joachim nickte nur. Am Abend aber, als er vor der Hütte lag und eine kurze Pfeife mit geringem Genuß rauchte, sagte er ernsthaft und feierlich vor sich hin: »Ich werde sie nun niemals heiraten können ...«

Thomas erfuhr niemals von diesem Ritt.

Er war schon im vergangenen Herbst und dann zu Beginn des Frühjahres noch einmal bei dem alten Fischer am Nachbarsee gewesen, den die Leute Petrus nannten und von dem sie sagten, er sei hundert Jahre alt. Er hatte jedesmal eine Stunde bei ihm gesessen, wenig gefragt und nur zugehört, wie von den welken Lippen die sparsamen Worte fielen, über den Wind, das Wasser, die Fische und den Gang der Zeit in der Spanne, die mehr als ein Menschenalter umfaßte. Er hatte vier Kriege gesehen und die Revolution zu Zeiten Papa Wrangels, aber er wischte nur mit seiner braunen, verkrümmten Hand einmal über das Gras, auf dem er saß. Das Wasser, das an seine Halbinsel spülte, war älter als alle Kriege der Welt, und er war der Meinung, daß manche Hechte, die er fing, auch älter wären als jener Papa Wrangel, der seinen König beschützte. Zum Schluß hatte er Thomas mit seinem wasserhellen Blick angesehen und gesagt: »Du hast die richtigen Augen, Kapitän. Bleibe dabei.« Er duzte jeden Menschen.

Thomas wollte gern, daß die beiden Kinder einmal hinfuhren. Auch die Hundertjährigen müßten einmal sterben, und er wollte wissen, was sie von ihm sagen würden. Ihm selbst war er vorgekommen wie eines der hölzernen Götterbilder, die der Graf in seinen Schränken bewahrte, und aus denen nicht der Gott sprach, sondern die vielen Geschlechter, die ihn gebildet hatten, ein Abglanz ihrer Erde und ein Vorglanz des Himmels, den sie sich erträumten.

»Ach, so alte Knaben …«, sagte Joachim bedenklich, aber dann war er es zufrieden, weil sie durch das Fließ mußten und der andere See viel mehr Segelwind hatte als der ihrige. Marianne fand immer richtig, was Thomas vorschlug.

Sie hatten eine schöne Fahrt. Das Fließ war schmal, mit schwarzem Wasser. Torfhaufen spiegelten sich in der Schwärze, und das braune Moor flimmerte in der Julisonne. Es war eine tote Landschaft, anders, als sie jemals eine gesehen hatten, mit schweren Wolkenhaufen über dem Horizont und einem dumpfen Geruch nach Moder und Verwesung. Die ganze Zeit über hing ein großer Raubvogel rüttelnd über den verschilften Blänken, und sie blickten immer wieder zu ihm auf, ob er nicht endlich niederstoßen und das starre Bild verändern würde. »Er paßt auf uns auf«, sagte Marianne.

Dann öffnete der See sich hinter den hohen Rohrkämpen, blau und weit, mit sandigen Uferhügeln und fernen Waldstreifen. Das Boot legte sich über und schoß in den Wind. Die grüne Halbinsel deutete wie mit einem langen Finger auf sie hin.

»Zwei Schläge«, sagte Joachim, und Marianne nickte dazu. Auf dem Wasser war es immer leicht mit ihm.

Der Fischer saß vor seiner Rohrhütte auf einer Binsenmatte, den Rücken gegen die Wand gelehnt und die nackten Füße untergeschlagen. Er flocht mit seinen gekrümmten Fingern an einer Krebsreuse und sah ihnen mit seinen hellen Augen entgegen. Das weiße Haar war noch dicht und fiel ihm auf den Rockkragen. In den Ohren trug er gelbe Ringe. Die zerfurchte Haut seines Gesichtes war so dunkel und seine Haltung so unbeweglich, daß er wie ein alter indianischer Häuptling aussah, der sich auf seiner Matte mit dem Großen Geist besprach.

Marianne blieb am Fuß des Hügels stehen, weil ihr das Herz zu schlagen begann. Joachim aber ging ruhig hinauf, sagte »Guten Tag, Fischer Petrus!« und reichte ihm in einem Körbchen den Tabak, die kurze Pfeife und die kleine Flasche mit Rum, die Thomas ihnen mitgegeben hatte. Doch sah der Alte an ihm vorbei auf das Kind, winkte ihm einmal mit seiner dunklen Hand und wartete, bis es heraufgekommen war. Dann erst warf er einen Blick zu Joachim, bedeutete ihm, die Gabe hinzusetzen, und lud sie beide mit einer zweiten Handbewegung ein, sich auf der Erde niederzulassen.

»Du bist der Sohn«, sagte er, »und du bist das Enkelkind vom Schloß.«

»Wir sollen dich grüßen«, sagte das Kind leise, »von... vom Kapitän...«

Er hatte den Kopf an die Hüttenwand zurückgelegt und blickte zwischen ihnen beiden über das blaue Wasser hin.

»Als die Mutter mich trug«, sagte er, »hat sie ihn noch gesehen, mit dem Krückstock auf einem Rappen. Er ritt immer querfeldein, und wenn er fluchte, fluchte er fanzösisch. Er war noch mit Napoleon in Rußland gewesen. Er war der zweite Sohn und hatte Dienste im Württembergischen genommen. Er hat noch Moskau brennen sehen. Er starb früh. Die Frauen, die seine Leiche wuschen, sagten, daß er vierundzwanzig Wunden gehabt hat. Er war ein strenger Herr, aber die Leute liebten ihn. Der König hat an die Witwe geschrieben...«

»Das war Friedrich Wilhelm Ehrenreich«, sagte das Kind leise.

Er nickte. »Sein Sohn wurde schon hier geboren, in derselben Nacht, als der Herr über die Beresina ging. Die Mutter verblutete, es gab keinen Doktor im ganzen Land, und der Schnee lag bis über die Zäune. Der Herr hat am Grab gestanden und die Faust in den Himmel gehoben. Er hat die Kanonen mitgebracht. Der Sohn ist ein trauriger Mann geworden. Die Frauen sagten, daß er Blut bei der Geburt getrunken hat, und das Blut ist bitter gewesen. Achtundvierzig hat er seinem König beigestanden und einen Schuß durch die Hüfte bekommen. Seine Söhne stachen damals schon die Hechte mit dem Speer. Einer brach auf dem Eis ein und ertrank, wo das Fließ in den See kommt. Sie hörten ihn rufen, aber er war schon still, als sie kamen. Der zweite blieb bei Königgrätz. Der dritte kam auf Krücken zurück und heiratete eine Gräfin. Der Vater mit der zerbrochenen Hüfte starb im Neumond nach der Hochzeit. Die Leute sagten, daß der Sohn unter dem Eis ihn gerufen hat, und er hat ein schönes Gesicht im Sarg gehabt. Ich habe ihn gesehen und gedacht, daß man den Tod nicht fürchten soll...«

»Das war Friedrich Wilhelm Fürchtegott«, sagte das Kind leise.

Er nickte. »Der mit den Krücken hatte drei Söhne und eine Tochter, alle mit geraden Gliedern. Alle waren nach außen wie Wölfe und nach innen wie Lämmer. Alle sind in meinem Kahn gefahren und haben Fische mit Salz und Zwiebeln bei mir gegessen. Der älteste war bei der Garde und in Südwest, bevor er das Schloß bekam, und hatte schon einen Stern auf den Raupen. Er verschlingt einen mit den Augen und streichelt einen mit der Hand, wenn es keiner sieht. Er hat zwei Söhne und eine Frau für den König gegeben.«

»Das ist mein Großvater«, sagte das Kind.

Er nickte.

»Der zweite blieb in China, wo die Drachen auf den Dächern sitzen. Der dritte ist am Oranje-Fluß begraben. Die Tochter hat der König in sein Haus genommen. Der mit den Krücken hat gelebt, wie im neunzigsten Psalm geschrieben steht, und hat auf der Schloßtreppe gestanden, als die Russen auf den Hof gekommen sind. Er hat seine Uniform angehabt und den Offizier in die Halle geführt. In der Halle hat die Gräfin im Sarg gelegen, und wir haben vor dem Sarg gekniet. Wir haben alle weiße Haare gehabt, und der jüngste ist der Johannes gewesen, der die Schafe gehütet hat, und er ist siebzig gewesen. Der Offizier hat die Mütze abgenommen und sich bekreuzigt und ist fortgeritten mit seinen Kosaken. Der Herr mit den Krücken hat am Kamin gesessen und auf die Gräfin gesehen. Er hat gelebt, bis seine Enkel Erde auf dem Gesicht gehabt haben. Er ist über Siebzig gewesen und hat schon auf meinen Knien gesessen, als ich die Ringe in meine Ohren bekam ...«

»Das war Friedrich Christoph Leberecht«, sagte das Kind.

Er nickte und begann nun langsam Tabak in seine kurze Pfeife zu stopfen. »Wie Fische sind sie gewesen«, sagte er, »und die Netze waren ihnen schon gestellt. Mit Ostwind fingen sie an, aber bei Südwind fielen schon die ersten ins Netz. Wir werfen die Kleinen über Bord, aber Er behält, was Er hat ... wie ein Fisch ist der Mensch, und wie das Rohr, darunter er steht ... langsamer mußt du gehen, junger Herr, so langsam, wie der Vater geht ... stark ist das Eis für schnelle Augen, aber nur die Langsamen sehen, wenn die Hand von unten an die dünne Decke pocht ...«

Joachim lächelte verlegen. »Man muß heute vielleicht schneller leben«, sagte er mit einer unbestimmten Handbewegung.

Der Fischer zündete seine Pfeife an. Er hatte einen Stein und Zunder, in den der Funke fiel. »Wer schnell lebt, stirbt schnell«, erwiderte er. »Er ist gekommen, um ein fröhliches Herz zu gewinnen, hat er gesagt, und die aus der Tiefe werden ihm die goldene Krone reichen.«

Joachim sah das Kind an und hob die Augenbrauen, aber das Kind ließ seine Blicke nicht von dem alten Mann. »Du wirst ihn beschützen«, sagte sie, »nicht wahr? Vor Nebel und Sturm, vor dem Wassermann und dem dünnen Eis, ja?«

Sie hatte ihre Hände zusammengelegt.

Er wandte das Gesicht zu ihr hin, sah aber über sie hinweg. »Sie gehorchen mir«, erwiderte er leise, »ich habe ihnen gedient, und sie gehorchen mir. Hab keine Angst. Er wird lange hier sein, lange nach mir. Er wird ihnen dienen, und sein Grab wird auf der Insel sein. Der Psalm wird über seine Erde gesprochen werden. Hab keine Angst, kleine Gräfin. Sie haben alle keine Angst gehabt, die vor dir waren.«

Er schloß nun die Augen wie alte Leute, die zwischen zwei Worten schlafen. Die Kinder saßen still und blickten in sein erloschenes Gesicht. Auch Joachim war es kühl in der Sonne, aber er faltete nur die Stirn.

Dann winkte der alte Mann mit der Hand, und sie standen auf. »Ich möchte dich gern ein Stück fahren, kleine Gräfin«, sagte er, »aber ich bin müde. Gib dem Großvater die Hand, er war immer ein guter Herr. Sage ihm, der Vogel hat gerufen, und Petrus versteckt sich nicht... Gott segne dich, kleine Gräfin.« Er machte das Kreuzzeichen über ihre Stirn und nickte Joachim zu. Dann legte er die Hände zusammen und schloß die Augen. Er sah sie nicht abfahren.

Bei der Rückfahrt saß Marianne unter dem Segel, das Gesicht nach vorne gewendet, und sprach nicht. Joachim hatte die Unterhaltung damit beginnen wollen, daß er den Fischer eine »komische Nudel« nannte, aber das Kind hatte sich umgedreht und mit zornigen Augen gerufen: »Schweig still!« Da hatte er die Achseln gezuckt und nur auf das Boot geachtet. Es war gut, daß er nun fortkam. Mit Hunderjährigen und Kindern war es nicht das rechte Leben für ihn. Aber vor dem Fließ, wo der eine von den Söhnen ertrunken war, wandte er sich doch und sah nach der Halbinsel zurück. Die Hütte war ein kleiner brauner Punkt unter den Bäumen. Aber kein Rauch stieg auf. Vielleicht war der Alte schon gestorben und sah ihnen mit leeren, weißen Augen nach. Es fröstelte ihn nun doch in der Sonne, und das schwarze Wasser strich kühl an den Bootswänden entlang. Ein Reiher hob sich aus dem Rohr, schrie heiser auf und zog sein Spiegelbild über sie hin. Nein, es gab nur ein klares Wasser auf der Welt, und das war das Meer.

»Thomas«, sagte das Kind, »er war wie die Preußengötter in den alten Büchern. Er muß Perkunos heißen, und seine Ohrringe sind aus Bernstein.«

Er fühlte, daß ihre Hände kalt waren, und sah sie besorgt an. »War es zuviel?« fragte er. »Manchmal weiß er nicht, was er spricht.«

»Er ist der reine Biograph«, sagte Joachim. »Er hat alle Platens von achtzehnhundertzwölf ab gekannt.«

»Es ist schön, Joachim, wenn von den alten Geschlechtern in den Fischerhütten gesprochen wird.«

»Natürlich. Aber er hat so komische Dinge gesagt. Von dir. Und er saß barfuß auf einer Matte wie ein Buddha.«

Thomas sah aufmerksam von einem zum andern. »Wie leicht ein Examen heute ist!« sagte er nur.

Sie verstanden ihn nicht. Marianne wollte allein heimfahren. »Morgen erzähle ich dir alles«, sagte sie. Aber sie zog ihn dann doch an der Hand zum Boot hinunter und sah sich um, ob niemand sie höre. »Du wirst lange bei uns bleiben, hat er gesagt«, flüsterte sie. »Ganz lange. Und niemand wird dir etwas antun. Kein Eis, kein Nebel, kein Wassermann. Niemand, Thomas! Und ganz lange wird es sein!«

»Wer sollte mir auch etwas tun, Kind?« fragte er lächelnd.

Sie sah ihn unbeweglich an, mit Augen, in denen noch die

Angst war. »Aber es ist gut, wenn man es weiß, Thomas... er sieht bis in die Ewigkeit hinein.«
Er blickte ihr eine Weile nach. Mit Joachim sprach er nicht mehr über die Fahrt.
Am letzten Ferientag, als Joachim sich nachmittags im Schloß verabschiedete und zu seinem Entzücken vom General eine alte, silberbeschlagene Tabakspfeife als Geschenk erhalten hatte, ging er mit Marianne zum Ufer zurück, wo er sein Segelboot festgemacht hatte. Die Zukunft war nun plötzlich ganz nahe gerückt, und die so lang ersehnte Welt des Schiffes, der Segel, der Kameradschaft stand mit einem Mal in einem harten, traumlosen Licht vor seinen Augen. Er fürchtete sich nicht, er zögerte nicht einmal, aber doch schien nun alles lieblicher und vertrauter, was er verließ, und etwas wie eine nachträgliche Erkenntnis überfiel ihn, daß er doch vielleicht zu schnell durch diese Jahre gelaufen war. Es würde nun kaum wiederkommen, denn bald würde er die Uniform tragen, und Kadetten, die unter der Uniform Kinder blieben, verachtete er aus Herzensgrund.
Er stieg langsamer in sein Boot als sonst und zog gleich das Segel hoch, das an dem losen Baum hin und her schlug. Dann stieg er noch einmal aus und trat auf Marianne zu. Sie stand ohne besondere Beteiligung da, glitt mit ihren Fingern an der Holzkette auf und ab und sah zu, wie die Sonne hinter der Bucht in den Wald sank. Die Vögel waren schon stiller als sonst, und durch die Bäume zur Linken sah man zusammengesetzte Garben auf der gelblichen Stoppel.
Endlich sah sie ihn an und sagte: »Ich wünsche dir alles Gute, Joachim. Und bitte dich, daß du niemals deinen Vater kränken möchtest.«

»Ja, weshalb?« fragte er erstaunt. »Siehst du denn nicht, daß wir uns prima vertragen?«

Sie sah ihm gerade in die Augen. »Es würde mir zuwenig sein«, sagte sie, »wenn ich mich mit Großvater ›prima vertrüge‹. Und auch ihm würde es zuwenig sein. Du darfst nie vergessen, daß dein Vater mehr ist als wir alle.«

»So?« meinte er erstaunt. »Na«, setzte er dann gutmütig hinzu, »du kannst, glaube ich, ohne Sorge sein. Und wenn wir erst verheiratet sind, werden wir eine prachtvolle Familie sein, da kannst du dich drauf verlassen.«

Das Blut war ihm nun doch etwas in die Wangen gestiegen, aber seine Augen sahen sie mit seiner gewohnten Sicherheit an. Wenn sie mich jetzt an den Ritt erinnert, dachte er, dann werfe ich sie ins Wasser.

Aber es fiel ihr nicht ein, sich an jenen Nachmittag zu erinnern. Sie schlug die Augen einmal nieder und sah ihn dann wie vorher an. »Wenn dies ein Antrag war«, sagte sie, »so ist es besser, du sprichst nicht mehr davon.«

Er starrte sie nur fassungslos an. Sie war doch jünger als er, wenn auch nur ein Jahr, weshalb sah sie nun plötzlich aus wie eine von den Frauen aus der Halle, die aus ihren Rahmen herunterblickten, als hingen sie schon ein halbes Jahrtausend dort?

»Ja«, sagte er verwirrt, »aber war das denn nicht selbstverständlich? Nach ein paar Jahren natürlich erst?«

Sie sah noch einmal zu dem schlagenden Segel hin. »Für dich ist immer alles so selbstverständlich, Joachim... ›langsamer mußt du gehen, junger Herr‹, hat er gesagt. Weißt du noch? Du denkst immer, daß alles dir gehört, aber die anderen wollen doch auch etwas haben.«

»Welche anderen?«

»Nun so ... im allgemeinen ... also leb wohl, Joachim, und werde nicht gleich Admiral.«

Sie reichte ihm die Hand, die er ohne Gedanken nahm, nickte ihm zu und ging dann zum Hause zurück.

Erst als das Boot vor dem Winde lag und das Segel sich füllte, begriff er alles. Er sah sie noch oben über den Rasen vor der Gartenterrasse gehen. Wie eine Mutter, die ihr Kind zur Schule gebracht hat, dachte er wütend.

Bildermann hatte ein Abschiedsmahl gerichtet, und es gab herrliche Krebse. Joachim aß mit Appetit und sprach von seiner ersten Reise um die Welt, aber dazwischen konnte er für eine Weile verstummen und auf die Erdkugel blikken, die groß und still in der Dämmerung leuchtete.

Später dann, als er mit seinem Vater noch einmal vor dem Herde saß, in dem schon ein kleines Feuer brannte, fragte er bescheiden, ob er noch etwas sagen dürfe. Es stellte sich heraus, daß er eine Reihe von Besprechungen gelesen hatte, die von der »Ethik des Seemannslebens« handelten, und daß er in Sorge war, einige Anschauungen des Buches könnten seiner eigenen Laufbahn schädlich sein, indem man die kritische Gegnerschaft nun auf ihn übertragen würde, derart, daß man den Sohn nun gleichsam handgreiflich entgelten ließe, was man dem Vater nur mit Tinte und Druckerschwärze zeigen konnte.

»Und wie hast du es dir nun gedacht?« fragte Thomas und sah ihn aufmerksam an.

Ja, ausgedacht hätte er es sich nun nicht genau, meinte Joachim verlegen. Aber vielleicht daß in einer zweiten Auflage, die ja bald zu erwarten sei, ein paar Stellen geändert oder gemildert werden könnten ... es seien ja auch höhere aktive Marineoffiziere unter den Kritikern ...

»Hältst du die Stellen für falsch, Joachim?«

Das könne er wohl noch nicht beurteilen, meinte dieser und drehte einen Holzspan zwischen den Fingern. Es war ihm nun doch sehr unbehaglich, daß er davon angefangen hatte.

Thomas rauchte eine Weile schweigend weiter, indem er die Spitze eines Weidenstockes achtlos im Feuer verkohlen ließ. Dann lehnte er sich zurück und sah Joachim an.

»Ich weiß nicht«, begann er, »ob du dir bewußt geworden bist, daß du einer anderen Generation angehörst als ich. Viel grundsätzlicher, als es immer schon der Fall gewesen ist. Wir haben keinen Krieg als Kind gehabt, keine Revolte, keine Inflation, um nur die äußeren Überschriften zu nennen. Es ist natürlich, daß ihr in vielem anders denkt, anders seht und sogar anders fühlt. Ob besser oder richtiger, wollen wir nicht untersuchen. Ihr denkt, daß wir den Krieg verloren haben, unser Geld, unser Ansehen und daß ihr das wieder einholen müßt.

Du hast auch schon am Ende deiner ersten Ferien gedacht, daß das hier etwas peinlich für dich sei. Laß mich ausreden, Joachim. Du hast gedacht, ich sei ein König über ein Dutzend Seen, während ich nichts war als der Diener eines Herrn. Nichts anderes war und auch nichts anderes sein wollte. Es war dir nicht ganz recht, daß ich meinen Namen und Stand vereinfacht hatte. Du warst zu jung, die Gründe zu begreifen, und bist es jetzt auch noch. Du kannst nicht verstehen, daß man Handschuhe auszieht, um mit bloßen Händen zu arbeiten, wenn man es nicht nötig hat. Aber ich bin dein Vater, ich habe fast fünfzig Jahre hinter mir, und du mußt es nun eben hinnehmen.

Nur eines will ich dir dazu sagen: Ich halte es für ehrenhaft, einfache Arbeit zu tun, ein Stück Land oder Wasser zu

betreuen, einem Kameraden Brot und ein Bett zu geben und daneben vielleicht noch ... nun genug. Ich halte es für nicht weniger ehrenhaft, als ein Geschwader zu führen.
Und noch eins: Wenn man erkannt hat, daß man das Netzestellen und das andere besser kann als das Geschwaderführen, dann hat man eben das Bessere zu tun, nicht wahr?
Ich habe viel nachgedacht über dich in diesen Jahren, ich hatte ja Zeit genug dazu. Ich bin glücklich, daß du einen Beruf haben wirst, zu dem zu berufen bist. Nicht alle haben das. Aber ich habe Sorgen, wenn ich auf deinen Weg sehe. Ich habe ein kleines Schiff gehabt, ihr wollt ein größeres haben. Ich bin Korvettenkapitän gewesen, ihr wollt Geschwaderchef werden. Wir haben Fehler gemacht, nicht nur mit Sachen, sondern auch mit Menschen. Ihr wollt keine Fehler machen, und wenn Sachen und Menschen widerstreben, wollt ihr trotzdem gewinnen. Ihr habt noch nicht vom Kriege gelernt. Ihr seht noch nicht, daß er mehr war als eine Folge von Schlachten.
Ich will gar nicht, daß du es leicht hast, leichter als ich. Ich will nur nicht, daß sie auch über dir die Flagge einmal niederholen und du über Bord gehst, verstehst du? Über euch allen nicht. Ihr sollt dafür sorgen, daß jeder Mann auf dem Schiff wie Bildermann ist. Er kommt nicht als Bildermann aufs Schiff, dieser ›Jedermann‹, aber ihr seid dazu da, daß er es in zwei oder drei Jahren geworden ist. Wer es nicht werden kann: hinunter mit ihm! Oder hinunter mit dem, der es nicht fertiggebracht hat!
Und dazu ist ein neues Geschlecht nötig, nicht nur ein junges, sondern ein neues. Eines, das besitzt, was wir noch nicht hatten. Ein Geschwaderchef, der seine Flagge niederholt, gehört vors Kriegsgericht und an die Wand, Mann vor

dem Mast und Geschwaderchef, verstehst du? Wir haben alle vor ein Kriegsgericht gehört, außer denen, die dabeigeblieben sind.

Es wird dir jetzt noch wenig helfen, was ich hier sage, denn ihr glaubt uns nicht mehr. Und das ist mehr unsere Schuld als eure. Ihr glaubt uns nicht, weil ihr zuviel an euch glaubt, und ein Seemann muß an mehr glauben als an sich selbst, Joachim. Jeder Mensch muß das. Der Krieg hat uns mehr gekostet als unsere Schiffe, und er muß mit mehr eingeholt werden als nur mit neuen Schiffen.

Ich weiß, du wirst denken, daß dein Vater kein Soldat sei, und du hast nicht ganz unrecht damit. Er war niemals ein geborener Soldat, und deshalb ist er jetzt dabei, etwas anderes zu versuchen, etwas Einfacheres. Sie tadeln ihn, und du fürchtest, daß sie auch dich tadeln werden, weil du sein Sohn bist. Nun, du hast nur zu zeigen, daß du ein besserer Soldat bist oder werden willst als dein Vater. Ob du nach dreißig oder vierzig Jahren auch noch einmal etwas anderes werden willst, weiß ich nicht. Aber jetzt, im Augenblick, ist es, glaube ich, nicht gut, wenn du verlangst, daß dein Vater die Flagge streicht, um dir den Anfang leichter zu machen, nicht wahr?«

Er klopfte seine Pfeife aus und stand auf. Einen Augenblick lang sah er noch auf die Erdkugel nieder, die jedes Seemanns große Heimat war. Dann gab er Joachim die Hand. »Lieber Junge«, sagte er »wir fangen alle an, und manchmal mußt du ein wenig Geduld mit mir haben.«

Joachim war blaß geworden, und hinter seiner gefalteten Stirn arbeiteten noch alle Gedanken dieser Stunde. Aber er nahm nur die Hand und sagte: »Gute Nacht, Vater.«

Dann ging er zum letztenmal in seine Rohrhütte.

Bildermann brachte ihn zur Bahn. »Es ist nicht gut, noch

einmal davon zu sprechen, Joachim«, sagte Thomas. »Deshalb bleibe ich lieber hier, und auch dir wird es leichter sein ... vergiß uns nicht.«

Joachim nickte nur. Das Herz war ihm viel schwerer, als er gedacht hatte.

Thomas stand am Ufer und sah ihnen nach. Bildermanns Mützenbänder wehten, und Joachim saß am Steuer. Das weiße Segel blitzte in der Sonne. Als es niedergeholt war, winkten sie noch einmal zurück. Dann nahm der Wald sie auf. Bildermann trug den Koffer auf seinen breiten Schultern.

Thomas ging langsam zur Rohrhütte hinauf und setzte sich vor die erkaltete Feuerstelle. Er rauchte seine Pfeife und blickte auf die geschwärzten Steine. Der Himmel war hoch und blau, ein leichter Wind ging, und es war ganz still. Die Insel schien ihm groß und leer, und er dachte nach, wieviel ein Mensch in fünfzig Jahren verfehlen und versäumen konnte, ohne den Mut zu verlieren. In der weißen Asche lag ein bläulicher Angelhaken, den Joachim hier verloren haben mochte. Er hob ihn auf und drückte die Spitze leise gegen seine Fingerkuppe. Es war ein dreiteiliger starker Haken, wie man ihn für Hechte verwendete. Er würde an Schwester Beate schreiben, daß sie ihm das Holzschiff schickte, das Joachim damals im Bett gehabt hatte. Er hatte nichts von ihm, das er ab und zu in die Hand nehmen und betrachten konnte.

Dann war es Zeit, die Netze zu holen, und er ging noch einmal ins Haus, um den Angelhaken zuwischen die Masken im Schrank zu legen.

Joachim hatte zwei Stunden mit der Nebenbahn zu fahren, ehe er die Schnellzugstation erreichte. Eine Viertelstunde, ehe sein Zug ankam, lief der Nachtzug aus der Hauptstadt auf dem gleichen Bahnsteig ein. Er liebte es, zuzusehen, wie die beiden Signalarme an dem hohen Mast weit draußen in die Höhe gingen, wie in der Ferne der weiße Rauch über dem Walde erschien und das niedrige, schwere Bild der Lokomotive zusehends wuchs, wie die Schienen erbebten und in einer einzigen Woge rasenden Donners das Ganze vor seinen Füßen zum Stehen kam. Er liebte es, die Gesichter an den Fenstern zu betrachten, die wenigen Aussteigenden, den Zugführer mit der roten Tasche und die öltriefenden gewaltigen Räder der Maschine, an denen die blitzenden Gelenke wie in einem Schiffsleib auf das Signal warteten.

Vor ihm verlor eine ältere Dame mit durchdringenden blauen Augen ein braunes Halstuch, das über ihrem Arm gelegen hatte. Er hob es auf, holte sie ein und überreichte es ihr mit ein paar höflichen Worten. Sie sah ihn an, als wollte sie sein junges Gesicht nie vergessen und bedankte sich. »Bitte gehorsamst«, sagte er und schlug die Absätze zusammen.

Es war die Schwester des Generals, die der König »in sein Haus« genommen hatte und die nach vielen Jahren sich im Schloß angesagt hatte, um ihr Patenkind wiederzusehen.

Sie gehörte zu den Platens, von denen der Fischer gesagt hatte, daß sie außen wie Wölfe und innen wie Lämmer seien. Aber diese war zum mindesten ein wehrhaftes Lamm. Am gleichen Abend noch saß sie mit ihrem Bruder vor dem Kamin in der Halle und legte ihre Patience. Sie hatte ihre einfache Stahlbrille dazu aufgesetzt, und ihre schönen ringlosen Hände legten jede Karte so sicher und ruhig auf ihren Platz wie ein Fliesenleger seine Fliesen. »Sie geht auf, Christian«, sagte sie. »Natürlich geht sie auf!« Sie blickte noch einmal auf die geordneten Päckchen,

nahm die Brille ab und sah den General an, der ihr freundlich zunickte.
»Du nickst, Christian«, fuhr sie fort, »aber damit ist es nicht getan. Ich will nicht sagen, daß ihr wie die Heiden lebt, denn ihr habt einen Kaplan im Hause wie die Nibelungen. Aber ich will sagen, daß ihr wie die Wilden lebt, und Gabriele von Platen weiß, was sie sagt.« Der General setzte das Glas mit dem roten Wein zurück und sah sie nachdenklich an. »Erinnere mich, Gabriele«, sagte er gutmütig, »immer stark in Thesen gewesen. Einmal behauptet, jeder zweite Kuhmelker in Preußen zu erschießen. Erinnerst du dich noch? Stritten uns eine Woche darüber. Aber nun wirklich erstaunt. Das Mädchen dich im Lendenschurz bedient? Oder Johann nach dem Essen Ring durch die Nase gezogen?«
Sie winkte nur mit der Hand. »Nicht übel, Christian, aber hier geht es um mehr als um Nasenringe. Hast du gedacht, daß das letzte Patenkind deine Stiefel und deinen Rotwein erben und seinen Lebensinhalt in der Zucht von Herdbuchvieh erblicken soll?«
»Aber Gabriele ...«
»Nichts mit ›aber Gabriele‹! Ist dir klargeworden, daß dein Enkelkind noch nie ein Konzert gehört und nie ein Theater gesehen hat? Daß sie keine fremde Sprache fließend spricht außer ihrem Schiffsenglisch? Daß sie nicht weiß, was ein Walzer ist, von einer Quadrille zu schweigen? Daß für sie die Welt auf einem anderen Stern liegt und daß sie nicht weiß, auf welcher Seite man in eine Straßenbahn einsteigt? Weißt du das, Christian? Und tausend andere Dinge dazu?«
»Hat ein wunderbares Herz, Gabriele«, sagte er bekümmert.

»Ich trage eine Brille zum Lesen, Christian«, erwiderte sie liebevoll, »aber ich bin nicht blind. Alte Leute denken immer an sich und meinen es noch gut dabei. Aber weder wird eine Prinzessin ihr Herz an dich verlieren, noch ein Prinz das seinige an mich. Wir leben nur von ihren beiden Augen, Christian, und sie sollen von dieser Welt das Ausreichende erfahren, ehe sie sich hier für immer einrichten und einen Mann wählen, der unseren Namen weitererben soll. Nicht wahr?«

Er nickte nur bekümmert.

»Na also. Ich will euch bis zum Herbst Zeit lassen und will mich mit zwei Jahren begnügen. Das ist wenig, aber in zwei Jahren kann Gabriele von Platen eine ganze Menge leisten. ›Meine liebe Platen‹, pflegte Ihre Königliche Hoheit zu sagen, ›Sie sind keine Aphrodite, aber sie haben Kavalleristenhände.‹ Sie hatte ein gutes Herz, die Hoheit, aber sie war nicht immer sehr taktvoll. Du bekommst das Kind zurück, wie der liebe Gott es gewollt hat, das heißt unverändert in seinem ›wunderbaren Herzen‹, aber reichlich verändert in Haltung, Form, Klugheit und so weiter. Die letzte Platen hat mehr zu können als reiten, segeln und Fische fangen. Und du weißt, wenn Johann Friedrich am Leben geblieben wäre, dann wäre es von selbst so gekommen. Bei mir gehen nämlich immer noch ganz bemerkenswerte Leute ein und aus, obwohl ich keine Aphrodite bin.«

»Parzen heißen die anderen, glaube ich«, sagte der General. »Gekommen, Lebensfaden abschneiden ...«

»Ach, Bruder Christian«, erwiderte sie, »Er ist ja leider zäher, als wir denken ... lümmle Er sich da nicht herum, Er altpreußisches Gepenst, sondern bringe Er mir eine Flasche Bier von der Mamsell, verstanden?«

Johann gehorchte, so schnell seine Gamaschenbeine es

erlaubten. Nicht nur das Meer schien rätselhafte Gestalten auszubrüten.

»Das Kind fragen«, sagte der General zum Schluß. »Nicht gegen seinen Willen, Gabriele!«

»Gut! Wenn auch diese alle nicht nach ihrem Willen gefragt worden sind.« Sie wies mit der Hand einmal die Reihe der Bilder entlang. »Würden sonst kaum hier sitzen, wir beide, Christian. Aber auch die Preußen haben sterbliche Stellen ... wenn du ihn übrigens wegschicken könntest, Bruder, diese Schießbudenfigur namens Johann, dann könnten wir beide noch in Frieden eine Zigarre rauchen, nicht? Übrigens weißt du hoffentlich, daß ich das Kind liebhabe, nicht? Mehr als erlaubt?« Ja, darüber war er beruhigt.

Das Kind wurde wieder blaß bis in die Lippen, aber es hörte tapfer zu. »Es ist nicht meinetwegen, Großvater«, sagte es schließlich, »aber wer wird mit dir reiten und abends bei dir sitzen?«

»Nun, nun ...« meinte er heiser, »stille Leute genug, Kind ... an dich denken ... Tage zählen ... der Mann drüben noch einsamer ...«

Ob sie Thomas fragen dürfe? Ein guter Gedanke. Schiedsspruch, dem sie sich unterwerfen wollten.

Sie saßen auf einem umgestürzten flachen Kahn, den Bildermann zum Teeren ans Ufer gezogen hatte. Ein dünner Nebel stand über dem See und fiel feucht und kühl in ihr Haar. Die wilden Birnbäume begannen sich schon zu färben, und die Eichelhäher trugen schon die Früchte der alten Bäume in ihr Winterversteck. Es würde einen kurzen Herbst geben.

»Du weißt, Kind, daß es für uns alle schwer sein wird«, sagte Thomas, »aber es ist selbstverständlich, daß du gehst. Auf einer Insel darf man sich erst einrichten, wenn man weiß, was die Welt ist.«

»Muß man es wissen?«

»Ja, das muß man. Sie haben es alle gewußt, die in eurer Halle, und sie haben einen weiteren Weg gehabt als du, Kind. Bis zum Oranje-Fluß ist es weit... du willst nicht weniger sein als sie?«

Sie schüttelte den Kopf.

»Was sind zwei Jahre, wenn man jung ist... erst spät fängt die Zeit an, langsam zu laufen, Kind. Aber auch dann holen wir sie nicht ein...«

»Ihr werdet mich vergessen, Thomas.«

»Meinst du?« Er lächelte zerstreut und stand auf. »Wir werden wieder auf dem Ozean sein, Kind. Aber wir werden beide am Klüver stehen, Bildermann und ich, verstehst du?« – »Ja, Thomas.«

Es war ihr letzer Wunsch vor der Abreise, daß sie für sie ein Kartoffelfeuer auf der Insel anzünden sollten und daß sie mit Bergengrün dabeisein dürfe, der nun zu seinem Examen fuhr.

Thomas war den ganzen Tag auf dem kleinen Feld gewesen, und sein Rücken schmerzte, aber es war doch schön gewesen, die braunen, sandigen Früchte zwischen den Fingern zu halten und sie in den Korb zu werfen, der in der Furche vor ihm stand. Vierzig Jahre waren vergangen, seit er es zum letztenmal getan hatte, und wenn er sich aufrichtete, auf seine Hacke gestützt, und über das stille Wasser und die gelben Wälder sah, konnte er meinen, er habe nie etwas anderes getan in diesen Jahrzehnten und sei aufgewachsen auf dieser Insel bei solchem Tagwerk, mit keinem anderen Ziel, als seine Frucht vor jedem Winter in den Keller zu bringen.

Nach dem Mittagessen hatte er Bildermann in den Wald geschickt. Es würden noch Pilze zu finden sein, und sie wollten sie am Feuer braten. Er trug langsam das Kraut zu einem hohen Haufen zusammen und schwamm dann noch ein Stück hinaus. Die Sonne wärmte noch, aber das Wasser kam schon kalt aus der Tiefe herauf.
Sie zündeten das Feuer erst an, als die Sonne im Sinken war. Der weiße Rauch stieg in die Höhe und zog dann zwischen den braunen Eichen davon. Bildermann legte die Karoffeln in die Asche und säuberte die Pilze. Das Herz war ihnen ein wenig schwer, und Thomas meinte, daß nun für sie alle die Jugendzeit zu Ende sei. Aber wenn sie wieder hier säßen, in zwei Jahren, dann würden sie sehen, ob es noch immer schön sein würde für sie alle, an einem Feuer zu sitzen und sich von den Früchten der Erde zu nähren.
Es zeigte sich, daß Bergengrün am meisten des Trostes bedurfte, und Bildermann unterrichtete ihn, wie lange die Pilze auf der Glut bleiben durften und wie man sie mit einem Tuch ausdrücken mußte, bevor man das Salz darüberstreute. Aber Bergengrün meinte, daß das hohe Konsistorium ihn kaum nach solcher Wissenschaft fragen werde und daß er schwarzsehe, wenn er an die Zukunft denke.
Was aber sollten die wohl tun, fragte das Kind, die beide hier allein wie auf Salas y Gomez zurückblieben, wenn er schon verzagen wollte?
Ach, sagte Bildermann, da solle das kleine Fräulein sich doch nicht so viele Gedanken machen. Was sein Herr sei und er, so hätten sie wohl schon manches Salas y Gomez hinter sich gebracht, und wenn sie am Abend vor dem Feuer sitzen würden, so sei ja auf der Weltkugel wohl auch noch der Ort zu finden, wo das kleine Fräulein sich gerade die Perlen um den Hals legen würde, und dann würden sie

wissen, daß es bei jeder Perle an einen Tag auf der Insel denken würde und bei der letzten und größten gerade an diesen letzten Tag. »Einsam, kleines Fräulein, ist erst der Mann, der seinen Kompaß wegwirft.«

»Du bist klüger als wir alle, Bildermann«, sagte Thomas.

Die Dämmerung kam leise über den östlichen Wald. Die Wildgänse flogen so hoch, daß man sie nur wie Schatten sah, und ihr unruhiger Ruf war lange zu hören in der stillen Luft. Über den Wiesen zog der Nebel auf, und der Abendstern funkelte schon weiß durch die Eichen. Sie standen auf und gingen langsam zum Ufer hinunter. Hinter ihnen brannte das Feuer rot und tröstlich vor dem dunklen Hang.

Marianne holte ihren Mantel aus dem Haus. Das Birkenholz glühte im Herd und erhellte den Raum mit einem schwachen Licht. Thomas zog ein kleines Kästchen aus grünlichem Holz zwischen seinen Büchern hervor und nahm eine dünne Granatkette mit einem schmalen Kreuz heraus. Er hielt sie in der offenen Hand und sah sie noch einmal an, ehe er sie dem Kind reichte. »Sie ist von meiner Mutter«, sagte er, »und ich möchte, daß du sie mitnimmst... sie war eine tapfere Frau, und sie hatte ein fröhliches Herz.«

Er schüttelte den Kopf, als sie sprechen wollte, und half ihr in den Mantel. »Hab Dank für diese Jahre«, sagte er auf der Schwelle.

Sie ging neben ihm zum Ufer hinunter, so gerade, als säße sie zu Pferde, aber sie sprach kein Wort mehr. Eine Weile war das Boot noch zu sehen, dann verschwamm es mit dem Wasser und dem Wald, und nur Bergengrüns Ruderschläge waren noch lange zu hören. Sie waren immer noch unregelmäßig wie beim erstenmal.

»Nun ist die Sonne unter, Kapitän«, sagte Bildermann leise.

»Ja, Bildermann«, erwiderte Thomas, »nun müssen wir nach den Sternen steuern.«
Dann ging er zu dem kleinen Feld, um noch einmal Kraut auf die Glut zu werfen. Bis zur Bucht konnten sie sich dann nach dem Feuer richten.

10

Schon im November fiel Schnee bei östlichem Wind und blieb liegen. Die Engerlinge waren tief in der Erde. Dompfaffen und Seidenschwänze saßen in den Fichtenwipfeln, alles zeigte einen strengen Winter an.
Thomas und Bildermann waren viele Tage auf Schlittschuhen unterwegs gewesen, um Wuhnen in das Eis zu schlagen und mit jungen Fichten die Wege zum Schloß und zur Försterei auszustecken. In der ersten Adventswoche fischten sie mit dem großen Netz einen ganzen Tag lang. Die Leute vom Schloß halfen ihnen; es war üblich, daß kein Fremder dabei war.
Dann legten sie die Schlittschuhe beiseite, und Bildermann holte die Schneeschuhe vom Boden herunter. Sie waren aus Birkenholz, ganz leicht, und Bildermann war sehr stolz auf seiner Hände Werk. Der General hatte den Jäger entlassen, der zu viele Freundschaften in den Dörfern ringsum besaß, und Thomas gebeten, sich etwas um den großen Wald zu kümmern. Für die Fütterung des Wildes sorgte er selbst, aber es war gut in diesen Zeiten, wenn die lautlosen Läufer ab und zu unterwegs waren und man die schmalen Doppelspuren kreuz und quer durch die Wälder ziehen sah. Bildermann hatte eine zweite Büchse bekommen, trug einen Jagdschein in der Brusttasche, und an windstillen Tagen, wenn der Schnee schon am Morgen zu fallen begann, stand er in der Dämmerung vor Thomas, der sich noch den Schlaf aus den Augen rieb, und erbat sich Urlaub.

Es sei so ein Wetter für lichtscheue Gestalten, und er denke sich zu erinnern, daß auch die großen Elch- und Bärenjäger in Finnland oder in Lappland schon um diese Tageszeit ausführen, wo das Knicken eines Astes meist meilenweit zu hören sei. Das Kaffeewasser sei aufgesetzt, das Feuer im Herde brenne, und der Kapitän könne ruhig noch ein oder zwei Stunden schlafen.

Er legte noch eine Kohle in seine Morgenpfeife und schloß dann leise die Tür. Glitt er von dem Hause den Uferhang hinunter und auf die ebene Fläche hinaus, um die die dämmerdunklen Wälder lautlos standen, so glaubte er, hoch oben jenseits des Polarkreises zu leben und einer der einsamen Jäger zu sein, die nichts Lebendiges kannten als das Wild und vor deren Auge kein anderes Zeichen des Lebens in die unendlichen Schneefelder geschrieben war als die Fährten des Wildes, die dunkelgrau über den weißen Spiegel liefen, bis ihre Ränder im ersten Morgenrot aufglühten und bläuliche Schatten warfen.

Er ermüdete nicht. Seine Augen hatten bald gelernt, die Spuren zu lesen, die der Mensch oder das Tier in den Schnee schreiben, und bald wußte er zwischen dem zu unterscheiden, was ihn anging, und dem, was man lieber dem General oder dem Rentmeister überließ. Aber außer der Fährte eines wildernden Hundes, die er mit Erbitterung betrachtete, fand sich nichts Gefährliches. Man wußte in den Dörfern bald, daß der Mann mit den wehenden Mützenbändern auf schmalen Brettern tags und nachts unterwegs war, und man erinnerte sich, daß er Augen hatte, unter denen es einem leicht unbehaglich wurde. So ging man besser in den Staatsforst, wo die Beamten keine Zauberbretter unter den Füßen trugen und wo die

Gebräuche selten waren, die Bildermann den Ländern jenseits der Polarkreise zuschrieb.

Verließ Thomas ein paar Stunden später das Haus, so achtete er wohl auf die Fährte wie sein Vorläufer, aber seine Augen nahmen noch andere Dinge wahr, und mitunter blieb er lange in ihren Anblick versunken, fast verloren, in die langen Fichenschatten über einem Lärchenhang, in das Geflecht eines Haselnußstrauches, der, mit lockerem Schnee beladen, sich wie ein Scherenschnitt in den roten Morgenhimmel hob, in eine ferne blaue Wälderlinie, vor der ein Haus mit tiefem Giebel stand, und der Rauch stieg langsam und gerade über die Wipfellinie hinauf, wo die Sonne ihn rötlich wie eine Wolke durchglänzte.

Es schien ihm, als wisse er nun erst, was Stille sei, der tiefe Atem eines Daseins, das nichts wollte und begehrte, nichts zu bedauern und sich an nichts zu erinnern hatte, das nicht fröhlich oder traurig war gleich einem menschlichen Herzen, sondern das abrollte wie eine Sternenbahn, groß, weil es ein Gesetz erfüllte, und gut, weil es notwendig war. Friede ging von ihm aus wie von allem Vollendeten, und sichtbarer als in der menschlichen Welt war hier, daß der Tod in das Leben verschlungen war, so tief verschlungen wie das Netzwerk auf einer Kugel, wo der Horizont kein Ende ist, sondern nur die flüchtige und immer wechselnde Grenze zwischen dem Beleuchteten und Unbeleuchteten, und überall ist immer Tag, und überall ist immer Nacht.

Auch verließ Thomas nun häufiger die ihm vertraute Landschaft. Die überall gleiche weiße Decke verlockte ihn ins Unbekannte, und schoben sich Hügel und Wälder allzu hindernd in seinen Weg, so brauchte er nur zu einem der schmalen Bänder hinunterzugleiten, mit denen die zahllosen Seen sich eben und spurlos durch die Landschaft flochten. Es kam nun vor, daß er in einem fremden Dorf einkehrte, daß er mit fremden Mensch ein Wort wechselte, ja daß er Meinungen und Begebnisse in sich aufnahm und sie überdachte, ehe er wieder in seine Stille zurückkehrte. Aber das meiste war, wie es gewesen war, ohne Freude und ohne Frieden. Die Raben flogen noch immer um das Land, es gab wenig Hoffnung in den Gesichtern, die er sah, und das Leben trieb wie ein Schiff ohne Steuer und Masten dahin. Der Wind bewegte es, und die Windstille hielt es an, aber alle Küsten lagen hinter Nebeln. Propheten standen auf der Brücke und weissagten, aber vor dem Mast standen andere und weissagten den Untergang der Weissagenden, und die Kinder liefen müde von einem zum anderen, ob nicht aus den Weissagungen Brot wachsen würde. Aber es wuchs nur Verzückung oder Haß.

Müde kehrte er dann heim, oft erst um die Dämmerung, sah das Licht der Lampe auf den Schnee hinausscheinen und wußte, daß der Raum des Friedens nur so groß war, wie seine Arme ihn umspannen konnten, daß immer der einzelne beginnen müsse, ehe viele aufbrechen dürften, und daß erst aus der unendlichen Mühe Weniger und Hingegebener ein Wort oder eine Tat reifen könne, so wie der Wein nicht aus einer Traube fließe, sondern erst aus der gehäuften Kelter.

Bildermann hatte den Tisch gedeckt und das Feuer geschürt. Die Lampe brannte, die Weltkugel hing im freien Raum, und die Bücherreihen sahen ernst herab, eine immerwährende Mahnung, daß die Menschheit sich Mühe gegeben hatte, Tausende von Jahren lang, und daß alle Mühe nicht verhindert hatte, daß der Tod über die Erde ging, der Unfriede, der Haß, die Verzweiflung. Aber daß auch alles dieses nicht verhindert hatte, daß man sich weiter Mühe gab, als liege es nur an einem Zauberwort, das zu finden sei, und einmal, vielleicht morgen, vielleicht in der Ewigkeit, werde es gefunden werden.

Dann spülte Bildermann das Geschirr und setzte sich mit seiner rätselhaften Arbeit vor den Herd: große Rahmen, zwischen die er Drähte spannte, Spulen, die er umwickelte, seltsame Lampen, die er grübelnd in der Hand hielt, ehe er sie hier und da befestigte. Er bat, ihn nicht danach zu fragen, bevor es fertig sei oder in den See geworfen werde, und dazwischen hob er seine »Meeraugen« auf und blickte auf die Weltkugel oder auf seinen Herrn, der über einem Buche saß, die Stirn in beide Hände gestützt, oder müde ins Feuer sah, in dem die leisen Stimmen des verkohlenden Holzes klagten und sangen, leiser wurden und sich wieder erhoben. Der Wind stieg im Schornstein auf und ab, der Schnee trieb an die Fensterscheiben, fern in den Wäldern riß der Frost einen Baum auf, oder ein langer Spalt öffnete sich mit gellendem Schrei im Eis der Seen.

Dann sahen sie beide auf und lauschten hinaus, aber die Insel bebte nicht unter ihren Füßen, das Dach schwankte nicht, die schwarzen Balken spannten sich unerschüttert über ihnen, und das Pendel der Uhr ging eintönig durch die Stille, maß die Stunden, ließ die Zeiger rücken und gab nicht zurück, was es gemessen hatte.

Thomas schob das Buch zur Seite, legte den Kopf gegen die Lehne seines Stuhles und sah zu den Balken der Decke hinauf. Wo gingen die Füße nun über die Erde, die lange neben ihm gegangen waren? Die Frau schwieg, und er wußte von ihrem Leben soviel wie von dem der Seidenschwänze, die eines Morgens auf den Eichenwipfeln saßen und am Mittag verschwunden waren, ohne Spur und ohne Laut. Joachim schrieb, daß es ihm gut gehe, daß sie bald mit den schriftlichen Arbeiten beginnen würden und daß er sich nicht fürchte. Der Direktor sei ihm immer noch wohlgesinnt, und eher würde er wohl einen der Pauker durchfallen lassen als ihn. »Dein gehorsamer Sohn Joachim von Orla« stand darunter.

Er lächelte und klopfte seine Pfeife aus. Es war hübsch, daß er so schrieb, aber gehorsame Söhne gab es wohl nur noch in Briefen. Die Zeit war über sie hinweggegangen.

Auch das Kind schrieb, oft, jede Woche. Es schrieb, was es tue und lerne, sehe und höre. Aber nicht, was es dachte. Es blieb Thomas überlassen, das aus den geraden Schriftzügen herauszulesen. Ja, sie wisse nun schon ungefähr, wie man in einem Laden etwas bestelle, was man haben möchte, auch wie man es nicht nehme, wenn es einem nicht gefalle. Auch wie man einen Wagen heranwinke und mit einem Besuch spreche, der zur Großtante wolle. Und sie wisse, wie es sei, wenn in einem Konzert die Bögen aller Geigen sich gleichzeitig erhöben und man darauf warte, daß der nächste Ton einen in der Brust schmerze.

Jede Woche gab es Neues zu melden, an Kenntnissen und Erfahrungen, aber von dem, was Thomas wissen wollte, stand wenig in den Briefen. »Ich bin ganz gehorsam«, war etwa unten an den Bogen gefügt, oder »Ich habe von der Insel geträumt«, oder »Laß den Großvater nicht soviel allein am Feuer sitzen.« Auch daß die Großen beschlossen hatten, sie solle in den zwei Jahren nicht nach Hause kommen, weil der Abschied ihr dann zu schwerfallen würde. »Hierin haben sie recht«, hatte sie dazugefügt.

Thomas antwortete ihr regelmäßig. Er hatte so wenige Briefe zu schreiben. Er erzählte das wenige, was sie erlebten, aber er erzählte es liebevoll und umständlich. Er vergaß keinen Schneefall und kein großartiges Abendrot,

auch keine von Bildermanns kleinen Geschichten, die er aus der Seekiste des Lebens auspackte. Er vergaß auch nicht, zu schreiben, was er las, und daß sie zwölf Fallen gegen die Mäuse gebaut hatten, denen das Garn der Netze so gut zu schmecken schien. Nach seinen Briefen schienen sie in einem verschneiten Garten Eden zu wohnen, wo sie die Dompfaffen, Meisen und Hasen fütterten, wo sie sich die Eiszapfen aus den Haaren brachen und der Engel mit dem Feuerschwert vor der Schwelle stand, um niemanden zu ihnen hereinzulassen. Er wußte nicht, daß das Kind jeden letzten Brief unter seinem Kleid auf dem bloßen Herzen trug und daß das Hoffräulein außer Diensten einmal in der Woche ihm zärtlich über die Wangen strich und sagte: »Nun, meine Liebe, wieder Thomastag heute?«
Vielleicht würde er es auch nicht geglaubt haben, denn die letzten zehn Jahre waren hart für seinen Glauben gewesen, für den an die göttliche Weltordnung wie für den an die Menschen. Er hatte zu viel gesehen, und seine Augen waren immer noch scharf. Auch wurden seine Gedanken immer furchtloser und zeigten immer mehr den zähen und fast erbitterten Drang, eine Sache zu Ende zu denken, nicht nur bis zu dem festem Grenzsteinen des Herkömmlichen, der Tradition oder der Pietät, sondern darüber hinaus, ganz weit hinaus sogar, so weit wie ein Gedanke überhaupt nur laufen konnte, ehe er an den Grenzen der menschlichen Vernunft niederfiel und sich ergab.

In der Ordnung aber, die er sich so erdachte, hatte der Mensch ein anderes Gesicht als das, wovon man in seiner Jugend gesprochen hatte. Und es schien ihm, daß auch Gott nicht mehr das gleiche trüge. Es war, als zöge es sich immer weiter zurück von diesem blutigen Stern, als würde es immer starrer und unnahbarer, ja als fließe es ganz in der

Ferne langsam mit dem zusammen, das etwa über dem Erbarmungslosen der Natur stand, über den lautlosen Schlachten der Tiefsee oder der glühenden Dämmerung der tropischen Urwälder. Als stehe es nun auch ebenso über den wirren Wegen der Menscheit, ja über dem verschlungenen Leben des einzelnen. Über den zerrissenen und verbrannten Körpern zu beiden Seiten der verrosteten und zerfallenen Drahtverhaue; über den grauen, weit offenen Augen derer, die auf den Ozeanen unter den schreienden Vögeln trieben oder längst in die Tiefe gesunken waren; über den endlosen, schweigenden Zügen der Kinder, über denen der Finger des Hungers aufgehoben war oder das Messer des Schlächters.

Als stehe es über allem diesem so streng und eisig wie ein erzenes Götterbild oder so glühend wie ein Moloch, Augen ohne Wimpern, ein Mund, der nicht lächelte oder weinte, ein Ohr, das nichts vernahm. Als sei dies Gesicht nichts als die bleiche Form eines unerbittlichen Gesetzes, vor dem die Träne nicht mehr war als der Regen oder Tau und der Schrei nicht mehr als der Donner der Woge und das Stöhnen ganzer Städte und Reiche, nicht mehr als der flüchtige Laut des Windes, der über die Oberfläche eines von tausend und aber tausend Sternen ging.

Nein, es war ihnen beiden nicht mehr viel geblieben von der schönen Zeit, in der sie Gott gebeten hatten, ihre Holzsäbel zu segnen, und auch nicht viel von der anderen Zeit, in der die Priester aller Religionen gebetet hatten, daß Gott ihre stählernen Klingen und die Münder ihrer Kanonen segnen möchte. Es war ihnen nichts als ein bitterer Bodensatz geblieben. Sie wußten, daß Blut anders schmecke als Wein und daß die Augen der Toten gebrochen waren. Sie hatten Schiffe im Feuer zu den Sternen fliegen sehen und Menschen hinter Gittern, die um Abfälle kämpften, über die die Füße der Tiere verachtend hingingen. Sie erkannten Gesetz und Ordnung auch darin, aber sie wollten es nicht mehr ein göttliches Gesetz und eine göttliche Ordnung nennen. Es schien ihnen Namen in allen Sprachen zu geben, die das besser und richtiger und deutlicher benannten.

Sie rühmten sich nun dessen nicht etwa, es war ihnen sogar beiden, als hätten sie etwas verloren, was ihnen lieb gewesen war und womit sie ausgezogen waren zur Eroberung dieser Welt. Einen guten Kameraden, wortkarg, aber immer da, immer zuverlässig, der nie fragte, aber den man alles fragen konnte, so spärlich auch seine Antworten waren. Sie hatten manche Stunde nur dadurch bestanden, daß er da war, und manches nur tun können, indem sie vergaßen, daß er da war. Nun waren sie allein nach dem großen Schiffbruch, vorläufig noch zu zweien, aber einmal würden sie ganz allein sein, nur auf das eigene Herz gestützt. Sie sahen ohne Spott auf die anderen, die ihn immer noch neben sich gehen sahen, aber auch ohne Wehmut. Sie sahen nur mit stillen Augen zu, wie es nun weiter sein würde mit den anderen und wie lange der Stille noch bei ihnen bleiben würde.

Sie hatten die Jahre entgegengenommen, wie sie ihnen gereicht worden waren. Sie hatten überhört, was man dazu an Reden oder Deutungen mitgereicht hatte. Die Gabe selbst hatte ihnen genügt, und sie hatten sich ihren eigenen Vers darauf gemacht. Er war anders als die öffentlichen Verse, nüchterner und kürzer, aber sie wußten, daß sie damit auskommen mußten, und sie kamen eben aus.

Auch mit dem Weihnachtsabend, der so still über die Insel kam, als lebten sie auf einem Leuchtturm. Der General war

zu seinem Enkelkind gefahren, und er hatte sogar gefragt, ob Thomas ihn begleiten wolle. Aber dieser hatte den Kopf geschüttelt. In der Frühe war ein großer Korb vom Schloß gekommen, eine Kiste von Frau von Orla und ein Päckchen von Marianne. Johann hatte mit Bildermann die Kiste ins Haus getragen und am kleinen Herd gedankenvoll in dem Glühwein gerührt, der auf dem Feuer heiß wurde. »Wat schall wi mit'n Boom?« hatte er düster gesagt. »De olle Gnädge hefft ihr mitnamen, unn nu hucke wi as de Aape op'm Tuhn.« Auch für Affen seien zwei Jahre eine kurze Zeit, hatte Bildermann tröstend gemeint, er habe gehört, daß die großen Sorten sehr alt werden könnten. Aber Johann blieb beim Kopfschütteln, und nach dem dritten Glase band er sich den Schal wieder um den Hals und stapfte durch den Schnee davon. Der Schlitten, den er hinter sich herzog, sah aus wie ein Kinderspielzeug.
In der Dämmerung war Thomas noch im Forsthaus gewesen und hatte ihre kleinen Gaben auf den Tisch gelegt. Oben war der ruhelose Schritt hin und her gegangen, und die Diele hatte noch immer geknarrt. Der Alte hatte am Ofen gestanden und auf die Eisblumen an den Fensterscheiben gesehen. »Ja, lieber Herr«, hatte er gesagt, »sie meinen ja nun alle, daß der Stern nur für die Dummen sei, oder daß er untergehe oder auch niemals geschienen habe. Ich denke, daß vieles untergegangen ist oder auf dem Wege dazu ist, aber der Stern, lieber Herr, der Stern steht immer noch über allen dunklen Häusern ...und die Heiligen Drei Könige, lieber Herr, was sollten sie denn anfangen, ohne ihren Stern? Und die Toten, die heute wiederkommen, um eine Stunde bei ihrer Mutter zu sein, wie sollten sie den Weg finden ohne den Stern.«
Er stand da, groß und gebeugt, das Haar nun schon über

die Schläfen hinaus weiß geworden, aber seine Augen waren immer noch die gleichen, glänzend, wie alle Kinderaugen es an diesem Abend waren, wiewohl die Schritte über der Zimmerdecke nicht das Weihnachtsfest verkündeten.

Ja, er wolle einmal herüberkommen, gern. Nur die Gräber und die Gefängnisse seien wohl so still wie sein Haus.

Langsam ging Thomas zurück. Es schneite immer noch, und als er auf dem Eise war, gab es keine Wälder mehr in der Runde, nur die weiße Glocke, die über ihn fiel. Der schmale Steig lief vor ihm her und ein Stück hinter ihm zurück. Anfang und Ende waren ausgelöscht, und dort, wo sie einmündeten in die weiße, rieselnde Wand, war der Rand der Welt. Dann stand das Licht auf der Insel plötzlich da wie ein Stern über dem Horizont, unruhig zuerst und wieder verweht, bis es mit ruhiger Flamme leuchtete, immer wachsend, eine Verheißung auch über ihrem grauen Dach.

Bildermann hatte den Baum geschmückt und die Kistendeckel abgehoben. Nun zündete er die Kerzen an, und sie saßen beide am Herd und sahen zu, wie die Silberfäden leuchteten. Sie sangen nicht, sie lasen auch nicht die Weihnachtsgeschichte. Sie schwiegen, und ein Hauch von dem Munde des Heiligen Kindes mochte wohl auch über ihre Augen gehen. In ihrer beider Leben gab es manches, an das sie sich zu erinnern hatten.

Dann packte Thomas aus, und sie standen nun doch verwundert da, als sie sahen, wieviel an zwei einsame Männer gewendet worden war. »*For ever*, kleines Fräulein«, sagte Bildermann, »das sollst du mir nun glauben ...«

Thomas aber stand vor der dünnen Holzplatte, die sie auf den Tisch gehoben hatten, und blickte auf die Insel hinunter, die vor ihm zwischen Land und Wasser sich aufhob. Das Wasser war blau, die Wälder standen zollhoch in der Runde, aus einer grünen, weichen Masse geformt, der Sand des Ufers leuchtete, das graue Dach neigte sich tief über die Fenster, und auf dem nadeldünnen Flaggenmast stand ein großer goldener Stern. Er leuchtete hoch über diesem Werk einer jungen, scheuen Liebe, und auf dem dünnen Landungssteg, über dem winzigen Abbild der Boote, glaubte Thomas sie sitzen zu sehen, mit ihrer geneigten Stirn und den schmalen Schultern der alten Bilder in der Halle, und zu dem Hause hinaufsehend, aus dem das Licht für sie schien.

»Und wenn wir nichts übrigbehalten hätten, Bildermann, als für sie zu sorgen, würden wir nicht reich sein, Bildermann?«

Der Schnee fiel auf das Dach, es knackte im alten Gebälk, und die Mäuse raschelten im Rohr. Bildermann hatte die Glocken, die er in seinem geheimnisvollen Apparat aus dem Äther aufgefangen hatte, verstummen lassen. Sie hatten etwas heiser geklungen, und mitunter war ein kreischender Laut wie ein Blitz durch die Töne gefahren, aber für sie beide war es doch ein Wunder gewesen. Die Weltkugel neben ihnen schien mit Leben erfülllt, mit einem ganz, ganz fernen Leben, und über knisternde Drähte und schimmernde Lampen fingen sie es ein, in ihrer schneeverhangenen Öde. Eine Menschenstimme erklang weit, fast von jenseits des Ozeans, Glocken dröhnten zu Ehren des Kindes, und jemand hatte laut und feierlich an ihrem Herd gesprochen: *»For unto you is born this day, in the city of David, a Saviour, which is Christ the Lord … and this shall be …«* Dann war die Stimme vergangen, zurückgewichen in den unendlichen Raum, vielleicht bis zu den nächsten Sternen, und nicht mehr wiedergekommen.

Bildermann aber erklärte seinem Herrn, daß dies das wunderbarste Welttheater sei, das es gebe. Denn wenn es einem nicht passe, was dort gespielt werde, so drehe man einen Hebel, so, mit einem Finger, und das Theater schweige, tot und dunkel, als habe man sie alle dort plötzlich geköpft. Und statt dessen tauche eine andere Stimme auf, aus einem anderen Lande, und wenn einem die Stimme oder das Land nicht behagten, so schneide man sie einfach mitten durch, und sie seien weg, so wie ein Schiff kopfüber auf den Grund gehe. Aus und fertig.

Wenn sie aber Lust hätten, dorthin zu gehen, wo das Fräulein sei, so gingen sie eben dorthin, und so würden sie wissen, daß auch die Hände des kleinen Fräuleins dabei seien, dieselben, die das Wunderwerk auf dem Tisch gemacht hätten.

»Du bist ein Zauberer, Bildermann«, sagte Thomas.

Ja, sie kamen aus mit diesem Weihnachtsabend. Sie ließen die Kerzen herunterbrennen und tranken auf das Wohl aller Platens, von jenem an, der über die Beresina gegangen war, bis zu dem Kinde, auf dessen zwei Augen der Name nun allein ruhte. Ihre Gespräche waren etwas langsamer als sonst und ihre Augen etwas ernster, weil so viele »stille Leute« zu Besuch bei ihnen waren. Aber sie bestanden auch die stillen Leute, wie sie den Krieg und alles andere bestanden hatten. Die Kerzen waren erloschen, und das Feuer im Herd sank zusammen, aber der goldene Stern auf dem nadeldünnen Flaggenmast leuchtete noch immer, und wenn Thomas in der Nacht erwachte, sah er ihn im dunklen Raum schweben, von der letzten Glut bestrahlt, die hinter der Herdtür zusammenfiel.

Sie kamen auch mit dem Telegramm von Schwester Beate aus, das am Neujahrstag gebracht wurde und in dem auf ein paar dünnen Papierstreifen geschrieben stand, daß Frau von Orla sehr krank sei und den Wunsch habe, auf die Insel zu kommen. Und Thomas möchte telegraphieren, ob er damit einverstanden sei.

Er tat es sofort, und dann holten sie Betten vom Schloß und was Frau von Sperber ihnen sonst noch auf den Schlitten lud. Thomas und Bildermann fuhren ihnen bis zur Schnellzugstation entgegen, und der General hatte den alten, geschlossenen Schlitten herrichten lassen, in dem Friedrich Christian Ehrenreich von Platen gut über die Beresina hätte fahren können. Er war mit Pelzdecken und heißen Steingutflaschen versehen, und in ihm fuhr Gloria von Orla den langen Weg von der Bahn bis zur Insel, quer durch tiefverschneite Wälder, die an den Glaswänden des Schlittens lautlos vorüberglitten, an dem Forsthaus vorbei, wo die schwarze Frau am Zaun lehnte, und über das Eis des Sees, das unsichtbar unter dem Schnee lag und über das ein schmaler Pfad lief, von kleinen Fichtenbäumchen besteckt.

Sie lag fast ausgestreckt auf dem tiefen Sitz, von vielen Kissen gestützt, eine Pelzkappe mit einem Veilchenstrauß auf dem feuchten Haar, die Lippen immer noch leuchtend rot und die großen, dunklen Augen in tiefem Erstaunen auf die lautlose, weiße Welt gerichtet, die über dem schmalen Weg zusammenschlug.

Thomas und Schwester Beate saßen neben ihr. Er hielt ihre Hand, und wenn sie fragte, ob in diesen Wäldern wohl die sieben Zwerge wohnten, so lächelte er und sagte, es könne schon sein, denn unter diesen hohen Fichten hätten sie schon wunderliche Leute getroffen, aber seine Augen waren auf Bildermanns Mützenbänder gerichtet, der neben dem Kutscher saß, und er verstand nicht, weshalb sie so fröhlich wehten, sondern dachte nur: Drei Jahre… wie kann es nur sein, daß ein Mensch in drei Jahren den ganzen Weg geht, und ich habe nichts gewußt? Und habe mich nicht gekümmert? Und nun ist sie viel stiller geworden als ich und bin doch ausgezogen, das Schweigen zu lernen?

Auch das breite, vergoldete Bett, das sie neben dem Herd aufgestellt hatten, konnte gut aus den Zeiten der Beresina sein, aber Frau von Orla fand es herrlich, und ihre Augen gingen lächelnd von den rußgeschwärzten Balken der Decke zu den goldenen Amoretten, die auf dem rötlichen Holz des Fußendes zärtlich sich aneinanderlehnten. Es mochte wohl sein, daß sie mit diesem Lächeln die beiden Welten begriff, die, aus der sie kam, und die, in der er nun wohl zu Hause war, der in einem tiefen Stuhl am Fußende des Bettes saß und sie schweigend betrachtete.

Sie war nun doch sehr müde. Der Husten quälte sie, und in der Dämmerung verwirrte das Fieber ihre Gedanken. Dann schlief sie ein wenig, und währenddessen erzählte Schwester Beate an dem kleinen Herd im Nebenraum, wie es gegangen war. Ihre Augen füllten sich noch immer schnell mit Tränen, aber sie wußte nicht, ob der Tod daran schuld war, dessen Schatten sie schon weithin über den verschneiten See fallen sah, oder der kleine, so bescheidene Raum, mit den Wassereimern, den Rudern in der Ecke, dem dürftigen Lager Bildermanns und den beiden Männern, die auf sie hinunterblickten, die einmal groß und frei über alle Meere gefahren waren und die nun hier in der Öde lebten, so allein wie zwei Tiere in der Dickung, und die Augen bekommen hatten, als wäre die ganze Welt für sie versunken.

Aber wußte sie denn, wie es gegangen war mit Frau von Orla? Sie hatte gelebt, wie sie immer gelebt hatte, schnell, hungrig, wie eben Kranke leben, die mehr wissen als die Gesunden. Sie hatte ein bißchen gehustet, zuerst nur am Morgen. Sie hatte keine Freude an den Speisen, die man auf ihren Tisch stellte. Sie rauchte unaufhörlich und ... (vor Bildermann gebe es keine Geheimnisse, sagte Thomas) ... nun, sie hatte eine Schwäche für ein Glas Sekt und für scharfe, kunstvoll gemischte Schnäpse. Sie stand sehr spät auf und kam sehr spät nach Hause. Sie wollte ihren Körper zwingen, ihr keine Freude zu versagen, aber er begann ungehorsam zu werden und zu mahnen. Die Bettücher waren feucht am Morgen, der Zeiger an der Waagschale ging immer mehr zurück.

Und dann war da noch etwas. Die gnädige Frau hatte wohl viele Freunde, aber sie wußte, daß sie allein war, ganz allein. Und manchmal hatte sie um die Abendzeit am Fenster gestanden und hinausgesehen, so wie ein gefangener Vogel. »So still, Beate«, hatte sie gesagt, »so schrecklich still ...« Ja, und dann mußte sie wohl angefangen haben, die Spritzen zu benutzen, nach denen ihre Augen glänzten, nach denen sie sang und die Menschen bezauberte. Aber leise begann der Körper sich zu rächen. Der Körper, der kein Gift haben wollte, sondern der Schlaf und Meeresluft und Speise haben wollte statt der feinen Nadel, die seine Haut zerstach. Schwester Beate hatte es früh gemerkt. Sie hatte geschwiegen, aber dann hatte sie gebeten, gefleht und gedroht. Es war alles umsonst gewesen.

Schließlich war die genädige Frau beim Arzt gewesen. Sie hatte ihn gut gekannt, und er hatte ihr vielleicht alles gesagt, denn er hatte sie nach der Schweiz geschickt, und für eine Weile war die tödliche Spritze verschwunden. Aber dann waren sie wiedergekommen, der Husten, die durchtanzten Nächte, und plötzlich, wie bei einer unterspülten Wand, war alles zusammgengebrochen. Blutflekken waren auf den Spitzentaschentüchern erschienen, Gespenster vor den großen, angstvollen Augen, die Insel war immer näher gekommen, so nahe, daß sie alle anderen Dinge überdeckte, und dann war nur der Gedanke an ihn gewesen, an den Herrn Kapitän, und daß sie dort gesund werden wollte, zwischen den Wäldern und Seen, von denen Joachim so fröhlich erzählt hatte, nur dort allein, und wenn sie auf Stroh in einem Winkel schlafen müßte.

»Nimm die Schneeschuhe, Bildermann«, sagte Thomas, »und laufe zum Schloß. Sie möchten morgen früh den Arzt schicken, den aus dem Kirchdorf. Sie sollen sagen, daß er mit dem Schlitten bis an die Insel fahren kann.«

Dann saß er wieder an dem goldenen Bett und hörte den schnellen Atemzügen zu, die den Raum wie der Flügelschlag eines Vogels erfüllten. Das Feuer brannte wie sonst, die Bücherreihen schimmerten, die Weltkugel und in der dunklen Ecke über dem Tisch der goldene Stern. Die Nacht stand weiß und bläulich vor den Fenstern, ohne Laut, nur in den alten Balken grub und pochte der Wurm.

Dazwischen sprach die Kranke leise und hastig vor sich hin, ohne Angst und Qual, nur wie ein eiliger Mensch, der etwas verloren hat, der sich aufmachen soll auf einen langen Weg, gleich jetzt, und der doch nicht aufbrechen kann, ehe er das Verlorene gefunden hat.

Es war wenig von dem zu verstehen, was sie sagte, und das wenige flog unruhig über dem Meer der Erinnerung hin und her. Das meiste waren Bilder aus der Jugendzeit, aus dem großen Haus mit den vielen Geschwistern und dem Elternpaar, das so viele Luftschlösser baute und dem doch alles zwischen den Fingern zerrann, was gehalten, geformt und bewahrt werden mußte. Die düsteren Jahre des Krieges zogen vorüber und die wilden, durchtanzten und durchlärmten, die ihm folgten. Aber sie zogen so schnell vorüber wie eine rasende Strömung, nur an den Trümmern zu ermessen, die sie mitführte.

Überall aber hinter den Türen des Fiebers stand Thomas. Ein Schatten, der nicht zu greifen war, ein Phantom, das seine Form wechselte und verlor und an dem nur die Augen unveränderlich waren, der mahnende, haltende Blick, ohne ein Wort des Vorwurfs, aber brennend wie die wildeste Reue.

Er sah, wie die Mundwinkel bebten, und er wußte nun, daß das Weinen ihnen immer näher gewesen war als das Lachen. Nun, da es zu spät war, wußte er vieles, und einmal würde er Zeit haben, auch das Letzte zu bedenken. Nicht so einfach war es also, ein Leben beiseite zu lassen, wie er gemeint hatte. Recht und Unrecht waren nicht so zu scheiden, wie Kinder sie zu scheiden pflegten, und der Fliehende war wohl nicht immer der Verfolgte. Schuld war schon in jeder Berührung eines anderen Lebens, in der ausgestreckten Hand, im zusprechenden, tröstenden oder liebenden Wort. Es band schon, es ließ schon zusammenwachsen, und aus jeder Lösung sickerte Blut, das sich nie mehr ersetzte, das das andere Leben schwächte und es dem preisgab, was immer bereit stand, immer auf der Lauer: jener dunklen Macht, für die sie so viele Namen hatten und die doch nur das Gesetz war, nach dem das Rad jedes Lebens immer am schwächsten Punkt zerbrach.

Schwester Beate schlief auf der Erde neben dem goldenen

Bett, und für Thomas hatte Bildermann ein Lager im Nebenraum zurechtgemacht. Die Tür war nur angelehnt, und von Zeit zu Zeit hörten sie die leise Stimme suchend durch die Dunkelheit gehen.«

»Wir waren zu sicher, Kapitän«, sagte Bildermann leise. »Haben nicht gelotet ... nun sitzen wir auf Grund ...«

»Ja, Bildermann«, erwiderte Thomas.

Der Doktor kam in der Frühe. Als er in seinem Pelz, der bis zur Erde reichte, das Ufer heraufkam, ein großer, schwerer Mann mit einem Mund ohne Lächeln, sah er aus, als trüge er alle Schicksale auf seinen Schultern, die in einem langen Leben durch seine Hände geglitten waren. Auf dem halben Hang blieb er einmal stehen und sah sich um in dem ungeheuren Schweigen, als wollte er erkennen, ob dies ein passendes Feld für den Tod sei, diese Insel, die so gestorben aussah wie alles in der Runde, aber über deren Schnee doch ein paar Fußspuren liefen, auf der ein Haus stand, über dem der Rauch sich gerade in die Luft hob, und auf deren Ufer die umgedrehten Boote wie Särge lagen.

Thomas führte ihn zuerst in den Nebenraum, wo er seinen Pelz ablegte und die Hände über dem Feuer erwärmte. Er nickte zu dem kurzen Bericht, sah Thomas aufmerksam an und fragte, ob er hier für immer zu bleiben gedenke. »So, so«, sagte er dann nur. Ja, manchmal komme das vor, der mönchische Trieb im Mann, wie er das nenne. Es sei nicht der schlechteste neben den anderen, etwas problematischen Trieben.

Dann ließ er sich zur Kranken führen.

Sie war mit dem Farbstift über ihre Lippen gefahren und hatte die schmale Perlenkette umgelegt. Nun lächelte sie, als habe sie ein Kind geboren und empfange die ersten Besuche. Aber es ging ein leiser Schauer von diesem

Lächeln und diesem Schmuck aus, als habe man ein totes Kind geschmückt und das Lächeln auf seinen Zügen gefrieren lassen, und Thomas wandte sich um und trat ans Fenster, wo die Sonne nach vielen grauen Tagen wieder rot über dem Walde stand.

Der Arzt saß neben dem goldenen Bett und sah die Kranke schweigend an. Sie lächelte noch immer, aber in ihren Augenwinkeln stand nun, kaum sichtbar, ein leiser Spott, so leise, als sei er nur für den Arzt da, für den einzig Wissenden, eine Art von Geheimsprache, in der lautlos das gesagt wurde, was nur sie beide verstanden. Der Doktor sah es, und einen Augenblick lang schien es, als nicke er ihr zu, zum Zeichen, daß sie recht habe und daß sie beide nun diese letzte Komödie gut zu Ende spielen wollten, die einzig Erwachsenen unter den kindlichen Zuschauern.

Aber dann ließ er sich von ihren Beschwerden erzählen, was sie lächelnd und gehorsam tat, indes er fast nachlässig ihren Puls fühlte, bis er plötzlich das Nachthemd an ihrem linken Arm zurückstreifte und mit dem Zeigefinger über die feinen Narben fuhr. Sie wollte den Arm zurückziehen, und statt des Lächelns lag plötzlich die graue Angst um ihre Lippen, aber er nickte nur, und auch in seinen Augenwinkeln schien plötzlich dieser leise, fast verächtliche Spott zu stehen, das Wissen um die kleinen, törichten Umwege der Menschen »Wie lange?« fragte er nur, nickte und sagte dann leise, wenn sie nichts mehr da habe, solle sie es ihn wissen lassen.

Dann erst begann er mit der Untersuchung.

Sie müsse über diesen Berg gebracht werden, sagte er nur, als sie wieder erschöpft in ihren Kissen lag, und dann sofort in die Schweiz. Ganz andere als sie seien dort wieder gesund geworden.

Sie sah mit leuchtenden Augen zu, wie er zwei Rezepte schrieb, aber als er dann aufstand und sich verabschiedete, stand wieder nur dieses leise Blinzeln in den Augenwinkeln.

Es ging ihm nach bis zu der schmalen Zwischentür, die Thomas vor ihm öffnete, zwang ihn, noch einmal zurückzublicken und nötigte ihn noch einmal, es schweigend zu erwidern.

»Tapfer«, sagte er im Nebenraum in das Feuer hinein, über dem er wieder die Hände wärmte, »sehr tapfer...«

Ob Hoffnung sei, fragte Thomas endlich. Nein, Hoffnung sei keine. Natürlich nicht. Sie müßten es ihr nur leicht machen, auch mit den Spritzen. Wieviel sie noch da habe? Schwester Beate meinte, daß es für vierzehn Tage wohl ausreichen werden.

Er dachte nach und nickte. Es werde genügen, sagte er und sah Thomas wieder aufmerksam an. Den letzten Weg solle man immer leicht machen, setzte er hinzu. Das Leben mache es den Menschen ja schwer genug, und wohin der letzte Weg führte, das wüßten sie ja alle nicht ganz genau. Oder ob Thomas es wisse?

Nein, er wüßte es nicht.

Dann halfen sie ihm in den schweren Pelz, und Thomas brachte ihn zum Schlitten hinunter. Die Sonne stand noch immer niedrig über dem Walde und ließ das rote Licht über die weiße Fläche fließen. Es war kalt, und das Haar der beiden Pferde war dicht bereift.

Der Doktor zog die Pelzdecke hoch und reichte Thomas die Hand. »Wenn es wahr ist, mit der ›Krone der Schöpfung‹«, sagte er, »dann ist es eine bescheidene Schöpfung. Hätte besser gemacht werden können... übermorgen gegen Abend komme ich wieder vorbei.«

Es ging schnell abwärts, so schnell, als sei der Tod schon fertig gewesen und habe nur keine Zeit gehabt, die letzten Fäden zu durchtrennen. Nur nach dem Morphium gab es mitunter noch eine helle, klare Stunde, mit einer spielerischen Fröhlicheit erfüllt, als sei das Ganze nur ein Scherz, eine kleine Komödie zum Fürchtenmachen, aber nun solle es wieder gut sein mit den ängstlichen Kindern, die ihr erschreckt zugesehen hatten.
In solch einer Stunde fuhr Bildermann sie einmal ganz um die Insel herum. Sie saß auf dem kleinen Schlitten, den sie mit einer Lehne ausgerüstet hatten, in Pelze und Decken gehüllt, und Bildermann schob sie vor sich her durch den unberührten Schnee. Es war um die Mittagszeit, die Sonne schien, und es tropfte von allen Bäumen. Sie ließ sich alles erzählen: wo das Schloß lag, wo sie die Netzte stellten und wo die Reiher am Abend saßen. Sie war so leicht auf dem Schlitten wie ein Vogel, und auch ihre Stimme war die eines Vogels, kein Gesang mehr, sondern ein müdes Zwitschern, allein und verloren in der ungeheuren Einsamkeit wie der dünne Ton der Seidenschwänze, die für ein paar Stunden hier einkehrten, aus dem hohen Norden wahrscheinlich, und dann wieder verschwanden, man wußte nicht, wohin.
»Bildermann«, sagte sie, als das Haus nicht mehr zu sehen war, »Thomas wird vielleicht denken, daß ich hier liegen möchte. Aber Sie müssen ihm sagen, daß ich das nicht will. Diese Insel ist zum Leben da, für euch beide, und ein Grabstein ist etwas, worüber man immer stolpert. Wie ein Läufer, der nicht ordentlich festgemacht ist. Drüben, wo die Frau am Zaun stand, dort wird es einen guten Platz geben. Dort habt ihr mich nicht zu nah und nicht zu weit. Sie versprechen es mir, Bildermann?«
Ja, er versprach es.

»Und noch eins, Bildermann. Ich habe ein Testament gemacht. Ich habe eine ganze Menge gerettet aus jenen dummen Jahren da. Ich denke, daß er hierbleiben wird, und Sie müssen zusehen, Bildermann, daß Sie bei ihm bleiben, hören Sie? Er ist so still, daß er besser nicht allein bleibt. Mit mir war es nichts, ich war nicht die Rechte dazu, aber Sie werden schon aufpassen, das weiß ich. Ich habe Ihnen ein kleines Legat vermacht, Bildermann ... nein, nein, Sie sind zu Hause geblieben, damit ich tanzen konnte, ich weiß das ganz gut und ... ich werde ruhiger fortgehen können, wenn ich weiß, daß Sie hierbleiben. Versprechen Sie es mir, Bildermann?«

Er versprach auch dieses, und dann trug er sie auf seinen Armen wieder hinein. Er erinnerte sich, wie sie vor ihm gestanden hatte, unter den Kiefern des Gartens, und in ihrer Tasche nach einem Geldschein für ihn gesucht hatte, indes vor dem Tor der blitzende Wagen wartete. Er sah die feuchte Schläfe dicht vor seinen Augen, auf der die feinen, blauen Adern sich kreuzten, und er biß die Zähne ein wenig zusammen, als er es sah. »*Never mind*, Frau Kapitän«, sagte er leise auf der Schwelle, »wir werden schon vor dem Wind bleiben.«

Sie ließ den Kopf etwas zur Seite gleiten, so daß ihre Wangen auf seiner Schulter lag, und lächelte ihm zu. Ihre Augen waren dicht unter den seinigen, und er hielt den Atem an, daß kein Hauch ihren feuchten Spiegel trübe.

In solch einer Stunde auch, nur um die Abendzeit, fragte sie Thomas, wo der goldene Stern über dem Abbild der Insel herkomme.

»Sie war bei mir«, sagte sie, als er es erzählt hatte. »Kurz bevor ich hierher kam. Sie wollte wohl sehen, wie eine Frau aussieht, die ihren Mann allein läßt. Sie war sehr scheu, aber in der Tür kehrte sie noch einmal um, kam zurück und sagte: ›Bitte, bitte, fahren Sie einmal hin ... sie sind beide auf dem Ozean ...‹ Sie küßte meine Hand und ging schnell fort ... ein wunderliches, schönes Kind ... und nun bin ich ja auch gekommen.«

Sie schloß die Augen und strich nur leise mit der rechten Hand über die Decke. »Auf dem Ozean ...«, wiederholte sie leise. Dann schlief sie für eine Stunde ein.

Eines Nachmittags kam der General über das Eis, zu Fuß, in seinem langen grauen Mantel, von dem die roten Aufschläge abgetrennt waren. Er kam durch die Hintertür, leise, mit drohenden Augen unter den bereiften Brauen.

Ja, Frau von Orla wollte ihn gerne sehen, wenn er sich nicht fürchte. Er saß vor ihrem Bett, dämpfte seine Stimme, bis sie ganz heiser klang, und las ihr jede Frage von den Augen ab. Das Kind, ja, es sei schön, daß sie es gesehen habe. Es sei alles, was ihm geblieben sei. Eine kleine Frau schon, das einzige Licht auf dieser trüben Welt, das, wozu alle Frauen geboren seien. Ja, sie könne ohne Sorge sein. Die Insel sei Herrn von Orlas Insel, solange er lebe. Ein Offizier und Edelmann, an dem der große König seine Freude gehabt haben würde. Ein Trost seines Alters, er und das Kind, und wenn die Gnädigste wieder gesund sei, so wollten sie das große Boot mit Rosen bekränzen und sie hinüberholen auf die Terrasse über dem See ...

»Ein Ritter, Herr von Platen«, sagte die Kranke lächelnd, als er sich verabschiedete. »Es ist schön, vor der letzten Reise einen Ritter gesehen zu haben, mit Schild und Helm und einer verblaßten Schärpe ...«

»Lieber Gott uns vergessen, Orla«, sagte er am Ufer. »Nicht nötig das ... so jung ... Irrtum möglich, auch da oben.«

»Nein, Herr General!« erwiderte Thomas leise. »Es gibt

keinen Irrtum. Es gibt nur das Gesetz, und das Gesetz ist blind. Ohne Ansehen der Person. So hat es zu sein.«

»Vielleicht, Orla...« Er sah vor sich hin über das Eis. Die Sonne stand hinter der Insel und warf den Schatten des Daches weit über sie hin auf den See. Waldarbeiter gingen in der Ferne quer über die Bucht nach ihrem Dorf. Sie gingen hintereinander, und ihre Äxte und Sägen lagen wie Gewehre auf ihren Schultern.

Sie sahen beide hin. Der Krieg war noch nicht tot. Das Bild von ein paar Männern, die etwas Schmales auf den Schultern trugen, und er war wieder da. Die Erde schlief, aber der Tod schlief nicht.

Thomas wartete, bis die Männer die Bucht überquert hatten und im Walde verschwunden waren. Nun war nur noch die Gestalt des Generals auf dem Eis. Sie wurde immer kleiner, wie ein Mann, der fortging und niemals wiederkommen würde, und ihr Schatten ging langsam und waagrecht neben ihr her.

Am zwölften Tage sahen sie, daß es zu Ende ging. Um die Mittagszeit wurde die Kranke unruhig und verlangte, im Sessel neben dem Feuer zu sitzen. Thomas trug sie hinein und öffnete die Herdtür, damit sie es wärmer hätte. Er blieb neben ihr stehen, und sie fuhr mit ihren durchsichtigen Fingern einmal leise über seine Hand. »Vergib mir, Thomas«, sagte sie.

Er küßte ihre Stirn und blieb dann auf der Lehne sitzen, den Arm um ihre Schulter gelegt. Sie war nun so mager wie ein Kind. Sie sah an ihm vorbei auf das Fenster, den Kopf an seine Brust gelegt. Es hatte wieder zu schneien begonnen, und sie sahen zu, wie die Flocken fielen.

Am Abend, bevor sie das Bewußtsein verlor, bat sie, die Weltkugel dicht an ihr Bett zu rücken. Es war dunkel im

Raum bis auf die Flamme im Herd, und über die Festländer und Meere ging das unruhige Licht wie von einem fernen Feuer. Er saß an ihrem Kopfende und sah zu, wie ihre durchsichtige Hand sich gegen die Kugel stützte. Es sah aus, als tauche sie die Fingerspitzen in den Indischen Ozean.

Sie ließ die Welt langsam kreisen, so langsam, daß die Längengrade einer nach dem andern mit großen Zwischenräumen über den Horizont kamen. Der Äquator warf einen dunklen, ringförmigen Schatten auf Länder und Meere, und das rote Band der Ekliptik breitete sich aus und verschwand. Ihre Augen folgten still dem leisen Spiel, nur als die Umdrehung einmal beendet war, sagte sie: »So groß die Erde, Thomas, so groß ...«

Es war ihm schwer, das zarte, fast schon vergangene Gebilde ihrer Haut auf dem großen Abbild des Lebens zu sehen, und er legte sie sanft auf die Decke zurück, aber ihre Augen blieben noch immer mit einem sehnsüchtigen Glanz auf die nun ruhende Ferne gerichtet.

»So still, Thomas«, sagte sie dann. »Das war es wohl am meisten. Zu Hause, siehst du, wir waren so viele, sechs Geschwister, und die Eltern, und alle waren laut und fröhlich. Und dann war es so still bei dir, auch wenn du nicht auf dem Schiff warst, ja gerade, wenn du zu Hause warst. Sie lachten immer zu Hause, auch dann vielleicht, wenn es nicht recht war... und du lachtest so wenig. Ich war ein dummes Kind. Ich war so jung und ich fror so... ich war nicht schlecht, ich liebte dich auch, aber es war so still, Thomas ...«

»Vergib mir«, sagte er, »ich habe es falsch gemacht... ich war zu früh alt, viel zu früh ...«

»Nein, nein, Thomas, nimm es nun nicht auf dich allein ...

hier habt ihr gelebt, ihr beide, so arm und so ›auf dem Ozean‹, und ich habe getanzt und gelärmt... aber weißt du, Thomas... komm ganz dicht heran... das Letzte, das wollte ich doch bei dir haben, das Fortgehen...«

»Sprich nun nicht mehr«, bat er.

»Kein Narr, Thomas«, sagte sie nach einer Weile, »einmal habe ich es gesagt, aber es ist nicht wahr... du nicht, nur wir, auch Joachim, ja...«

»Wir alle, Gloria«, sagte er. »Wir haben zuviel gedacht, und das Letzte ist immer so einfach, ohne Denken...«

Die Augen fielen ihr schon zu, und ihr Bewußtsein begann sich wieder zu trüben. »So einfach...«, wiederholte sie ein paarmal, aber es war wohl nur das Fieber, das so sprach. Und nach einer Weile, mit einem schweren, langen Atemzug: »So still... Thomas...«

Dann sprach sie nicht mehr. Am Abend begann der Todeskampf, und sie erwachte nicht mehr zur Besinnung.

Sie starb eine Stunde nach Mitternacht. Thomas sah die Zeit, als er das Pendel der Uhr anhielt. Als er vor die Schwelle trat, schneite es noch immer.

Bildermann grub das Grab, neben der Försterei. Er wollte keine Hilfe, obwohl die Erde tief hinunter gefroren war. Auch er hatte manchmal Bitteres gedacht, und es schadete nun nichts, wenn der Schweiß seiner Stirn in das Grab tropfte.

Die dunkle Frau kam von Zeit zu Zeit und sah ihm zu. Sie hatte sich in ein großes schwarzes Tuch gehüllt, und wenn sie unter den verschneiten Fichten näher kam, leise vor sich hinsingend, dachte Bildermann, daß der Engel des Todes wohl so aussehen mochte für die, die an ihn glaubten.

Sie stand am Fußende und blickte mit ihren erloschenen

Augen in den rieselnden Sand. »*Rolling home, my boys, to windlass*..., begann sie leise. Sie zog die Melodie lang hin wie alte Frauen in der Kirche und wiegte den Oberkörper langsam hin und her, aber Bildermann stieg aus der Grube herauf, faßte sie vorsichtig an und führte sie nach Hause.

Der General hatte für alles gesorgt, und Thomas hatte Zeit, vor der Toten zu sitzen und sie anzusehen. Dazwischen nahm er die Schneeschuhe und fuhr lange durch die Wälder, aber wenn er zurückgekommen war, saß er wieder vor dem schmalen Sarg und sah in das stille Gesicht. Er hatte so viele Tote gesehen, aber dieses war nun anders. Nun, nachdem die Farbe fort war und das Licht der Augen, war es ein armes Gesicht geworden, so arm, als hätte es alles verschwendet, auch den letzten Reisepfennig. Es war nicht traurig oder streng oder abweisend, es war nur ein bißchen verzagt, und die blassen Mundwinkel waren kaum merklich herabgezogen wie bei einem Kinde. Man konnte es nicht ohne Reue ansehen, daß man es nicht besser gehütet hatte, und man glaubte es zudecken zu müssen, damit es nicht friere.

Thomas wußte gut genug, daß es nun zu spät war. Kein Glaube baute ihm die Brücke zu einem Wiedersehen. Die arme Form verging, wie er so viele hatte vergehen sehen, und das, was sie unvergänglich nannten, blieb im Gebrechlichen. In Joachims Blut, in Erinnerungen, in dem Widerschein, den ihr Leben zurückließ. Einen Teil würde er selbst bewahren, einen Teil Joachim, das meiste aber würde vergehen wie eine Abendröte. Man würde wissen, daß sie gewesen war, Menschen, Tiere und Pflanzen hatten sie empfangen, aber das Morgenrot löschte sie aus, und der neue Tag deckte sie zu.

Er erkannte, daß man nicht ohne Schuld in die Stille ging, aber daß man Schuld auf sich nehmen mußte, um zu bewahren, was man allein besaß. Und eine einsame Schuld war besser als ein gemeinsames Behagen.

Der Pfarrer hatte den linken Arm im Krieg verloren, und er sprach zu ihnen in ihren vertragenen Uniformen wie zu Kameraden. Er versuchte nicht, sie zu trösten. Er sprach vom Tode als einer bitteren Frucht, die zu essen ihnen vorgeschrieben sei. Die Fahne wehe immer noch, auch über den Toten, ja gerade über den Toten, und sie hätten sie wieder in die Hand zu nehmen und weiterzumarschieren. Sie wüßten nichts vom Ziel, sie hätten nur zu glauben, daß ein Sinn am Ziele stände. Sie seien gebunden durch ein dunkles Wort, aber einmal sei der Strick zerrissen, und der Vogel sei frei.

Thomas stand zur Seite des Sarges, und wenn er den Blick hob, sah er die Weltkugel, die von ihrer Hand bewegt worden war. Die blaue Fläche des Indischen Ozeans war ihm zugewendet, das Meer, in das sie ihre Finger getaucht hatte, bevor sie auf die letzte Reise gegangen war. Daneben stand der General, mit beiden Händen auf seinen Stock gestützt. Er hatte die weißen Augenbrauen zusammengezogen und sah drohend auf den Sarg wie auf einen Irrtum, den Gott begangen hatte. Hinter ihm sah Thomas den Grafen in der hellblauen Uniform, die sein Vater getragen hatte, und es war ihm, als liege auch in diesem Augenblick das leise schwermütige Lächeln um seine Lippen, mit dem er am Kamin von dem grauen Besucher gesprochen hatte, der »meditierend« dasitze, um das Kommende anzuzeigen.

Joachim war nicht gekommen. Er hatte einen Kranz geschickt und geschrieben, daß er mitten in den schriftlichen Arbeiten sei und nicht fortkönne. Es würde ihn unter Umständen das ganze Examen kosten.

Sie gingen zu Fuß hinter dem Sarge her, die Schlitten folgten. Die rote Sonne stand schon hinter der Insel und warf ihre langen Schatten vor ihnen her. Ein leichter Ostwind kam aus den verschneiten Wäldern und wehte Bildermanns Mützenbänder zur Seite. Am Zaun der Försterei stand die Frau und sang leise das Flaggenlied vor sich hin. Es kam von selbst, daß im Vorübergehen ihre Schritte sich dem Takt des Liedes fügten.

Während der ganzen Feier war der traurige Pfiff des Dompfaffen hoch über ihnen in den Fichtenwipfeln, und die braunen Scheiben der Zapfen, die sie fallenließen, fielen, vom Winde getrieben, langsam aus der blauen Luft in das Grab.

Schwester Beate fuhr mit der weinenden Frau von Sperber ins Schloß. Nein, Thomas wollte allein bleiben, er dankte für alles, und in den nächsten Tagen würde er gern einmal vorsprechen.

Er ging mit Bildermann zurück, nahm gleich die Schneeschuhe und kam erst in der Dunkelheit wieder auf die Insel. Die Lampe brannte, das goldene Bett war nicht mehr da, und alles war, wie es früher gewesen war. Sie saßen schweigend am Feuer und rauchten. In der Luft stand noch ein Rest von dem Duft der Kränze und Blumen. Die Uhr ging wieder ihren alten Gang.

»Kanntest du das, Bildermann?« fragte Thomas. »Der Strick ist zerrissen, der Vogel ist frei?«

»Nein, Kapitän.«

»Schöne Dinge stehen in dem alten Buch ...«

»Jawohl, Kapitän ... aber auch das von der Fahne war schön. Das hatte er aus keinem Buch.«

»Ja, wie war es, Bildermann?«

»›Die Fahne weht auch über den Toten‹, Kapitän ... Daran wollen wir uns vielleicht halten, Kapitän, nicht?«

Thomas sah ihn an. »Ja, das wollen wir wohl, Bildermann«, sagte er.

11

Es gibt Jahre, von denen kein Aufhebens oder Rühmens zu machen ist. Sie stehen wie Sprossen in einem Zaun, und es dauert wieder eine Weile, bis einer der Eichenpfähle kommt, der das Ganze hält und ihm Ansehen gibt. Aber wir kennen keinen Zaun, der nur aus Pfählen bestände, und kein Leben, das in jedem Tag des Aufhebens oder Rühmens wert wäre. Es würde ein gewaltsamer Zaun und ein gewaltsames Leben sein.
Das Schicksal ist sparsam mit den großen Jahren. Ein Junge hat einen dünnen Stock in der Hand und läuft an einem Zaun entlang. Der Stock fährt über die Sprossen, und es klappert eintönig, bis einer der Pfähle an die Reihe kommt. Dann gibt es einen deutlichen, abgesetzten Ton. So ist es mit unseren Jahren, an denen das Schicksal entlang läuft. Sie klappern ein wenig, bis dann wieder ein »Pfahljahr« an die Reihe kommt. Sie sollen nicht verachtet werden, das Leben weiß schon, wozu sie da sind, aber man soll kein Gerede von ihnen machen. Die stillen Leben sind wie die Steine. Sie wachsen in der Tiefe, und niemand weiß von ihnen. Aber einmal werden die großen Dome aus ihnen gebaut.
Zweimal war das Schicksal in diesen Jahren bei Thomas und Bildermann gewesen, hatte sie angerührt und sich wieder verhüllt. Das erstemal standen sie auf unter der Berührung (seit dem Kriege hatte nichts mehr sie berührt) und gingen fort. Sie brachen auf aus ihrem leeren Leben

und gingen. Sie gingen nach Osten, aber es war für das Schicksal gleichviel, in welcher Richtung der Windrose sie gingen. Es wartete überall auf sie.

Das zweitemal war eine Sterbende ihnen nachgekommen, hatte sie zwei Wochen lang angesehen, wenig gesprochen und war wieder davongegangen. Sie waren zu sicher gewesen. Sie hatten zerrissene Fäden an den Armen gehabt, aber sie hatten sie abgestreift, wie man Spinngewebe abstreift, nachdem man einen herbstlichen Wald durchschritten hat. Sie hatten das Lot nicht ausgeworfen, sie glaubten ihr Fahrwasser zu kennen, aber das Schicksal hatte ihrem Kiel einen Stoß gegeben. Er hatte den Grund berührt, die Masten hatten gezittert, die Lampen hatten geschwankt. Es war alles schnell vorübergegangen, aber sie waren nicht taub oder blind gewesen. Sie hatten die Warnungen verstanden. Sie sahen wohl nicht Gottes Hand darin, sondern eher die dunklen Mächte mit dem steinernen Gesicht, die ihnen vertraut geworden waren in den letzten Jahren. Aber Namen waren ihnen belanglos geworden, sie verstanden auch den namenlosen Anruf.

Sie verstanden, daß jeder Druck der Hand, ja jedes Wort den Menschen schon bindet, auch die Einsamen, sie vielleicht am meisten. Daß ein Leben nicht aus der Vergangenheit herausgenommen werden kann wie ein Fisch aus dem Wasser, daß jeder Schritt, den man tut, auf Leben tritt, es sei denn, man ginge durch die Luft, und auch von der Luft ist noch nicht bekannt, ob es schmerzlos geschehen würde. Sie waren noch vorsichtiger als sonst und noch fleißiger als sonst. Die Arbeit erschien ihnen als der einzige gesicherte Bezirk, den sie kannten.

Sie begnügten sich nicht mit dem, was ihnen vorgeschrieben war und was sie durch einen Vertrag gelobt hatten. Es schien ihnen zuwenig und schien ihnen zuviel Zeit zu lassen für Dinge, die nicht Arbeit waren. Für das Spiel etwa oder für das Denken. Das Kartoffelfeld konnte vergrößert werden, der Garten konnte sich bis an das Ufer hinunterziehen, eine Badehütte konnte gebaut werden. Wenn man Umschau hielt, waren die Tage kurz für zwei Männer, die weder gut noch böse sein wollten, weder glücklich noch unglücklich, sondern die nur fleißig sein wollten, weil der Sinn des Lebens ihnen etwas fraglich geworden war. Für das Kind war nun nicht zu sorgen, solange es fort war. Man konnte ihm nur schreiben und es gewiß sein lassen, daß man unsichtbar an seiner Seite war. Beim General konnte man ab und zu am Feuer sitzen und an seinen Augen sehen, daß es ihn freute. Auch zum Grafen konnte man dann und wann und zu dem Förster, der an die Heiligen glaubte. Sie waren schweigsame Leute, die mit den Unsichtbaren umgingen. Man konnte bei ihnen sein und ihnen ohne ein Wort zeigen, daß auch das Sichtbare noch da war in der Welt, daß es teilnahm an ihrem Leben, daß die Schlacht sich nicht ganz im Dunklen und nicht ganz ohne Gefährten abspielte.

Aber damit war es auch zu Ende. Wenn Bildermann einmal den Kreis weiterzog und wie eine Taube aus der Arche Noah ausflog, wenn er in ein Wirtshaus oder in eine Versammlung ging, kam er immer ohne ein Ölblatt wieder. »Sie reden noch immer, Kapitän«, sagte er, »aber es gibt immer mehr Kindergräber auf den Kirchhöfen. Und wenn sie nicht mehr arbeiten wollen, dann feiern sie und schlagen die tot, die arbeiten wollen. Wenn sie hier wären, würden sie uns jeden Tag totschlagen, Kapitän.«

Thomas sah dann von seiner Arbeit auf. Er band Bleikugeln

in das schwere Netz oder schrieb wieder hier und da ein Wort oder einen Satz auf ein loses weißes Blatt. »Wir sind nicht die einzigen, Bildermann«, sagte er, »die still sind und arbeiten. Einmal werden sie sich zusammenfinden. Wir müssen uns nur abgewöhnen, die Peitsche in der Hand zu halten.«

Es war ein harter und langer Winter. Merkwürdige Vögel und merkwürdige Wanderer zogen über das Land, Propheten und Landstreicher, und eines Morgens stand Christoph in der Tür. Sein Bart reichte ihm immer noch bis auf den Gürtel, seine Augen waren nicht heller geworden, und auch der Geruch von Rauch und Fischen stieg immer noch aus seinen abgetragenen Kleidern.

Er schloß die Tür hinter sich, sah flüchtig über Thomas und Bildermann hin, die am Tisch bei ihrem Frühstück saßen, und trat dann leise auf seinen umwickelten und verschnürten Füßen vor den Globus. Dort blieb er lange stehen, die Hände auf den schweren Stock gestützt, und betrachtete die Länder und Meere, die so nahe und greifbar vor seinen Augen lagen. Schließlich hob er vorsichtig eine Hand, stieß leise an die Kugel und ließ sie um ihre Achse kreisen. Ein tiefes Erstaunen sammelte sich langsam in seinem Gesicht, von einer unbestimmten Trauer beschattet, und er konnte nicht müde werden, das Spiel zu wiederholen und die unerreichbaren Länder vorbeigleiten zu lassen.

Sie sahen ihm schweigend zu, und es bewegte sie wider Willen, wie er dort gleich einem Gefesselten stand und der bunte Traum der Welt sich an ihm vorüberschwang. Er sah nicht wie ein Sieger aus, viel eher wie ein Schiffbrüchiger, aber selbst der Geschlagene hatte noch die Unversöhnlichkeit dessen, der sein Schicksal nicht anerkennt.

Dann streifte er die Bücher und alles andere mit einem

nachdenklichen Blick, trat schließlich zu ihnen an den Tisch und sagte: »Also doch verkleidet gewesen, Kapitän!«

Sie luden ihn ein, mit ihnen zu essen, und nach einer Weile fragte Thomas, wie es ihm ergangen sei und ob er die Fahne des Sieges schon näher sehe.

Aber er fuhr nur verächtlich mit der Hand durch die Luft: »Wenn der Bürger sich mästet«, sagte er, »wundert sich kein Mensch. Er hat nie etwas anderes getan. Aber wenn der Proletarier ein Mastschwein wird, ist es nur zum Kotzen. Ich gehe jetzt.«

Wohin er ginge?

Er deutete mit der Hand nach Osten, und seine schwermütigen Augen gingen der Hand voraus.

Ob er nicht lieber bleiben wolle? Er, Thomas, wolle mit dem General sprechen, ob er nicht eine Arbeit für ihn habe. Auch in den Früchten des Paradieses pflege der Wurm zu sitzen.

Nein, er wolle nicht bleiben. Zu lange sei er Fischer gewesen, und die Fische wanderten, das wisse der Kapitän ja.

Ja, aber meistens ins Netz.

Das könne sein, erwiderte Christoph, aber er wolle anständig sterben.

Er bekam ein Glas Rum und ein Päckchen Tabak. Dann griff er wieder nach seinem Stock. »Wie ist das, Kapitän, mit der goldenen Krone?« fragte er auf der Schwelle und lächelte in seinen Bart.

»Sie steigt, Christoph«, sagte Thomas. »Sie ist nicht mehr auf dem Grunde.«

»Na, dann halt sie man fest, Kapitän!« meinte Christoph gutmütig. Sie sahen ihn über das Eis davongehen, in seinem grauen kurzen Mantel, auf den lautlosen Füßen, die eine breite Spur hinterließen.

»Wie ein Wolf«, sagte Bildermann nachdenklich.

Aber auch die Tiere wanderten über die gefrorene Schneedecke, Meilen und Meilen in einer einzigen Nacht, wenn sie so leicht waren, daß sie sie trug. Und eines Morgens, schon gegen Ausgang des Winters, machte Bildermann eine große Fährte aus, die er zuerst für die eines Hundes hielt, die ihm dann aber doch fremd und merkwürdig vorkam. Er fuhr in einer Schneewolke vor dem Schloß vor und ruhte nicht, bis der General das Pferd vor den Schlitten spannen ließ.

Es war eine Wolfsfährte.

Es dauerte bis zum Nachmittag, ehe sie die Schützen zusammen hatten. Der Wind war umgesprungen und wehte warm aus Südwesten durch die Wälder. Es regnete nicht, aber der Schnee fiel von den Bäumen. Zuerst stäubte er in Wolken und Schleiern herunter, und lange weiße Fahnen wehten durch den Wald. Dann aber begann er in schweren Stücken abzubrechen oder an den Ästen entlangzugleiten. Dumpf schlug es auf die Erde, die befreiten Zweige schwankten, oder sie brachen vorher, da das Gewicht ihrer Last sich vergrößerte. Unruhe war in den Dickungen und im Hochwald, und sie waren alle besorgt, ob ihnen das Wild nicht lautlos entgehen würde.

Thomas und der »junge Graf« standen nebeneinander, bis die Schützen ihre Plätze eingenommen hatten. Pernein wollte ihn gern nach der Jagd mitnehmen, aber Thomas meinte, es werde zu spät werden, da sie einen Siegestrunk im Schloß doch nicht würden ausschlagen können. Ja, alle solche Siege, erwiderte der Graf, kämen ihm nie so ganz sauber vor. Zwanzig Treiber und zehn Schützen gegen ein einzelnes Wild seien keine besondere Leistung, und er sei bei solchen Gelegenheiten immer versucht, zu tun, als sehe er nichts, und das Wild durchzulassen. Ungleiche Waffen, das sei ihm immer fatal.

»Wir denken zuviel«, sagte Thomas lächelnd. »Sehen Sie Bildermann und die anderen. Sie sehen nur den Wolf...«

»Ja, und wir sehen die Idee des Wolfes, lieber Orla. Das ist wahrscheinlich unser ganzes Geheimnis, nicht nur bei der Jagd... also bis nachher.«

Am Ende der Schneise wurde ein Arm gehoben, zum Zeichen, daß die Treiber angetreten waren. Sie waren angewiesen, leise und langsam zu gehen und nur von Zeit zu Zeit mit den Stöcken an einen Baum zu schlagen. Man hörte nur den Wind hoch durch die Wipfel gehen, mit einem hohlen Klang, der Tauwetter anzeigte, und den Schnee von den Bäumen fallen. Durch einen solchen Wald, dachte Thomas, würde der Alte nun wohl gehen, mit seinen umwickelten Füßen, und der Schnee würde auf seine Mütze fallen. Nein, es war ein zweifelhaftes Geschenk, das der Mensch mit dem Glauben bekommen hatte.

Ein Eichelhäher begann plötzlich in der Dickung zu lärmen, laut und aufgeregt, und es ging wie ein Schlag durch den ganzen Wald. Dann stieg das hohe, wilde Geheul der Treiber wie eine Rakete aus der Tiefe, wurde jäh von ein, zwei, drei Schüssen zerschnitten und brach dann von neuem los, wilder noch und besessener als vorher, erfaßte die ganze Linie und warf sich wie eine einzige rasende Welle auf die Schützen zu.

Der Wolf mußte versucht haben, durch die Reihen der Treiber zu flüchten, mußte beschossen worden und wieder umgekehrt sein.

Nein, es ist doch nicht nur eine Idee, dachte Thomas, als er sein Herz schlagen hörte und den Büchsenlauf in seiner Hand zittern fühlte.

Zwischen ihm und dem Grafen Pernein standen in lockerem Verband mannshohe Fichten, noch tief mit Schnee bedeckt. Die Sicht war beschränkt und in das Innere der Dickung nur durch einen flachen, halbverwehten Graben geöffnet, von Haselnuß und Hainbuche gesäumt und bedeckt.

Erst als hier und da, noch ganz gedämpft, der helle Ton zu vernehmen war, mit dem der Stock eines Treibers gegen einen Baum schlug, erschien am Ende des Grabens unter den Zweigen einer gestürzten Fichte das fahle, eisgraue Gesicht des Wolfes. Er schob sich unter Schnee und Ästen so lautlos hervor wie ein Bild auf einer Leinwand, wendete sich, sicherte zurück, richtete die Lichter wieder nach vorn und schob sich schließlich unter dem Gestrüpp der Grabenböschung näher und näher heran. Ab und zu fiel ein handgroßes Stück des Schneebehanges von einem Haselnußzweig, der frei gewordene Ast schwankte leise auf und ab, und nur daraus war zu erraten, daß der Weg des Wildes sich ihnen näherte.

Sie hatten beide den Kolben ihrer Büchse an der Wange, doch war es nicht möglich und auch nicht erlaubt, in die Dickung hineinzuschießen. Das Klopfen war nun schon nahe gekommen, und hier und da war der alte Treiberruf in polnischer Sprache zu vernehmen: »Jilk... Jilk! Jilk... Jilk!« Es klang wie eine dumpfe Beschwörungsformel.

Am Ende des Grabens, auf der noch warmen Fährte des Wolfes, stieg nun ein schneebehangener Mann mit grauem Bart über die gestürzte Fichte, erblickte die Fährte, hob beide Arme und schrie, alle Vorsicht und

Regel vergessend, einmal wild und hoch über das Treiben hin. Es war, als werfe der Schrei den Wolf wie eine Schleuder aus seiner letzten Deckung. Mit drei langen Fluchten war er am Rand der Schneise. Mit der vierten warf er sich hoch und lang über den weißen Weg, und noch in der Luft, mit dem grauen Fang schon an den ersten Zweigen des jenseitigen Waldes, empfing er die Kugel des Grafen. Thomas war es, als höre er den harten Schlag und als sähe er den gestreckten Körper in der Luft zusammenzucken, ehe er sich im stäubenden Schnee überschlug, mit wilden Lichtern sich noch einmal aufbäumend und dann zusammenfallend wie grauer Staub.

»Schade!« sagte der Graf, als sie bei dem toten Körper standen. Seine Augen sahen grübelnd auf die Beute hinunter, und als er Thomas anblickte, mit dem abwesenden, traurigen Lächeln um den Mund, war es diesem, als sähe er hinter der hohen, in den Schultern geneigten Gestalt die lange Reihe seiner Vorfahren, die vielleicht in denselben Wäldern den Wolf gejagt hatten und von denen sicherlich keiner das Wort des Bedauerns über dem bezwungenen Wild gesprochen hatte.

»Weshalb haben Sie nicht geschossen, Orla?«

»Er war Ihnen näher, und um mit der Kugel so schnell fertig zu werden, muß man mehr Vorfahren in diesem Handwerk gehabt haben.«

»Ich hätte Ihnen das gern gegönnt«, sagte der Graf. Dann gab er dem General und den anderen einen gleichmütigen Bericht, wie es zugegangen war.

Sie kamen erst spät vom Schloß fort. Der Graf hatte auf seine Beute verzichtet. Er habe keine Verwendung dafür, aber in der Halle werde sich der Wolf gut ausnehmen, und der General möge ihm die kleine Freude machen.

Der General hatte eine Feuerzangenbowle gemischt und eine Rede gehalten ... symbolischer Vorgang ... edles Blut stärker als der graue Räuber ... am Vaterland sich wiederholen ... das erste Glas auf den königlichen Herrn ...
Sie atmeten tief in der feuchten, kühlen Luft. Sie fuhren am See entlang zur Försterei und schwiegen. Dort band der Graf das Pferd an, und sie gingen auf dem Eis noch etwas auf und ab.
Bildermann war schon auf der Insel, und sie sahen das Licht aus den Fenstern fallen.
»Sie freuen sich, Orla, wenn Sie das sehen, Ihre Lampe, nicht wahr?«
Ja, er freue sich sehr, und jedesmal von neuem.
»Das ist schön. Orla, und es ist auch natürlich. Aber ich freue mich nicht mehr. Ich gehe hier auf und ab, obwohl ich kalte Füße habe, weil ich es noch etwas hinausschieben möchte, diesen Flur mit den toten Gesichtern, den alten Friedrich, der sich so wohlwollend verbeugt, die Kerzen, das Feuer, und dieses große Schweigen, das das ganze Haus erfüllt und durchdringt. Es gibt so Häuser, wissen Sie, in denen nur Tote atmen, wenn man das sagen darf. Und man selbst ist nur wie ein Irrtum da, ein vergessener Lebensrest. Wie ein Schmetterling in einem Keller.
Es macht mir so wenig Spaß mehr, die Bücher, die Noten, und besonders das Aufwachen am Morgen und das Ankleiden. Es ist immer dasselbe, finden Sie nicht? Und jedesmal, wenn ich heimkomme, besonders am Abend wie heute, habe ich eine ganz leise Hoffnung, der graue Herr könnte am Kamin sitzen. Es ist wie ein Spiel, so wie man über dünnes Eis läuft, und von unten kommen die Wasserpflanzen an die Decke und schwanken leise auf und ab in der Schwärze ...«

»Sie haben keine Arbeit, Graf.«
»Ja, ich weiß, alle Arbeitslosen verkommen langsam. Halten Sie Ihre Netze fest, Orla, ganz fest! Ich denke, Sie waren einmal auf dem gleichen Wege, aber Ihre Hände haben Sie gerettet.«
»Die Hand ist nur ein Werkzeug... man muß leben wollen, Graf.«
»Ja, das ist es. Leben wollen. Sie haben ganz recht... nun, versuchen wir es also noch einen Tag oder ein Jahr, oder zehn Jahre...«
Er stieg wieder den Uferhang hinauf, und dann hörte Thomas die Hufe des Pferdes im feuchten Schnee...
Frühjahr und Sommer gingen ihnen schnell dahin. Die Tage liefen ihnen wie die Glieder einer Kette durch die Hände, mit der Sonne beginnend und mit ihr endend. Es gab ruhige Morgen mit unbewegtem Wasser, an denen sie die Boote tief mit Fischen beluden, und es gab Tage und Wochen mit Sturm und Regen, an denen die Netze leer blieben und die Arme am Abend schmerzten von der harten Arbeit des Ruderns gegen den Wind. Aber ein Fischer lernt Geduld noch mehr als ein Jäger, weil seine Beute unsichtbar ihre Tage und Nächte verbringt und ihre Wege nicht vor den Augen der Menschen zieht.
Joachim schrieb, daß er wohlgelitten sei auf dem Schiff, daß er ab und zu ein Lob erhalte und daß ihre erste Reise weit hinausgehen solle. Man sage sogar, nach den Westindischen Inseln. Aber daß der Kapitän manchmal sage, lieber wolle er mit einem Wald voll Affen über den Stillen Ozean segeln als mit ihnen über die Kieler Förde.
Auch das Kind lehrte sie Geduld. Sie wußten beide, daß es ihnen schmerzlich fehlte. In ihrem männlichen Leben war es wie eine Blume gewesen. Sie hatten ihre Ruder wegstel-

len und ihr Gerät aus der Hand legen können, um es anzusehen.

Es war mit ihrem neuen Leben von Anfang an verbunden gewesen, ein stiller Helfer und Gefährte, ein reines Herz, das sich aus dem großen Hause ein bißchen an sie verloren hatte, die von den Ozeanen gekommen waren, und das ihnen vertraute, als ob sie alles wüßten, verstünden und fertigbrächten.

Sie wußten beide, daß Joachim das nicht mehr ganz von ihnen glaubte. Daß er zu schnell aus seiner Kindheit herausgewachsen war und nun die Meere befahren würde, nicht um es ihnen nachzutun, sondern um sie zu überflügeln und ihnen ein Beispiel zu geben. Er würde in der Uniform kommen, wenn er überhaupt käme, mit einiger Verlegenheit auf die Fischschuppen in ihrem Haar blicken und sie innerlich für zwei ›komische Käuze‹ halten, die sich gesucht und gefunden hätten, weil sie da draußen mit der Welt nicht ganz fertig zu werden verstanden. Er hatte sein Schiff und hatte sein Haus in der Hauptstadt, das Schwester Beate für ihn vermietete und bewahrte. Er brauchte kein Geld von ihnen, wenig Rat und nicht allzuviel Liebe. Es war nichts Blumenhaftes an ihm, er war ein junger Raubvogel, der den Horst verlassen hatte. Es war in der Ordnung so, aber doch schmerzte es ein wenig.

Bildermann bügelte seine Mützenbänder nur noch selten, aber an den Sonntagen war er wieder mehr unterwegs, kam nachdenklich zurück und fragte eines Abends, ob der Kapitän nicht Lust habe, bei einer Sache mitzumachen, in die er die Nase hineingesteckt habe und die für lange Sommertage vielleicht nicht uneben sei. Da habe man eine Menge ordentlicher junger Leute im stillen gesammelt, übe sie heimlich ein bißchen im Schießen und Exerzieren,

mache kleine Kriegsspiele, halte ihnen auch mal hier und da einen Vortrag, und rüste sich eben so unter der Oberfläche für etwaige kommende Fälle. Die Leitung hätten ehemalige Offiziere, und das Ganze sei dem Stahlhelm lose unterstellt und natürlich streng schwarzweißrot. Man habe ihn schon ein paarmal nach seinem Herrn gefragt, so hintenherum, und da die Felder nun abgeerntet seien und für das Ende der nächsten Woche ein großes Kriegsspiel geplant sei, mit Feldküche, Zelten und so weiter, so meine er, der Kapitän solle sich das mal ansehen. Nur mit den Fischen zu reden, sei auf die Dauer doch eine etwas einseitige Angelegenheit.
Thomas sah ihn gutmütig an und fragte, ob die Welt ihn wieder locke. Doch versprach er, es zu bedenken, und als der Sonnabend herangekommen war, ein milder, schöner Tag mit schon stumm werdenden Wäldern, machten sie das Segelboot fertig, packten ihre Fahrräder ein, Rucksack und Decken, und fuhren ab.
Sie ließen das Boot vor der kleinen Stadt und erreichten am Nachmittag mit ihren Rädern die abseitige Gegend, wo die jungen Truppen sich versammelten und wo das Spiel beginnen sollte. Bildermann, mit gebügelten Mützenbändern, von fast allen Abteilungen fröhlich und lärmend begrüßt, führte seinen Herrn langsam durch die weit auseinandergezogene Versammlung, machte ihn hier und dort mit den Unterführern bekannt und nahm schließlich den Kurs auf den Feldherrnhügel, wo der Stab versammelt war, Kraftwagen, Meldegänger, Feldküchen, wo man Thomas mit etwas gemessener Höflichkeit begrüßte und ihm freistellte, ob er als Schlachtenbummler oder als Schiedsrichter an der Übung teilnehmen wolle.

Thomas zog das letztere vor, ließ sich von einem gutmütigen Landwehrhauptmann die Lage erklären und die Regeln auseinandersetzen und blieb dann abwartend zur Seite stehen, ein bißchen betäubt von Menschen, Lärm und der etwas gewaltsamen Tätigkeit, die solchen Bewegungen vorauszugehen pflegte, bei denen das Militärische und das Zivilistische ineinander übergehen.

Die Leitung hatte ein pensionierter Oberst mit rotem schmalem Gesicht und einer gewaltigen Adlernase über dem weißen Schnurrbart, der ein bißchen zu laut und ein bißchen zu schneidig von einem mageren Rotfuchs aus die Operation leitete. Nach einem letzten »Tempo, meine Herren!«, das wie eine kalte Degenklinge über seinen Stab fuhr, winkte er Thomas noch einmal zu sich heran, fragte, ob er seine Befehle bekommen habe, und meinte dann, ob er seine doch etwas untergeordnete Stellung bei dem alten Knaben beizubehalten gedenke.

Ob der Herr Oberst vielleicht den Herrn Generalmajor von Platen meine?

Natürlich meine er den. Wen denn sonst?

Dann bitte er gehorsamst bemerken zu dürfen, daß er, Thomas, von seinem Dienstherrn nicht als von einem »alten Knaben« zu sprechen pflege. Im übrigen habe er keinen Anlaß, diese seine Stellung dort aufzugeben.

Der Oberst blies einmal durch die Nase, und es sah aus, als wollte er seine kalte Degenklinge auch über Thomas blitzen lassen, doch beherrschte er sich und erwiderte, es sei früher nicht üblich gewesen, daß aktive Offiziere ein Handwerk dieser Art ausübten.

Er habe längst erkannt, erwiderte Thomas, daß nicht alles Übliche auch vorbildlich sei, und es ginge nun wohl darum, zu begreifen, daß man nach dem Kriege nicht in allen Dingen dort wieder anfangen dürfe, wo man vor ihm aufgehört habe.

Es sei ihm bekannt, sagte der Oberst, daß Herr von Orla in seinem Buch in dieser Hinsicht merkwürdige Anschauungen geäußert habe, aber die Entwicklung der letzten Jahre dürfte ihm wohl gezeigt haben, daß alle königstreuen Männer gegen jene Lumpen zusammenzustehen hätten.

Welche Lumpen der Herr Oberst meine? Auch dieses sei bei ihnen auf der Insel nicht üblich, eine ganze Klasse eines Volkes, selbst wenn sie irre oder Böses tue oder sogar Böses wolle, als Lumpen zu bezeichnen. Und die Rettung des Vaterlandes, die sie doch alle wollten, scheine ihm nur möglich, wenn das ganze Volk dazu zusammenstehe, nicht aber, wenn zwischen der Kaste der Herren und der Kaste der Lumpen ein tödlicher Abgrund aufgerissen bleibe.

Der Oberst blies noch einmal durch die Nase, sagte: »Noch einmal darauf zurückkommen!« und gab seinem Fuchs die Sporen, als gelte es, mit einem einzigen Satz das unpassende Gedankengewebe dieses jungen Mannes zu zerreißen und zu verlassen.

»Ein schlechter Start, Bildermann«, sagte Thomas, als er sein Rad bestieg, um sich zur Spitze zu begeben.

Doch verwischte sich ihm der Eindruck bald unter den Pflichten seines neuen Amtes und im Anblick der Hingabe, mit der junge Menschen hier ihre freien Stunden der Zucht, dem Befehl und dem gemeinsamen Ziel unterordneten.

Erst als er am Abend dann alles überdachte, auch hier und da mit jungen Menschen sprach und nicht viel mehr erfuhr als die Wiederholung von Anschauungen und Forderungen, wie sie ihm aus Zeitungen und Parlamentsreden bekannt waren; als er wie der ganze Stab von den Gütern der Umgegend eingeladen wurde, die Nacht in einem Gastzimmer zu verbringen und seine höfliche Ablehnung mit einiger Verlegenheit aufgenommen wurde: erst da wurde ihm bewußt, wie abseits er mit seinem Leben und seinen Meinungen doch stand und daß, um Verlorenes wiederzugewinnen, es nicht immer ausreiche, zum Ausgangspunkt zurückzukehren und denselben Weg noch einmal zu gehen. Weil nämlich nicht immer das Verlorene am Wege liege.

Auch der gutmütige Landwehrhauptmann hatte die Einladung abgelehnt und saß noch eine Weile bei Thomas am Feuer. »Es bleibt nichts anderes übrig, Herr von Orla«, sagte er und machte eine etwas müde Handbewegung über all die kleinen Feuer hin. »Was Zucht ist, wissen heute nur die alten Soldaten. Das Unglück ist, daß sie oft nur dies und nicht mehr wissen. Wir haben einen Stab, aber keinen Generalstab. Aber da man es nicht laufen lassen kann, muß man mit diesem Anfang zufrieden sein.«

»Der Lorbeer ist zwar immergrün«, erwiderte Thomas, »aber wenn man zu lang auf ihm liegt, wird er doch welk werden.«

»Ich habe immer gefunden«, meinte der andere, »daß der Lorbeer eines verlorenen Krieges so unverwelklich ist wie der eines gewonnenen. Die Sache ist nur, daß man nicht vom Lorbeer allein leben kann.«

Das sei es eben, sagte Thomas. Der Krieg sei mehr gewesen als eine Reihe von Schlachten. Es werde mit neuen Zeichen geschrieben werden müssen, oder man könne die Feder ganz aus der Hand legen. Zehn Konzilien seien noch keine Reformation.

Das sei schon recht, meinte der Hauptmann. Aber wer schreibe? Wer schreibe? Seine Felder seien noch immer

ganz schön in Ordnung und seine Leute auch, aber mit der Schrift und den neuen Zeichen hapere es bei ihm sehr.
Das tue nichts, erwiderte Thomas, aber ehe er behilflich sei, nichts als die alten Begriffe von neuem in junge Köpfe zu hämmern, als ob die Welt nicht elf Millionen Tote und eine ganze Reihe alter Götter verloren habe, eher wolle er seine Zeit mit nichts anderem zubringen, als Netze zu flicken und Kartoffeln zu graben. Vielleicht würde man doch einmal merken, daß die Weltgeschichte nicht nur anklopfe, um alte Kleider zu kaufen.
Das Spiel begann am nächsten Tage schon vor der Dämmerung, zog sich vor einer See-Enge zusammen und wurde am frühen Nachmittag entschieden und beendet. Es wurde zur Kritik geblasen wie in Friedenszeiten, und der Oberst auf seinem Rotfuchs erteilte Lob und Tadel. Die Feldküchen waren versammelt, und nach dem Essen sollte eine Reihe sportlicher Übungen die ganze Handlung abschließen. Wieder gab es für den Stab eine Einladung auf eines der großen Güter, und der Oberst hoffte, daß man dort noch einiges Abschließende über die Übung werde sagen können.
Thomas entschuldigte sich: seine Nezte warteten, und gleich nach dem Essen müßte er nach Hause. In der Fischerei gebe es keinen Feiertag.
Er aß mit Bildermann und ein paar jungen Handwerkern aus der Kreisstadt und machte sich dann auf den Weg. Bildermann wollte mit dem Rad erst gegen Abend kommen, wenn sein Herr erlaube.
Bei einer der letzten Gruppen sah er noch einmal den Landwehrhauptmann, stieg ab und verabschiedete sich von ihm. Wenn man noch einmal nach ihm frage, sagte er, so bitte er auszurichten, daß er seit Jahren gewohnt sei, mit

seinem früheren Burschen an einem Tisch zu essen, und daß er nicht mehr in eine Zeit zurückverfallen möchte, die im Kriege oder auch nur in einem Spiel des Krieges dem Stab oder den Offizieren ein besonderes Essen servieren lasse. Wenn man sich an ihn wende, dann werde er selbst eine Erklärung abgeben, sonst möchte der Hauptmann so gut sein, es für ihn zu tun.

Es sei schade, daß er wegbleibe, sagte der Hauptmann bedauernd, und es sei schade, daß die Obersten nicht immer die obersten seien.

Im gleichen Herbst schlug der General Thomas vor, er möge die ganze Fischerei Bildermann überlassen und zu ihm ins Schloß ziehen, um sämtliche schriftlichen Arbeiten zu übernehmen und ihn hier und da zu vertreten, wo das Alter ihm Anwesenheit und Reden schon erschwere oder verbiete.

Aber Thomas bat, ihn auf der Insel zu lassen. Er wisse wohl, daß er noch andere Arbeit leisten könne, als Fische zu fangen und Netze zu flicken, aber es sei ihm in diesen Jahren doch immer klarer geworden, daß das Glück, wenn er überhaupt Anspruch darauf erhebe, ihm nur aus der einfachen Arbeit kommen werde. Schon daß er ein Buch geschrieben habe und im Begriff sei, das zweite zu schreiben, scheine ihm gänzlich unwesentlich, ja vielleicht gefährlich, weil nicht ohne Grund vielen Menschen das fraglich vorkomme, was er als eine sichere Meinung aufgestellt habe. Wenn er aber an einem Tag einen Zentner Fisch fange, so sei nichts Fragliches daran. Und es sei auch nicht so, daß das ein bloßer Glückszufall sei, sondern es müßten Arbeit, Pflichtgefühl und Fleiß vorausgehen, damit ein solcher Fang zustande komme.

»Es kommt mir vor«, sagte er, »als sei ich zu einfachen

Dingen geboren und als hätte ich in dem anderen, dem Vorausgegangenen, immer einen kleinen Teil falsch gemacht. Im Dienst, in der Ehe, in Joachims Erziehung, und so weiter. Aber hier mache ich nichts falsch oder nur ganz wenig. Viele werden sagen, daß ich mich vor dem Leben und seiner Verantwortung flüchte und daß die Resignation, wie sie es nennen, einem Manne in meinem Alter nicht zustehen. Aber ich glaube nicht, daß Resignation eine erlaubte Haltung ist, wenn man ein paar Jahrzehnte lang mitgespielt und zugesehen hat, wie die Heldenväter hinter den Kulissen ihren Rettich essen. Wer einmal die Phrase hinter sich gelassen hat, für den ist der Pflug oder das Ruder oder die Büchse oder der Spaten kein Ersatz, glaube ich, sondern die Wahrheit, eine einfache, unverdorbene und große Wahrheit. Die Menschen aber sind immer böse, wenn man nicht mitspielt, wie Trinker böse sind, wenn einer nüchtern bleibt.«

»Sollten aber ein Schulschiff führen, lieber Orla, und kein Fischerboot.«

»Englische Freunde, Herr General, haben mir von einem Mann geschrieben, der ganz Arabien und Palästina erobert hat und der nach dem Krieg Rang und Namen abgelegt hat, um als einfacher Soldat in einer Flugzeugfabrik zu arbeiten. Mir scheint, daß dieser Mann einer der wenigen Weisen ist, die der Krieg uns übriggelassen hat. Und auch wenn ich weiß, daß ich kein Land erobert habe, so denke ich doch, daß ich mir dies verdient habe, hier zu sitzen und mein Leben in Ordnung zu bringen. Denn nur aus solcher Ordnung kann etwas ausstrahlen auf andere. Ich bin in den vergangenen Jahren mitunter im Theater gewesen, und immer habe ich gesehen, daß für fast alle Leute mit dem letzten Vorhang alles zu Ende war. Sie kehrten in ihr

Normalgesicht zurück, und an den Garderoben oder im Foyer konnte man meinen, sie seien eben bei einem Diner gewesen oder bei einem Fußballspiel oder bei einem Tanztee. Aber immer waren ein paar dabei, die mit einem stillen Gesicht herauskamen und fortgingen, und diese sind mir nicht als die Schlechtesten vorgekommen. Und so ist es mit dem Krieg. Viele sind ›in alter Frische‹ herausgekommen, wie sie zu sagen lieben. Aber ein paar sind mit einem merkwürdigen Gesicht herausgekommen, wie aus einem großen Theater, und sie denken an ganz andere Dinge als an die nächste Vorstellung.«

»Haben Ihren Glauben verloren, Orla. Tut mir leid. Ist wie ein Feld ohne Dünger.«

»Ich weiß nicht, Herr General. Wir haben so viele Dinge nachgeprüft in diesen Jahren, daß ich nicht ganz verstehe, weshalb wir nicht alles nachprüfen. Auch die sogenannten ewigen Wahrheiten können einmal durchgeglüht werden. Ein Volk, das zwei Millionen Tote hingegeben hat, kann vielleicht das Recht haben, Gott zu fragen, was er sich dabei gedacht habe. Und wenn er nicht antwortet, braucht es vielleicht nicht mit dem zufrieden zu sein, was die Kirche sagt. Denn die Kirche hat zu denen, die in diesen Jahren geopfert haben, nicht immer das Richtige gesagt. Wenn aber Gott nicht antwortet, auf diese zwei Millionen nicht und auf die Millionen auch nicht, die man hinterher umgebracht hat, und auf die Kinder ebensowenig, die verhungert und erschlagen an den Landstraßen liegen; wenn er nicht nur nicht antwortet, sondern es so aussieht, als würde er nach zwanzig oder zweihundert Millionen ebensowenig antworten, ein stummer Gott, eisig vor Gleichgültigkeit, wie ein furchtbarer Lehrer vor hilflosen, weinenden Kindern: dann, Herr General, könnte es sein, daß es hier und da einem zuviel wird, vor der Steinwand zu knien und als Antwort das Echo zu bekommen. Daß er sich fragt, was das denn für eine Liebe sei, die im Opfern und im Schweigen bestehe. Die das Blut tropfen läßt, Tag und Nacht, alle Lebensalter, Gute und Böse, Schuldige und Unschuldige. Und die schweigend dabeisitzt, das Haupt in die Hände gestützt und ansieht, was sie gemacht hat, und findet, daß sie es sehr gut gemacht habe ...«

»Oft bedacht, Orla. Aber gehen zu weit. Kinder haben nicht alles von ihren Eltern zu wissen.«

»Eltern schlachten ihre Kinder nicht, Herr General. Und wenn sie es tun, behaupten sie nicht vor Gericht, daß sie es aus Liebe getan hätten. Ich kann mir nicht denken, daß Herr General das Kind auspeitschen lassen, Tag für Tag, und dann behaupten, es sei aus Liebe geschehen. Oder gar nichts behaupten, sondern es knien lassen und über den zerschlagenen Scheitel hinweg auf ein Bild an der Wand sehen, stumm, taub, blind, ein Götze aus Stein.«

»Orla!«

»Es ist so, Herr General. Ich muß nun von vorn anfangen, viele von uns. Ganz von vorn. Mit dem Neinsagen ist es nicht getan. Leben kann man nur, wenn man wenigstens einmal im Jahr ja sagen kann. Ich bin wie ein Mann, der mit Pfeil und Bogen aufgewachsen ist, aber plötzlich entdeckt er, daß die Feinde Eisenrüstungen tragen. Er muß zurück, nach Hause, um sich neue Waffen zu schmieden, ganz andere. Er schließt sich ein, bis er fertig ist, und dann geht er wieder hinaus. Ich muß ganz von vorn anfangen. Mein alter Gott ist gestorben, und der neue ist noch nicht auf den Thron gestiegen. Ich weiß nicht einmal, wie er aussehen wird. Ich denke mir nur, daß man ein Mann wird sein müssen, um ihm ins Gesicht sehen zu können. Und dazu muß man mir Zeit lassen. Für Gott muß immer Zeit sein auf dieser Welt. Und wenn der alte Oberst ruft: ›Tempo, meine Herrschaften!‹, so mag das für ihn ganz recht sein, weil er mit seinem Gott wahrscheinlich in Ordnung und der Meinung ist, alle anderen seien es auch. Aber wenn einer darunter ist, der nicht in Ordnung ist, dann hat der Oberst für diesen nicht recht und hat für ihn kein Tempo zu verlangen. Beim Kompanieexerzieren mag es nichts als Tempo geben, aber beim Gottsuchen gibt es kein Tempo.«

»Denken zuviel, Orla.«

»Nein, Herr General. Ich versuche nur nachzuholen, was ich in meinem Leben zuwenig gedacht habe. Wir alle haben zuwenig gedacht. Seit Luther, meinten wir, brauchten wir nicht zu denken. Wir nahmen, was er und seine Bewahrer uns reichten, und wer sich weigerte, war gezeichnet. Haben Herr General einen Offizier gekannt, der die kirchliche Trauung abgelehnt hat? Er hätte ebensogut silberne Löffel stehlen können. Ich glaube nicht, daß der Krieg der Vater aller Dinge ist, aber daß er der Beweger aller Dinge ist, das will ich ihm schon zugestehen. Wenigstens, daß er es sein kann.«

»Und wenn Sie nichts finden, Orla? Keinen Gott?«

»Darum ist mir nicht bange, Herr General. Wenn die Menschen auf den Osterinseln oder auf Neu-Guinea gefunden haben, werde ich auch finden. Aber ich werde ein anderes Gesicht finden. Keines, das zu beschwören ist, und keines, dem zu danken ist. Keines, vor dem man anstimmen wird: ›Nun danket alle Gott!‹, wenn man eben tausend oder zehntausend Menschen erschlagen hat. Denn dann müßten die anderen ja anstimmen: ›Nun fluchet alle Gott!‹ Ich glaube, daß ich ein Gesicht jenseits von Fluch und Dank finden werde, ja, nicht einmal ein Gesicht, sondern nur ein

Gesetz. Ein Gesetz hat kein Gesicht. Vor ihm sind alle Sterne und Tiere gleich, alle Menschen und Bäume, und der Aldebaran ist nicht mehr als der Hecht, den ich morgen fange. Beide enden, wenn es Zeit ist. Wenn wir die Welt aus der Liebe Gottes herausnehmen, bekommt sie einen Sinn. Auch der Krieg. Einen harten Sinn, aber dann ist es in unsere Hand gelegt, zu lieben. So zu lieben, daß wir nicht sagen, ein Krieg sei wohlgetan. So zu lieben, wie das Kind liebt, das nun in der Stadt ist, mit einem reinen Herzen, und das mir schreibt, ich möchte nicht vergessen, ab und zu an diesem Kamin zu sitzen, damit Herr General nicht allein seien.«

»Eine traurige Welt, Orla, nicht?«

»Vielleicht, Herr General, aber eine tapfere Welt. Alle Kinder müssen aufhören, an Märchen zu glauben. An den Ring, den man drehen kann, an das Wort, das die Schlösser öffnet. An den großen Zauberer, der uns anrührt und erlöst. Lieben und sich nicht fürchten, ist das, was übrigbleibt. Es wird uns nichts vergeben und nichts erspart. Das Leben ist ewig, aber nicht wir. Der Vorhang fällt, und die Vorstellung ist aus. Wir werden nicht noch einmal gerufen, damit das Stück anders ausgehe. Draußen warten schon die anderen. Auch wir glauben so rein und glühend wie die anderen, aber nicht, daß eine jenseitige Welt schmerzenloser sei als diese, sondern daß auf dieser unter allen Schmerzen die Liebe immer tiefer werde, das einzige, was wir dem Gesetz entgegenzusetzen haben. Wir werden es nie bezwingen, sonst wäre es nicht mehr unsere Welt. Wir werden es auch nicht beschämen, denn es hat keine Scham. Wir werden es erfüllen, aber in der Erfüllung werden wir etwas aufrichten, was es gar nicht kennt, was unsere

Schöpfung allein ist und was wie ein fremder Glanz alle Dinge überstrahlen wird, auch sein steinernes Gesicht: unsere Liebe.«

»Machen es sich schwer, lieber Orla. War alles einfacher früher. ›Mit Gott für König und Vaterland.‹ Begriff der einfachste Mann.«

»Jawohl, Herr General. Aber er begriff es nicht, er war nur gehorsam. Er hatte es nicht erfunden. Andere hatten es erfunden, und er hatte zu folgen. Es war schon vor siebentausend Jahren so, ganz genauso. Und in siebentausend Jahren ist vieles unter dem Ruf ›Mit Gott!‹ geschehen, Herr General. Es ist uns, glaube ich, gut, daß wir nur den kleinsten Teil davon wissen.«

Der General sah über die Bilder hin, die an den dunklen Wänden hingen. »Alle diese haben es falsch gemacht, Orla?«

»Nein, Herr General, keiner hat es falsch gemacht. Ihr Werk war gut, nur der, von dem sie sich ausgesandt glaubten, war wohl nicht so gut, wie sie meinten.«

»Und der Ihrige ist gut, Orla?«

»Er ist weder gut noch böse, Herr General. Das sind Menschenkleider, aber nicht Gotteskleider. Er ist da, nichts weiter, und er weiß von uns soviel wie die Sonne, die diese Trauben reifen oder verdorren läßt. Er ist nichts ohne die Traube oder ohne uns. Er ist das Meer, aber wir sind das Wasser.«

Der Herbstwind drückte die Flamme im Kamin herunter, und sie hörten, wie die Eichen im Park rauschten.

»Noch ein Jahr, Orla«, sagte der General. »Lange Zeit für einen alten Mann. Möchte, daß das Kind an das Meer glaubt und nicht an das Wasser.«

»Niemand wird an seinen Glauben rühren, Herr General.

Und wer so viel Liebe hat wie das Kind, hat immer den richtigen Glauben, denke ich.«

»›Trinkt noch Glut und schlürft noch Licht...‹ Oft gesungen. Schöner Glaube, Orla. Nichts fortnehmen davon. Genug, wenn wir manchmal Richtung verlieren. Alte Leute auch im Dunkeln Bescheid wissen.«

Bildermann war vor dem Feuer eingeschlafen, als Thomas die Tür öffnete. Seine Hände lagen auf der Lehne des Sessels, sein Kopf war auf die Brust gesunken, und in seinem schlafenden Gesicht waren nun die Spuren der dunklen Jahre ohne Verhüllung zu sehen. Nein, auch diesen hatte kein Gott der Liebe geführt, oder es war eine unbegreifliche Liebe, die sich seiner angenommen hatte.

Er erwachte erst von dem Pfeifenrauch, der ihm ums Gesicht wehte. Seinen Augen war anzusehen, daß er von weither kam. »Auf Posten eingeschlafen, Kapitän«, sagte er. »Kriegsgericht!«

»Wir wollen dich zu einer Stunde mehr Schlaf verurteilen, Bildermann. Und als ich über den See kam, habe ich mir überlegt, weshalb du eigentlich deine besten Jahre an mich und die Insel gibst, Bildermann. Du hast ein Legat bekommen, und ich kann dir ruhig noch etwas dazugeben. Weshalb fängst du keine Fischerei oder sonst etwas an? Auf See natürlich. Ich meine, daß es zu einem Kutter reichen könnte.«

»Meinen der Herr Kapitän, daß ich hier überflüssig bin?«

»Rede keinen Unsinn, Bildermann.«

»Bildermann hat zweimal etwas versprochen, Kapitän. Einmal einer Frau und einmal einem kleinen Fräulein. Und beide Male hat er ›*for ever*!‹ gesagt. Er möchte nicht, daß das kleine Fräulein seine Augenbrauen zusammenzieht, wenn es an ihn denkt.«

»Schön, Bildermann, dann bleiben wir also auf dem Ozean.«

12

Der Winter war gekommen und gegangen. Auf dem Schrank mit den Masken stand ein silberner Becher, und jeden Morgen nahm Bildermann ihn in die Hand und wischte mit einem wollenen Tuch sorgfältig den Staub von ihm ab. Die Inschrift in dem glänzenden Metall besagte, daß Thomas von Orla und Friedrich Wilhelm Bildermann in einem Eisschlittenrennen den ersten Preis gewonnen hatten. Sie hatten den Schlitten nach jenem Abend zu bauen begonnen, als Bildermann am Herd eingeschlafen war. Er hatte den Plan entworfen und das meiste dazugetan. Er hatte Thomas auch dazu überredet, nach dem großen See zu fahren und ihre Kräfte mit anderen zu messen. Es war ihm ab und zu nötig erschienen, daß der Kapitän »unter Menschen« kam. Thomas hatte gehorcht und war sogar zur Preisverteilung geblieben, aber es war ihm anzumerken gewesen, daß es ihm gänzlich gleichgültig war, ob man ihm einen Silberbecher oder eine Kegelbahn überreichte. Er schrieb gerade an den letzten Kapiteln seines zweiten Buches, und als sie mit dem Silberbecher heimfuhren, hatte er Bildermann gefragt, ob ihm der Titel »Der Schlachtengott« gefalle oder ob er den anderen vorziehen würde: »Über die zweifelhafte Haltung Gottes bei Seegefechten«.

Nein, mit dem Kapitän war in diesem Winter nicht alles in Ordnung gewesen. Zwar war er beschäftigter gewesen als früher, und alle Mondscheinabende hatte er mit der kleinen Büchse am Luderplatz zugebracht, nachdem er den Füchsen den Krieg erklärt hatte. Auch ein Fernrohr hatte er angeschafft und halbe Nächte in den entlaubten Eichenwipfeln zugebracht. Aber von allen diesen Dingen kam er nicht eigentlich mit einem frohen Gesicht heim. Es war, als hätte er aufgehört, zu spielen, und als suche er jetzt nach den Regeln, die hinter allem Spiel ständen. Sein Gesicht war immer stiller geworden, wie das Gesicht eines Menschen, dessen Beruf es ist, beim Sterben zuzusehen. »Wir sollten einmal zum Tanz gehen, Kapitän«, hatte Bildermann eines Abends gesagt. Aber Thomas hatte ihn nur nachdenklich angesehen und gesagt: »Er wird uns schon auffordern, Bildermann. Sei nur ohne Sorgen...« Und dabei waren seine Augen so seltsam gewesen, daß Bildermann sich geschämt hatte, einen so dummen Vorschlag gemacht zu haben.

Der Winter war gekommen und gegangen, und die Insel hatte sich wieder mit Grün bedeckt, als hätte niemals ein Mantel von Schnee und Eis auf ihr gelegen. Es war ihnen beiden erstaunlich, wie ein Stück Land so unverändert durch die Jahre und Jahrzehnte ging, indes in ihrem Haar die grauen Fäden immer dichter wurden.

Auf dem Grab an der Försterei wuchsen schon die Blumen, und die dunkle Frau ging ein paarmal in der Woche an den Holzzaun, legte die Arme auf das Staket und sang ihre leisen, wortlosen Lieder, zu denen ihr Oberkörper sich hin und her wiegte. Sie war unverändert geblieben in diesen Jahren, nur ihr Gesicht war immer weißer geworden, als trinke in den langen, schweigenden Nächten ein Gespenst das Blut aus ihrem Herzen. Kam Bildermann mit seinen wehenden Mützenbändern vorbei, so hielt sie ihn an und bat ihn, ihr eines seiner Lieder vorzusingen, und sie verfolgte jede Bewegung seiner Lippen, als sei sie taub und könne seine Worte nur sehen, statt sie zu hören. Das Frühjahr war heiß und schwül, und frühe Gewitter gingen flammend mit kurzen, schweren Regengüssen über die Wälder. Die Sonne brütete Ungeziefer aus, Maikäfer zerstörten die Birkenschonungen, und die alten Leute weissagten die Wiederkehr des Antichrist.

Auf der Insel dachten sie daran, daß das Kind nach diesem Sommer heimkommen würde, aber Thomas war voller Unruhe, und schwere Träume suchten ihn in den Nächten heim. Einer ihrer Fischkästen war eines Nachts erbrochen und geleert worden, und obwohl der Dieb noch am gleichen Tage von Bildermann und dem Landjäger ergriffen werden konnte, stand Thomas in jeder Nacht ein paarmal am Ufer und lauschte über das dunkle Wasser hin. Es könnte mehr geschehen, als daß sie Fische stahlen, und er erinnerte sich, daß er »allezeit in Treue zu seiner Herrschaft zu stehen« hatte.

Auch war ihm hin und wieder im Traum, als rufe eine Stimme von fern her nach ihm oder nach einem menschlichen Trost. Sie war so weit, daß sie im Walde oder noch hinter den Wäldern sein mußte. Nie war zu verstehen, was sie rief, aber Angst und Trauer erfüllten sie und jene Dumpfheit des Seins, die nur in Träumen oder im Fieber zu Hause ist.

Einmal, als sie gerufen hatte, warf er einen Mantel über und machte das Boot los. Er glaubte sich zu erinnern, daß die Stimme von den Bruchwiesen gekommen war, wo das hohe Schilf um die schwarzen Gräben stand und die Rohrdommel am Abend schrie. Er war ganz wach, aber es war wie ein Schleier vor seinen Augen, und mitunter vergaß er während des Ruderns, daß er auf dem See war.

Der Himmel im Nordosten war schon rötlich beglänzt, von einer unwirklichen Klarheit des Lichtes, aber am Ufer standen die Schilfhalme noch wie ein dunkler Wald, und die Erlen auf den Wiesen ragten wie Häuser in den weißen Bodennebel.

Der Kiel des Bootes stieß auf den moorigen Grund. Blasen stiegen auf und zergingen mit einem dunklen, seufzenden Ton. Thomas blieb sitzen und lauschte über das Land hin, aber nur das Wasser in den Gräben war zu hören, wie es fast lautlos über eine Wurzel glitt, und das leise Beben einer Espe, die unsichtbar im Nebel stand. Die Sterne verblaßten schon, und ein Windhauch kam vom Bruch her über das Land. Er war erfüllt von dem Geruch verwesender Pflanzen, und einen Augenblick lang war es Thomas, als halte er im Delta eines der großen Ströme der anderen Halbkugel, die breit und träge sich dem Meer entgegenschoben, und als atme er die Luft, die gesättigt war von dem Duft der großen Blüten und dem verwehenden dumpfen Hauch großer Tierfährten, die sich mit schweren Spuren auf die gärende Erde legten.

Doch war keine Stimme zu vernehmen, die in seinem Traum gerufen hatte. Er stieg aus und ging in den Nebel hinein, der ihm bis zur Brust reichte. Die betauten Gräser schlugen kalt an seine bloßen Füße, und nur wenn die Erde nachgab, stieg es warm aus der Tiefe herauf. Er ging immer weiter, ohne ein Ziel, und während der ganzen Zeit ging ein Kindervers sinnlos mit ihm mit, der aus der Vergessenheit aufgestiegen war und nun seine Lippen ohne sein Zutun bewegte. »Steht ein bucklicht Männlein da, fängt als an zu niesen …« Anfang und Ende waren verlorengegangen, aber diese wenigen Worte wiederholten sich immer wieder, bekamen einen Rhythmus und eine eintönige, schläfrige Melodie, die unter der Erde wieder aufgenommen wurde, dort wo die Blasen unter seinen Füßen aufstiegen.

Es dauerte so lange, bis ein Kranich mit einem helltönenden Schrei vor seinen Füßen aufstieg und die wie Erz tönende Stimme den Nebel und den Spuk zerriß. Er blieb stehen, schwankend vor Müdigkeit, und sah dem Leib des Vogels nach, auf dessen bläulichem Gefieder schon das Morgenrot glänzte. Der Nebel zerstreute sich, die Bäume standen mit vertrauten Umrissen auf dem betauten Grund, und zu seiner Linken strömte aus dem hohen Morgenrot das rötliche Licht mit großartiger Klarheit über die Welt.

Er wußte nicht, wo er war. Er wußte kaum, wie er hierhergekommen war, aber die dunkle Spur im hellen Tau leitete ihn zurück. Bevor er die Insel wieder erreichte, ging die Sonne über dem Walde auf, und Bildermann zog das Boot an der Kette auf den Sand. Seine Augen waren besorgt, aber er fragte nicht, deckte Thomas nur ordentlich zu und schloß die Läden. Ja, er wollte heute allein die Netze besorgen.

»Vielleicht bin ich krank, Bildermann«, sagte Thomas schon im Einschlafen. »Irgend etwas stimmt nicht da draußen ...«

»Die Leute sagen, daß es die ›Sucht‹ ist, Kapitän«, erwiderte Bildermann ruhig. »Es gibt so Nächte, wo das Wasser nach uns ruft, aber man muß sie verschlafen.«

»Meinst du, daß das Wasser ruft?« fragte Thomas, aber Bildermann brauchte nicht zu antworten, denn er sah, daß sein Herr schon eingeschlafen war.

Am Ufer untersuchte er das Boot, in dem Thomas ausgefahren war, aber er fand nur die Spur seiner nassen Füße auf dem Bretterboden. Sie war schon zur Hälfte getrocknet, und der Rest sah wie die Fährte eines großen Tieres aus, als sei es in der Nacht über ihre Boote gestiegen.

Bildermann bückte sich und streute trockenen Sand über die nassen Flecken. Er war immer ein wenig abergläubisch gewesen.

Thomas schlief sich gesund nach Bildermanns Rat, aber in diesem Sommer fiel der Vorhang, von dem er zu dem General gesprochen hatte, zweimal, und beide Male bewegte es die Landschaft weithin, als gehe es nicht nur die beiden an, die er verhüllt hatte, sondern alle anderen, und als sei es ein Zeichen, an die Wand des Himmels geschrieben, hoch und mit feurigen Buchstaben, damit niemand es übersehe.

Zuerst fiel er über die dunkle Frau, und man mochte meinen, daß ihr abseitiges und erloschenes Leben sich noch einmal habe in Erinnerung bringen wollen, so großartig schrieb der Tod sein Zeichen über ihre letzte Stunde. In Wahrheit aber war ihr zerstörter Sinn wohl so lange um jenen feurigen Panzerturm gekreist, in dem ihr Kind zu Staub vergangen war, daß ihre dumpfen Gedanken ohne Bewußtsein die Fäden wieder zusammengeknüpft hatten, wo der Tod sie damals zerrisen und verbrannt hatte, so also, daß der zerstörte Weg des Blutes zwischen Mutter und Kind sich wiederherstellte und ihr Tod aus seinem Tod sich gebar, so wie sein Leben sich einstmals aus ihrem Leben geboren hatte.

Auf der Insel waren sie schon zur Ruhe gegangen, als Thomas den Glockenschlag der Schloßuhr zu hören meinte. Zuerst glaubte er, daß es im Traum wieder nach ihm rufe, aber als er den Kopf vom Kissen hob, unterschied er deutlich die Schläge der Hofglocke, die an einem Strick gezogen wurde und die nun unaufhörlich und in Not über das Wasser rief. Gleichzeitig sah er den roten Schein vor dem Fenster stehen, sprang auf und rief nach Bildermann. Es ging kein Wind, und so mußten sie rudern. Das Feuer stand ruhig über dem Walde, nur mitunter hob eine einzelne Locke sich hoch über den Schein hinaus, und eine Funkengarbe zerfiel in tausend Sterne, die langsam zurücksanken und erloschen. Auf der Wipfellinie lag ganz still ein glühender Saum, und erst als sie näher kamen, fiel hin und wieder das rote Licht zwischen den Stämmen auf den Waldboden und bis an das Ufer hinunter.

»Es ist die Scheune«, sagte Bildermann. »Denke, daß ich wieder ein Grab graben werde.«

Das Dach war schon zusammengefallen, nur die Sparren hingen noch als ein glühendes Gerüst über den Wänden. Die Feuerspritze vom Schloß stand am Tor und schickte das Wasser auf das Dach des Wohnhauses und des Stalles. Sie hatten eine Schlauchleitung zum See hinuntergelegt, und die weißen Strahlen hingen wie Leuchtfontänen in der glühenden Luft. Der Förster saß auf einem Pflug vor der offenen Stalltür, den Kopf an das warme Holz zurückgelehnt, und blickte mit unbewegten Augen in das Feuer. Seine Hände lagen auf den Knien, und in dem flackernden rötlichen Licht sah er wie eine hölzerne Götzenfigur aus, die man aus dem Brande gerettet und auf den Hof getragen hatte.

Neben ihm stand der General in seinem langen grauen Mantel, die Feldmütze auf dem weißen Haar. Er hatte eine Hand auf die Schulter des Sitzenden gelegt, und von Zeit zu Zeit beugte er sich ein wenig herab und sprach leise ein paar Worte. Aber der Angesprochene erwiderte nichts.

Bildermann ging gleich zu den Männern an der Spritze. Sie hatten alle bedrückte Gesichter, und noch ehe Thomas auf die Stalltür zuging, hatte er erfahren, daß unter den nun langsam zusammensinkenden Balken die dunkle Frau begraben lag.

Es war keine Gefahr mehr. Sie rissen die Sparren herunter und ließen die Glut in sich ersterben. Gruber wollte nicht, daß sie die Schläuche auf die Scheune richteten.

Sie erfuhren nichts, weil er nichts wußte. Die Frau war gewesen, wie sie immer gewesen war. Er hatte schon geschlafen und war von einem fernen Gesang erwacht. Sein Schlaf war sehr leise. Zuerst hatte er gedacht, daß sie wieder in der Oberstube singe, aber dann hatte er den roten Schein gesehen. Er hatte das Tor noch öffnen können, aber unten war schon ein Meer von Glut gewesen, und die Stimme war schon verstummt. Sie hatte das Flaggenlied gesungen, und er meinte, im Traum alle drei Strophen gehört zu haben. Nur laut und fröhlich hatten sie geklungen, nicht heimlich und gedämpft, wie er sie aus ihrem Leben in Erinnerung hatte. »Elf Jahre, lieber Herr«, sagte er, ohne Thomas anzusehen. »So lange dauert es, bis man Gott beiseite schiebt und nicht mehr will. Es war kein Kirchenlied, aber er ist großmütig und wird auch dieses aufgenommen haben. Nicht viele sterben mit einem Lobgesang ...«

Thomas wußte nun, daß es diese Melodie gewesen war, die sie in der ersten Nacht über ihm gesungen hatte, und es war ihm seltsam, daß er das Lied nicht erkannt hatte, mit dem er doch fast aufgewachsen war. Es schauderte ihn, als er den weißen, trägen Qualm mit den gelblichen Rändern nun aus der Glut aufsteigen sah, und wieder dachte er, daß sie nun am Grabe sagen würden, sie sollten sich beugen und nicht nach seiner Absicht fragen. Der alte Mann aber würde zurückbleiben, und wenn er wollte, konnte er seinen Trost darin finden, daß er Frau und Kind dem Vaterland gegeben hatte, alles, was er besessen hatte, und dort würde es nun auf die unsichtbaren Tafeln eingegraben werden, nicht tiefer als in sein Herz, aber länger dauernd.

Der hohe Dom des Waldes war nun beglänzt von dem sinkenden Feuer, die rissige Rinde der Stämme und hoch oben das fast geschlossene Dach, unter dem die Funken wie die Sterne hingen. Die Schläuche wurden zusammengerollt, die Leitern und Haken festgeschnallt, und dann verschwand die Spritze im dunklen Wald. Nur das Licht der beiden Laternen ging noch eine Weile wie zwei große Irrlichter über die Schonungen hin.

»Sollten mit mir kommen, Gruber«, sagte der General noch einmal. »Platz genug für alte Soldaten. Kein guter Ort hier für Sie.«

Aber der Förster schüttelte den Kopf. Er saß noch immer, wie Thomas ihn zuerst gesehen hatte, kein gebrochener, aber ein abwesender Mann, der auf das dampfende Grab starrte und leise vor sich hinsprach. »Die Heiligen werden sie aufgehoben haben«, sagte er, »Sankt Florian und seine Helfer. Sie fragen nicht nach dem Bekenntnis, sie fragen nur, ob einer gelitten hat... Meinen Sie, lieber Herr, daß es ihr weh getan hat?«

»Nicht ein Finger hat ihr geschmerzt«, erwiderte Thomas. »Sie ist eingeschlafen im Rauch, ehe die Flamme sie berührt hat. Und bis zum Einschlafen hat sie gesungen.«

Er nickte vor sich hin. »Ein harter Gott«, sagte er. »Einen von uns wollte er entstellen, und nun hat er seinen Willen bekommen. Der andere zerfiel zu Staub, schneller fast, als seine Hand ihn erreichen konnte, aber nun hat er es eingeholt... ich weiß, wie sie aussehen... ich habe einen

Graben gesehen, durch den die Flammenwerfer gegangen waren... nicht gut sehen sie aus, aber er wird sie wohl verwandeln, bis er sie aufnimmt. Er kann ja soviel, alles kann er ja, wenn er will...«

Der General nahm die Mütze ab und sprach ein Gebet. Sein weißes Haar bewegte sich leise im Nachtwind. Dann ging er zu seinem Pferd.

»Gehen Sie nun auch, lieber Herr«, sagte Gruber. »Bildermann wird ihr einen Sarg machen, einen Notsarg nur, und ihn bringen, ehe der Tag da ist. Die anderen brauchen es nicht zu sehen, aber er darf es ruhig. Sie hat immer nach ihm und seinen Liedern ausgeschaut, und er hat wohl schlimmere Dinge gesehen als dieses in seinem Leben.«

Als er allein war, blieb er noch eine Weile sitzen. Es war noch früh in der Nacht, und er hatte noch viel Zeit. Es fror ihn nicht, denn die Balken glühten noch. Manchmal kam ein leiser Luftzug vom See herauf und brachte den Geruch des Wassers und des ersten grünen Laubes mit sich. Die kleinen Flammen flackerten auf, und die Sterne standen wieder an der alten Stelle.

Er saß wie an einem Lagerfeuer. Die Schlacht war verloren, aber ihn hatte es wieder nicht getroffen. Immer traf es die anderen. Nun würde er wohl genug haben, Gott, auch wenn er noch so hungrig war. Bei ihm gab es nun nicht mehr viel zu holen. Nur ihn selbst noch, und das mochte er ruhig tun. Aber er wußte sehr gut, daß er gerade das nicht tun würde. Einer mußte immer übrigbleiben, um den Becher zu Ende zu trinken, und der Bodensatz war niemals das Süßeste. Immer war Hader zwischen den Bekenntnissen gewesen, und sie hatten ja immer gemeint, daß er den falschen Glauben habe, aber was jener mit den Menschen tat, das schien in allen Bekenntnissen das gleiche. Doch

nun würde es still sein. Die Diele würde nicht knarren, das Tischgebet würde nicht gesprochen werden. »Und was du ertränkt hast und verbrannt, nimm es fröhlich in deine Hand! Amen!« Er hatte es nun genommen. Er hatte elf Jahre gewartet, als liege ihm nichts an diesem zerstörten Bild, das ihn gelästert hatte, wie die Mütter mitunter lästern. Aber dann hatte er doch zugegriffen, als ein eifriger Gott, der sich nichts entgehen ließ, auch nicht das Zerstörte.
»Wohl bekomm's!« sagte der Mann und stand auf.
Er nahm den Feuerhaken, der neben ihm lag, und begann die Balken und Sparren herauszuziehen. Er arbeitete ruhig und vorsichtig und bedachte alles. Er wußte, wo die Maschinen gestanden hatten und daß das rechte Fach leer gewesen war. Er fand das verbogene Schwungrad der Häckselmaschine und das gekrümmte Gerüst der Waagschale. Sonst war die Tenne leer gewesen. Hier war es also nicht. Er blieb eine Weile stehen und fühlte, wie die Hitze durch seine Schuhsohlen drang. Dann holte er ein paar Arme von dem kleingemachten Küchenholz und machte ein neues Feuer neben dem erlöschenden. Er konnte nun sehen, was verkohltes Holz war und was etwas anderes sein konnte. Da man hier nicht gelöscht hatte, so waren alle Bretter verbrannt, und nur Balken und Sparren hatten etwas von ihrer alten Form bewahrt. Es war nicht sehr schwer, sie über die geschwärzten Fundamente hinauszuziehen.
Und schließlich fand er sie. Sie lag auf dem Rücken, gerade ausgestreckt, die Arme unter der Brust zusammengelegt. Sie schien ihm kleiner geworden, viel kleiner. Er mußte ab und zu hinsehen, damit die Balken sie nicht streiften, in die er den Feuerhaken schlug, aber er tat es mit halbgeschlossenen Augen, und er stöhnte wohl auch ab und zu.

Der Große Bär war schon über den Zenit hinübergegangen, als er fertig war. Das Fach war nun ganz leer bis auf den Körper, der fast in der Mitte lag. Er holte eine weiße Segeltuchplane, mit der der Schlitten zugedeckt war, und legte sie über die Tote. So hatten sie es auch im Felde gemacht, nur daß die Zeltbahnen grau oder braun gewesen waren.

Dann saß er wieder an der Stalltür auf dem Pflug, dessen Eisen so kühl an den Händen war, und rauchte. Auch das hatten sie draußen gelernt, daß man im Angesicht des Todes rauchen durfte. Sie waren so vertraut miteinander, daß ihm das nichts ausmachte. Er holte die Nichtraucher ebenso wie die anderen. Er war nicht gekränkt über männliche Gewohnheiten.

Das Licht kam früh, und die Haubentaucher auf dem See begannen zu rufen. Alles war wie sonst. Es gab keine Verstörung in der Landschaft. Nur die Eichhörnchen in den rotgesäumten Fichtenwipfeln fuhren unruhig am Stamm auf und nieder und sahen neugierig auf den leeren Platz mit dem weißen Tuch hinunter.

Der Förster stand auf und ging langsam zum Ufer hinab. Das Morgenrot stand groß und klar hinter der Insel, die Birkenwälder waren schon grün. Das Boot war schon unterwegs. Bildermann stand hinten mit einem langen Ruder, den hellen Sarg vor sich auf den Ruderbänken. Das Spiegelbild zog im dunklen Wasser ruhig mit. Es war ein freundliches Bild, und der alte Mann sah ihm entgegen. Wenn es einmal überstanden war, dann war alles gut. Der Zeiger stand still, und die Erde wartete.

Sie begruben sie neben Glorias Grab. Der einarmige Pfarrer war wieder da, und statt der Dompfaffen sangen die Drosseln in den Fichtenwipfeln. Er sprach davon, daß die

Mütter die Treuesten auf dieser Erde seien und daß ihnen vergeben würde, was keinem von den anderen vergeben werde. Aber er verstand nicht, weshalb dies geschehen war. Er sagte es ausdrücklich, daß er es nicht verstehe. Er sagte, daß sie sich beugen sollten, alle zusammen, aber sein Gesicht sah dabei aus, als binde er seinen Helm um das Kinn. Die alten Soldaten marschierten noch immer, sagte er, und noch immer fielen rechts und links die Toten. Späte Tote, die es viel früher angerührt habe, aber nun erst habe es ihr Herz angefaßt. Der Krieg rühre noch immer die Trommel, und noch führen sie auf im feurigen Wagen wie Elias zu seiner Zeit oder wie der Sohn dieser Toten. »Lieber Gott«, schloß er, »sollen wir denn immer mit dir kämpfen? Und denkst du nicht daran, daß du mit dir selber kämpfst?«

Es war eine merkwürdige Grabrede, und der Förster wandte kein Auge von dem bleichen Gesicht, das in die Grube blickte, als liege seine eigene Mutter dort im Sarge.

»Haben Macht gewonnen, weil das Kind nicht da ist«, sagte der General finster, als es zu Ende war.

Aber Thomas schüttelte den Kopf. »Sie nehmen, was sie bekommen«, erwiderte er.

Gruber sollte für den Rest des Tages mit ihnen auf die Insel fahren, und es zeigte sich, daß auch der Pfarrer gern mitgekommen wäre. Das Land habe es ihm angetan, sagte er, schon damals, und nun würde er dort gern im Frühling einmal stehen und über die Wälder blicken. So fuhren sie alle vier hinüber.

Bildermann kochte Kaffee, und sie tranken ihn vor dem Hause an dem grauen Tisch. Es war wie nach einer Schlacht, und als habe es sie alle ein bißchen gezeichnet. Dann ging Gruber mit Bildermann zur Schmiede. Er brauchte ein paar Winkelhaken für den Leiterwagen und wollte sie gleich schmieden. »Es wird sie nicht stören dort drüben, wenn ich den Hammer nehme?« sagte er zum Pfarrer. Nein, sicherlich nicht.

Der Pfarrer wollte gern einmal um die Insel gehen, und Thomas begleitete ihn. Unter den Eichen blieben sie stehen und blickten hinaus. Weiße Wolken zogen über den Himmel, und drüben am Rande der Bucht wehten die langen grünen Äste der Birken. »Hier möchte ich einmal liegen«, sagte Thomas, »und Sie sollen den Sarg von drüben dann herüberbringen. Sie brauchen nur den neunzigsten Psalm zu sprechen, wenn Sie etwas sagen müssen.«

»Sie glauben nicht?« fragte der Pfarrer.

»Ich beuge mich, aber ich glaube nicht.«

»Sie sollen sich auch nicht beugen«, sagte der Pfarrer. »Sie sollen kämpfen mit ihm. Nur im Kampf kann er Ihre Hüfte verrenken.«

»Mit Gott kann man kämpfen, wenn man an ihn glaubt. Mit der Notwendigkeit kämpfen nur Narren.«

»Nichts ist notwendiger als Gott.«

Thomas legte die Hand leise auf seinen Arm und führte ihn weiter. »Ich habe zehn Jahre gebraucht, um durchzukommen«, sagte er. »Nur der Feigling kehrt um, wenn er das Gesicht gesehen hat. Ich bin nicht feige.«

»War es das Gesicht oder die Maske?«

»Es war das Gesicht hinter der Maske.«

Sie sprachen dann nicht mehr davon, und bevor die Sonne unterging, fuhr Thomas ihn wieder hinüber.

»Wenn Sie mich einmal rufen«, sagte der Pfarrer zum Abschied, »so sollen Sie nicht glauben, daß ich als Sieger komme, der recht gehabt hat. Aber ich glaube nicht, daß Sie mich rufen werden.«

Er glaube es auch nicht, erwiderte Thomas ernst.
Nein, er hatte keine Lust, irgend jemanden zu rufen. Die dunkle Frau stand in seiner Erinnerung an dem Tor seines neuen Lebens, und an jenem Abend, als er sie zum erstenmal gesehen hatte, hatte er auch zum erstenmal die Insel gesehen. Es war nicht, als sei irgendeine Frau aus dem Walde gestorben. Auch dachte er nun viel darüber nach, ob jener Ruf in den Nächten überallhin gegangen sei, zu allen Häusern, in denen Schlafende oder Träumende lagen, oder ob er nur zu ihm gegangen sei. Und wenn es so wäre, ob er von jener Frau gekommen sei und um seine Hilfe gerufen habe. Doch wo sollte dieses Platz haben in der Welt, die er eben mühsam aufgebaut hatte?
Er machte sein Buch fertig, ohne rechte Freude. Es schien ihm ein Fehler darin zu liegen, daß er danach trachtete, seine Gedanken der Welt darzubieten. Die Welt konnte von Gedanken bewegt werden, aber war es nicht wie mit einem Pendel, das man mit der Hand über die beiden Ruhepunkte hinaustrieb? Die Uhr wurde doch nicht von dem bewegt, was jenseits der Punkte lag, sondern nur von dem, was zwischen ihnen schwang.
Und nun gar die Gedanken über Gott. Wer hatte ein Recht zu sagen: »Dies ist mein Gott, und ihr müßt wissen, was ich von ihm halte?« Alle Religionen waren so entstanden, aber aus allen war Blut geflossen, weil sie so entstanden waren. Gott sollte nicht gepredigt werden, ebensowenig wie Leben, Arbeit und Liebe. Sie sollten getan werden. Sie strahlten schon von selbst, wenn Strahlendes an ihnen war. Das Wort konnte ein Fluch sein. Es war der Klang, der die Lawinen löste. Es verdarb den Gang des Lebens. Das Brot, die Schlacht, die Zeugung, der Tod: sie entzogen sich dem Wort. Das Wort entheiligte sie. Die redenden Götter waren

so verdächtig wie ein redender Stein. Die Gottheit war stumm wie die Sterne.

Er wußte so wenig. Er wollte arbeiten, vielleicht noch zehn Jahre, bis der Körper leise mahnte, daß dieser Teil seines Lebens sich schon neige. Und dann wollte er lesen. Sein Geist würde noch frisch sein, hungrig nach allen Erkenntnissen, die der Mensch jemals gewonnen hatte. Und nach seinen Irrtümern ebenso. Er sah es wie einen Dom vor sich stehen, den Bau des Menschengeistes, und es schwindelte ihn, wenn er hinaufblickte. Da war die Kunde von den Sternen und die von den Mikroben. Da waren Entdeckungen und Eroberungen, Pflanzen und Steine, Sagen und Märchen, Philosophen und Religionen. Fernrohre und Mikroskope standen da, Phiolen und Retorten, Liebesschwüre und Totenmasken, und dahinter die krausen Zeichen der Nekromanten, die niemals Gesättigten, die wie ein Gott bewegen und beschwören wollten.

Einmal sollte ihm nichts fremd sein auf dieser Erde. Er wollte es ohne Zweck wissen, die »Wunder des Universums«. Sie trugen ihren Zweck in sich, die Kraft, die Schönheit oder eben das Gesetz. Es hungerte ihn auf eine manchmal verzehrende Weise nach Erkenntnis. Er würde sie nicht mißbrauchen, er gewißlich nicht. Wie ein alter Zauberer würde er hier sitzen, eingesponnen in das Gewebe der Welten, und so lange lauschen, bis die Sphären ihm zu tönen begännen. Um ihn herum würden sie aufwachsen, begehren und hassen, lieben und vergeben. Er wußte, wie dies alles war, zeitlich und fragwürdig, schön und traurig. Er würde alt werden wie der Fischer Petrus und sich an den großen Krieg erinnern, wenn er nur noch eine Sage war, wie jener sich an die Zeiten der Beresina erinnert hatte. Das Laub würde fallen und wieder grün werden, die Gräber würden einsinken und die Kinder nach der goldenen Krone suchen. Aber er würde vielleicht einmal die Sphären tönen hören, den leisen Klang, mit dem die Achse des großen Gesetzes sich drehte. Er würde nicht Gott schauen wollen oder das Jenseits, nicht das Paradies und nicht die Hölle. Er würde nur einmal das Ganze sehen wollen, den Makrokosmos der Alten, dieses Eherne, Großartige und Gewaltige, in dem die Menschen wie Staub auf der Tenne waren.

Und dann würde er ganz still sein, so wie der Stein auf dem Grunde, so wie das Blatt, das von den Eichen fiel. Und endlich würde sein Atem aufhören und sein Gang zu Ende sein. Sie würden sagen, daß er tot sei.

Es rief noch einmal im Traum nach ihm, und so war es also doch nicht die dunkle Frau gewesen.

Aber er war unruhig, weil er nichts von diesen Dingen wußte, und als um die Sonnenwende der junge Graf bei ihnen war, fragte er ihn, was er von dem denke, das im Zwielicht sei.

Der Gefragte lächelte auf seine gewöhnliche Weise und meinte, mit dem Denken sei hier wohl nicht viel zu tun. Ob er wisse, daß das menschliche Herz im Brustkorb im gleichen Winkel aufgehängt sei wie die Ekliptik der Erde, also mit dreiundzwanzigeinhalb Grad?

Nein, Thomas wußte es nicht, und es erschreckte ihn fast wie ein Blick in die große Gesetzestafel, die über allen Lebenden und Toten herrschte. Wie das zu erklären sei?

Ja, da gebe es keine Erklärung. Es sei nur ein Hauch der großen Geheimnisse, zwischen denen sie ihre kleine Straße gingen. Aber er wollte wissen, wie es gewesen war mit dem Ruf in der Nacht, und er fragte so eindringlich, als ob in allen Nächten seines Lebens eine solche Stimme nach ihm gerufen hätte. »Sie werden in meiner Bibliothek einen ganzen Schrank damit gefüllt finden«, sagte er endlich. »Aber es wird Ihnen nichts helfen. Die Wissenschaft kennt nur ein einziges Mittel in diesem Bereich, das Experiment, und das Experiment hat versagt. Kein Toter hat bis jetzt gesprochen. Und ob die Sterbenden rufen können, weithin über Länder und Meere, das weiß ich nicht. Ich weiß, daß es rufen kann, aber ich weiß nicht, ob ein anderer ruft oder mein verwirrtes Blut.«

»Es ist ein verstörtes Jahr«, sagte Thomas, »wir merken es an den Fischen. Sie haben andere Wege als sonst.«

Der Graf nickte. »Nichts ist leichter, als zu sicher zu werden. Lassen Sie die Stimme ruhig rufen. Es ist ein Zeichen, daß man sich noch um Sie kümmert. Mein Vetter hört keine Stimmen.«

»Wer ist ›man‹?«

Aber der Graf zuckte nur die Achseln.

»Wenn Sie einmal eine große Erbschaft machen«, sagte er später, »so daß Sie ganz frei und unabhängig wären, soweit ein Mensch das sein kann, würden Sie hier fortgehen, Orla?«

Thomas schüttelte den Kopf, ohne nachzudenken. »Wenn ich das täte«, erwiderte er, »würde alles falsch gewesen sein. Vielleicht in zehn oder zwanzig Jahren, wenn ich die Ruder nicht mehr ordentlich halten kann. Ich bin ein Mensch, für den die Arbeit ein Geländer ist.«

»Und das Denken ein Strudel«, ergänzte der Graf. »Es ist seltsam, diese Mischung von Einfachheit und Kompliziertheit bei Ihnen. Zuerst habe ich gedacht, Sie wollten hier einen Traum leben, aber es ist doch wohl so, daß Sie hier leben, um nicht zu träumen.«

»Ich will wissen und nicht träumen«, sagte Thomas.

»Ja, ja, so ist es zuerst bei uns allen, aber schließlich erkennen wir, daß wir mit dem Netz immer nur uns selbst herausheben. Nicht einmal die goldene Krone ...«

Er lächelte und stand auf. »Ich muß heim«, sagte er, »die Sonne sinkt ...« Aber er blieb stehen und blickte mit abwesenden Augen auf die Weltkugel. »Komisch«, fügte er hinzu, »wie wir manchmal reden ... wie in einem Schauspiel ... ›ich muß heim, die Sonne sinkt‹ ...«

Als er im Boot saß und die Ruder schon eingetaucht hatte, wendete er sich noch einmal um. »Übrigens ist er dagewesen, der Meditierende«, sagte er. »Gestern abend, um die ›crépuscule‹. War genauso, wie ich es Ihnen vorgelesen habe. Nur, daß ich nicht hineintrat in das Zimmer, sondern beim Spielen war. Chopin, h-Moll-Sonate, ein ganz passendes Stück. Beim Mittelsatz sah ich einmal auf, und da setzte er sich gerade zusammen. Anders kann ich es kaum nennen. Er baute sich gleichsam aus seinen Elementen auf. Sehr flüchtige Elemente natürlich. Aber sonst war alles so, wie es sein sollte. Auch der Schlag der Pendule und daß er ›verging wie eine Flüssigkeit auf dem Estrich‹ ...«

Er streifte Thomas noch einmal mit einem Blick, in dem Spott und Trauer gemischt waren. »Und habe gewußt, daß der Herr mich angesehen«, schloß er. »Aber ich habe es nicht gewußt, Orla, verstehen Sie. Wir Heutigen wissen so weniges genau ...«

Dann trieb der erste Ruderschlag das Boot vom Steg.

»Bleiben Sie noch, Graf«, sagte Thomas. »Bleiben Sie heute nacht bei mir!« Er ging bis ans Ende des Steges und hob die Hand, als wolle er den Abfahrenden halten.

Aber dieser schüttelte nur den Kopf. Das leichte Boot schoß mit jedem Ruderschlag weiter auf das Wasser hin-

aus, und das schmale, lächelnde Gesicht wurde immer ferner und undeutlicher.
»Glaubst du, Bildermann, daß es sich vorher ansagen kann?« fragte Thomas am Abend.
Bildermann sah ihn nicht ohne Sorge an. »Wir halten uns besser an Ruder und Kompaß, Kapitän«, erwiderte er.
Thomas schlief fest und traumlos, aber als die Sonne aufgegangen war, legte er sein Fahrrad in das Boot und sagte, er müsse zum Grafen fahren.
Er brauchte zwei Stunden, weil er unterwegs ein paarmal abstieg, um eine Pfeife zu rauchen und zu bedenken, ob er nicht besser umkehren sollte. Er war nicht sicher, ob er das Richtige täte, und so hatten sie, als er ankam, den Toten schon vom Vorwerk ins Haus getragen und die Bahre im Flur mit den Masken niedergestellt. Sie hatten ihm ein Tuch über das Gesicht gelegt und warteten nun auf den Majoratsherrn und das Gericht aus der Kreisstadt. Der alte Diener stand bleich an einem der hohen Fenster, durch die das grüne Waldlicht fiel. Er wußte, daß der Tote Haltung und Schweigen auch bei seinen Untergebenen gewünscht hatte. Der Inspektor des Vorwerks aber saß mit verstörtem Gesicht auf einer der niedrigen Truhen, fuhr sich mit den großen Händen unaufhörlich durch das dichte Haar und murmelte, daß er nicht schuld sei, daß er bei Gott nicht schuld sei an dem Tode des jungen Grafen.
Thomas hob leise das Tuch vom Gesicht des Toten. Er war nicht entstellt und nicht verändert. Die Augen waren geschlossen, und Thomas meinte zu wissen, daß unter ihren Lidern derselbe Ausdruck schwermütigen Spottes liegen würde wie um den schmalen, farblosen Mund. Das Haar am Scheitel war feucht von noch nicht geronnenem Blut. Dort mußte die Wunde sein.

Er hob den Blick und sah die graubespannte Wand entlang, an der die Masken hingen. Ja, die alte Gräfin würde wohl zufrieden sein können: er sah nicht viel anders aus als diese hier. Er gab ihnen nichts nach. Er hatte sich Mühe gegeben.

Er legte das Tuch wieder über den Toten und winkte den beiden, ihm zu folgen. Als er hinausging, sah er, daß in der bläulichen Vase blühende Jasminzweige standen. Es war ein früher Sommer in diesem Jahr.

Draußen erfuhr er, wie es gewesen war. Die Leute vom Vorwerk waren in der Nacht im Dorfkrug gewesen und hatten sich am Morgen geweigert, mit den Mähmaschinen auf die Wiesen zu gehen, die Kühe zu melken, die Pferde zu füttern und so weiter. Wahrscheinlich hatte jemand aus der Stadt ihnen eine Rede gehalten, denn sie brauchten Wendungen, die nicht auf dem Vorwerk wuchsen. Es kam darauf hinaus, daß sie heute nicht aufgelegt seien, »für die Reaktion zu arbeiten«. Es kam nicht ernst und dumm heraus wie sonst, sondern aufsässig und frech, und der Gehilfe des Melkers war der Anführer gewesen.

Der Inspektor war zum Grafen gegangen, weil sein Haus in der Nähe lag und weil er in seiner Not an die nächste Hilfe gedacht hatte. Der Graf war im Garten auf und ab gegangen und hatte nur genickt, als sei schon ein anderer Bote dagewesen. Er, der Inspektor, war aber der erste gewesen. »So bald?« hatte er gefragt. Ja, er nehme es auf seinen Eid, daß er so gesagt habe, und dann habe er ihn eine Weile angesehen. Es sei ein merkwürdiger Blick gewesen, und er habe gedacht, daß der junge Graf manchmal wie hinter einer Wolke sei.

Dann seien sie gegangen, ohne Eile, und er habe noch gefragt, ob der Herr Graf eine Waffe habe. Aber jener

habe nur gelächelt und gesagt, auf solchen Wegen brauche man keine Waffe. Er habe auch keinen Hut getragen, sondern sei so mitgekommen, wie er im Garten gewesen sei.
Auf dem Hof hatten die Leute vor der Stalltür gestanden und Zigaretten geraucht. Sie hatten auch die Mützen nicht abgenommen. Der Graf hatte die vordersten beiseite geschoben, mit dem Ellbogen, denn die Hände hatte er in der Jacke gehabt, und war auf einen der jungen Gespannknechte zugetreten, der mit schiefen Augen an ihm vorbeigegrinst hatte. Er, der Inspektor, war außerhalb des Kreises geblieben.
Es war ganz schnell gegangen, wie im Traum. Der Graf hatte den Gespannknecht angesehen und mit seiner leisen, aber ganz deutlichen Stimme nur dies gesagt: »Und du Lümmel knöpfst dir nicht einmal die Jacke zu, wenn du Revolution machst?«
Der Angeredete hatte mit der Hand schnell nach seinem obersten Jackenknopf gegriffen, und da hatte der Gehilfe des Melkers schon zugeschlagen. Er hatte hinter dem Grafen gestanden, versteckt unter den anderen, und eine Wagenrunge in der Hand gehabt. Der Graf hatte keine Mütze getragen, und der Schlag hatte ihn mit voller Gewalt getroffen. Er war ohne einen Laut vornübergefallen, die Hände vor das Gesicht gehalten. Sie hatten ihn aufgehoben, aber es war kein Leben mehr in ihm gewesen. Der Totschläger war gebunden worden. Die Leute hatten ohne ein Wort gehorcht.
Es sei kein Irrtum, fragte Thomas, daß der Graf »So bald« gerufen habe?
Nein, kein Irrtum, auf Seele und Seligkeit.
Thomas sah den alten Diener an und fand dessen Blick auf

sich gewendet, einen wissenden und leise bittenden Blick. Er nickte kaum merklich und ging dann leise zu seinem Rad. Am Tor wechselte er noch ein paar Worte mit dem Vetter des Grafen, den er auf der Wolfsjad gesehen hatte, einem großen, nüchternen Mann, und hörte dann, wie er zornig auf den Inspektor einsprach.

Er ging dann zum Ufer des Flusses hinunter und wartete auf die Kommission. Es war besser, er machte seine Aussagen hier, als daß sie ihn in die Stadt vorluden.

Das Wasser strömte leise an seinen Füßen vorbei, abwärts schlugen die Sprosser, und vom anderen Ufer kam der Duft der Rosen herübergeweht. Es war wie immer. Der, in dem dies alles sich gespiegelt hatte wie in einem edlen Glase, war fortgegangen, aber es bekümmerte den Bezirk seiner Schöpfung nicht. Die Räder stockten nicht, das Pendel hielt nicht an.

Der Vorhang war gefallen, und bevor er fiel, war durch einen Spalt ein Licht aus den Abgründen aufgeblitzt, ein jäher und blasser Schein, so schnell, daß nur etwas Dunkles zu erkennen war, Wolken oder Schluchten oder ein leeres, eisiges Meer.

»Ich liebe es alles, wenn auch mit schwerem Herzen ...« Er sah ihn auf seiner Insel stehen, die schlanke Gestalt mit den geneigten Schultern, und über das Wasser dorthin blicken, wo er die Stirnen mit den Bernsteinkronen gesehen haben mochte. Er hatte keine Waffe mitgenommen. Er hatte sich nicht gefürchtet.

Als der Wagen aus der Kreisstadt gekommen war, machte er seine Aussage. Er bestätigte, daß der Inspektor ihm das Ereignis mit den gleichen Worten geschildert habe und daß der Graf gestern bei ihm gewesen sei. Nein, von Drohungen sei nicht die Rede gewesen.

Der Kreisarzt hatte festgestellt, daß die Schädeldecke des Toten so außergewöhnlich dünn war, daß man ihn mit einem Lineal hätte töten können. »Ein ganz abnormer Fall«, sagte er bekümmert.

»Was dem Mann mit der Wagenrunge nicht bekannt gewesen sein dürfte«, bemerkte Thomas.

»Natürlich nicht, natürlich nicht.«

Dann war Thomas entlassen. Er bat, ihm Nachricht über die Beerdigung zukommen zu lassen, und ging. Der Diener begleitete ihn hinaus. »Ja, er hatte ihn gesehen«, sagte Thomas leise. »Vorgestern abend.«

Der Diener nickte und bekreuzigte sich. Der junge Graf hatte noch auf seinen Knien gesessen.

Thomas fuhr mit dem General zur Beerdigung. Der Tote war in der Halle des Schlosses aufgebahrt worden. Sie war so groß wie eine Kirche. Zwei Offiziere in den alten weißen Farben des Regiments hielten die Totenwache. Man mußte eine Weile warten, bis die alte Gräfin die breite Mitteltreppe heruntergestiegen kam. Sie kam ganz allein, weißhaarig und ohne einen Tropfen Blut in ihrem steinernen Gesicht. Man hatte Thomas erzählt, daß sie im Winter ihren achtzigsten Geburtstag gefeiert hatte.

Sie blieb zu Häupten des Sarges stehen, auf ihren Stock gestützt, und wies den Sessel zurück, den man ihr hinschob. Sie ließ ihre hellen Augen einmal durch den Raum gehen und nickte dann dem Geistlichen zu. Es war eine kurze, fast hochmütige Bewegung, und es schien Thomas, als erschrecke sie jenen. Es war der Superintendent aus der Kreisstadt, ein behaglicher, runder Mann, und als er zu sprechen begann, tönte seine Stimme viel zu laut durch den schweigenden Raum.

Es war zu bemerken, daß er sich Mühe gegeben hatte, aber

Thomas sah ihn finster an. Man hatte anders über den Toten zu sprechen, auch wenn man keinen Arm im Kriege verloren hatte. Die Gräfin sah an ihm vorbei, durch die breite, geöffnete Tür, vor der die Dorfkinder standen. Sie hatte beide Hände auf den Stock gestützt, und kein Zug in ihrem Gesicht bewegte sich. Sie sah wie eine der Masken in dem grauen Flur des Grafenhauses aus, nicht gezeichnet vom Tode, sondern von ihm schon erfüllt, mit einem hochmütigen Gewährenlassen, als dulde sie wortlos eine blinde Gewalt. Nur als der Superintendent zu dem Hauptstück seiner Rede kam, daß hier der letzte von sechs Söhnen für das Vaterland und das Gesetz gefällt worden sei und die Mutter im Lebensalter des Psalmisten nun auch an diesem Sarge stehen müsse, eine zweite Niobe, wie es in der griechischen Sage heiße, stieß sie den Stock hart auf den Boden und sagte laut und deutlich, ohne ihn anzusehen: »Schwatze Er nicht!«

Der Geistliche stockte, und eine Bewegung ging durch den ganzen Raum. Aber dann faßte er sich, neigte die Stirn, als vergebe er dem Schmerz auch dieses, und kam bald zum Ende.

Es gab keine Reden, nur der General sprach vor der gemauerten Gruft im Park einen Abschiedsgruß der Armee an den Soldaten Natango Pernein. Seine Stimme war hell und scharf wie auf dem Paradefeld, und seine Augen blickten drohend unter den weißen Brauen auf die unbewegten Gesichter der beiden Offiziere. Die Gräfin nickte ihm zu.

Als Thomas neben dem General auf den Wagen wartete, kam der Vetter des Grafen und bat ihn zu der alten Gräfin. Sie wünschte ein paar Worte mit ihm zu sprechen.

Oben, in dem großen Raum mit den ovalen Bildern, saß die

Gräfin am Fenster und blickte in den Park hinaus. Sie wies auf einen Sessel ihr gegenüber und betrachtete Thomas schweigend. Nun, aus der Nähe, sah er das hauchdünne Geflecht der Falten in ihrem starren Gesicht und die großen, brennenden Augen. Es wohnten keine Träume in ihnen wie in den Augen des Toten, aber sie waren so hell, als spiegle sich keine Nähe in ihnen, sondern erst die gegenstandslose Ferne, ein weißer Herbsthimmel etwa, mit viel Licht und ohne eine einzige Wolke.

»Er verachtete die Menschen«, begann sie endlich, »und es schmerzte ihn, daß er sie verachten mußte. Aber von Ihnen hat er gern gesprochen. Erzählen Sie, wie es war, als er das letztemal bei Ihnen war.«

Es kam Thomas nicht in den Sinn, vor diesen Augen etwas zu verschweigen.

»Ich muß heim ... die Sonne sinkt ...«, wiederholte sie. »Ja, auch den Tod verachtete er ... Er war anders als die anderen, ganz anders. Sein Herz war schwer, von der Geburt an. Er brauchte für jeden Tag mehr Tapferkeit als die meisten für ihr ganzes Leben ... mein Benjamin ...«

»Er liebte vieles, Gräfin.«

»Ja, ich weiß. Er liebte auch mich. Er war der einzige, der mich liebte, auch wenn er über mich lächelte. Die anderen füchteten mich nur. Er hätte mich hassen können, denn ich habe ihm das Erbe gereicht. Er hätte mich so hassen können, als hätte ich ihm den Aussatz vererbt. Aber er liebte mich. Er liebte alles Hoffnungslose, und es schauderte ihn vor der unadligen Zeit. Vor der Zeit, die kein Schwert mehr kannte, sondern nur den Knüppel. Und unter einem Knüppel ist er auch gefallen. Ich habe nur gelebt, damit er jemanden hatte, mit dem er lächeln konnte. Nun brauche ich nicht mehr zu leben. Die ›Niobe‹, wie jener sagte. Es ist schade, daß er das nicht mehr gehört hat, es würde ihm so viel Spaß gemacht haben... Sie glauben, daß er ›ihn‹ gesehen hat?«

Natürlich glaubte Thomas es.

»Er ist noch keiner Frau erschienen«, sagte sie. »Schade...«

Dann reichte sie ihm die Hand und bat ihn, zu gehen. »Er hat recht gehabt, von Ihnen zu sprechen. Er hat immer recht gehabt. Leben Sie still und sterben Sie tapfer!«

Er ging leise aus dem Zimmer. Als er die Tür hinter sich zuzog, saß sie aufrecht im Sessel und hatte die Augen geschlossen.

Dieser Tod gab Thomas viel zu denken. Es war ihm, als sei über Nacht eine Wand aus seinem Hause ausgebrochen worden, mit allen Bildern, die dort gehangen hatten, und wenn er nicht aufpaßte, so könnte es sein, daß er einmal in der Nacht auf jene Wand zuginge und ins Bodenlose stürzte. Er achtete sehr auf sich, und Bildermann tat es noch mehr. Er trauerte sehr um den Toten. Es war ihm, als sei ein ganzes Zeitalter mit ihm versunken. Das Unwiederbringliche des lebendigen Menschen durchdrang wie ein scharfer Schmerz sein ganzes Bewußtsein. Auch hiervon werde Gott wissen, wozu es gut sei, hatte der behagliche Mann am Sarge gesagt. Gewiß, er hatte es ja auch von der Sintflut gewußt oder vom Dreißigjährigen Kriege. »Schwatze Er nicht!« Wie großartig sie dagestanden hatte, so unbeteiligt wie eine Königin unter klatschenden Marktweibern... Das Blut war das einzige, unanfechtbar und unsterblich.

Er war gefallen, wie er selbst, Thomas, hätte fallen sollen. Aber jener hatte keine Waffe getragen und hatte nicht gezögert. Der Tod hatte nach ihm geschickt, wenn auch nur in der Gestalt des verstörten Inspektors, und er hatte gehorcht, ohne Mütze, ohne Mantel, ohne Waffe. Die offene Jacke, das hatte ihn am meisten gestört. Der Mangel an Haltung, das Unordentliche im Augenblick der Entscheidung.

Der graue Mann aber, der sich vor dem Feuer zusammensetzte? Da blieb alles im Zwielicht. Die Frage war, ob er ihn gesehen haben würde, wenn er nichts von ihm gewußt hätte. Wenn das Tagebuch des Vorfahren nicht gewesen wäre. Die einzige Frage, aber es gab keine Antwort darauf. Die Natur verhüllte sich und schwieg.

Eine Woche später wurde Thomas zum Notar in die Kreisstadt gebeten. Er erfuhr, daß der verstorbene Graf in seinem Testament bestimmt hatte, daß er, Thomas von Orla, der Erbe seines Hauses und Gartens mit allem darin befindlichen Besitz sein solle. Zur Unterhaltung der Liegenschaften und zur Weiterentlohnung aller in des Grafen Diensten Stehenden, die er mit besonderen Legaten bedacht hatte, waren die Zinsen eines bedeutenden Vermögens bestimmt, das nach Thomas von Orlas Tode an das Majorat fallen sollte. Die Gräfin Pernein war berechtigt, über eine Anzahl namentlich aufgeführter Gegenstände zu verfügen, und gebeten, das Testament nicht anzufechten. Auch waren ihr eine Anzahl von Räumen während ihrer Lebenszeit und eine Reihe von Gerechtsamen ausdrücklich vorbehalten. Ihr Einverständnis mit diesem Letzten Willen ihres Sohnes liege bereits vor, mit dem Zusatz, daß sie Thomas vor Orla bitte, diesen Letzten Willen in allen Punkten zu achten und zu ehren. Nach des Erbenden Tode habe Haus und Garten an das Majorat zurückzufallen.

Thomas fragte nach dem Datum des Testaments. Man legte ihm die Urschrift vor, und er sah, daß es der Abend der Erscheinung gewesen war.

Ja, er wolle die Erbschaft antreten.
Er machte dem Majoratsherrn einen Besuch, fand ihn zurückhaltend, aber nicht unfreundlich, und besprach mit ihm die Dinge, die sich aus dem nachbarlichen Verhältnis ergaben. Dann saß er mit dem alten Diener auf der Terrasse über dem Garten. Er werde wahrscheinlich nur im Winter ein paar Wochen hier wohnen, um zu lesen und zu arbeiten. Dazwischen werde er ein seltener Gast sein. Es solle alles bleiben, wie es eben sei, und er nehme von ihnen an, daß sie Haus und Garten bewahren würden, als ob der Graf jeden Tag zurückkehren werde.
Dann ließ er sich einmal durch alle Räume führen, blieb bei den Mikroskopen stehen, den physikalischen Apparaten, dem kleinen chemischen Laboratorium. Es sei ein Verzeichnis aller Dinge da, sagte der Diener, auch ein Katalog der Bibliothek. So ordentlich sei der selige Herr Graf in allem gewesen. Und er verspreche, es alles zu bewahren. Auch bleibe ihm nichts Schöneres für seine alten Tage übrig.
Thomas nahm das Verzeichnis, das einen dicken Band bildete, legte es in seinen Rucksack und ließ dann die Gärtner und die Mädchen kommen. Er wiederholte ihnen, was er dem Diener gesagt hatte, und stellte ihnen frei, den Dienst zu verlassen, wenn es ihnen vielleicht zu einsam hier sei. Aber sie wollten alle bleiben, und der Gärtner bat, Herr von Orla möchte doch ab und zu nach dem Garten sehen. Es sei traurig, wenn die Blumen umsonst verblühten. Auch möchte er im Herbst gern einmal zur Insel kommen und neue Stauden pflanzen. Der selige Herr Graf habe schon davon gesprochen.
In dem grauen Flur, als Thomas noch einmal über die Masken sah, faßte der Diener sich ein Herz. »Der Herr

Kapitän werden verzeihen«, sagte er, »daß ich bis jetzt nicht davon gesprochen habe. Aber ich habe es gewußt, am gleichen Abend. Ich kam herein, um die Vorhänge zu schließen, als der Herr Graf am Flügel saß. Da sagte der Herr Graf: ›Es wird Zeit, Friedrich‹, und winkte so mit der Hand. Da wußte ich alles. Der Herr hatte ihn angesehen. Aber er lächelte nur.«

Thomas blieb noch eine Weile stehen und blickte auf die gelben Rosen, die nun in der bläulichen Vase standen.

»Werden wir auch lächeln, Friedrich?« fragte er.

13

Das Kind war wieder da, aber es war kein Kind mehr. Sie erschraken beide, als sie aus dem Boot ausstieg und das Ufer heraufkam. Sie war gewachsen und hatte ihr Haar im Nacken aufgebunden. Sie trug nicht mehr die alten Kleider, die sie kannten, weil sie ihr zu kurz geworden waren. Sie ging noch immer gerade und neigte das Gesicht zum Gruß wie früher, aber es war zu sehen, daß sie »im Haus des Königs« gewesen war.

Sie empfingen sie bedrückt, und Bildermann nahm die Mütze ab, aber sie sah von einem zum andern, legte die linke Hand langsam in die alte Holzperlenkette und sagte: »Liebt ihr mich denn nicht mehr?« Und mit der vertrauten Bewegung und dem Klang der Stimme, die etwas tiefer geworden war, erloschen die beiden Jahre, und das Leben knüpfte den Faden wieder an, wo das alte Hoffräulein ihn abgerissen hatte. Der Rauch des Kartoffelfeuers schien noch über der Insel zu stehen, das rote Licht der Vogelbeeren in der grauen Luft, die alte, gute Zeit ohne Einsamkeit, Gewalttat und Tod, und Bildermann schwenkte seine Mütze mit den gebügelten Bändern, deren Farbe immer verschossener wurde, und sagte: »Kleines Fräulein, es fällt ein alter, milder Bann auf Friedrich Wilhelm Bildermann.«

Sie führten sie in das Haus, die beiden, die »auf dem Ozean« gelebt hatten, und der Raum schien ihnen nun wieder ohne Gespenster, der Raum, in dem Gloria auf die stille Weltkugel geblickt hatte, wo die Stimme durch das

Fenster gekommen war und sie den Feuerschein gesehen hatten und wo der tote Graf gesagt hatte, daß die Sonne sinke. Auf dem Maskenschrank stand das Bild der Insel, an der Spitze des dünnen Flaggenmastes leuchtete noch immer der goldene Stern, und das Kind, die linke Hand auf das Band des Äquators gelegt, sah zu ihm hinauf und wieder zu den beiden zurück und sagte nur: »Ach, Thomas…« Und es klang nicht viel anders, als es vor vier Jahren geklungen hatte, wenn er ihr eine Geschichte erzählt hatte. Nicht viel anders, aber das Hoffräulein würde den Unterschied gehört haben.

Sie tranken den Kaffee vor dem Hause, und sie bemerkten beide, daß sie die Kanne aus Bildermanns Händen nahm und die Tassen füllte. Die Luft war grau und still wie damals, der wilde Birnbaum am Ufer glühte, und die Haubentaucher riefen aus der Bucht. Sie sprach von den beiden Jahren so ernsthaft wie eine gute Schülerin. Ja, sie konnte nun einkaufen und auf der richtigen Seite in eine Straßenbahn steigen. Sie konnte einen Wagen steuern und alle alten und einige neue Tänze tanzen. Sie konnte einen Hofknicks machen und sich in drei Sprachen unterhalten. Sie hatte fremde Länder gesehen und dort erfahren, daß der Sieg nicht immer die Krone des Krieges ist. Und daneben hatte sie einiges gesehen, was nicht gerade in ihrem Stundenplan enthalten gewesen war: Armut des Leibes und der Seele, Schuld und Sühne, Furche und Pflug. Sie hatte alles mit ihren stillen Augen angesehen und es bewahrt. Nicht alles stimmte mehr, was Bergengrün gesagt hatte, aber von dem, was er gewollt hatte, in den Stunden, in denen sie ihn »auf die Fährte« gesetzt hatte, brauchte sie kaum etwas abzustreichen. Und auch der »preußische Traum«, wie der Graf es genannt hatte, war noch immer etwas, worüber man nicht zu lächeln brauchte. Es war erstaunlich, dachte Thomas, wie das alte Blut immer weiter seinen Gang floß.

Sie ging mit ihm um die Insel und bewunderte, was sie alles fertiggebracht hatten. Aber unter den Eichen nahm sie plötzlich mit beiden Händen seine linke Hand und sagte mit einem fast beschwörenden Klang in ihrer Stimme: »Du wirst mich nicht austreiben, Thomas, nicht wahr?«

Er strich mit seiner freien Hand über ihre Hände. »Liebes Kind«, sagte er, »weißt du denn nicht, wie wir auf dich gewartet haben?«

Sie atmete ein paarmal tief auf, die Augen noch immer auf ihn gerichtet. »Ihr wißt nicht, wie ich mich gesehnt habe«, sagte sie nur. »Keiner weiß es.«

Ob es ihr denn nicht gut gewesen sei, zu erfahren, wie es in der Welt zugehe, und Dinge zu lernen, die man hier nicht lernen könne?

Gut? Nützlich wahrscheinlich, aber nicht gut. Die meisten Platens seien unruhig gewesen, und ihre Wege hätten von der Beresina bis zum Oranje-Fluß geführt. In ihr habe sich nun wohl alles gesammelt, was in dem Leben jener zu kurz gekommen sei, und das Glück wohne für sie nur an den Ufern dieses Wassers.

Wie es denn aussehe, dieses Glück?

»Ach, Thomas«, sagte sie, »ich habe es gleich gesehen, daß du anders geworden bist.«

»Alt geworden, Marianne.«

»Nein, nicht alt. Das ist nicht wahr. Aber als ob ihr nicht mehr an das Glück glaubt.«

Er schüttelte den Kopf. »Es liegt daran, Marianne, daß wir nicht mehr siebzehn Jahre alt sind. Unser Glück, an das wir glauben, ist ernst und schweigsam. Noch vor zehn Jahren sah es anders aus, ja noch vor zwei Jahren hatte es ein blaues Band um das Handgelenk gebunden. Ein sehr schmales Band, aber es war doch blau.«

»Und jetzt?«

»Jetzt ist es nicht mehr da. Jetzt kommen wir ohne Bänder aus. Aber das Glück ist immer noch da. Die Leute auf dem Ozean, weißt du, sie brauchen nicht mehr viel.«

»Und was brauchen Sie, Thomas?«

»Frieden, Marianne, und ein fröhliches Herz.«

Sie dachte eine Weile nach, mit zusammengezogenen Brauen. Thomas hatte eine Bank unter den Eichen aufgeschlagen, auf der sie saßen. Über ihnen pfiffen die Eichelhäher leise im welken Laub, und hier und da klopfte eine der braunen, blanken Früchte in das Moos.

»Du betest noch immer nicht zur Nacht?« fragte sie endlich leise.

»Nein.«

»Wir bitten Gott um das, was du sagtest, der Großvater und ich. Wer soll euch schenken, was ihr braucht?«

Er machte mit seiner Hand eine weite Bewegung über das Wasser und die Wälder hin. »Dies hier«, sagte er. »Dies und die Bücher und die Sterne und deine Stimme, wenn wir sie am Ufer hören.«

Sie hatte die Hände im Schoß zusammengelegt und blickte auf sie nieder. »Weshalb bist du nicht in das Haus gezogen, das er dir geschenkt hat?« fragte sie endlich.

»Wir brauchen keinen Besitz«, erwiderte er. »Wir brauchen Arbeit, Armut und ein bißchen Zeit. Und wir denken immer noch, daß wir ein wenig für dich sorgen müssen.«

»Und Joachim?«

»Oh, Joachim ist unterwegs nach den Westindischen Inseln und hält uns für zwei komische Leute, denen der Mast gebrochen ist und die nun so langsam hinter den Siegern ans Ziel schleichen.«

»Ach, Thomas, weshalb bist du so allein?«

»Ich will es dir sagen, Marianne: Weil ich aus einem anderen Zeitalter stamme, nicht nur aus dem vor dem Kriege, sondern noch viel weiter zurück, aus dem Zeitalter der Mönche. Ein paar Orlas sind Äbte gewesen vor langen Zeiten, und manchmal bewahrt das Blut sich lange.«

»Aber sie empfingen kein Mädchen in ihrer Zelle.«

Er lächelte: »Sie empfingen wohl manches, was unsichtbar war und was nur sie allein sahen.«

»Aber sie beteten, Thomas.«

»Weißt du denn, kleine Marianne, was ich denke, wenn ich den Sirius in meinem Fernrohr sehe?«

Sie bat ihn, sie zu den beiden Gräbern zu führen, und er ruderte sie hinüber. Die neue Scheune stand schon da, aber die Haustür war verschlossen. Thomas schien es, als rieche es immer noch nach Rauch.

»Ich war bei ihr«, sagte sie leise vor den beiden Hügeln. »Kurz bevor sie hierherkam. Ich wollte ihr sagen, daß du so allein bist.«

»Ich weiß es, sie hat es erzählt.«

»Sie war sehr unglücklich, Thomas.«

»Ja, sie hat es nicht eingeholt. Sie lief und lief, aber sie holte es nicht ein. Ich war zu still und zu langsam für sie. Ich hätte nicht heiraten sollen.«

Sie sprach nicht mehr, und er ruderte bis zum Ufer des Parkes.

Erst als sie die Waldspitze vor der Bucht erreichten, sagte sie: »Meinst du, daß es wahr ist, was Tante Gabriele gesagt hat: daß ich heiraten muß, ob ich will oder nicht?«

»Weil du die Letzte bist?«

»Ja.«

»Auch ohnedem wirst du heiraten«, sagte er lächelnd. »Nicht nur, damit kein Fremder uns von der Insel treibt.«

»Wenn ich katholisch wäre, würde ich eine Nonne werden«, erwiderte sie. »Das taten doch früher die Töchter aus alten Häusern zuweilen, nicht wahr?«

»Ja, aber nicht, wenn keine Söhne da waren. Auch die Orlas durften nur Äbte werden, wenn sie Brüder hatten. Man muß nicht nur an Gott denken, sondern auch an den Großvater und das Erbe.«

»Ich denke nicht an Gott«, sagte sie und wandte das Gesicht ab.

Es dauerte ein paar Wochen, ehe es ihnen allen schien, als lebe sie wieder wie früher. Doch war sie nun nicht mehr das Kind, das eine Stunde am Tag mit dem General über die Felder ritt, sondern »die Elevin«. Sie wollte lernen, nichts als lernen, und in vier Jahren, wenn sie mündig war, wollte sie »wirtschaften« können. Der General hatte ihr zugehört, zuerst ein wenig belustigt, dann ganz aufmerksam und ernst, und schließlich hatte er ein »Reglement« entworfen, in dem von der Hühnerzucht bis zur Buchführung alles enthalten war, was die Tage und Jahreszeiten erfüllte.

Als Thomas nach dem Fischzug im Advent mit der Jahresabrechnung zum General kam, sah dieser sie durch wie immer, meinte aber dann, er müsse nun auch damit zum Kinde gehen. Auch die Fischerei stehe im Reglement. Und er müsse zusehen, wie er mit der neuen, jungen Herrin fertig werde.

Neben dem Arbeitszimmer des Generals hatte Marianne einen kleinen Raum für sich eingerichtet, mit einem langen Tisch, mit Saatproben, Lesebüchern, Wandkarten und land-

wirtschaftlichen Katalogen. Hier trug sie mitunter einen weißen Arbeitsmantel, über den niemand lächelte und den die Hoffrauen voller Ehrfurcht anstaunten, als sei das gnädige Fräulein ein »Doktorapotheker«.
Thomas verbeugte sich und bat, dem gnädigen Fräulein die Jahresabrechnung vorlegen zu dürfen.
Sie zog die Augenbrauen etwas in die Höhe, nahm aber schweigend die Blätter aus seiner Hand, wies ihm mit einer Bewegung einen Stuhl an und vertiefte sich wortlos in die Zahlenreihen, den Kopf in beide Hände gestützt.
»In der letzten Augustwoche ist der Fang auffällig zurückgegangen«, sagte sie endlich. »Wie kommt das?«
»In der letzten Augustwoche hat Fräulein Marianne von Platen an die Insel geschrieben, daß sie in vier Wochen heimkehren werde, und beide Fischer haben sich daraufhin außerstande gesehen, ihre Arbeit mit der üblichen Pflichttreue auszuführen.«
»Fischer Thomas von Orla«, sagte Marianne lächelnd, »Sie haben versprochen, allezeit in Treue zu Ihrer Herrschaft zu stehen.«
»Eben deshalb«, erwiderte er. Dann trat er neben sie und erklärte ihr Spalten und Zahlen. Auch fügte er hinzu, daß die Kaufkraft der städtischen Bevölkerung immer mehr sinke und daß wohl zu überlegen sei, ob man den Lohn des Fischers nicht herabsetzen solle. Sie seien nicht am Verhungern, und das Gut könne jeden Pfennig gebrauchen.
Sie hatte ihre Wange an seinen aufgestützten Arm gelegt und hörte mit abwesenden Augen zu. »Ach, Thomas«, sagte sie, »wenn dies alles einmal mir gehört, werde ich dir keinen Lohn geben als ein schmales blaues Band, damit ihr es wieder flattern seht...«
»Kleine Marianne«, erwiderte er nach einer Weile und

richtete sich langsam auf, »im weißen Kittel darf man nicht träumen.«
Sie nickte und beugte sich wieder über die Blätter.
Als er sie auf der Insel zusammenheftete, um sie in die Mappe zu den andern zu legen, sah er, daß am untern Rande des letzten Blattes ein paar Zahlen verwischt waren und daß das glatte Papier sich an dieser Stelle gewölbt hatte. Er blickte eine Weile darauf nieder, ehe er mit der Hand darüberstrich und den Deckel der Mappe langsam schloß. Es war ihm, als werde noch einige Zeit vergehen, ehe er von sich würde sagen können, daß er im Frieden sei.
Zum Weihnachtsabend wurden sie in das Schloß geladen. Zwei Jahre hätten sie das Fest wie Geister gefeiert, sagte der General. Nun möchte er das Glas einmal nicht nur gegen Tote und Abwesende heben. Der Mann mit der Sense habe sich zwei Jahre lang um sie gekümmert, und es sei eine alte Erfahrung, daß es ihm auf die Dauer mißfalle, in seine eigenen Spuren zu treten. Sie wollten Wein in seine Fährte gießen und ihn versöhnen.
Thomas wäre lieber allein geblieben, aber der General war alt geworden in diesen beiden Jahren, und das Kind hatte Schatten um die Augen, als sei auch der weiße Mantel mitunter zu schwer für seine Schultern. So sagte er, daß sie gern kommen würden.
Sie hatten an den langen Abenden ein Modell des Kreuzers gebaut, auf dem sie das letzte Jahr gefochten hatten. Thomas war oft verzagt an der Arbeit, zumal alle Teile aus Metall bestanden, aber Bildermann hatte gemeint, Ehre sei Ehre, und so war es fertig geworden. Der Rumpf war aus grauem Eisenblech und fast eine Klafter lang. Aus den schimmernden Panzertürmen ragten drohend die langen Geschützrohre, die man auf und ab und zur Seite schwen-

ken konnte, und wenn man eine Deckplatte aufhob und einen besonderen Zunder anzündete, kam weißer, dicker Rauch aus den Schornsteinen. Die Kriegsflagge war gesetzt, und auf der Brücke stand eine winzige blaue Gestalt, die ein kleines Messingfernrohr vor die Augen hielt. Es war ein Kunstwerk, schimmernd und blitzend und doch noch im Spielzeughaften von einem tödlichen Ernst beschattet.

Sie fuhren es vorsichtig auf dem Schlitten hinüber, und Bildermann trug es wie ein eingewickeltes, erstarrtes Kind in das Zimmer des Riesen, wo er Johann hinter der vorgehaltenen Hand mitteilte, es sei eine Erfindung seines Herrn, eine neue Torpedokonstruktion, und wenn er an dem Bindfaden ziehe, so könne er die Teile des Schlosses und seine eigenen zwischen den Sternen zusammenlesen.

»De Welt vergeiht ok so«, meinte Johann mißbilligend. »Immer so'n Schietkram...« Aber dann hob er unter dem Bett eine Diele an und reichte Bildermann eine flache, viereckige Flasche. »Sparkonto!« sagte er milde.

Inzwischen schmückte Marianne in der Halle den großen Baum, und Thomas reichte ihr Lichte und Silberfäden zu. Die Schwester des Generals war angekommen und hatte einen jungen Freiherrn mit einem langen Namen mitgebracht, einen elternlosen Vetter irgendwelchen Grades, der eben mündig geworden war und ein riesiges Vermögen geerbt hatte. Er blickte durch sein Einglas einigermaßen verwundert auf Land und Leute, war aber sonst ernst und bescheiden und ging nur den drohenden Augen des Generals gern aus dem Wege. »Sie sind so östlich hier, chère tante«, sagte er zu der Hofdame, »als möchten sie mich gern mal vor ihre Kanonen binden.« Aber Fräulein Gabriele blies ungeduldig den Rauch ihrer Zigarette über die Patience, die nicht aufgehen wollte, und ersuchte ihn, sich gefälligst so ruhig zu halten wie Daniel in der Löwengrube. Zu Weihnachten, hatte der General am Morgen zu ihr gesagt, gebe es nur Eisblumen in ihrer Landschaft. Der junge Vetter hätte gern mit Marianne den Baum geschmückt, aber sie hatte kühl erwidert, daß die Halle erst zur Bescherung geöffnet werde.

Das große Haus war still wie ein Grab, und Thomas saß am Kamin und sah zu, wie Marianne die silbernen Sterne in die Zweige hängte. Es dämmerte schon, Schnee fiel draußen, und er dachte an sein graues Dach auf der Insel und an die Gräber, die sie in diesen zwei Jahren gegraben hatten. Manchmal wußte er nicht, ob es der Mühle lohnte. Jedes Jahr kam das Kind aus der Krippe wieder, aber die Toten wurden nicht lebendig davon, und keine Träne blieb ungeschehen, die geweint worden war. Ein bißchen leichter hätte es schon eingerichtet werden können auf dieser Erde, und *einen* hätte die alte Gräfin wohl behalten können, ohne daß die himmlische Ordnung zerstört worden wäre. Und hätte es nicht ebensogut dies Kind ergreifen können, das die Sterne in die Zweige hängte? Wer sagte ihnen, daß die Schere nicht schon geöffnet war, die nach diesen blonden Haaren trachtete? Wo gab es Sicherheit außer der Sekunde, die man besaß? Und während man sie noch besaß, konnte die Sehne schon tönen, ungehört, und der dunkle Pfeil konnte schon rauschen, der die nächste Sekunde zerschnitt. Nur wer nichts liebte, war dem Schmerz enthoben; aber wer nicht liebte, war tot.

Das Kind war fertig mit seiner Arbeit und setzte sich auf die Lehne seines Sessels, die Hände im Schoß gefaltet. Es war schon so dunkel, daß man meinen konnte, hinter den Silberfäden des Baumes beginne der Wald. Vor einem der Insthäuser sang eine hohe Kinderstimme in den Abend hinein, immer leiser werdend, als decke der Schnee sie zu. Die Flamme im Kamin glitt bläulich an einem schweren Birkenscheit entlang.

Thomas hatte die Schläfe an Mariannes Arm gelegt. Es war nun Zeit, aufzustehen und im Haus zu melden, daß alles fertig sei, aber niemals würde dies wiederkommen. Wenn er aufstünde, würde er alt sein, uralt, wie der Mann aus dem Märchen, der unter der Erde gewesen war. Dann blieben nur noch die Sterne und die Steine, die Fische und die Blumen. Es gab eine schmale Grenze, wo der Mann sich loslösen mußte von Spiel und Traum, um in das Unbetretene zu gehen, das keine Gesellschaft duldet. Wo die Luft klar und kalt war wie über einem Gletscher und wo das geschaffen wurde, was den Namen des Mannes überdauerte. Einsamkeit war mehr als ein dichterisches Wort. Sie war eine Entscheidung, und sie kam nicht wieder, wenn man sie ausgeschlagen hatte.

»Es ist Zeit«, sagte er und richtete sich auf.

Marianne strich einmal mit der inneren Handfläche über seine Stirn und stand gehorsam auf. Es war zum erstenmal nicht mehr die Gebärde eines Kindes, und er wußte, daß sie nun erwachsen war. Sie würden beide diesen Weihnachtsabend nicht vergessen.

Es war eine lange Bescherung. Die Hofkinder sangen, und der General ging von Tisch zu Tisch, mit drohenden Augen auf die kleinen Hände blickend. »Gehorchen... Pflicht tun... eine Familie sein!« rief er wie auf dem Paradefeld. Die Gespannknechte schlugen fröhlich die Absätze zusammen, und die Mädchen küßten seine Hand.

Der graue Kreuzer lag auf einem blauen Tuch, von zwei Holzstäben gestützt, und Bildermann ließ die Schornsteine qualmen. Der General saß davor, die Hände über dem

Stock gefaltet, und bat ab und zu, die Turmgeschütze zu schwenken. Das Kind, in dem langen, bis auf die Füße reichenden Kleid, stand daneben und sah zu, wie die weißen Wolken sich in den Ästen des Baumes zerteilten. Ein Silberfaden schwankte über dem Gefechtsmast langsam hin und her. Gabriele von Platen sah von Zeit zu Zeit aufmerksam in Thomas' Gesicht und fragte schließlich, ob der Mann auf der Brücke er selbst sei. Nein, erwiderte Thomas, das sei der Signalgast Bildermann. Aber die Mützenbänder fehlten? Ja, die habe die Zeit zernagt. Sie sei stärker als flatternde Bänder.

Er habe gar nicht gewußt, sagte der junge Vetter, daß Fräulein Marianne so kriegerisches Spielzeug liebe. Wie er das auch habe wissen sollen, fragte sie, da er zum erstenmal in ihrem Hause sei? Und außerdem sei das für sie alle nichts weniger als ein Spielzeug.

Aber nach dem Weihnachtsessen, an dem das ganze Gesinde teilnahm, zog sie Thomas beiseite und fragte, ob sie den Kohlenbaron nicht auf den See nehmen und ertränken könnten.

Thomas lächelte. »Wir alten Leute wollen nicht blutdürstig sein«, erwiderte er. »Wer nicht mitspielen darf, braucht noch nicht ertränkt zu werden, nicht wahr? Und einmal wird die Zeit kommen, wo du nachspringen würdest, um ihn herauszuholen. Wenn auch nicht gerade diesen.«

Sie sah ihm gerade in die Augen. »Niemals, Thomas!« sagte sie.

Er lächelte noch immer. »Gehen wir nun zu Tante Mieze«, bat er. »Die Tränen sitzen ihr heute unter den Augenlidern, denn ihr Schöner kommt niemals wieder.«

Sie wußten nicht, was es Besonderes um diesen Abend war, aber sie meinten alle, daß die dunklen Wände noch niemals so sicher und unerschütterlich um sie gestanden hätten. Vielleicht war es nur, weil das Kind in einem langen Kleid unter ihnen umherging, und ein neues Geschlecht war also aufgewachsen, mit einem jungen Schild, den es gegen die dunklen Mächte aufhob. Vielleicht war es auch nur, weil Johann die Bärenfellmütze trug, die Marianne ihm geschenkt hatte. Er hatte den Riemen unter dem Kinn festgeschnallt, obwohl kein Wind ging, und er sah nun so groß aus, daß die chère tante meinte, er könne die Schuhe von den oberen Gastzimmern am Morgen einsammeln, ohne die Treppe hinaufzusteigen. Vielleicht war es auch nur, weil Bildermann neben dem Kreuzer saß und das Lied der Ferne sang... *rolling home, my boys, to windlass*... und der verlassene König aus dem Morgenland summte die andere Stimme mit, statt der Frau, die nun keine dunklen Kleider mehr trug und wohl auch keine Lieder mehr sang.

Aber Thomas glaubte zu wissen, weshalb die Stunde ihnen so hell und sicher schien: weil sie so viele waren, und wenn sie die Hände ausstreckten, konnten sie eine Kette bilden wie bei einem Kinderspiel. Es war nicht anzunehmen, daß eine Stimme aus der Nacht rufen oder der graue Mann vor dem Feuer niedersitzen würde, um zu meditieren. Sie kamen nur zu den Einsamen, Wachenden oder Schläfern. Nur der Einsame war ihnen ausgeliefert, der nur den leeren Raum erreichte, wenn er die Hände ausstreckte. Aber auch nur er vernahm die letzten Fragen, die sie hinrollten vor ihn gleich einer schwarzen Kugel. Sie sangen, wie Kinder im Dunklen singen, und auch wenn das Christkind geboren war, so hätte es nichts dagegen tun können, wenn der Tod die Türe hätte öffnen oder die Halle hätte spalten wollen, um einem von ihnen zu winken. Ein

Kind war ein Kind, auch wenn es einen Heiligenschein um die Stirne trug, und oft genug hatte Gott die Kinder beiseite geschoben, um nach dem zu greifen, wonach ihn verlangte. Nicht nur durch die Hand des Herodes im bethlehemitischen Land.

Er sah ihnen zu wie einem wehmütigen Traum. Es war nur ein paar Stunden her, seit er aus demselben Sessel aufgestanden war, in dem er nun saß, und er hatte gewußt, daß er als ein alter Mann aufstehen würde. Über die meisten kam es nach einer schweren Krankheit, nach einem Verlust oder nach einem Sturz aus der Sicherheit in das Bodenlose. Über ihn aber war es in der Dämmerung gekommen, wie der Reif in der Dämmerung kommt, um die Morgenfrühe, wenn die Nebel steigen, und plötzlich sind alle Wälder grau und versilbert, und die rote Sonne scheint auf eine andere Welt.

Er hätte es noch halten können, das andere, die Jugend oder wie man es nennen mochte. Er hätte nur die Hand auszustrecken brauchen. Aber er war schon einmal gewarnt worden. Er wußte, daß das Glück nicht das Letzte im Leben war und daß auf das Letzte verzichtete, wer das Vorletzte ergriff. Wer nach dem Glück griff, wie beim Spiel am Silvesterabend, konnte den Tod greifen, die Wiege oder das Geld. Aber das Ganze konnte er nicht greifen. Das Ganze gewann nur, wer an den verdeckten Tellern vorüberging, und auch dann wußte er nicht, ob er es gewinnen würde. Er wußte nur, daß er das Geländer der Brücke hielt, aber er wußte nicht, ob die Brücke ihn halten würde. Er hatte seine letzten Waffen zu sammeln und vorwärts zu gehen. Er war hinter der Täuschung und hinter dem frommen Trug. Er würde niemandem mehr begegnen als dem letzten Gesicht.

»Dem Vaterland und seinen Zeugen, Orla!« sagte der General und hob das Glas.

»Jawohl, Herr General.«

Er trank den roten Wein, aber er wußte, daß auch sie nicht das Letzte waren. Das Letzte hatte keinen Namen mehr.

Am ersten Feiertag, gegen Abend, saß er schon vor dem Kamin, an dem der graue Mann zu erscheinen pflegte. Er hatte nur seine Schneeschuhe mitgenommen und Bildermann ein paar Zeilen für das Kind gegeben. Wenn alles so ginge, wie er es sich zurechtgelegt hatte, wollte er bis in den Februar hinein bleiben. Er würde seine Zeit einteilen. Er hatte in der Bibliothek die vielbändige vergleichende Religionsgeschichte auf den großen Tisch gestellt, das Lehrbuch der Biologie, einen Leitfaden der Chemie und ein Werk über Entwicklungsgeschichte. Er wußte nicht, ob die Auswahl richtig war, aber es schien ihm, als könnten hier die Wurzeln aller menschlichen Unruhen liegen. Auch war er alt genug, um zu wissen, daß er nicht lesen würde, um Antworten zu bekommen. Er wollte nicht mehr, als eine bestimmte Ordnung in seine Fragen bringen und von verschiedenen Himmelsrichtungen auf sein Ziel zugehen. Bildermann würde wahrscheinlich sagen, daß er »das Ganze anpeilen« wolle.

Allein aus dem Katalog der großen Bücherei hatte er entnehmen können, wie vieles er nicht wußte, ja von wie vielem er nur die Überschrift wußte. Wenn ihm noch zehn oder zwanzig Jahre geschenkt wurden, so würde er einiges nachholen können. Es schien ihm, als habe die Menschheit zu schnell gedacht und der einzelne könne nun immer nur ein Bruchstück des Ganzen erfassen. Einmal, in kommenden Zeiten, würde er nur ein einziges Blatt aus dem großen Buch lesen können, jeder das von ihm ausgewählte. Das große Buch aber würde niemand lesen können. Die Faust der Zukunft würde schon am Anfang verzweifeln.

Das Haus war totenstill, und am Anfang schien es ihm, als habe er kein Recht, hier zu sitzen. Alle Dinge trugen noch den Hauch des Toten, einen Nachhall seiner Stimme, einen Nachglanz seiner Augen. Niemals würde er aus diesem Hause fortgehen. Aber es war sein Wille gewesen. Er hatte gewußt, daß Thomas auf seinem Wege weitergehen würde, auf dem Wege der Arbeit als der einzigen Erlösung des Menschen, und er hatte ihm den Weg nur leichter oder größer oder auch nur bunter machen wollen. Das Haus war ebenso still wie die Insel, noch stiller wahrscheinlich, das hatte der Tote gewußt, und wer ein fröhliches Herz gewinnen wollte, konnte es auch in einer Zisterne gewinnen.

Thomas hatte gesagt, er brauche nichts mehr, und den Diener entlassen. Er war also allein wie der General, der sein Glas auf die »Zeugen des Vaterlands« hob. Auch zu ihm kamen die stillen Leute, aber der Engel führte sie nicht an der Hand. Sie lebten in seiner Erinnerung, und wenn die Erinnerung erlosch, erloschen auch die stillen Leute. Sie lebten dann noch in anderen Erinnerungen, in denen Joachims oder Bildermanns oder Mariannes, und wenn diese erloschen, wurden sie noch heimatloser. Sie lebten wie auf einem auseinanderbrechenden Floß. Schließlich war nur noch ein Bett übrig, und auch das versank im Ozean.

Das Pendel der Pendule auf dem Kamin ging eilig durch die Stille des Hauses, und alle Viertelstunde schlug der kleine Hammer auf die Glocke. Es gab einen hellen, silbernen Ton, der ohne Echo in das Schweigen fiel. Friedrich hatte einen kleinen Baum auf den Tisch zwischen den

Fenstern gestellt und ihn mit Silberfäden und Kerzen geschmückt. Er stand da wie eine Totengabe, nur daß er eben da wäre, wenn der Graf oder der graue Mann wieder am Kamin säßen. Nur eine Frau könnte dieses Haus entzaubern, dachte Thomas. Eine Frau und Kinder, die über den Teppich liefen, und der helle Klang eines Lachens, der über die Masken im grauen Flur schwang. Aber die Perneins hatten ungern geheiratet. Das Dach des Hauses war immer querer geworden, und das Denken hatte ihnen kein frohes Herz gemacht. Sie hatten nicht gearbeitet und sich nicht der Liebe hingegeben. Sie hatten keine Frucht getragen, und so war ihnen auch am Ende des Lebens nichts erschienen als der graue Mann, der meditierte und verschwand. Wie eine Flüssigkeit auf dem Estrich.

Er stand auf und ging noch einmal durch alle Räume. Apparate und Retorten schimmerten, die Mikroskope waren bedeckt, aber die gewaltigen Bücherreihen standen wach und wartend da. Nein, auch er würde sich nicht der Liebe, aber doch der Arbeit hingeben, und auch in der Arbeit war Liebe. Die Liebe zu dem Geheimnis, das vor dem klaren Wege stand, und die größere zu dem klaren Weg, der nur für die Füße des Mannes bestimmt war. Mochte die Tat ihm verschlossen sein, das Große und Einmalige, das Menschen und Völker aufhorchen ließ in ihrer Dumpfheit. Aber die Schau war ihm nicht verschlossen, der Blick aus der Wirrnis der Zeiten, die Nadel, die zitternd nach den ewigen Polen wies.

Er verspann sich mehr als zwei Monate, länger, als er gewollt hatte. Es ließ ihn nicht los, und das Geschaute, unter den Linsen des Mikroskops etwa, war noch größer als das Gedachte. Am Vormittag stand er nun über den Experimentiertischen, und am Nachmittag und Abend las er. Vor der Dämmerung fuhr er eine Stunde durch die Wälder und über die großen Ebenen. Er schrieb keine Briefe und träumte nicht, höchstens, daß er in den klaren Nächten das Fernrohr auf die Sterne richtete.

Langsam, von der Peripherie aus, begann er das Wunder der Schöpfung zu erkennen. Er nannte es mit diesem Namen, und der Name gewann einen immer höheren Klang für ihn. Aber er vermischte ihn nicht mit den Namen, die der Mensch dem Wunder gegeben hatte. Keine Dämonen und keine Götter drangen in den hellen Kreis, über dem die Linse stand. Er deutete das Unbegreifliche nicht, er benannte es nicht einmal, er verehrte es nur. Er lernte langsam, was ihm das Größte schien: die Natur, ja den Makrokosmos als etwas Zweckloses zu betrachten. Zwecke trübten das Licht und verwirrten die Linien. Auch so stand hinter allem noch immer das letzte Gesicht, aber es trug weder menschliche noch göttliche Züge. Es besaß weder Raum noch Zeit noch gar eine sittliche Verklärung. Es war anders als der Erdgeist, und es ließ sich auch nicht beschwören. Das Beschworene würde wahrscheinlich mit Vernichtung strafen.

Ein tiefes und ganz ruhiges Glück begann ihn langsam zu erfüllen. Wenn er gesund blieb, brauchte er nur Zeit. Unendlich war der Kreis gespannt, unendlicher noch als die Ekliptik, und von Punkt zu Punkt gab es Mühe und Arbeit. Auch besaß er nicht die Gabe der Intuition, die die Punkte übersprang. Er hatte nur Fleiß, Geduld und Ehrfurcht. Er wußte schon, daß er das Ganze nie erblicken würde, aber vielleicht würde er es ahnen. Und in der Ahnung würde er werden wie die Steine auf dem Grund. Wenn er das Gesetz erkannt hätte, würde er sich bescheiden. Er würde niemals bitten, daß man seine Uhr noch einmal aufziehe, im Jenseits etwa. Er wußte, daß auch die Sternbahnen nicht noch einmal aufgezogen wurden. Er wollte sich unterordnen und gehorsam sein. Er wollte sich nicht empören, und der Glaube war die Empörung. Es sollte nicht aus sein, und Gott war dazu da, daß es nicht aus wäre. Die Vernunft schrie nach ihm, weil sie nicht lernen wollte, sich zu beugen.

Aber er wollte es lernen. Er wußte schon einiges, an dem er es beweisen konnte.

Ein paarmal kam das Kind mit Frau von Sperber zu ihm. Er sah, daß es Sorge um ihn trug und daß es zuerst mit einem leisen Grauen auf die Masken- und die Götterbilder blickte. Aber dann führte er es vor das Mikroskop und in das Laboratorium und sprach ein wenig von seiner Arbeit. Nein, der graue Mann würde ihm nicht erscheinen, sagte er vor dem Kamin. Dazu seien die Orlas nicht alt genug, und sie hätten auch zuviel gearbeitet in ihrem Leben.

»Vergiß nur nicht ganz, daß auch wir noch leben, Thomas«, sagte das Kind zum Schluß.

Nein, das wollte er nicht vergessen, und mit den ersten Frühlingsstürmen würde er wieder auftauchen wie Faust um die Osterzeit und sich seiner Hände wieder erinnern und daß die Menschen Brot brauchten.

Aber die Osterglocken, sagte das Kind leise, die werde er wohl nicht hören.

Er werde sie schon hören, erwiderte er, wenn auch nicht wie Faust. Aber dafür werde er auch nicht nach der dunklen Phiole greifen. Es sei schon für einen Ausgleich in jedem Menschenleben gesorgt.

In den ersten Märztagen brach das Eis auf, und Thomas kehrte wieder auf der Insel ein. Zuerst wußte er nicht genau, ob er nun im Urlaub oder wieder auf dem Ozean war, aber schon am ersten Abend, als sie die Boote überholt und ein Stück Gartenland umgegraben hatten, als ihm Arme und Rücken vor dem Feuer schmerzten, wußte er, daß er zu Hause war und die Waagschalen sich langsam zu rühren begannen, um wieder ins Gleichgewicht zu kommen.

Das Schulschiff war auf der Heimreise, und Joachim meldete sich zu Ostern an, fragte aber, ob er einen Freund mitbringen und deshalb im Schloß wohnen dürfe. Tagsüber würden sie natürlich auf der Insel sein.

»Das Zeitalter der Rohrhütten ist vorbei, Bildermann«, sagte Thomas, »nun kommt das Zeitalter der Paläste.«

»Erst vor dem Mast, dann auf der Brücke, Kapitän«, erwiderte Bildermann. »Das ist nun mal so. Nur die Veteranen nehmen die Sonne, wo sie sie kriegen.«

Es war ihm nicht sehr recht, den General zu fragen, aber Marianne meinte, daß der Großvater sich immer über junge Soldaten freue, und gar über solche, die schon dicht vor dem Geschwaderchef standen.

»Junge Leute haben nicht viel Glück bei dir«, sagte er lächelnd.

Sie habe zu alte Maßstäbe, erwiderte sie ebenso.

Es war richtig, daß der General sich freute. Nachdem der Vetter abgereist war, sah er solchen Besuchen ohne Sorge entgegen.

»Den jungen Leuten helfen ...«, sagte er zu Thomas. »Nur unter ihresgleichen ... alte Häuser sehen ... Rangliste kein Evangelium.«

Aber Thomas wußte, daß die »jungen Leute« einander in alten Häusern manchmal von der Seite ansahen und daß sie ihr Evangelium nicht immer gern nur von weißhaarigen Generalen bezogen. Und auch nicht gern von Kapitänen, die Fischschuppen im Haar trugen. Man mußte sich solcher Besuche freuen und sich nicht zuviel Rührendes davon erwarten. Es würde schon schwierig sein, wenn sie auf sein zweites Buch zu sprechen kämen, weil sie wohl dasselbe verneinten, aber aus anderen Gründen.

Es war vor Weihnachten erschienen, und während diesmal die Seeleute es »sehr beachtlich« nannten, hatten die Theologen nun viel, fast alles an ihm auszusetzen, so daß es fast schien, als sei er in eine andere Fakultät hinübergewechselt, aber keine wolle ihn recht haben. Er antwortete diesmal auf keine Briefe, weder auf Lob noch auf Tadel. In den Wintermonaten, über Mikroskopen und Retorten, hatte er gelernt, daß es gleichgültig war, zu wissen, wer eine Dahlienblüte gemacht hatte. In der Schöpfung herrschte die Namenlosigkeit des Schöpfers. Wer für die Gegenwart schrieb, mochte seinen gegenwärtigen Namen dazusetzen. Aber wer sich eingeordnet hatte, sah sich selbst nicht anders als eine Welle im Strom. Auch die alten Dichter hatten ihre Namen nicht auf die Pergamente gesetzt. Sie wußten, daß das Werk bleiben würde, nicht aber die Schreiber. Im Kosmos gab es keine Eitelkeit.

Als das Eis geschmolzen war, hatte sich eines Tages ein Mann in einem Boot eingefunden. Er komme von einer Zeitung mit Weltruf, hatte er gesagt, und es liege in weiten Kreisen ein Bedürfnis vor, etwas mehr von dem Manne zu wissen, der zwei immerhin beachtliche Bücher geschrieben habe und der daneben ein so merkwürdiges Handwerk betreibe.

Es war ein jüngerer Mann mit schnellen Bewegungen und neugierigen Augen, und er trug einen seltsamen Apparat in den Händen, den er wie ein kleines Maschinengewehr vor das Gesicht hob. Aber Thomas bat ihn, das zu lassen. Er habe sich diese Insel so verdient wie Robinson die seinige, und wenn er Bücher schreibe, so gewinne damit kein Mensch ein Recht, zu erfahren, wie er oder sein Haus aussähen. Sonst würden sie ebenso berechtigt sein, seine Handschrift, sein Horoskop, seine Träume und das Bild seiner Iris zu erfahren. Er möge sich also bei der Rückkehr der schönen Landschaft freuen und diese Reise nicht als einen Mißerfolg betrachten.

Der Mann von der Zeitung hörte aufmerksam zu (viel zu aufmerksam, schien es Bildermann), ließ aber seine flinken Wieselaugen unaufhörlich über die Insel gehen. Ob er nicht einen Blick in das Haus tun dürfe? Nein, das dürfe er nicht. Für einfache Leute sei das Haus immer noch ein Heiligtum, und wo jemand gestorben sei, pflege man nicht den Vorhang aufzuheben.

Oh, sagte der Mann von der Zeitung, gestorben sei jemand? Das tue ihm natürlich leid, aber auch die Presse verstehe menschliche Gefühle zu achten. Sie sei besser als ihr Ruf.

Bildermann hatte die kleine Büchse über der Schulter und begleitete ihn zum Ufer hinunter. »Wenn Sie knipsen, junger Mann«, sagte er leise, aber eindringlich und klopfte an den hellen Kolben, »dann gehen Sie über Bord! Kapiert? *Hurry up!*«

Der Mann lachte etwas unbehaglich, aber er nahm die Hände nicht von den Rudern, soweit Bildermann ihn sehen konnte.

Nach einigen Tagen schickte der Verlag ein Stück der »Zeitung von Weltruf«. In dem Bilderteil sahen sie eine Aufnahme mit Wasser und Wolken und ganz im Hintergrund einen grauen Schemen, der eine Insel oder eine Seemine oder ein brennender Fesselballon sein konnte. »Besuch auf Thule« stand darüber. »Der Mann, der die

Bücher schrieb... Geheimnisvolle Tote unter dem Rohrdach... wilder Verächter der Graphologie... Freitag mit der Kugelbüchse... die Heiligen der letzten Tage...«

»Junge, Junge...«, sagte Bildermann. »Wenn du doch noch einmal kämest...«

Über die »zweifelhafte Haltung Gottes bei Seegefechten« wurde im Schloß viel, aber ohne eigentliches Ergebnis gesprochen. Die merkwürdigste Ansicht äußerte Tante Mieze. »Wenn ich ein Stieglitz in einem Bauer wäre, Herr von Orla«, sagte sie eines Abends, »und ich würde in der Halle hängen, wenn sie hier Weihnachten feiern, glauben Sie nicht, daß ich auch ein Buch schreiben könnte, ein Stieglitzbuch natürlich, über ›die zweifelhafte Haltung des Menschen bei Abendveranstaltungen‹?«

»Und Sie meinen«, fragte Thomas nach einer Weile, »es würde auch nicht viel mehr dabei herauskommen als bei meinem Buch?«

»Nicht sehr viel mehr«, meinte Tante Mieze bescheiden.

Thomas erwartete seinen Besuch auf der Insel. Der Wagen vom Schloß war auf der Bahn gewesen, und der Fähnrich zur See Siegfried von Marschall hatte mit einiger Verblüffung den Riesen mit der Bärenfellmütze nach seinem Koffer greifen sehen. »Zackige Angelegenheit!« hatte er geäußert. Sie liebten nach ihrer Auslandsreise eine kurze, dem Bürger schwerverständliche Ausdrucksweise.

Der General stand mit seinem Enkelkind auf der Treppe. »Junge Generation...«, sagte er drohend. »Viel gutzumachen... erfreut, die jungen Kameraden zu sehen...«

Sie standen bescheiden vor seinen weißen Haaren, indes Marianne sie beide aufmerksam betrachtete. Joachim war etwas verlegen, da er sich ihrer letzten Unterredung erinnerte. »Wir sind so gut wie einig«, sagte er oben etwas nachlässig, »und ich bitte, mir nicht vor den Kiel zu kommen.« Und da seine Meinung wie auf der Schule noch immer unantastbar war für seine Anhänger, so verbeugte Marschall sich etwas enttäuscht und versicherte, daß unlautere Gedanken ihm gänzlich fern lägen. *»Fair play, Orla«*, sagte er freundlich und schloß einen silbernen Toilettenkasten auf.

Joachims Segelboot lag am Ufer, und Marianne fuhr mit ihnen hinüber. Noch bevor sie die Insel erreichten, wußte sie eine Menge von den Westindischen Inseln, und sie hatte auch erfahren, daß die jungen Leute zuweilen anderer Meinung waren als der Kommandant. Die Sonne schien, die Drosseln sangen von allen Ufern, und sie blickte nach der Försterei hinüber, wo die grauen Boote im Wasser lagen und einer von den hohen Fichtenwipfeln derjenige sein mußte, der nun schon zweimal seine braunen Zapfen auf die beiden Gräber hatte fallen lassen. Sie bedachte, ob Thomas sich freuen würde, und sie sah sein Gesicht vor sich, wie es in dem Hause des toten Grafen gewesen war: gesammelt und von der leisen Traurigkeit derer erfüllt, die den Schleier über allen Geheimnissen aufheben. Ja, sie mußten wohl in Wahrheit »alte Leute« sein.

Es war zu sehen, daß Thomas sich freute. Sie hatten ein Frühstück auf dem Tisch vor dem Hause aufgetragen, und der junge Marschall versicherte glaubwürdig, daß er alles »fabelhaft« fände. Doch blieb das Gespräch in der Hauptsache bei Westindien und dem »etwas veralteten« Dienst auf dem Schiff und daß es nun Zeit werde, mit den Leuten etwas aufzuräumen, die das deutsche Volk regierten. Thomas hörte aufmerksam zu, und erst am Schluß sagte er nachdenklich, daß man mit solcher Arbeit erst beginnen dürfe, wenn man seiner Kraft ganz gewiß sei. Auch sei wohl mit diesem Aufräumen noch nicht alles geschehen, weil ein leeres Haus wieder gefüllt werden müsse, ehe man darin neu und sauber wohnen wolle. Man müsse langsam lernen, und zwar im ganzen Volk lernen, daß die Menschenhand nicht das geringste Werk der Schöpfung sei, auch wenn sie nur Schwielen erwerbe, statt Verse zu schreiben. Und daß niemand geringzuachten sei, der aus einem sogenannten gebildeten Leben zu dem Sand eines Ufers herabsteige, um dort seine Netze zu trocknen und Kartoffeln zu graben. Denn so schlimm es mit einem Volke ohne Verse stehe, so schlimm stehe es auch mit ihm, wenn niemand mehr Kartoffeln graben wolle.

Aber sie meinten, daß er sich darüber keine Sorgen machen solle.

Sie gingen einmal um die Insel, und Marianne schob ihre Hand unter Thomas' Arm. »Wir müssen nun bescheiden sein«, sagte er leise. Sie nickte nur, aber nach einer Weile sagte sie doch: »Ach, Thomas, wie schrecklich alt wir beide sind...«

»Deshalb müssen wir unsere Hände vom Ruder lassen, Marianne. Junge Segel sind vielleicht besser als alte.«

Sie kamen an der Rohrhütte vorbei und blieben an der geschwärzten Feuerstelle stehen. »Komische Einfälle«, sagte Joachim und erzählte Marschall von jenem letzten Sommer. »Ich dachte, daß wir einmal scheitern würden, und dann hätte ich dem Alten gezeigt, wie man so etwas macht.«

Die anderen standen still dabei und hörten zu.

Ja, sie wollten also gern ein paar Stunden segeln, und wie es mit dem Programm werden sollte? Am besten sei, erwiderte Thomas, daß sie ihn gegen Abend im Schloß erwarteten. Sie hätten noch eine Menge Netze in Ordnung

zu bringen, und der General würde sich sicherlich freuen, ihnen den Besitz zu zeigen.
»Aber hast du nicht das ganze Haus drüben, Vater?« fragte Joachim. »Hast du das denn immer noch nötig hier?«
»Nötiger als jemals, Joachim.«
Sie verbargen ihre Enttäuschung nicht, als Marianne erklärte, daß sie auf der Insel bleiben und helfen wolle. Doch ging sie mit zu den Booten hinunter, und während Marschall einstieg, sagte sie leise zu Joachim: »Der Kirchhof ist dicht neben der Försterei.«
»Natürlich«, erwiderte er errötend. »Das war doch selbstverständlich.«
Es zeigte sich, daß sie nicht den ganzen Tag auf der Insel waren, wie Joachim angekündigt hatte. Sie kamen täglich für eine Weile herüber, schossen nach der Scheibe und blätterten ein bißchen in den Büchern. Thomas zeigte keine Enttäuschung. Sie gaben wohl nicht allzuviel auf die Ansichten »alter Krieger«, und die Insel war kein Messeraum, wo junge Kameraden auf die Meinungen der älteren Herren zu lauschen hatten.
Nach acht Tagen aber fragte Marschall bescheiden bei Joachim an, ob in seiner Navigation mit der jungen Dame alles in Ordnung sei oder ob sich nicht ein kleiner Fehler im Besteck eingeschlichen habe. Sie scheine ihm jedenfalls reichlich kühl und zuzeiten sogar hochmütig.
Es stehe ihm frei, sein Heil selbst zu versuchen, erwiderte Joachim, doch bezweifle er, daß die Prinzessin ihn »ganz groß« finden werde.
Nein, sie fand ihn wohl wirklich nicht so, und bei ihren täglichen Ritten auf die Felder, wenn sie mit dem Inspektor und den Gespannknechten sprach, ruhig, bescheiden und immer verständig, hielten sie schweigend neben ihr und

fühlten von ihrer Sicherheit mitunter einiges zerbröckeln, wenn sie auch nachher der Meinung waren, daß man diese Leute doch etwas schärfer an die Kandare nehmen müßte. Aber die junge Reiterin erwiderte lächelnd, daß die Leute vom festen Lande im allgemeinen vom Gebrauch der Kandare mehr verstünden als die vom Meer. Auch hätte einer der Gespannknechte sie noch auf den Knien gehalten, und er hätte damals keine Kandare dazu gebraucht, sondern nur seine große, braune und verarbeitete Hand, unter deren Nägeln immer etwas von ihrer Ackererde haftengeblieben sei.

Bevor sie abfuhren, mußte also auch Marschall trotz erheblichen Selbstbewußtseins zugeben, daß in seiner Navigation ebenfalls nicht alles stimmte; doch würde im Laufe der nächsten Jahre Zeit sein, die Panzertürme ins Gefecht zu führen, und so lange mußte man eben diesem etwas hochmütigen Burschen Orla manches nachsehen, damit die Verbindung nicht abreiße.

Erst am letzten Abend fragte Thomas nebenbei, ob Joachim sich vielleicht noch jenes Wortes aus dem Prediger Salomo erinnere, das er ihm damals auf dem Bahnsteig genannt habe. Aber Joachim hatte es leider vergessen. »Du weißt ja, Vater«, sagte er, »daß wir eine Menge zu schuften haben, und wenn ich dort in der Bibel lesen wollte, so würden sie mich doch komisch ansehen. Außerdem bist du ja, wie mir nach deinem zweiten Buch scheint, über die Bibel auch längst hinweg.«

Das würde ihm sehr traurig an einem Menschen vorkommen, erwiderte Thomas, wenn er über die Bibel hinwegkäme. Ebenso traurig, wie wenn jemand über seine Mutter hinwegkäme.

»Du mußt nicht denken, lieber Joachim«, setzte er hinzu,

»daß ich inzwischen in eine Sekte eingetreten bin oder daß ich denke, jeder Vater müsse seinem Sohn einen Koffer voll guter Lehren mitgeben. Aber, siehst du, wir leben hier sehr still und haben viel Zeit, uns Gedanken zu machen. Und wenn nun so junges und frisches Blut wieder einmal bei uns ist, dann hören wir gut zu. Wir bedenken noch einmal, was wir falsch gemacht haben, und möchten gern, daß ihr weniger falsch macht als wir. Du weißt selbst, daß du vieles hast, was ich niemals gehabt habe, was ich nur in meinen Gedanken, aber nicht in meinem Blut gehabt habe, und nun möchte ich wahrscheinlich, daß du mit deinem Besitz so wirtschaftest, als ob du fünfzig Jahre alt wärest. Das ist natürlich töricht, und du mußt schon darüber hinwegsehen ...«

»Lieber Vater«, sagte Joachim, »du bist so ... anständig zu mir ...«

Thomas lächelte. »Wie sollte ich wohl anders?« fragte er. »Aber das, woran ich dich erinnern wollte, hieß: ›Ein Geduldiger ist besser denn ein Starker.‹ Vielleicht könnt auch ihr einmal daran denken.«

»Ich erinnere mich, Vater. Aber mit der Geduld ist es auf See so eine Sache. Bis zum Skagerrak waren sie sehr geduldig bei uns.«

»Es gibt eine andere Geduld, Joachim, aber wir wollen es nun lassen. Es gäbe wenig Hoffnung, wenn ihr ebenso wäret wie wir.«

»Frischer Wind, Orla«, sagte der General, als sie dem Wagen nachsahen. »Hart wie Glas, aber wahrscheinlich nötig heute, damit die Fahne wieder weht.«

»Nun schwimmen sie doch auf dem Ozean, Kind«, sagte Tante Mieze nachdenklich, »und könnten doch Salz genug haben ...«

Aber Marianne widersprach ihr. Auf dem Ozean seien nur die beiden, Thomas und Bildermann. Die anderen seien »auf See«.

Bald nach der Abreise der jungen Seeleute verbreitete sich die Nachricht, daß der hundertjährige Fischer heimgegangen sei. Von den einfachen Leuten, die an den Seen wohnten, gebrauchte keiner einen anderen Ausdruck als diesen. Keiner sagte, daß er gestorben oder ertrunken sei, obwohl man sein Boot und seine Mütze eines Morgens auf den Wellen treibend gefunden hatte. Man war eben der Meinung, daß er auf eine sanfte und ganz und gar nicht gewaltsame Weise zu der Kreatur eingegangen sei, von deren Wegen und Sein er so viel gewußt hatte. Ja, viele behaupteten bald nachher, daß man an stillen Abenden das dunkle Wasser um die Stelle seines Heimganges von einer Unzahl alter Fische erfüllt sehen könne, die dicht unter der Oberfläche ruhig stünden, die grünen Rücken leise abwärts gewendet, mit kaum sich rührenden Schwanzflossen, als blickten sie in die Tiefe und als könnten sie dort den Heimgegangenen sehen, aufrecht in den Schlingpflanzenwäldern sitzend, mit dem weißen, schlichten Haar und den Bernsteinringen, und in seinen verkrümmten braunen Händen könnte man zuzeiten die goldene Krone erblikken, von der er auf Erden manchmal gesprochen hatte.

Man suchte lange nach ihm, und auch die Behörden ließen es an Mühe nicht fehlen, aber das Wasser gab ihn nicht heraus. Er wurde niemals gefunden.

14

Die Uhr über dem Gutshof des Schlosses, das Maß und die Regel für die Landschaft, schlägt noch immer durch Tag und Nacht, durch Jahreszeiten und Jahre. Mitunter denken die Menschen der Landschaft, es habe sich vieles verändert, aber die Achse des Seins ist die gleiche geblieben. Der General ist ein bißchen kleiner geworden, so gerade er sich auch hält, und das Fräulein ist noch etwas gewachsen. Die Leute auf dem Ozean haben noch ein paar graue Fäden mehr in ihr Haar bekommen, aber die Fische gehen wie immer in ihr Netz, manchmal mehr, manchmal weniger, wie der Wind, das Wetter oder ihre Natur es befehlen. Sommer und Herbst sind ihnen vergangen, wie dem Pflüger der Tag vergeht, und wieder ist Thomas mehr als zwei Monate im Grafenhaus gewesen. Die blaue Flamme hat unter den Retorten gebrannt, und ein anderes bläuliches Licht ist flackernd und geheimnisvoll in den luftleeren Glasröhren erschienen. Kristalle haben in allen Farben geschimmert, seltsame Formen und Schatten sind unter den Mikroskopen aufgeleuchtet, und zwischen den Blättern der großen Bücher liegen kleine Zettel mit fast unleserlichen Worten und Zahlen. Der König aus dem Morgenland hat ein Mädchen und einen Knecht in sein Haus aufgenommen, und die Pfannen auf dem neuen Scheunendach beginnen schon an der Wetterseite sich grau zu färben. Joachim bereitet sich auf die Leutnantsprüfung vor, fleißig, kühl, unabgelenkt wie immer, und der Fähnrich zur

See Siegfried von Marschall hat es aufgegeben, Briefe an das hochwohlgeborene Fräulein Marianne von Platen zu schreiben, nachdem diese ihm mitgeteilt hat, daß ihre Arbeit nicht erlaube, einen Briefwechsel über die Diätetik der Seele zu führen.

Noch immer kommt der Adler dreimal täglich von Osten her über den Wald, schlägt seine Beute, läßt seinen traurigen Schrei aus der Höhe über die Wälder und Seen fallen und verschwindet wieder hinter dem östlichen Horizont. Sie wissen auf der Insel nicht, ob es immer derselbe Adler ist oder schon eines der Jungen aus den langen Jahren, aber es genügt ihnen, zu wissen, daß es »der Adler« ist, denn keiner von ihnen trägt einen besonderen Namen. Die Tiere sind namenlos.

Über die Straßen des Reiches wandern noch immer ungezählte Tausende, Studenten und Vagabunden, alte Soldaten und Apostel mit Sandalen unter den Füßen und einem Strick um die Lenden. Bildermann, wenn er unterwegs ist, begegnet ihnen manchmal, hält sie an und fragt, ob die Raben immer noch um den Berg kreisen. Dann schüttelt er den Kopf, gibt ihnen Tabak und ein Stück von dem Brot, das er nun immer in der Tasche trägt, und sieht ihnen eine Weile nach, wie sie nach Osten und Westen davongehen, mit hängenden Schultern und müden Füßen, die Verfemten der Erde, die geduldig die Schuld der Völker tragen.

Die Menschen denken, es habe sich vieles verändert, aber nur die Oberfläche kräuselt sich wie bei einem großen Wasser, indes in der Tiefe Fische und Pflanzen und Steine unverändert ruhen und ihre Zeit erwarten.

Auch daß Marianne nun einen kleinen, blitzenden Wagen hat, ein Geschenk der alten Hofdame, ändert nichts an Feldern und Wäldern. Sie benutzt ihn selten, aber dann mit

Freude, und wenn sie einmal zur Stadt fährt, nimmt sie am liebsten Bildermann mit, der gut zuhören und antworten kann, der so viel von seinem Herrn weiß und auch alle Geheimnisse eines Motors kennt. Seine Mützenbänder flattern dann waagrecht über den singenden Wagen hin. Und manchmal denkt er, daß er sich doch auf mancherlei Weise in seinem Leben vorwärtsbewegt habe.

Thomas sieht wohl, daß das Kind leidet, aber er will es gleichsam nur von der Seite sehen. Er ist noch nicht sicher genug. Er ist wie ein Mann, der auf zwei Pferden steht und durch die Reitbahn galoppiert. Er darf nicht rechts und links sehen. Er weiß, daß er alt geworden ist an jenem Weihnachtsabend, das heißt, daß er plötzlich gelernt hat, weit in sein Leben hineinzusehen, ohne Zäune und Hekken; aber er kann nicht dafür, daß manchmal, ganz selten, ein scharfer Schmerz durch ihn hindurchgeht, so willkürlich und nicht zu berechnen, wie ein gezackter Riß durch das Eis. Auch wer das Ganze haben möchte, ist nicht blind für das einzelne, und auch an die einsamen Straßen tritt mitunter ein Traum. Er wartet darauf, daß eines Tages der erscheine, der die Leiden heilt. Joachim ist es nicht gewesen und noch viel weniger der Vetter oder der Fähnrich von Marschall. Aber die Natur hat tausend Wege und Kräfte. Sie wird auch die »alten Maßstäbe« besiegen.

Marianne ist nicht unglücklich. Sie hat Arbeit und Träume und kann also nicht ins Bodenlose fallen. Sie hat auch die alten Bilder in der Halle, vor denen sie manchmal steht. Die Lippen der Frauen schweigen, aber auch ein schweigender Mund kann beredt sein. Man verliert sich nicht, wenn man die Ahnen sehen kann. Aber man kann noch hoffen, immer noch hoffen. Auch auf einem Goldfaden kann man einen Abgrund überschreiten, wenn Gott es will.

Frau von Sperber sieht nichts. Der »Schöne« ist tot, begraben in polnischer Erde, und die Welt ist leer geworden durch seinen Tod. Wie sollte ein Mann bezaubern können, nachdem *sein* Zauber erloschen ist? Es geht nicht um Männer, sondern um das Salz der Erde.
Der einzige, der es sieht, ist der General. Wahrscheinlich haben die jungen Leute sein Auge geschärft, die so hart wie Glas sind. Er ist ein strenger Mann, könnte man meinen, und Bergengrün hat manchmal gedacht, daß er noch aus dem Dreißigjährigen Krieg stamme, aber nun ist sein Herz mit Erbarmen gefüllt. Und so groß wie sein Erbarmen ist seine Ratlosigkeit. Kein Reglement, in dem dies vorgesehen wäre, keine Felddienstordnung, die sich damit befaßt. Schließlich bleibt nichts, als eine »gewaltsame Erkundung«. Das Kind ist es wert, daß man aus dem Graben steigt und zusieht, was hinter dem Waldrande vorgeht.
»Alter Mann, Orla«, sagt er an dem grauen Tisch auf der Insel. »Zukunft bedenken . . .auch Generale nicht unsterblich . . .was ist mit dem Kind?«
Thomas versteht sofort. »Es ist kein Wort gesprochen worden, Herr General«, erwidert er, »aber das Kind weiß, daß es nicht sein kann.«
»Nicht ist oder nicht sein kann?«
»Ist, aber nicht sein kann, Herr General.«
Die alten Hände haben sich über dem Stock gefaltet, und die Augen unter den weißen Brauen blicken geradeaus. Der Adler kreist über der Otterbucht, und sein Spiegelbild zieht im Wasser mit.
»Niemals, Orla?«
»Niemals, Herr General. Wer sich an der Natur versündigt, bekommt keine Vergebung.«
»Wie alt, Orla?«

»Fünfzig, Herr General.«

Die Finger über dem Stock bewegen sich, als rechneten sie. Dann liegen sie wieder still und gefaltet.

»Was tun, Orla?«

»Sich abfinden und helfen, Herr General. In ein paar Jahren legt uns niemand mehr den Kranz um die Stirn.«

»Nicht fortgehen, Orla!«

»Nein, Herr General.«

Sie bleiben noch eine Weile sitzen. Am anderen Ufer warf Bildermann die Krebsreusen ins Wasser. Sie sahen das Schimmern des hellen Holzes, nach einer Weile erst kam der Schall zu ihnen herüber.

Der General stand auf und reichte ihm die Hand. »Wäre ruhig gestorben, Orla«, sagte er. »Bei keinem so ruhig wie bei Ihnen... aber haben recht... sind ein Edelmann, Orla...«

Dann pfiff er nach Johann, und der Riese antwortete von den Eichen her.

In diesem Herbst geschah in der Landschaft etwas Besonderes. Mehr als zehn Jahre nach der blutigsten und vergeblichsten Schlachtenfolge des Krieges fand man zwischen den Forts und den Höhen mit den fast geheiligten Namen einen verschütteten Stollen und in ihm die Gebeine einer halben Kompanie. Ein Jahr später, auf vielen Umwegen, kam in eine der großen Gemeinden an den Seen die amtliche Nachricht, daß unter den Gefundenen sich sieben Vermißte aus dem gleichen Kirchspiel befänden, und der Pfarrer, ein alter Mann, dessen Sohn sich unter den Toten befand, ruhte nicht eher, als bis er, durch Gesuche und Sammlungen, durch Überredung und Bitten erreicht hatte, daß das Kirchspiel seine sieben Toten aus der fremden Erde in die eigene überführte und sie auf dem großen

Heldenfriedhof bestattete, der die Opfer des ersten Kriegsjahres barg und der durch seine drei hohen, weithin ragenden Kreuze über dem Ufer in der ganzen Provinz bekannt war.

Der Kampf des Kirchspiels um seine Toten (denn viel anders konnte die zähe Überwindung von Bestimmungen, Paragraphen und Herkommen nicht genannt werden) hatte weithin Aufsehen erregt und auch die Gemüter mancher bewegt, die weitab von jenen Dörfern lebten. Und als dann bekannt wurde, daß am Erntedankfest des Jahres die schmalen Särge unter den drei Kreuzen beigesetzt werden sollten, kamen von allen Seiten zu Fuß und zu Wagen viele herbei, die ihre Söhne für das Land gegeben hatten, oder solche, die in dieser Handlung etwas Mahnendes oder auch Leuchtendes erblickten.

Da der Friedhof viele Stunden entfernt gelegen war, hatte Marianne gefragt, ob Thomas in ihrem kleinen Wagen mit ihr fahren wolle, und er hatte zugestimmt. Er kam früh zum Schloß herüber, und sie erwartete ihn schon vor der Treppe. Sie sah zum erstenmal seine Uniform, und er schien ihr zuerst weit fortgerückt, so als ob ihm allein zukomme, an dieser Handlung teilzunehmen. Die Sonne war eben über den Wald aufgestiegen, die betauten Felder glänzten, und aus den Eichenwipfeln hoben sich überall die großen Flüge der Ringeltauben auf, die auf ihrem Zug nach Süden begriffen waren. Die alten Birken an der Chaussee trugen noch ihr goldenes Laub, dazwischen leuchteten die Beeren der Ebereschen, und von den Höhen aus sahen sie den weißlichen Himmel sich langsam tiefer färben, bis er mit dunklem Blau über Feldern, Höfen und Wäldern stand.

Er erinnerte sich der Tage, als er zum erstenmal in dieser Landschaft eingekehrt war, und obwohl es damals Frühling gewesen war, erkannte er das große Antlitz wieder, das ihn damals gefangengenommen hatte, und er erzählte, wie er damals gemeint hatte, daß er oft mit Joachim über diesen Ufern stehen würde, damit er an diesen herben und großen Linien erführe, daß der Wille der Schöpfung in der Landschaft immer auf das Einfache gehe. Und wie es nun mit diesem Plan nicht so ganz geglückt sei, wie es oft vorkomme, wenn sie die Jugend mit ihrer eigenen Liebe erfüllen wollten.

Oft, aber nicht immer, meinte das Kind.

Nein, es gebe keine Gesetze dafür, und wer nur aufmerksam und geduldig sei, finde auch immer einen Ausgleich für getäuschte Erwartungen, da das Leben uns immer nur so oft täusche, wie wir ihm unsere Meinung aufzuzwingen versuchten.

Und meine er nun, niemals mehr getäuscht zu werden, fragte das Kind.

Er hoffe, über den gröbsten Trug hinweg zu sein, erwiderte er. Was die Dinge betreffe, so tue er ja jetzt nicht viel mehr, als daß er schaue und lausche, und er wisse ja nun auch, daß die Wahrheit in den Dingen und nicht in den Meinungen liege. Was aber die Menschen angehe, so habe er das große Glück empfangen, daß sein Kreis von Jahr zu Jahr sich immer enger ziehe und nun allmählich nur diejenigen umfasse, deren Bild so unveränderlich sei wie das der Sterne. In der Jugend habe man wohl vor, das Wesen eines ganzen Standes, ja ganzer Völker zu ändern, zu läutern und hinaufzuheben, aber wenn die Bahn sich senke, gebe man sich mit Geringerem zufrieden und wende die ganze Kraft daran, dieses Geringere nun auch zu einem Dauernden zu

machen. Von den wenigen aber, die um ihn seien, brauche er sich keiner Täuschung zu versehen.
Wenn der Großvater einmal sterbe und sie einmal heirate, fragte Marianne, ob er dann von der Insel fortgehen und ganz in das Grafenhaus ziehen werde?
Gewißlich nicht. Sie müsse sich daran erinnern, wie er sie zum erstenmal auf der Schloßtreppe gesehen habe, zart und zerbrechlich, mit ihrem schwarzen Kleid und der Perlenkette, die sich über ihrer Kehle bewegt habe. Und selbst wenn er erleben könnte, daß sie eine Großmutter mit weißem Haar würde, selbst dann würde er sie immer noch so sehen wie damals auf der Treppe. Er und Bildermann. Denn sie seien ja beide an der ersten Stufe eines neuen Lebens gewesen, als sie sie zum erstenmal gesehen hätten, und in allem Dunklen und Ungewissen der Zukunft habe sie damals wie eine kleine Blume gestanden. Das vergesse sich nicht. Vom Helfen und Heilen stehe irgendwo in der Bibel geschrieben, und so könnten sie auch nicht fort, solange sie erwarten könnten, Gelegenheit dazu zu haben. Diese Gelegenheit aber ende nicht mit der Kindheit und der Jugend, sondern bleibe bis zum Tode. Und so müßte sie sich schon darein ergeben, die Leute auf dem Ozean in ihrem Bereich zu behalten, solange sie ein Ruder führen und ein Netz auswerfen könnten.
Sie sah geradeaus, auf die helle Straße vor den Rädern, aber sie nahm die rechte Hand einen Augenblick vom Steuer und legte sie auf seine Hand. »Weißt du, was ich will, Thomas?« fragte sie. »Ich will auf der Insel begraben werden ... wenigstens das will ich.«
Die einsame Straße begann sich nun langsam zu beleben, je höher die Sonne stieg, und als sie in dem Kirchdorf ankamen, schien es ihnen, als seien aus dem ganzen Lande

die Menschen zusammengeströmt, um so viele Jahre nach dem Kriege noch einmal in sein fast sagenhaftes Antlitz zu blicken. Alle Gesichter waren ernst und gleichsam der kommenden Stunde zugewendet, und wiewohl Vereine und Bünde versammelt waren, mit Bannern und Fahnen, und überall auf den Straßen und kleinen Plätzen sich schon zu ordnen versuchten, so ging doch alles leise vor sich, Rufe und Kommandos, als wären die sieben kleinen Särge überall gegenwärtig, aufgerichtet über allem Volk, und von ihrem großen Schweigen wäre ein Abglanz auf jedes Gesicht gefallen.

Sie brachten ihren Wagen in dem großen Wirtshaus am Marktplatz unter, baten, ihnen für die Mittagszeit einen kleinen Tisch unter den Bäumen freizuhalten, und gingen dann langsam an der Kirche vorbei aus dem Ort hinaus, wo eine Straße mit noch jungen Bäumen zu der Höhe über dem Wasser führte. In der Ecke des Marktplatzes sah Thomas den Oberst mit der Adlernase, ohne Pferd diesmal, aber immer noch mit der schneidenden Stimme, wiewohl er sie sichtlich dämpfte, und auch eben glaubte Thomas das »Tempo... Tempo, meine Herrschaften!« zu hören, mit dem er die Herren seines Stabes in die sich ordnende Menge jagte. Thomas grüßte und empfing einen gemessenen Dank. »Das sind die Leute, die aus dem Weltkrieg ›in alter Frische‹ hervorgegangen sind«, sagte er lächelnd zu Marianne, »und die deinen Großvater einen ›alten Knaben‹ nennen.«

Dann schwiegen sie, weil nun am Ausgang des Ortes gegen den blauen Horizont schon die riesigen Kreuze erschienen, das Wahrzeichen einer ganzen Landschaft, auf der gewaltigen Grabkammer aus Feldsteinen errichtet, den leeren Himmel fast aufbrechend und mit ihren schmalen, ganz nach oben gerückten Querhölzern das aufgesprengte Gewölbe gleichsam wieder tragend.

Als sie die Höhe erreicht hatten und der Blick sich nun ohne Grenzen öffnete, über unendliche Felder und blaue Waldstreifen nach der Landseite und über das blaue, weite Wasser mit leeren Ufern nach der anderen Seite; als die schweigende Kammer vor ihnen lag, der gelbe Sand der ausgeworfenen Gräber vor dem Eingang, die sieben schmalen Särge, deren jeder mit dem Flaggentuch bedeckt war und mit herbstlichen Kränzen aus Garten und Wald; als sie die Soldaten der Totenwache sahen, junge Gesichter unter den strengen, grauen Helmen, und den Feldaltar zu Häupten der Särge; als sie in das Gesicht der Menge blickten, die sich schon gesammelt hatte und von den Kindern bis zu den Weißhaarigen alle Lebensalter umfing: da erfuhr auch das Kind zum erstenmal mit strenger Deutlichkeit das Unsterbliche einer großen, lange nachhallenden Zeit, das Gesicht des Todes wie das der Verklärung, und daß es in den Begriff des Volkes eingeschlossen war, der aller Leben, auch das auf den Inseln, umfing, die alten Geschlechter wie den Staub der Namenlosen, und es war ihm wie in einer Vision, als seien die drei Kreuze nicht leer, nur von einer milden Herbstsonne beschienen und von blauer Luft umflossen, sondern als trügen die hohen Eichenstämme die drei Körper der Schädelstätte, den des Gekreuzigten und die der beiden Schächer, ewige Sinnbilder des Opfertodes aus der Schuld der menschlichen Kreatur.

Sie nahm Thomas bei der Hand, und so blieb sie während der ganzen Zeit, bis die Särge mit den farbigen Tüchern hinabgelassen wurden und der gelbe Sand sie bedeckte.

Sie wußten von dem Pfarrer, daß nicht nur die Gebeine

seines Sohnes in einem der Särge unter ihm lagen, sondern daß er damals zu Beginn des Krieges weithin in das fremde Land geschleppt worden war. Daß er seine Frau begraben und somit vieles von dem Leid erfahren hatte, das einem Menschen zugemessen werden kann. Und als sie nun sahen, wie der leise Wind, der vom Wasser heraufkam, sein langes weißes Haar bewegte, und als sie hörten, daß seine Predigt kein Wort der Bitterkeit oder der Klage enthielt, daß er vielmehr in den Dank für die Ernte des Jahres ganz wörtlich auch die Särge einschloß als die späte und nun schon verklärte Ernte einer Zeit der Hingabe und des Opfers, eine Ernte der Ernten; als er sie alle ermahnte, dieser Zeugen eingedenk zu bleiben, später verlorener Söhne, die nun heimgefunden hätten, und ihre Äcker nun noch tiefer zu pflügen: da glaubten sie sich mit seinen Worten auf eine unvergeßliche Weise in das Gesetz eingeschlossen, das über dieser Landschaft aufgeschlagen stand, und es machte nun nichts aus, ob sie es mit verschiedenen Namen benannten, weil Arbeit, Mühe und Sorge doch immer den gleichen Weg gingen, gleichviel, wie sie das Ziel nun heißen mochten.

Der Pfarrer hatte erreicht, daß keine Reden an der Gruft gehalten wurden, so daß also auch die Zwietracht der Zeit nicht verkleinernd über die ernste Stunde fiel. Nur die Glocken läuteten vom Dorf in der Runde, und als die Salven über die Toten hingegangen waren, als die Menge sich schweigend auf den Weg gemacht hatte und die Vereine und Bünde mit Fahnen und Bannern die Straße wieder hinabgeschritten waren, blieb die Stätte, wie sie gewesen war, schweigend und einsam, nur daß die Möwen jetzt hoch in der blauen Luft über ihr kreisten.

Sie blieben noch eine Weile dort oben stehen und sahen

zu, wie die Fäden des Altweibersommers sich immer dichter an die Querhölzer der Kreuze hängten, so daß sie wie dünne weiße Schleier über der Steinkammer wehten.
Dann gingen sie hinter den anderen her. Marianne hatte seinen Arm genommen, und als sie den Eingang des Ortes erreichten, sagte sie: »Wir Jungen werden immer nichts gegen euch sein, Thomas ... immer Schuldner und immer Unversehrte ...«
Aber er schüttelte den Kopf. »Niemand weiß, was das Gesetz mit euch vorhat«, erwiderte er.
Sie gingen noch einmal über den Friedhof und aßen dann an dem kleinen Tisch, was man ihnen auftrug. Unter einem der nächsten Bäume saß der Oberst mit seinem Stabe und sprach nun wieder mit ungedämpfter Stimme.
Neben ihm saß eine junge Frau, fast noch ein Mädchen, und empfing fast gelangweilt die Huldigungen des alten Soldaten wie der jüngeren Herren, die an dem Tische saßen. Es war aus vielem mit Sicherheit zu erraten, daß sie die Frau des Obersten war.
Thomas erzählte von dem Kriegsspiel, zu dem Bildermann ihn damals mitgenommen hatte, und daß die Begegnung mit diesem alten Krieger nicht durchaus freundschaftlich verlaufen sei. Er habe nicht geahnt, daß das Bild von ihm sich nun auf diese Weise abrunden werde.
Marianne sah still geradeaus, aber er merkte, daß jene Gruppe sie beschäftigte, und als der alte Landwehrhauptmann eine Weile bei ihnen saß, nicht ohne mit Verehrung von ihrem Großvater zu sprechen, fragte sie, ob es wahr sei, was Herr von Orla behauptet hätte, daß nämlich die junge Dame dort die Frau des Obersten sei. Ja, das sei wahr, wie ein Standesamtsregister nur sein könne, und sie sei ja auch ganz passabel, wenn auch vorläufig nur wie ein

Brachfeld. Aber im ganzen sei es doch etwas peinlich und wäre zu beider Wohl wahrscheinlich besser unterblieben.
Sie verabschiedeten sich dann bald, steuerten den Wagen etwas mühsam durch Fuhrwerke und Menschen und hatten bald die leere Straße vor sich, die weiß und gerade zu den ersten Wäldern hinaufführte.
Hier, im Schatten und in der Stille, verlangsamte Marianne die Fahrt und fragte, den Blick immer geradeaus gerichtet: »Ist es das, Thomas?«
Er hatte ihre Gedanken die ganze Zeit gelesen, und so antwortete er ohne Zögern: »Ja, das ist es.«
Unweit des Schlosses fragte er sie, ob sie mit ihm noch in das Grafenhaus fahren möchte. Sie hätten noch Zeit genug, den Tee auf der Terrasse zu trinken, und er möchte gern, daß sie aus dem Garten so viele Blumen mitnähme, wie der Wagen fasse. Es sei traurig, daß sie dort verwelkten, und es sei ihm, als müßten sie heute auch an den Grafen ein paar gute Gedanken wenden.
Sie empfanden, daß auch über diesem Stück Erde ein Zauber lag, wenn auch ein anderer als über der Insel. In der schrägen Sonne erschien ihnen der Garten wie eine einzige vielfarbige Flamme und der alte Gärtner wie ein Zauberer, der sich unversehrt mit Korb und Schere in ihr bewegte. Die Luft war so still, daß sie die Häher auf den fernen Kartoffelfeldern hörten und die Stimmen der Kinder auf dem Vorwerk.
»Kein Menschenleben vergeht aus seinem Raum«, sagte Thomas. »Auch das seinige nicht. Es ist noch alles erfüllt von ihm, jede Blume, jeder Strauch, und selbst der Horizont dort drüben erscheint mir als sein Horizont, so sehr ist er von seinen Blicken geformt und gesättigt.«
»Was unterscheidet uns denn, Thomas?«

Er führte sie lächelnd an den Tisch, den Friedrich herangeschoben hatte. »Daß ihr wiedersehen wollt, Kind, und wir nicht. Daß ihr meint, Gott habe ihn mit einem Knüppel erschlagen, und daß wir meinen, er gebe sich mit solchen Dingen nicht ab. Er hat nicht geglaubt, der Tote, und ihr meint, ja, ihr müßt meinen, daß er nun in der Hölle sei. Der Tod hat ihm keine Zeit gelassen, zu widerrufen, und auch wenn er Zeit gehabt hätte, würde er nicht widerrufen haben. Er nicht. Er ist ihm ohne Waffe entgegengegangen. Und wir meinen, daß es eine merkwürdige Hölle wäre, die mit seinesgleichen erfüllt würde.«

»Aber es sind doch Bilder, Thomas ...«

»Ja, aber an den Bildern erkennt man den Maler.«

Nach dem Tee gingen sie zum Fluß hinunter und saßen auf einer Bank über dem hellen Wasser. Die Pappeln stiegen über ihnen steil in die blaue Luft, und mit der Strömung glitten welke Blätter an ihnen vorüber, die im Licht wie vergoldet schienen.

»Ich glaube, daß es schön sein wird, alt zu sein«, sagte Thomas. »Dort auf der Insel oder auch hier. Aber lieber noch auf der Insel. Man muß nur rechtzeitig die Fäden abknüpfen, damit die Schere nichts mehr zu zerschneiden hat. Dann wird man nur noch wie ein Blatt sein, das den Stamm schon verlassen hat. Ich glaube, daß nur die sich fürchten und wehren, die nicht fertig geworden sind. Aber er hat mir doch prophezeit, der Alte, daß ich fertig werde, nicht? Daß ich das Ganze nicht bekommen werde, sehe ich schon, aber wenn ich erkenne, daß es uns nicht bestimmt ist, von der Schöpfung aus nicht bestimmt, dann liegt kein Schmerz darin. Ich habe eben bis an die Grenze zu kommen, und das will ich versuchen.«

»Hast du vieles falsch gemacht, Thomas?«

»Ich glaube, ja. Das mit meinem Beruf und vieles mit Gloria und vielleicht auch mit Joachim. Aber es war nur falsch, wenn man vom Absoluten urteilt, und das soll man eigentlich nicht. Alles war nötig, damit dieses sein konnte, und dieses ist nötig, damit das sein kann, was noch kommen wird. Wir gehen immer etwas mit verbundenen Augen, aber nur die Toten reißen die Binde herunter.«

Sie hörten hinter der Biegung einen hellen, zwitschernden Ruf, und dann schoß der blaue kleine Vogel zu ihren Füßen über das Wasser hin, so schnell, daß sie nicht unterscheiden konnten, welches das Bild und welches das Spiegelbild war.

»Der Vogel ...«, sagte sie leise. »Damals, als ich klein war, Thomas, da hast du nichts mehr falsch gemacht, nein?«

»Ich hoffe nicht«, erwiderte er und sah sie ernst an.

»Nein, du sollst nichts bedauern, Thomas. Aus jener Zeit nichts mehr. Du sollst nichts abstreichen von ihr, denn es ist das, wovon ich lebe, und wenn du es tust, streichst du es von meinem Leben ab.«

»Ich will nichts abstreichen, Marianne«, sagte er leise.

Die Sonne ging hinter den Wald, und sie standen auf. Ein dünner Nebel hob sich schon über die Wiesen, aber in den Dachfenstern des Hauses brannte noch rot das abendliche Licht. Der Kofferraum des Wagens war mit Blumen gefüllt, und auch auf dem Sitz lag ein Dahlienstrauß. Friedrich zog die Decke über ihren Knien zurecht. Sie sahen beide, wie welk seine Hände waren.

»Mühe mit uns gehabt, Friedrich«, sagte Thomas, »aber nun kommt ein stiller Abend.«

Der Diener lächelte. »Ich höre jetzt immer seine Füße, Herr von Orla. In der Bibliothek, auf und ab. Und manchmal klingt eine Saite im Instrument.«

»Sie sind zuviel allein, Friedrich.«
Er schüttelte respektvoll den Kopf. »Wir waren immer allein, Herr von Orla, der selige Herr Graf und ich. Ich denke immer, daß er mir die Botschaft schicken wird, an den Kamin. Aber wir sind zu ungeduldig, auch mit weißen Haaren.« Dann schloß er die Tür und trat zurück.
Als der Weg sich hinter dem Tor wendete, sahen sie ihn noch einmal. Er sah klein und zerbrechlich aus vor dem großen Haus mit dem schweren Dach, und wie er die Hand auf den Türgriff legte und sie öffnete, konnte man meinen, daß er in eine Grabkammer trete und der Stein falle hinter ihm zu.
»Du mußt ab und zu mit mir herkommen«, sagte Thomas. »Auch Häuser verfallen, wenn man sie nicht ansieht.«
Sie nickte, aber sie sagte, daß sie sich immer fürchten werde. Es sei ein Haus ohne Gott. – Und doch so erfüllt mit Götterbildern, meinte er lächelnd.
Der General stand am Tor und hatte auf sie gewartet. »Langer Tag für einen alten Mann«, sagte er. »Die Sperber euch immer gegen einen Baum fahren sehen. Habe gesagt, gebe gar nicht so viel Bäume bei uns, wie sie vor dem Wagen sehe.«
Sie trugen die Blumen in die Halle, und Marianne brachte den Wagen fort.
»Sah wie ein Brautwagen aus, Orla. Wünschte, der liebe Gott hätte die Jahre ein bißchen anders verteilt. Kleinigkeit für ihn.«
Sie wollten ihm nun nicht ins Handwerk pfuschen, meinte Thomas still.
Nachher, vor dem Feuer, als die Blumen in den Vasen und Schalen standen, fragte Marianne, ob er den Oberst kenne, der ihn einen alten Knaben nenne.

»Dreimal gesehen«, erwiderte der General. »Hieß im Westen der Salmiakgeist. Kein Auge tränenleer, wo er erschien. ›Zackig‹, würden die jungen Leute sagen.«
Ja, er sei nun verheiratet, fuhr Marianne fort. Mit einer Zwanzigjährigen vielleicht. Sie hätten am Nebentisch gesessen.
Der General sah sie unruhig an.
»Es sah nicht hübsch aus, Thomas, nicht wahr?«
»Nein«, sagte er ruhig, »und in zehn Jahren wird es noch weniger hübsch aussehen.«
»Er war drei Jahre jünger als ich«, sagte Tante Mieze unschuldig, »und das war auch nicht gut.«
Aber der General sah sie böse an, daß sie erschreckt verstummte.
Marianne blickte von einem zum andern. »Wir haben heute einen Vertrag geschlossen, wir beide, nicht wahr, Thomas?« – Er nickte.
»Allzeit in Treue zu seiner Herrschaft zu stehen, ja, Thomas?«
»Jawohl. Und in Bedürfnissen des Leibes und der Seele gut und geachtet zu werden.«
»Und der Vertrag ist unkündbar, Großvater, hörst du? Ein Vertrag auf Lebenszeit!«
Sie stand auf und ging einmal die Reihe der Bilder entlang, die Hände auf dem Rücken, wie sie es als Kind getan hatte. Dann kam sie zurück und stellte die Halmafiguren auf das große Brett.
Zu Beginn der nächsten Woche bekam Thomas einen Brief von Joachim. Er war länger als die üblichen, und es schien ihm, als wiege er auf eine besondere Weise schwer in seiner Hand. Joachim erzählte, daß ihnen eine unangenehme Sache passiert sei. Es sei die ganze letzte Zeit im

Hafenviertel unruhig gewesen. Sie hätten lange keinen Ausgang gehabt, und auch als er wieder gestattet wurde, hätten sie Befehl gehabt, sich zusammenzuhalten und jeden Zusammenstoß zu vermeiden.

»Nun waren wir aber vor ein paar Wochen bei einem der Ausbildungsoffiziere eingeladen, zehn von uns«, fuhr er fort, »und wir mußten natürlich in Uniform antreten. Wir haben nicht viel getrunken und gingen ordentlich wieder an Bord, etwas laut vielleicht, aber durchaus in Ordnung. Die Roten müssen es gewußt haben, denn am Ausgang der Anlagen fielen sie über uns her. Wir stellten uns gleich Rücken an Rücken, und da wir unsere Dolche hatten, haben wir es ihnen ganz sauber besorgt. Am Schluß wurden wir zwar etwas zersprengt, aber sie hatten schon genug, und alles wäre prima gewesen, wenn nicht einer von uns sich dämlich benommen hätte. Er fing an, eine Ansprache zu halten, ob sie sich nicht schämten, als Deutsche über Deutsche herzufallen, und ob es mit dem Haß der Stände in alle Ewigkeit fortgehen solle, und so weiter. Aber einer hatte die Gelegenheit benützt, sich hinten herangemacht und hob nun den Knüppel. Ich war gerade mit meinem letzten ›Kontrahenten‹ fertig geworden und sah die Bescherung kommen. Ich rief den anderen zu, aber es war schon geschehen. Wir trugen ihn an Bord, und er liegt noch immer im Lazarett. Schädelbruch und so weiter. Die Ärzte meinen aber, daß er durch ist.«

Thomas ließ den Brief sinken und stopfte seine Pfeife. Er wußte genau, was nun kommen würde, und er sah auch fast unbeteiligt zu, wie seine Hand mit dem Streichholz etwas zitterte.

Die Sache sei nun die, fuhr Joachim fort, daß der Überfallene, ein Finckenstein, ihm überall in die Quere gekommen sei. Er sei durch irgendwelche Umstände spät zur Marine gekommen, also ein paar Jahre älter als die meisten, begabt und ordentlich, aber immer abseits. Lese merkwürdige Bücher, spiele Geige und so weiter. Sie hätten einander nie gemocht, und wenn er, Joachim, gegen den andern einmal unterlegen sei, so sei jener nicht froh gewesen, wie man es erwarten könnte, sondern habe mit gänzlich unbeteiligtem Gesicht den Kranz empfangen. Als stehe er ihm zu und alles andere sei ein Irrtum. Sie seien also, ohne Absicht eigentlich, fast Konkurrenten gewesen, und die anderen hätten immer zwei Lager gebildet.

Aber weshalb er mir das alles schreibt? dachte Thomas mit wachsender Unruhe.

»Auch ich habe ihn natürlich besucht«, erzählte Joachim weiter. »Es gehört sich doch so. Aber da, als die anderen schon gingen, hielt er mich zurück und sah mich eine Weile an. Es war alles noch mit weißen Binden umwickelt, und seine Augen sahen fatal aus. ›Ich möchte gern wissen, Orla‹, sagte er, ›weshalb Sie es nicht verhindert haben.‹ Wir sagen natürlich alle du zueinander, und das Sie war schon eine seiner üblichen Impertinenzen. ›Ich habe Sie angesehen, kurz bevor der Schlag fiel, und ich sah an Ihren Augen, daß Sie es sahen. Auch daß Sie den Schlag kommen sahen. Ich bedaure nicht, daß ich niedergeschlagen wurde oder daß Sie mir nicht geholfen haben. Ich möchte nur gern den Grund wissen. Es interessiert mich, vom Psychologischen her. Oder auch vom Sittlichen, wie Sie wollen.‹ Da hast Du wieder diese Redensarten.«

Nun, er habe es ihm natürlich ausgeredet. Er sei erschöpft gewesen wie sie alle, und dieser letzte Überfall sei ihm so plötzlich gekommen, daß er eine halbe Sekunde zu spät reagiert habe.

»›Das ist schön‹, hat Finckenstein gesagt. ›Ich dachte schon, Sie hätten zugesehen, damit ich Ihnen aus dem Wege komme. Wenigstens für diesen Examenstermin. Und das würde mich sehr traurig gemacht haben für Sie.‹
Und nun kommt die Hauptsache, lieber Vater. Ich war natürlich perplex und zuerst auch wütend. Aber dann wollte ich der Sache doch nicht aus dem Wege gehen, innerlich, meine ich. Ich habe mir alles noch einmal vorgestellt, und mir ist klargeworden, daß ich es hätte verhindern können. So ehrlich muß man gegen sich selbst schon sein. Ich hätte die halbe Sekunde nicht gebraucht, wenn es ein anderer gewesen wäre. Verstehst Du? Darauf kommt es an. Es ist natürlich Unsinn, daß ich an das Examen gedacht habe, darauf gebe ich Dir mein Ehrenwort. Ich habe überhaupt nichts gedacht. Aber ich hatte zu überwinden, daß gerade er es war. Verstehst Du mich? Es liegt mir viel daran, daß Du gerade das verstehst. Es gab eine Hemmung, nicht des Denkens, sondern des Gefühls. Nur ein paar Herzschläge lang, und das hat eben ausgereicht. Es tut mir leid, aber ich kann es nicht mehr ändern. Ich schreibe Dir, damit Du mir rätst, was ich nun tun soll. Es könnte sein, daß er eine Meldung macht, und wenn ich auch ruhig wiederholen kann, was ich hier geschrieben habe, so würde es vor dem Examen doch sehr fatal sein. Es hat sowieso Stunk genug gegeben wegen dieser Affäre. Im Lazarett bin ich nicht mehr gewesen und will auch nicht hin.«
Thomas faltete die Bogen sorgfältig zusammen und klopfte seine Pfeife aus. So war es also. Es hätte schlimmer sein können, aber auch dieses war schon schlimm genug. Es war nicht nur »fatal«. Aber es war sehr seltsam, wie das Schicksal in Varianten spielte. Es wiederholte die halbe

Sekunde des Zögerns, wenn es auch die Motive verschob. Es war ihm nicht zweifelhaft, daß Joachim die Wahrheit sprach. Daß er nicht gedacht hatte, sondern ein Gefühl überwinden mußte. Nur hatte er vergessen, die Wurzeln dieses Gefühls bloßzulegen, und er, Thomas, wußte, wohin sie reichten.

Es wäre ihm lieber gewesen, Joachim läge unter den weißen Binden und machte sich Sorgen um das »Sittliche«. Aber er machte sich Sorgen um die Karriere (sehr große Sorgen! Weshalb sonst diese Beichte?), und das Sittliche lag eben »abseits«.

Ein Kind kann wie ein Schwert über uns sein, dachte er zum Schluß.

Dann schob er es für eine Weile beiseite und ging mit Hacke und Korb auf das Kartoffelfeld.

Er antwortete erst am nächsten Morgen. Er sei davon überzeugt, schrieb er, daß Joachim die Wahrheit gesagt habe. Er wolle nicht untersuchen, ob er als Offizier richtig gehandelt habe. Aber dies wolle er nicht nur untersuchen, sondern behaupten, daß er als ein sittlicher Mensch etwas versäumt habe. Wohlgemerkt: nach seinen altmodischen Maßstäben gerechnet. Aber Joachim sei jung, und die letzten Maßstäbe seien an das Alter anzulegen und nicht an die Jugend.

Wenn er glaube, daß der Verletzte eine Meldung erstatten werde, so sei er in einem großen Irrtum befangen. Wenn das also seine Sorge sei, so könne er ohne Sorgen leben. Wenn er aber darüber hinaus eine Sorge habe (und das wünsche er, Thomas, von Herzen), so würde er sofort nach Empfang dieses Briefes ins Lazarett gehen und dem Kranken wiederholen, was er in seinem Bericht, ihm Thomas, mitgeteilt habe. Ohne Abzüge und Beschönigung. Damit ließe sich ein Teil der versäumten Sekunde einholen. Nicht das Ganze, aber ein Teil.

Ob er darin eine Warnung des Schicksals erkennen werde, wisse er nicht. Er selbst sehe sie, aber er müsse zugeben, daß er vierzig Jahre gebraucht habe, um die Hand des Schicksals zu sehen. Allerdings habe sie ihm auch niemand gezeigt. Den jungen Grafen bitte er zu grüßen.

Nach einer Weile fügte er noch eine Nachschrift hinzu. »Ich freue mich, daß Du es mir geschrieben hast, Joachim. Aber ich freue mich noch mehr, daß Du nicht vor Dir selbst ausgewichen bist. Die Zerstörung eines Lebens kann vom kleinsten Punkte aus erfolgen. Nimm es nun weder zu leicht noch zu schwer. Beschädigt gehen wir alle aus solchen Dingen hervor, aber nichts ist verloren, solange wir wahrhaftig aus ihnen hervorgehen. Und solange Du mir solche Dinge schreibst, weiß ich, daß wir zueinander gehören.«

An den Grafen schrieb er am gleichen Tage und bat ihn, seinen Genesungsurlaub, wenn er Zeit und Neigung habe, bei ihm auf der Insel zu verbringen. Es sei nach dem, was er sich von ihm denke, wahrscheinlich, daß sie gut miteinander auskommen würden.

Joachim bedankte sich, schrieb, daß er ausgeführt habe, was ihm aufgetragen sei, und daß er denke, die ganze Affäre sei nun erledigt. Zwei Wochen später kam Finckenstein.

Bildermann holte ihn mit dem Segelboot ab, und als sie ausstiegen, nickte er Thomas fröhlich zu. Mit diesem Gast sei das durchaus in Ordnung, besagte seine Miene.

Nach ein paar Tagen gab es niemanden, der nicht der gleichen Meinung gewesen wäre. Der Kranke war schweigsam und ein wenig unsicher, als sei er von den dunklen

Gestaden noch nicht recht heimgekehrt. Aber sobald man zu ihm sprach, öffnete sein Gesicht sich in einem wunderbaren Zutrauen, das auf den Sprechenden zurückstrahlte, und es war nur natürlich, daß Tante Mieze nach drei Tagen die schmerzliche Geschichte des »Schönen« erzählte.

Er hatte keine Eltern mehr, war von Verwandten erzogen worden und hatte es erst mit der Rechtswissenschaft versucht. Doch war er schon in den ersten Semestern mit seinen Gedankengängen überall angestoßen, da er weder die Härte früherer Rechtsprechung noch die verschwommene Humanität der neuen Zeit billigen konnte.

Auch bekannte er, daß er sich seine Kommilitonen nur mit Schrecken als künftige Richter habe vorstellen können, und so habe er nach einem Beruf gesucht, wo das Menschliche gleichsam auf die einfachsten Formeln zurückgedrängt und beschränkt sei und wo nur die kühle Pflicht als eine Richtschnur über Leben und Handeln stehe. Und als solch ein Beruf sei ihm der des Offiziers erschienen, zumal der des Seeoffiziers, der durch das Element, dem er hingegeben sei, noch die Weite ursprünglichen Lebens bewahrt habe.

Aber auch da stimmte wahrscheinlich einiges in der Rechnung nicht, meinte Thomas.

Er gab das mit einiger Befangenheit zu, aber er glaube, daß das mehr an ihm als an den Dingen liege. Wer abseits stehe, dürfe die Schuld nicht immer bei den anderen suchen. Er wisse, daß die Jugend heute noch vielfach wie ein Pfeil ohne Ziel sei. Ihr altes Haus sei abgebrochen und das neue noch nicht da. Sie seien alle wie Söhne reicher Eltern, die plötzlich bankrott gemacht hätten, und die meisten seien der Meinung, daß das bei anständigen Eltern nicht vorkommen dürfe. Er selbst aber glaube, daß Söhne wie Eltern ihre

Last zu tragen hätten und daß die Söhne verpflichtet seien, die größere zu tragen, da ihre Schultern jünger seien.
Er wolle nicht prophezeien, erwiderte Thomas, aber es scheine ihm, als werde er auch für diesen Beruf noch vieles zu lernen haben. Bei allen großen Gemeinschaften oder Bünden sei dem einzelnen immer nur ein bestimmter Spielraum gelassen. Wolle man nun im Sittlichen ganz auf eigenen Wegen gehen, so werde alle Unterordnung einem unmöglich scheinen, da man meine, sich wohl einer fremden Sitte, aber fast niemals einer fremden Sittlichkeit fügen zu können. Für einen Offizier aber sei es unerläßlich, ein Gesetz über sich anzuerkennen, auch wenn es Dinge umfasse, die man ungern einem Gesetz unterordne.
Ja, sagte Finckenstein verlegen, er müsse wohl nachtragen, daß die beiden Bücher, die Herr von Orla geschrieben habe, von sehr großer Bedeutung für ihn gewesen seien und daß er (hier suchte er lange nach Worten) Joachims Bild nicht ganz in die Welt habe einfügen können, aus der diese Bücher doch herkämen.
»Sie wollen sagen, daß er Ihnen geringer als die Bücher erschienen sei?«
»›Geringer‹ dürfte ich nun wohl nicht sagen, Herr von Orla. Aber ganz anders, ganz ohne Probleme außer dem einer guten Karriere.«
»Vergessen Sie eines nicht, Finckenstein: Ein Buch kommt aus uns heraus als unser ganz eigener Besitz. Wir sind Vater und Mutter dieses Buches, und es ist nur von unserem eigenen Blut erfüllt. Aber wo kommen die Kinder her? Aus wieviel verborgenen Quellen fließt ihr Blut zusammen? Unterirdischen Quellen, und wer von uns weiß, durch welche Reiche sie geflossen sind, ehe sie erscheinen? Auch sind wir schuldig an jedem Menschen unserer Zeit, und an

Joachim habe ich vieles versäumt. Als ich es erkannte, war es schon zu spät, und ich weiß nicht einmal, ob es nicht immer zu spät für uns ist. Mir ist so vieles fraglich geworden in diesen Jahren…«

»Aber hier, in dem Bezirk den Sie erfüllen, scheint mir nichts fraglich, Herr von Orla. Ich glaube, daß es der erste Ort auf der Erde ist, den ich kenne, wo alles an seinem Platz ist und wo selbst ein Fremder wie ich nichts verkehrt machen kann.«

Thomas schüttelte den Kopf. »Es ist wohl noch nicht alles an seinem Platz, aber es ist schon wahr, daß wir uns Mühe geben.«

Dann sah er ihm nach, wie er zu den Booten hinunterging, um etwas zu rudern, groß, schlank, mit seinen ruhigen Bewegungen, die ihn immer an Zweige erinnerten, durch die der Wind ging. Er verhehlte es sich nicht, daß von dem Bilde dieses jungen Menschen ein tiefer Trost auf ihn überging. Die Gewißheit, daß man ruhig sterben könne, und immer würden ein paar Menschen dasein, die den Pflug wieder in die Hand nahmen. Man brauchte ihnen nichts zu sagen, von dem Felde, das man sich vorgenommen hatte, von der Saat, die man erspart hatte: sie würden die Furche zu Ende pflügen und die Saat genau dort aussäen, wo man selbst es gewollt hatte. Es gab so etwas wie einen leitenden Faden, der durch das Gewebe lief. Die Schöpfung sorgte von selbst dafür, daß nichts abriß, was nach ihrem Wesen suchte.

Marianne war viel bei ihnen, nachdem die Ernte eingebracht war. Sie fand, daß der Besuch so war, wie es sich für die Insel gehöre, aber sie sah nun Thomas mitunter von der Seite an, als habe sie ein neues Rätsel an ihm entdeckt, und als Finckensteins Urlaub abgelaufen war und die kürzer werdenden Tage nun wieder liefen wie immer, fragte sie ihn einmal, weshalb er diesen Besuch eigentlich eingeladen habe.

Er sah sie erstaunt an, sah ihr zugeschlossenes Gesicht und ahnte, was sie bewegte. Er nahm Joachims Brief aus der Tasche, wo er ihn immer noch trug, und reichte ihn ihr. Es war zwischen ihnen noch niemals die Rede von ihm gewesen.

Sie las ihn schweigend, und nur die Kette über ihrer Kehle bewegte sich ab und zu wie in ihren Kindertagen. Dann legte sie den Brief auf die Tischplatte und sah auf das Wasser hinaus. »Vergib mir, Thomas«, sagte sie endlich.

Ja, sagte er später, er wünschte wohl manchmal, daß Joachim manches von diesem Gast hätte, aber das seien so Wünsche aus vergangener Zeit. Bestimmte Dinge hole man mit fünfzig Jahren nicht mehr ein. Auch sei er fröhlich geworden durch diesen jungen Menschen, wahrscheinlich so, wie ein Astronom am Fernrohr fröhlich sei über einen neuen Stern. Das Unerschöpfliche der Schöpfung trete wieder einmal zutage, und wenn wir in unserem Becher schon den Boden sähen, sei es gut, zu wissen, daß in unzähligen anderen der Wein noch über den Rand fließe. Und wenn auch nicht in unzähligen, so doch in zweien oder dreien.

»Siehst du den Boden, Thomas?«

»Ja, Kind, es wäre wohl nicht gut, wenn man mit fünfzig Jahren nur sein Spiegelbild sähe.«

15

Zu Beginn des Winters ließ der General ein Jagen hundertzwanzigjähriger Fichten schlagen. Er war mit Thomas im Spätherbst durch den Wald gegangen, unweit des Ufers, hatte mit dem Stock einen der riesigen Bäume berührt und gesagt: »Kommt ’runter... hundertzwanzig Jahre alt... Zeit erfüllt.«

Thomas hatte gemeint, es sei schade, auch habe Goethe noch gelebt, als diese hier gepflanzt worden seien. Aber es sei schon recht, daß man der Natur gehorche, und einen Psalm auf das Leben der Bäume werde wohl auch noch jemand schreiben.

»Mischwald pflanzen«, hatte der General gesagt. »Erste große Arbeit für das Kind... ihm noch Schatten geben, wenn wir versammelt sind, Orla.«

Sie hatten sich dann getrennt. Thomas war zu seinem Boot gegangen, war aber am Ufer noch einmal umgekehrt und kreuz und quer durch das hügelige Jagen gegangen.

Am Abend hatte er eine Unterredung mit Bildermann gehabt, und am nächsten Morgen hatte er an die Tür von Mariannes kleinem Arbeitszimmer geklopft.

Er komme mit einer Bitte. Es sei ja eigentlich ihr Wald, dieser, der fallen müsse, und auch der andere, den sie pflanzen wolle, und er hätte mit Bildermann besprochen, daß sie beide ihn schlagen möchten. Wenn sie gesund und ordentlich dabei blieben, könnten sie Ende Januar

fertig sein, und er hätte dann noch Zeit genug, für zwei Monate in das Grafenhaus zu ziehen.
Zuerst hatte sie gelächelt, aber dann war sie plötzlich ernst geworden und hatte eine Weile am Fester gestanden.
»Du weißt, Thomas«, hatte sie schließlich gesagt, »daß du alles tun kannst, was du willst. Aber weshalb willst du das tun?«
»Wir haben zuwenig Arbeit, Marianne. Das heißt, Bildermann hat den ganzen Tag zu tun, aber ich schlendere so herum, und es bleibt nichts Rechtes für mich übrig.«
»Und weshalb gehst du nicht schon jetzt in das Haus?«
Er schüttelte den Kopf. »Bevor ich mich vergrabe«, sagte er dann, »muß ich müde sein. So müde, daß nur noch der Geist wach ist. Und ich bin noch nicht müde. Der Sommer ist zu kurz hier. Auch die Mönche haben geschlagen und gerodet.«
Sie stand noch immer am Fenster und sah ihn an, aber sein Bild verdunkelte sich unter ihren Tränen. »Ihr sollt ihn schlagen, Thomas«, sagte sie dann. »Ich will es dem Großvater sagen. Aber ich werde jeden Tag zu euch kommen und euch euer Essen bringen. Und ihr werdet aufpassen, daß kein Baum über euch stürzt?«
»Wir wollen nicht sterben, Marianne«, erwiderte er. »Wir wollen noch diesen Winter hinter uns bringen. Dann sind wir jenseits des Polarkreises.«
So schlugen sie also den Wald. Bildermann wußte auch, wie man Wälder schlägt. Er hatte neue Äxte und die lange Säge besorgt, und als es kalt wurde, schon in der ersten Novemberhälfte, besorgte er auch die geschnürten Lappenschuhe, die man dort in den Walddörfern trug.
Zwei Tage lang bog sich das Eis, wenn sie über den See

gingen, aber dann war es fest, und der erste Schnee begann schon zu fallen.
Sie standen in der Dämmerung auf und tranken den Kaffee vor dem Herd. Erst wenn ihre Pfeifen brannten, begannen sie zu sprechen. Ihr ganzer Körper schmerzte, aber sie lachten darüber, und nach acht Tagen traten sie so fröhlich aus ihrer Tür, als erwarte sie ein Christbaum unter den düsteren Fichten. Sie trugen ihr Werkzeug über der Schulter und gingen geräuschlos auf ihren weichen Schuhen über das Eis. Das Morgenrot stand über dem Wald und beleuchtete die einsame Hasenspur, die quer über den See nach der Insel führte. Die Luft strömte kalt und rein in ihren Körper, und es war so still, als ob sie am Nordpol lebten. »Großartiger Gedanke, Kapitän«, sagte Bildermann.
Sie hatten zwei Steige nebeneinander ausgetreten, und hinter dem Ufer tauchten sie in den Wäldern unter. Sie sahen immer noch einmal nach der Insel zurück, aber sie war nicht versunken. Auch das Haus stand unbewegt, und der rötliche Rauch stieg senkrecht über das tiefe Dach empor.
Sie sahen die Wildspuren über den Pfad laufen und rochen das frische Holz. Dann waren sie da. Die schweren, entasteten Stämme lagen übereinander, wie sie gestürzt waren. Harz stand in den Astnarben, und die Zweige waren sauber aufgesetzt. Sie sahen sich einmal um, von einem kindlichen Stolz erfüllt. Dann begann Bildermann Feuer zu machen, und Thomas überlegte, welchen der Riesen sie als ersten vornehmen würden. Durch den zertretenen Schnee ging hier und da der Abdruck eines schmalen Kinderfußes, und er sah lächelnd auf die Spur nieder, die jeden Mittag vom Schloß zu ihnen führte. »Fröhlich, Bildermann?«

Jawoll, Kapitän! Guter Einfall das mit der Austreibung aus dem Paradies.«

Das Feuer brannte mit roter, tröstlicher Flamme, und der Rauch stieg weiß unter die hohen Wipfel. Bildermann stellte ein Kochgeschirr mit Schnee in die Asche, und dann begannen sie. Sie besprachen, wohin der Baum fallen sollte, und dann hallte der Wald von ihren Axtschlägen wider. Sie schlugen im Takt, und die weißen Späne blieben in ihrem Haar hängen. Der Geruch des angeschlagenen Lebens stieg zu ihnen auf, aber sie hatten keine Zeit zum Denken. Die blitzenden Schneiden verlangten Auge und Hand, und jeder Schlag mußte in die Kerbe des vorigen fallen.

»Genug, Kapitän«, sagte Bildermann.

Sie stützten sich auf die Stiele ihrer Äxte und wischten sich den Schweiß von der Stirn. Die Sonne fiel mit rotem Licht durch die Bäume, der Schnee flimmerte, und der Specht klopfte neben ihnen in einem trockenen Wipfel. Sie legten die flachen Kissen unter die Knie und nahmen die lange Säge in die Hände. Der dichte Wald warf ein schnelles Echo zurück. Von Zeit zu Zeit schlugen sie den Holzkeil nach und ruhten aus.

»Gleich geschafft, Kapitän«, sagte Bildermann. »Er zittert schon.«

Der Wipfel bebte, Schnee rieselte ihnen in die Augen, und sie sahen im Knien hinauf, um den Augenblick nicht zu verpassen. »Achtung, Kapitän!« Die obersten Zweige fuhren unruhig hin und her, ein schweres Zittern lief bis in ihr Sägeblatt hinunter. Sie sprangen auf und rissen die Säge aus dem Spalt. »Hoi... ooo!« rief Bildermann. Die Krone neigte sich, es knirschte am Fuß des Stammes, dann senkte sich der grüne Turm, zuerst langsam, dann immer schnel-

ler, Wind erhob sich brausend, und in einer Wolke stäubenden Schnees donnerte der Gefällte auf den Boden, weithin das Echo weckend mit seinem brüllenden Schrei. Bildermann streute Teeblätter in das Kochgeschirr. Sie saßen auf dem geschlagenen Stamm, rauchten eine Pfeife und tranken in kleinen Schlucken den glühenden Tee. Einfach war die Welt, ob die Sonne schien oder der Schnee fiel, und wenn der Ostwind pfiff, baute man einen Schirm aus dichten Zweigen und hielt die Füße über das Feuer. »Lange nicht Kap Hoorn, Kapitän«, sagte Bildermann.
Sie stiegen den liegenden Stamm hinauf und schlugen die Äste ab. Es war so leicht, daß man dabei rauchen konnte. Dann kam der nächste an die Reihe. Sie sahen nicht nach der Uhr. Es gab keine Langeweile, und wenn Gruber vorbei kam, meinten sie, er komme aus einer anderen Welt.
Thomas hörte die Schlittenglocken zuerst, aber er ließ es sich nicht merken. Sie sollte die Axtschläge oder das Lied der Säge hören. Er wußte, wie tröstlich es in einem großen, leeren Walde klang, wenn es von weither über die Hügel und Schonungen kam und wenn der weiße Rauch wie ein Meilerzeichen über den Wipfeln stand.
Sie hatten einen Sitz aus Fichtenzweigen für sie gebaut und einen Schirm gegen den Wind. Sie warf dem Pferd einen Arm voll Heu vor und nahm die Paartöpfe aus der Pelzdecke. Thomas hatte verlangt, daß es Paartöpfe seien, sonst sei es nicht richtig. Nur Stadtleute äßen aus Tellern im Wald. Sie kam vorsichtig durch den Schnee und über die Stämme, die Arme behutsam vom Körper abgestreckt. Sie lächelte unter ihren frohen Augen und sah zu, wie sie aßen. »Seid ihr zufrieden, Leute vom Ozean?« Ja, sie waren sehr zufrieden. Nicht nur mit dem Essen etwa, sondern mit der stillen Stunde, dem warmen Feuer, der Arbeit, die hinter

ihnen und die vor ihnen lag, und mit dem reinen Gesicht, das ihnen zusah, das die Stämme zählte, aber dem die Stämme so gleichgültig waren, weil Thomas müde war und seine Augen ruhig und seines Glaubens gewiß in die ihrigen blickten.

Er hielt mit Strenge darauf, daß das Essen einfach war.

»Du sollst nicht meinen, daß wir spielen«, sagte er.

Zum Schluß gab es wieder Tee mit ein paar Tropfen Rum und die Pfeife. Und dann sprachen sie von der Arbeit, von nichts anderem. Manchmal, wenn das Feuer groß war, kam es vor, daß Thomas mitten im Satz die Augen zufielen. Dann saßen sie beide still und bewachten seinen Schlaf, und Bildermann sah von der Seite zu, wie die Augen des kleinen Fräuleins an dem entspannten Gesicht hingen.

Meistens erwachte er schon nach ein paar Minuten, von dem leisen Knall, mit dem ein glühender Ast zersprang, oder von einer Bewegung des Pferdes und der Glocken. Seine Augen kamen zurück von weither, und es war ihm nicht recht, daß er geschlafen hatte. »Kriegsgericht, Bildermann!« sagte er.

Dann mußte Marianne gehen, und er brachte sie an den Schlitten, zäumte das Pferd wieder auf und legte die Pelzdecke um ihre Füße. Die Glocken wurden immer leiser, und gleich darauf klang der Schlag der Äxte wieder allein durch den Wald.

Eine Stunde vor der Dämmerung hörten sie auf. Bildermann ging zuerst, um Feuer zu machen und den Kaffee zu kochen. Thomas räumte auf. Er trug die Äste zusammen, schichtete sie sauber auf und bedachte die Arbeit des nächsten Tages. Der Wald war ganz still, und oft begann es um diese Zeit zu schneien. Manchmal hörte er die Glocke vom Schloß. Dann lauschte er, bis sie ausgeschlagen hatte.

Der Schnee fing die Klänge auf und begrub sie. Nachher war es noch stiller im Zwielicht unter den hohen Bäumen. Schließlich deckte er das Feuer mit Asche zu, nahm die Axt über die Schulter und ging heim. Der Rücken schmerzte, aber wenn er an das Ufer kam und das Licht hinter den Fenstern erblickte, war er es alles zufrieden. Je müder die Hand, desto klarer das Leben. Er wollte über die Zeit hinwegkommen, in der die Bilder ihn bedrohten, und er wollte, daß sie schließlich nur an einer Wand hingen, hoch und matt wie in der Halle, und man konnte darunter stehen und sagen: »So also hast du einmal ausgesehen.« Er hatte manches im Leben nicht bezwungen, aber dies würde gewiß nicht dazu gehören.
Er zog sich um, trank den Kaffee mit Bildermann und schlief eine Stunde. Es war wunderbar, zu erwachen und zu sehen, wie der rote Schein des Feuers unter den Balken stand. Nebenan klapperten die Herdringe leise, und draußen lag wohl die Taiga oder Spitzbergen oder Alaska. Niemand würde kommen, nur Gruber vielleicht und ab und zu das Kind. Man hörte Schritte im Schnee und wußte, wer es war, ehe noch die Tür sich öffnete. Auf dem Tisch lag das Buch über die Totenbräuche absterbender Völker, und wenn es zu schwer war, konnte man Märchen lesen, wo die Sätze so einfach nebeneinander standen wie die Wipfel eines Waldes, aber alle zusammen ergaben das schöne Zwielicht des Wunders, wo die Königssöhne nicht viel anders sprachen als der Schweinehirt, und wo der junge Prinz immer stärker war als der alte Wassermann. Auch unter allen Wundern gab es ein unbestechliches Recht.
Sie löschten die Lampen früher als sonst, und im beginnenden Traum sahen sie die hohen grauen Stämme, aus denen das Eichhorn beim ersten Axtschlag floh.

Am Sonnabend zählte das Kind ihnen ernsthaft das Geld in die schwieligen Hände, und wenn sie, schon um die Mittagszeit, nach Hause gingen, hörten sie die Silberstücke leise aneinanderklingen. »Muß zum Tanz, Kapitän«, sagte Bildermann verlegen. »*Never mind*, Bildermann. Auch Tanz muß sein für junge Leute.«

Immer klarer wurden die Linien der Hügel in ihrem Wald, und Ende Januar, wie sie gedacht hatten, fiel der letzte Stamm. Sie standen da, auf ihre Äxte gestützt, wie die letzten Überlebenden aus einer Schlacht. Sie hatten nichts falsch gemacht und nichts verdorben. Die Stämme würden an den Weg geschleppt werden, und im Frühjahr konnte das Kind den neuen Wald pflanzen. Es konnte ihm einen besonderen Namen geben, wenn es wollte, und nach hundert Jahren konnten die Urenkel zu den hohen Wipfeln hinaufblicken und sagen: »Das ist also der Kapitänswald... auch für ihn wird es bald Zeit.« Alle Arbeit reichte weit in die Zukunft hinein, und auch Leute vom Ozean konnten unsterblich sein, wenn sie ihre Hände rührten. Er selbst aber würde die jungen Schonungen sehen und würde sie ganz im stillen den »Wald der guten Hoffnung« nennen.

Er blieb fast drei Monate im Grafenhaus. Es dauerte so lange, bis er die Arbeit des vorigen Winters beendigt hatte, wenn von einem Ende gesprochen werden durfte. Nun war ihm, als habe er den ersten Meridian um das Weltall durchmessen, und die sicherste Erkenntnis, die er mitbrachte, war die, daß es wohl dreihundertsechzig solcher Meridiane gebe für solche, die sich bald zufrieden gaben. Für die anderen aber würde es eine unendliche Zahl sein.

Er war nicht enttäuscht oder ohne Hoffnung. Er hatte die Idee der Unendlichkeit zu fassen vermocht und war weise genug für sie geworden. Er sah die tausend Eimer, die

aufstiegen und versanken, aber weder Gott noch Mensch hielten die Hand an ihrem Bügel. Auch Götter wurden aus der Tiefe geschöpft, hoben sich auf und versanken, und was der Mensch sah, waren nur die »Tropfen am Eimer«. Ein Größeres stand über allem, ein Unerkennbares, eben »das Ganze«. Sein Anblick machte fromm, aber es gab weder Kirche noch Altar für die Frömmigkeit. Kein Bildnis, kein Gleichnis, nicht einmal einen Namen. Denn nicht einmal die Sterne waren das Letzte, nicht einmal die Nebel sich gebärender Sterne, wieviel weniger also der Mensch oder Gott, um dessen Bild er haderte und den er benannte, wie er selbst gern gewesen wäre: wissend, mächtig und gut.
Er bedachte, wieviel nötig gewesen war, ihn zu dieser Schwelle des Schweigens zu bringen: Vater und Mutter und dahinter der graue Zug der Geschlechter; das Haus zwischen den Feldern und der Weg über alle Meere der Welt; Wissenschaft aus Jahrtausenden und die Feuer des Krieges, den sie den »Großen« nannten; der Pfarrer mit dem hölzernen Christus; ein Kind namens Gloria und eines namens Marianne; der Wegweiser zu der Försterei, wo der König aus dem Morgenland am Tor stand; die Insel und das Wasser mit der goldenen Krone; der blaue Sarong mit den goldenen Vögeln und der grüne Wald, verflochten mit allen Zeiten und Zonen, mit den Spuren toter und lebender Hände, von Tränen durchfeuchtet, vom Fieber zerknüllt, verwühlt von Rausch und Schuld und endlich bescheiden geglättet vom Gehorsam und der stillen Beugung unter das große Gesetz.
Und auch das hatte er erkannt: daß am sich drehenden Gewölbe immer ein Stern unterging, wenn im Osten ein anderer aufstieg. Daß man mit vierzig oder fünfzig Jahren in den Schatten zu treten hatte. Daß man dann wohl

beginnen konnte, zu geben, aber aufhören mußte, zu nehmen. Auf dieser Erde gab es nur ein bestimmtes Maß von Raum, und die Hälfte davon gehörte dem jungen Geschlecht. Im Glück wie in der Macht, und dafür auch im Schmerz. Wer über seine Jahre hinaus begehrte, verdarb. Nicht nur sich selbst, sondern auch das Begehrte. Die Liebe hatte nicht das Ihre zu suchen, von Anfang an nicht, aber noch viel weniger, wenn die grauen Fäden im Haar erschienen. Es gab keine größere Mannesprobe als das Entsagen ohne Bitterkeit.

Joachim schrieb, daß das Examen im Juni zu Ende gehe. Dann wollte er gern mit zwei oder drei Freunden noch einmal kommen, ehe der Dienst auf der Flotte beginne. Es stehe alles gut, und er habe die besten Aussichten.

Thomas schrieb an Finckenstein, daß er auch ihn erwarte auf der Insel. Es sei ihm etwas bange vor soviel Jugend, und er möchte gern jemanden dabeihaben, der so wie er selbst gewesen sei, gar nicht vollkommen und immer voller Unruhe, ob er nicht das Schiff auf die nächste Sandbank steuern würde.

Bergengrün war fertig mit seiner Gottesgelehrtheit und sollte nun mit dem Gottesdienst beginnen und zu Pfingsten seine erste Predigt von der Kanzel halten, die der General ihm versprochen hatte. »So lange ist es her, Kind«, sagte Thomas, »seit ich auf der Treppe stand, und ihr kamt mir entgegen. Eine goldene Krone habe ich dir versprochen, aber sie liegt noch immer auf dem Grunde, und nur manchmal ist mir, als scheine sie über das Wasser hin.«

»Du trägst sie ja, Thomas«, erwiderte sie, »du siehst es nur nicht.«

Aber er schüttelte lächelnd den Kopf. »Ich will schon zufrieden sein, wenn ich meinen Helm in Ehren tragen und ihn am Abend ein bißchen abnehmen kann. Es ist schon recht in der Welt, wenn die Männer den Helm und die Frauen die Krone tragen.«

Sie standen am Walde der guten Hoffnung und sahen auf die jungen Pflanzen nieder, die in langen Reihen hügelauf und hügelab liefen. Der Kuckuck rief, aber sie zählte nun nicht mehr. Sie glaubte zu wissen, daß sie lange leben würde. Ihre Kinder würden Erdbeeren unter diesen Gräsern sammeln und groß werden und mit der Büchse über den Knien hier auf das ziehende Wild warten, wenn das Haus auf der Insel schon leer stehen würde. Niemand sollte dort mehr wohnen als sie selbst, wenn sie alt geworden war. Und dort wollte sie auch begraben werden. – »Er wird wachsen, gleichviel, was wir tragen«, sagte sie auf dem Heimweg.

Der Baum des Lebens spiegelte sich ihm nun in einem unbewegten Wasser, und nur einmal, bevor ihre Gäste kamen, erbebte das Spiegelbild, als hebe der Grund sich leise auf, aber die Kreise verrannen, und er konnte wieder bis zu den Steinen sehen, über denen die jungen Fische spielten.

Sie hatten am Ufer unterhalb der Eichen gesessen, wo es nun schon Schatten gab, und besprochen, wie sie die jungen Leute beschäftigen sollten, die nun im Begriff waren, die Welt zu erobern.

Ein Gewitter stand über der Otterbucht, ganz fern noch, und Marianne hatte nach den kleinen Bremsen geschlagen und gefragt, ob sie nicht baden wollten, ehe die Wolke die Sonne bedeckte.

Es war nichts Besonderes gewesen, aber Thomas hatte gesagt, daß er nicht wolle, und auf ihren verwunderten Blick hinzugefügt, daß sie nun wohl zu alt dazu sei.

Es war ungeschickt von ihm gewesen, und es war nicht nötig, daß er ihren Blick vermied und über das Wasser hinaussah, wo die grünen Libellen auf den flimmernden Schilfhalmen saßen.

Sie war bis unter ihr Haar errötet und hatte geschwiegen, und als sie endlich aufgestanden und zu den Booten gegangen war, hatte ihr geschienen, als schwanke der vertraute Boden unter ihr.

Erst am Abend, als sie in ihrem Zimmer am Fenster stand und den Sprossern zuhörte, wußte sie, daß es das Glück gewesen war, das die Erde unter ihr bewegt hatte. Die Erde bebte wohl noch immer, wenn man den Apfel vom Baum der Erkenntnis brach.

Im Juni kamen die jungen Gäste, Joachim, Marschall und zwei andere. Sie kamen in ihren neuen Uniformen, wohnten im Schloß und versicherten dem General, daß eine neue Zeit beginne. Finckenstein kam einen Tag später, in einem alten grauen Jagdanzug, und schlief in Joachims Rohrhütte. Er erzählte mit gutmütigem Spott vom Examen und daß er immer noch der Meinung sei, ein Examen würde besser während einer Schlacht abgehalten. Auf dem Papier seien sie alle Helden gewesen, auch mit der nötigen Angst, die dazu gehörte. Er freue sich, auf die Flotte zu kommen, wo man nicht nur mit Schiffen, sondern auch mit Menschen zu tun bekomme, wo man nun zeigen könne, ob man seine Note verdiene.

Abends kam Marianne sie holen, aber sie blieben noch eine Weile auf der Insel, bevor sie abfuhren. Ja, drüben sei sie ihres Lebens nicht sicher vor lauter Verehrung. Auch Geschwaderchefs schienen sterblich zu sein.

Joachim vermied nach seinem langen Brief im Herbst eine Aussprache. Aber er bedankte sich für den damaligen Rat und für alle Unterstützung. Aus dem Gröbsten sei er nun heraus. Er war zu Thomas nicht viel anders als zu einem älteren Kameraden, und dieser war es zufrieden. Ein sauberes und tüchtiges Geschlecht wuchs auf, härter und schneller als sein eigenes, und man mußte nun zusehen, wie sie gleich Pfeilen auf der Sehne waren, bebend vor Ungeduld, und wie die Ferne ihnen voller Kränze hing, die auf sie warteten.

Am anderen Morgen ging er leise vor die Rohrhütte, in der sein Gast schlief, setzte sich auf die dunklen Steine des alten Feuerplatzes und sah den Schlafenden an. Das immer noch blasse Gesicht war nun ohne Gespanntheit, ganz still von innen heraus geformt, und es tat ihm wohl, es anzusehen. Also wollen wir doch ein Ebenbild, dachte er, zuerst ein Ebenbild und dann erst die nächste Stufe... Er war nicht traurig, daß Joachim anders war. Er war nur dankbar, daß er auch dies noch sehen konnte, so wie einen spät geborenen jungen Bruder. Besitz und Eigentum waren nicht die innigsten Beziehungen auf dieser Welt.

Für den dritten Abend hatte der General zu einem Fest geladen, zu Ehren der jungen Kriegsmarine. Es war der Sonnwendabend, und sie wollten nach dem Essen ein Feuer am Seeufer anzünden. Auch Pastor Bergengrün war eingeladen, und er kam am Nachmittag zur Insel gerudert, um Thomas zu begrüßen. Sein Kurs war noch immer nicht gerade.

Sie saßen an dem alten Tisch vor dem Hause, und noch einmal schien vor Thomas die Zeit vorüberzufließen, schwindelnd schnell und ohne Einzelheit. Das Gesicht Bergengrüns war fast unverändert, es würde immer ein kindliches Gesicht unter einer alten Brille bleiben. Und auch die Bewegungen seiner Hände waren noch die gleichen, mit denen er die Zukunftsbilder der Menschheit herbeirief, des Gottesreiches und Gottesfriedens.

Er habe wohl keine Zweifel mehr gehabt, seit ihrem letzten Kartoffelfeuer, fragte Thomas.

Nein, keine Zweifel. Etwas Angst wohl und auch mancherlei Verdruß, wie eben mit den jungen Leutnants, die nach der Arche Noah fragten, aber keine Zweifel. Gott sei um ihn herum wie die Frucht um den Kern. Er könne nicht herausfallen, wohin er sich auch bewege. Ebenso könnte der Mittelpunkt eines Kreises über die Peripherie hinausgeschleudert werden, was doch ein Absurdum sei. Er wisse nicht, womit er diese Gnade verdient habe, denn eine Gnade sei es ohne Zweifel.

Thomas gab ihm recht. Sie, die Gnadenlosen, wüßten das am besten.

Niemand sei gnadenlos, erwiderte Bergengrün leise.

Nein, außer denen, die es sein wollten.

Ob das Buch mit den Schmetterlingen noch da sei?

Ja, es sei noch da und immer für ihn da, wie die Insel die wenigen Getreuen und Guten nicht vergessen werde.

Und das Kind?

Ja, das Kind werde heiraten, und er werde die Kinder taufen und einsegnen und wieder trauen.

Keinen von denen da drüben werde es heiraten?

Wahrscheinlich nicht.

Das sei gut, denn sie sprächen von Gott wie von einem Zivilisten auf ihren Kriegsschiffen. Auf See finde man Gott meistens später, meinte Thomas. Darüber solle er sich nicht grämen. Mit den Fäden zwischen Gott und dem Kriegshandwerk sei es sowieso eine etwas schwierige Sache.

Dann fuhr Bergengrün mit Finckenstein zurück.

Thomas ließ sagen, daß er erst am Abend kommen werde. Hinter allen Wäldern standen Gewitter, und er legte mit Bildermann alle Netze aus. Nach der Arbeit schwamm er noch einmal weit hinaus, rauchte am Ufer eine Pfeife und zog dann langsam die Uniform an. Sie war ihm lose geworden, und er sah nachdenklich auf seine Orden herunter. Es war lange her, seit er Bänder und Kreuze gewonnen hatte.

Er fuhr ganz langsam. Lange nicht war die Erde ihm so schön erschienen. Er hörte die Glocke über den See schlagen. Er würde zu spät kommen, wenn er sich nicht beeilte, aber er wollte sich nicht beeilen. Schön war das Licht auf den Kieferstämmen und das Spiegelbild des Reihers im unbewegten Wasser.

Dies war ein Fest der Jugend, und er war nicht mehr unentbehrlich. Der Sinn stand ihm nicht mehr nach Festen. Er hatte nicht mehr viel Zeit, und er konnte auch ohne Feste fröhlich sein.

Es war schön, daß Joachim es erreicht hatte, was für ihn die erste Stufe des Glanzes war, und es schadete nichts, daß sie nicht mehr eins waren. Sein Sohn war schon das nächste Glied in der Kette und hing nur leise widerstrebend mit dem vorigen zusammen. Er sah nicht zurück. Es war vieles falsch gemacht worden nach seiner Meinung, und sie wollten es nun richtig machen. Die Welt hatte auf sie gewartet. Sie brauchten klares Fahrwasser vor ihren Kielen, und ihre Schlachten würden anders sein als vor fünfzehn Jahren. Daß immer noch Schlachten sein müßten, war nicht zu vermeiden. Auch die Jungen konnten nicht für die Weltordnung. Man mußte ihnen helfen und auf ihren Stern vertrauen. Man wußte so wenig von den Sternen, die über der Erde standen.

Thomas stieg langsam aus und machte das Boot fest. Hinter der Uferkrümmung, wo der Boden anstieg, hörte er Gelächter und Lärm. Dort trugen sie wohl das Holz zum Feuer zusammen. Die helle Stimme Marschalls war über allen anderen zu hören. Die Namen der beiden Freunde hatte er nicht behalten.

Der General saß auf der Gartenterrasse, in seiner Uniform, die Hände über dem Stock gefaltet. Sein Haar war nun schneeweiß, und er sah über den Park hinaus auf das Wasser, als ständen dort die stillen Leute und wunderten sich über das neue Leben.

»Gut, Sie zu sehen, Orla«, sagte er. »Sitze da wie ein Überhälter... langweile die jungen Leute... sind auf scharfen Wind aus... «

»An Bord ist es nachher einsam genug, Herr General.«

»Kennen noch keine Einsamkeit, Orla. Kommt erst mit grauen Haaren. Sehe ihnen zu und denke, daß die Kugel sich schnell dreht. Schneller als Ihr bunter Globus.« – Thomas nickte und fragte nach Marianne.

»Absentiert... «

Er wolle nach ihr sehen.

In der Halle dämmerte es schon. Er streifte die bronzenen Münder der Kanonen mit einem Blick und erinnerte sich des Frühlingstages, an dem er sie zum erstenmal gesehen hatte. Er wußte nicht mehr, wie viele Jahre vergangen waren. Segen ließ sich nicht nach Jahren messen. Aber es mußte lange her sein, sehr lange. Der junge Wald wuchs schon, und Bergengrün legte schon die Hände derer zusammen, die vor seinem Altar knieten.

Das Kind kam die Treppe herunter. Es trug ein weißes Abendkleid und um die Schultern den blauen Sarong mit den goldenen Vögeln, den er ihr auf den letzten Weihnachtstisch gelegt hatte. Lieber Gott, dachte er, manchmal wäre es doch schön, an dich zu glauben und an deine allmächtige, schützende Hand...

Er nahm ihren Arm und führte sie auf die Terrasse. »In der ›Ilias‹ gibt es eine Stelle«, sagte er, »wo Helena unter die Alten tritt.«

Hinter ihnen schlug Johann zum ersten Male an den Gong.

Bei der Tafel saß Thomas dem General gegenüber an der Schmalseite des Tisches. Das Licht der Kerzen stand ruhig über den alten Leuchtern, die Fenster waren weit geöffnet, und die Sprosser schlugen am See. Es war schön, die Tafel entlangzusehen, mit den jungen braunen Händen, die sich über dem weißen Tisch bewegten, den blauen Uniformen und den hellen Augen, in denen alle Kerzenflammen sich noch einmal wiederholten.

Der General stand auf und trank auf das Wohl der jungen Kameraden. Was mit wehender Flagge gesunken sei, werde mit wehender Flagge wieder auferstehen. Gott habe ihm auf seine alten Tage beschert, ein neues Geschlecht vor dem Mast zu sehen. Es brauche des alten nicht sehr zu achten, aber des Reiches und seiner Fahne möge es allezeit achten. Leicht werde dann der Abschied für die alten Soldaten sein, für die vor dem Feuer und für die auf der Insel. Und er wünsche dem jungen Geschlecht, daß es in Krieg und Frieden ein so fröhliches Herz gewinne, ja nur ein halb so fröhliches Herz wie der Mann, den er mit Stolz und Ehre an seinem Tisch und in seinem Herzen sehe.

Es war natürlich, daß Joachim erwiderte. Er war nicht der Älteste, aber es war selbstverständlich, daß er auf der Brücke zu stehen hatte. Thomas sah mit einer leisen Verwunderung zu, wie sein Sohn sich erhob und zu sprechen begann.

Man möge ihm erlauben, sagte er, im Namen seiner Kameraden und in seinem eigenen Namen für alles zu danken, was sie in diesem Hause empfangen hätten. Der Dank des Mannes aber sei die Tat, und so möchten sie sich alle so lange gedulden, bis die Tat in ihre Hände gelegt würde.
Ihre Jugend sei nicht leicht gewesen. Sie zahlten an Zinsen, für die sie eigentlich nicht könnten. Aber doch sei es nicht umsonst gewesen, weil sie damit eine andere Schätzung der Welt gefunden hätten. Eine härtere (und manchem scheine sie zu hart), aber, glaube er, auch eine zuverlässigere.
Dieses Haus sei eine Insel für sie, und sie verdankten der Insel Frohsinn, Entspannung und Heiterkeit. Draußen aber rauschte schon das Meer, das sie rufe. Sie hätten sich ihm angelobt, und dabei wollten sie bleiben. Auch wenn es keine Insel trüge, sondern nur den Tod, so wollten sie auch beim Tode bleiben. Denn vor dem Tode stehe die Ehre.
Er aber erhebe das Glas auf diejenigen, die zu ihrer Zeit diese Ehre bewahrt hätten, gleichsam auf die Veteranen des Krieges und auf alle die, die zu ihnen gehörten.
Erst am Ende des Mahles stand Thomas auf. Er hatte nicht die Absicht gehabt, zu sprechen, aber es war ihm, als werde er von nun an schweigen, und es sei dies die letzte Stunde, in der er aufgerufen werde. Er sah den General an, aber er sprach eigentlich nur mit sich selbst.
In dieses Haus kämen viele stille Leute zu Besuch, sagte er, Tote und Lebende, aber mehr Tote als Lebende. Sie sprächen nicht mehr, sie seien nur da, und ab und zu werde ein Glas mit rotem Wein gegen sie erhoben. Er sei immer vertraut mit ihnen gewesen, und so wolle er auch für sie sprechen.
Sie freuten sich alle in diesem Hause an der neuen Genera-

tion, die sich dem Meere und dem Tode angelobt habe, aber sie möchten gern, daß sie auch der Erde und dem Leben angelobt blieben. Diese seien so ewig wie das andere, wenn auch immer in der Verwandlung begriffen. Aber Verwandlung sei das letzte, was sie könnten.

Sie brauchten nicht auf den Schultern der Lebenden zu stehen, aber sie dürften wohl nie vergessen, daß sie auf den Schultern der Toten stünden. Es führe zu nichts, Fehler und Schuld aufzusuchen, aber es führe ins Helle, Dankbarkeit und Verpflichtung zu fühlen. Ein Volk müsse seine Toten bewahren, und es sei ein dunkles Zeichen ihrer Zeit gewesen, daß sie das nicht getan habe, ja daß sie die Toten geschmäht habe.

Sie hätten ein Examen bestanden, sich selbst und ihnen, den Veteranen, zur Ehre. Aber sie hätten noch keine Bewährung bestanden. So möchten sie vorsichtig sein in Urteil und Wertung, bis die Bewährung gekommen sei. Und nicht immer geschehe sie in den Panzertürmen, auch für den Soldaten nicht.

Er habe das Meer fahrenlassen und sei ein Mann der Insel geworden. Er habe damit weder tadeln noch anklagen noch protestieren wollen. Er habe nur arbeiten wollen, denn Arbeit sei die zuverlässigste Seligkeit dieser Erde. Er habe auch die goldene Krone vom Grunde aufheben wollen. Das sei ihm nicht gelungen, aber in manchen Nächten sehe er doch ihren Schimmer über das Wasser blitzen. Wer sie gewinnen wolle, müsse fröhlichen Herzens sein, und still wie die Steine auf dem Grund, und nichts für sich haben wollen.

Dazu habe er noch einen langen Weg, und auch der ihre werde eine Weile dauern. Sie sähen ihm alle ein wenig danach aus, als wollten sie zuerst Ruhm und Ehre gewinnen. Das sei ganz in der Ordnung, und doch wolle er sein Glas nicht darauf heben, daß sie etwas gewännen. Dazu hätten sie noch viel Zeit, und das komme schon von selbst. Aber daß sie ihres Mutes immer Herr seien, das sei wohl viel schwerer, wenn sie es recht bedächten, und darauf wolle er heute schon sein Glas aufheben. Daß sie ihres Mutes immer Herr seien... Auch die »stillen Leute« würden wohl in diesen Trinkspruch einstimmen, soweit er sie kenne.

Er hatte sehr gerade gestanden, ohne eine Hand zu bewegen, und leise gesprochen. Er hatte eigentlich nicht die jungen Leute angeredet, sondern über sie hinweggesehen, und nur hier und da hatte er den General und das Kind angeblickt. Er war nicht zufrieden mit dem, was er gesagt hatte. Das Letzte blieb immer unsagbar. Nach seinem letzten Wort stand er noch eine Weile und sah mit seinen ernsten Augen vor sich hin. Die Sprosser riefen vom See, und außer ihrem Lied war kein Laut in dem großen Raum zu vernehmen. Dann, ohne noch etwas zu sagen, ging er um den Tisch herum, zuerst zum General und dann zu Marianne.

Als er das letzte Glas berührt hatte, hob das Kind die schweigende Tafel auf.

Sie gingen gleich über die Terrasse in den Park. Die Leute vom Hof und das Gesinde standen schon um den Holzstoß. Es wetterleuchtete über dem See, und die fernen roten Feuer spielten über ihre Gesichter. Es roch nach Regen, aber noch standen die Sterne über ihnen.

Bildermann durfte den Holzstoß anzünden, und als die Flamme hochglühend bis unter die Wipfel schoß, trat Thomas in den Schatten zurück. Während der General ein paar Worte sprach, ging er schon langsam zum Ufer hinunter. Es war, als rufe die Insel nach ihm und als müßte er ganz allein in die Wetter blicken, die den Horizont erhellten. Der Vorhang war über seiner Rolle gefallen. Andere kamen nun heran. Er stand allein im riesigen dunklen Bühnenhaus.

Als er die Kette vom Pfahl löste, hörte er ihren schnellen, leichten Schritt. Sie blieb so dicht vor ihm stehen, daß er das Licht der fernen Blitze bis auf den Grund ihrer Augen fallen sah. Sie sprach kein Wort. Sie hob nur ihre bloßen Arme aus dem blauen Sarong, faltete die Hände in seinem Haar und küßte ihn lange auf den Mund. Er spürte ihren Atem leise aus und ein gehen. Keine Träne stand in ihren offenen Augen.

Er sah den Saum des weißen Kleides noch, als er schon weit auf dem Wasser war. Er schimmerte wie der Sockel einer Statue, unbewegt, und er konnte meinen, das flammende Licht in die Poren des Marmors fallen zu sehen.

Langsam stieg er zu seinem Haus hinauf. Der Himmel war bedeckt mit schweren Wolkenzügen, die ganz langsam nach Osten rückten, aber es war nicht dunkel. Ein blasses Licht tropfte aus den Spalten der Wolken herunter, und nur wenn ein Blitz hinter den Wäldern erloschen war, stürzte die Finsternis über Wasser und Land. Die Fische sprangen, und über dem Geißblatt stand der dunkle Flügelton der großen Nachtfalter.

Im Hause roch es nach Rauch und trockenem Rohr. Thomas machte kein Licht. Er zog sich um, nahm den leichten Mantel um die Schultern und ging zu der Bank unter den Eichen hinauf. Als er das Streichholz für seine Pfeife anrieb, schrie einer der großen Vögel über ihm auf, und ein schwerer Flügelschlag kreiste einmal um die Wipfel.

Dann war alles still wie zuvor. Im Südosten, über der

Bucht, lag ein roter Schein auf dem Walde. Das war der Holzstoß, um den sie wohl noch saßen.
Das Feuer hinter den Wolken blitzte jetzt scharf und rötlich über das Wasser hin. Ein warmer Wind strich niedrig über das Schilf, und wenn er erstarb, hörte Thomas das leise erzene Dröhnen hinter der Wolkenwand. Mitunter tastete nur ein fahler Schein über die Insel und den Wald, dazwischen flammte es böse und drohend auf, wie von langen Rohren über grauer Panzerwand, ein greller Strahl schoß den Himmel hinauf, und lange hinterher, auf begrabener Finsternis, rollte der ferne Donner lange nach und bewegte die Erde, auf der Thomas saß.
Er sah mit weit offenen Augen in das Licht hinaus. Er sah die grauen Leiber vorwärtsstürmen und die zerwühlte See zwischen ihnen. Er hörte Glocken, Signale und verwehenden Schrei. Er saß wie in einem Traum, und vor seinen Augen und Ohren zog es vorbei, die Summe vergangenen Lebens, die Probe vieler Jahre, die Entscheidung junger und bebender Herzen: die Schlacht.
Er wußte, daß er schon einmal so gesessen hatte, vor vielen Jahren, und damals mußte er noch jung gewesen sein. Vieles lag nun hinter ihm, und es gab noch andere Bewährungen als die unter den grauen Türmen, aus denen das Licht über die Wälder fuhr.
Aber jenes war der Anfang gewesen und gehörte unter das Gesetz, ebenso wie daß er nun hier saß und die trockenen Thymianblüten unter seiner Hand fühlte. Alles hatte seinen Platz und seine Ordnung, alles war richtig, wie es war und werden würde. Es war nicht gut und nicht böse. Er hatte einen Sohn, der ihm Ehre machen würde, und es kam nicht darauf an, daß er nicht sein Ebenbild war. Er hatte eine junge Schwester namens Marianne, und es kam nicht

darauf an, daß sie ebensogut fünfzehn oder zwanzig Jahre älter hätte sein können. Die Schöpfung hatte es nicht gewollt, und sie hatte ihre zureichenden Gründe dafür gehabt. Sie hatte auch nicht gewollt, daß der junge Graf am Leben blieb oder das Kind mit Namen Gloria. Sie ging ihren Gang. Sie streute aus und sammelte wieder ein. Das Maß ihrer Ernte blieb immer das gleiche, weil das Maß ihrer Saat das gleiche blieb. Man trug seinen Helm und rührte seine Hände, und ab und zu konnte man den Helm abbinden und die Hände in den Schoß legen. Nicht oft, aber doch ab und zu.

Und manchmal konnte man es in den Nächten über das Wasser blitzen sehen, einen stillen, rötlichen Schein, und konnte meinen, daß er von der goldenen Krone herrühre, die auf dem Grunde lag.

Und einmal auch, viel später, würde man vielleicht meinen können, daß man ein fröhliches Herz besitze.

Ein paar Tropfen fielen und schlugen in das junge Laub der Eichen, aber er blieb noch sitzen, den Kopf an die harte, rissige Rinde gelehnt, und sah den Blitzen zu, die immer höher über die Wälder stiegen.

Weitere Bände
aus der

LANGEN
MÜLLER
BIBLIOTHEK

WALDEMAR BONSELS

Die Biene Maja

und ihre Abenteuer

192 Seiten · Leinen

Seit ihrem ersten Erscheinen im Jahre 1912 ist der Zauber der »Biene Maja« bei jung und alt ungebrochen. Der Roman verdankt seinen ungeheuren Erfolg keiner Aktualität, keiner Sensation, sondern allein der dichterischen Kraft seines Schöpfers Waldemar Bonsels.

Eines der poetischsten und phantasievollsten Kunstmärchen der Weltliteratur liegt nun in einer liebevoll gestalteten Neuausgabe vor.

ERNST WIECHERT

Wälder und Menschen

Eine Jugend

224 Seiten · Leinen

Bewegende Erinnerungen eines Dichters an die Stätten und Jahre seiner Jugend in Ostpreußen – der sehr persönliche Bericht eines empfindsamen Menschen, dessen Natur- und Schöpfungsliebe uns gerade heute Richtung und Ziel weisen kann.

STEFAN ANDRES

Die Hochzeit der Feinde

Roman

408 Seiten · Leinen

Die Geschichte der Liebe Luise von Clairmonts zu François Frécourt, dem ritterlichen französischen Besatzungsoffizier nach dem Ersten Weltkrieg – eines der Hauptwerke von Stefan Andres, in dem es dem Dichter gelungen ist, das individuelle Geschehen hinaus in die Sphäre überzeitlicher Gültigkeit zu erheben – ein Buch der Liebe und Versöhnung.

LEONHARD FRANK

Bruder und Schwester

Roman

216 Seiten · Leinen

Leonhard Frank, berühmt durch seine Werke »Das Ochsenfurter Männerquartett«, »Der Mensch ist gut«, »Karl und Anna«, hat mit »Bruder und Schwester« ein Meisterwerk geschaffen: einen sprachlich wie thematisch vollendeten psychologischen Roman, ungewöhnlich offen in der Darstellung erotischer Spannungen und überzeugend in der Unmittelbarkeit der Aussage.

PAUL LEPPIN

Blaugast

180 Seiten · Leinen

Mit diesem literarischen Fund wird eines der wichtigsten und packendsten Werke Paul Leppins, des »letzten Troubadours von Prag«, einem größeren Leserkreis zugänglich gemacht. Leppin, dessen Schaffen im Umfeld des »Prager Kreises« anzusiedeln ist und der u. a. Gustav Meyrink und Max Brod zu seinen Freunden zählte, schildert in »Blaugast« die Geschichte eines Mannes, dem seine Sexbesessenheit zum Verhängnis wird. Die schaurige Atmosphäre Prags, die Gustav Meyrink mit seinem »Golem« meisterhaft heraufbeschwor, klingt auch in »Blaugast« an und wird ergänzt durch die psychologisch angelegte Studie des geistig-moralischen Verfalls eines Menschen und einer Stadt, die Leppin zeitlebens geistige Heimat war. Zu dieser Erstveröffentlichung, einem Zeugnis des literarischen Expressionismus, schrieb Dirk O. Hoffmann ein Nachwort.